西北大学2019年度本科人才培养高水平教材建设项目（XM05190633）成果

谈判学

NEGOTIATION

康蓉　[美] 埃布纳（Noam Ebner）　王晨佳　著

浙江教育出版社・杭州

PREFACE 推荐序

谈判与谈判学是什么关系？与谈判相比，谈判学的发展并没有那么快，而且远没有那么丰富、那么多元。

谈判自古就有。无论是中国还是世界上其他国家，历史上都有许多重大的冲突以谈判方式得到解决，因此就有很多非常著名的谈判，比如中国战国时期的合纵抗秦谈判、第一次世界大战后的《凡尔赛条约》谈判、中国加入世界贸易组织的谈判等。这些谈判实例给研究者提供了大量素材。

谈判无处不在。很多人都会认同一个观点，如果谈判不是仅仅聚焦在那种着装正式、严阵以待的场合，其实每天每个人都会面对各种谈判场景，面对不同的谈判对象，取得不同的谈判结果。同时，很有趣的现实就是，人们有时谈得很愉快，很满意；有时谈得很艰苦，结果远非自己所愿。究竟是什么导致这样不同的结果呢？

谈判与文化关系密切。不同的文化有不同的谈判风格、谈判习惯和谈判思路。如果从语言这个显性因素来讲，“鸡同鸭讲”代表的就是文化带给谈判的挑战；如果从信仰、价值观、规范、符号等要素来讲，有无穷的案例可彰示来自不同文化的人们彼此谈判会是什么样的状况。

而相对于谈判而言，谈判学并没有这么久远的历史，而且，因为谈判是非常复杂的行为，所以存在大量的研究主题。这本教材定位为双语教材，三位作者来自不同文化，使用不同语言，康蓉和王晨佳老师撰写中文部分，诺姆·埃布纳（Noam Ebner）老师撰写英文部分。首先，他们保证了各自用母语写书；其次，他们通过密切的互动，确保所写的是关于谈判的重要内容；再次，他们尝试比较好地将文化和谈判融合在一起，中文部分设置了成语专栏，英文部分则对一些术语做了深度解释；最后，随着现实的发展，有很多新的现象，比如社交媒体的出现就赋予了谈判新的渠道和形式，三位作者围绕这些新话题也有一些突破。

这本书里，三位作者围绕谈判的核心内容来写，包括冲突与谈判、谈判者的思维导向与谈判风格、谈判目标和谈判战略、谈判者的困境、竞争型谈判、合作型谈判、谈判各方、复杂谈判、沟通、谈判中的认知与情感、谈判中的关系与信任、谈判力、影响力、谈判中的伦理道德问题和性别问题、文化与谈判、在线谈判，以及谈判准备等。我相信，读者会从中有所收获。

三位作者都值得推荐，康蓉老师从2000年开始在西北大学经济管理学院讲授与谈判有关的课程；2009年她作为中美富布赖特研究学者，赴美国南加州大学（University of Southern California）马歇尔商学院研究谈判案例的编写与教学。埃布纳老师是美国克瑞顿大学（Creighton University）法学院谈判与冲突解决学教授，同时也是慕课（MOOC）“谈判学”（Negotiations: Navigating Personal and Professional Interactions）课程主讲老师。王晨佳老师在西北大学中国文化研究中心工作，在澳大利亚新南威尔士大学（University of New South Wales）获得硕士学位，在西北大学获得博士学位，对文化、认知与沟通、谈判做了大量研究。

三位作者密切合作的成果呈现在各位读者面前。我很高兴向各位读者推荐这本《谈判学》双语教材。

西北大学校长

2019年7月17日

FOREWORD 前言

谈判是我们大家都很熟悉的行为，很多人几乎每天都要面临不同的谈判情形，或者不知不觉地就谈判了几次。但是相对于谈判行为的普遍性，谈判研究的历史并不长，研究也不够深入。因此，谈判领域有很多研究仍然在不断地发展当中。

在谈判和沟通领域，有一个很有趣的问题：谈判或沟通的能力是一种天赋吗？认定它是天赋的人们肯定脑海里会立刻浮现出一群气场强大、善于说服别人的高手；而认定它不是天赋的人们会觉得学习它还是有意义的。那么教授谈判的教师呢？虽然很多教师都会承认确实有一些人显示出很高的谈判天赋，但是大部分教师还是认为，谈判不完全是天赋，后天的学习和培训是有意义的。不过，谈判的学习不同于很多其他课程，它属于典型的“干中学”的课程。每天我们都会谈判，所以对谈判的学习绝对不能说是从课堂里开始的，实践中有无数学习和反思的机会。我们是不是真的很了解谈判呢？我们是不是在谈判中从来都不会犯错呢？我们有没有谈判完就后悔的经历呢？这些问题其实都告诉我们，学习谈判是有用的。

那么，在学习中是使用一本教材还是多种读物呢？在这个领域，谈判学确实有一个分水岭。如果调查一下谈判课中有多少教师只采用一本教材，答案可能是最多也就一半吧。原因是什么呢？很多关于谈判的书都不是以教材为目的去写的，它们和严谨的教材体系完全不同。这里面就有《谈判力》（*Getting to Yes*，2011）——罗杰·费舍尔（Roger Fisher）、威廉·尤里（William Ury）和布鲁斯·巴顿（Bruce Patton）所著的那本书，毫不夸张地说，它是谈判领域的必读之书。之后迪帕克·马哈拉（Deepak Maholtra）和马克斯·巴泽曼（Max Bazerman）的《哈佛经典谈判术》（*Negotiation Genius*，2007；原书名直译过来是“谈判天才”）和罗伯特·西奥迪尼（Robert Cialdini）的《影响力：劝服的心理学》（*Influence: The Psychology of Persuatian*，2007）也在全球掀起了学习谈判的高潮。但是严格意义上说，它们都不是教材。教材领域，罗伊·列维奇（Roy Lewicki）和莉·汤普森（Leigh Thompson）是两位在中国非常有影响力的外国作者，他们写的《谈判学》（*Negotiation*，2015）和《谈判者心智》（*The Mind and Heart of the Negotiator*，2005）被很多出版社翻译出版，也有英文影印版。我在课堂上用列维奇的教材也有近十年的历史了。但是总体来说，相对于需求而言，谈判学的教材实际是不足的，于是我们几位作者希望在这个领域做一些尝试。准确地说，这本书是关于谈判的双语教材。当我们商量前言的内容时，埃布纳老师给我写了一封信，让我无论如何也要把他的一个观点在前言里告诉读者。英文版主要是埃布纳老师撰写的，他强调各位读者在学习英文版的时候，千万不要把它当成放之四海而皆准的谈判理论。尽管西方学界对谈判的研究历史较长，谈判教材和读物中以西方的居多，西方学者的观点影响更大，但是这绝对不是唯一的理论。因为谈判涉及的具体情形不同，发生的地方不同，所以有很多观点在谈判中都是不能当成定理来遵从的。埃布纳老师告诫读者，英文版里很多都是典型的西方观点，大家在学习中，一定要带着一种怀疑的态度。

这本书的总体安排体现了从普遍到具体的思路，大致分为谈判的基本定义、谈判的思维导向和目标及战略、两种主要的谈判类型、谈判的主体、简单到复杂的形式、谈判中的沟通与认知、谈判力、影响力，以及谈判中很敏感的伦理道德、性别、文化问题，还有一章专门讨论由新技术引发的新媒体产生的谈判行为。本书的最后一章是谈判的准备，大家一定很好奇，这一章在很多教材里都放在前面讲，为什么我们要放在最后。我们起初也是将它放在前面，但是在写作的过程中，我们发现谈判中准备工作是最重要的，而且准备工作没有边界，它确实可以作为一个总结的部分，将前面所讲述的内容串起来，因此，我们就做了调整。就像列维奇的所有教材最后一章都是写“谈判的最佳做法”一样，我们希望用“准备”这个话题结束我们的教材，也就分享了我们主要的观点：谈判是非常复杂的行为和过程，要谈得好，就必须做充分的准备，准备工作不能“东一榔头，西一棒槌”，要有体系，要把涉及的问题尽可能地都考虑进去。

最后，我们希望大家在学习的过程中，反复思考，熟知谈判，享受这个过程。祝大家学习愉快！

康蓉

2019年9月26日

CONTENTS

目录

CONTENTS

谈　　判　　学

康　蓉
[美] 埃布纳（Noam Ebner）
王晨佳

第一章

什么是谈判

无论讨论什么话题，作者往往都会从定义开始写，特别是教材或学术著作更是如此。这样做的意义在于可以清楚地确定所讨论话题的范围、框架，作者可以清晰地告诉读者书中会写些什么，哪些问题不会涉及。

但是，要给本书的主题——谈判——下个准确的定义却非常有挑战性。打个比方，要把野生的动物圈起来养并不容易，同样，要对谈判进行清晰的分类、标记也很难。***描述***谈判很简单，但是要给它一个准确的***定义***是很难的。

为什么定义“谈判”很难呢？在越来越多的大学和政府部门里，许多专家都在研究谈判，将它作为一门科学深入剖析，于是人们就会认为，研究谈判的专家和化学家一样，知道他们放在显微镜下研究的是什么！

但是答案却恰恰隐藏在谈判这种行为的后面。谈判不同于许多自然现象，例如日食、潮涨潮落，它们可以测度、定义，也可以预测。而谈判是一种***社会***现象，它有各种不同的表现形式，所发生的环境、背景大相径庭，涉足其间的人们也往往有自己的主观体验。而且，在很多谈判的场景中，我们都会使用其他的词语来描述我们的行为，所以很多时候，我们并不能很清晰地判别我们身处谈判之中。

也许正是为了克服这种困难，许多学者选择了一种更简便、更实际的方法，即对“谈判”进行宽泛的定义。这些定义往往旨在把与谈判类似的行为尽可能多地纳入进来，而非精确地划定谈判的边界。下面让我们来看一看，针对定义谈判很多学者曾经做过的努力，以及他们对谈判的分类。

一、谈判：人类终其一生探索生活的工具

无论你是否喜欢，你都是一个谈判者。

哈佛大学教授罗杰·费舍尔、威廉·尤里和布鲁斯·巴顿所著的《谈判力》非常

有名，上面这句话是该书引言里的第一句话。这本书是全世界谈判领域最畅销的著作之一，在谈判学的研究、培训和实践方面都影响深远，第一版出版于1982年。在那之前，对谈判的系统研究很少，这本书恰恰消弭了***实践***与***理论***之间的差距。

在大多数人的脑海里，谈判都和外交、商务场合相连，而且涉及的往往是大事，不是结束武装冲突，就是达成金额巨大的交易。所以，很多人都认为“谈判”和重要的事情息息相关。

我们来看看下面这些情形，它们可以算作谈判吗？比如在工作单位或者家里，那些看上去针对各类琐事的沟通算不算谈判呢？我们在判断一件事是否属于谈判时，所采用的标准是关于谈的事情，还是所涉及的经济价值呢？我们和同事、朋友之间，雇主和雇员之间，家人之间，公交车上的陌生人之间，这些沟通是否属于谈判呢？

当然，这些并不都是谈判。有时候，我们的谈话或互动和谈判没有关系——比如给同事讲个笑话，跟爱人分享一天的经历，等等。

如果我们沟通的目的是从别人那里获取些什么；如果我们努力说服别人；或者我们不是和别人聊天，而是为了和他们交换点什么，那么，此时我们就是在谈判了。虽然要划一条清晰的分界线也许并不容易，但是运用下面这条经验法则还是比较容易的：***沟通的事情离中心议题越接近，它属于谈判范畴的可能性就越大***。

我们有时候不会把一些情形列为谈判，究其原因，是因为我们采用了***其他的词语***来描述涉及的行为，这一点中文和英文均有例证。[1]例如：

> 我们中的大多数并不愿意把和小孩就游戏和休息问题进行协商视为谈判。这样定义总有小题大做的意思。大多数的时候我们总是以命令的方式将这些生活琐事草草了结：去，睡觉去！吃饭去！别看（电视）了，写作业去！
>
> 在我们的生活习惯中，我们不会在亲人、爱人、朋友、同事中用“谈判”一词，而会使用“探讨”“商量”“合计”等温和的词，这样更显得亲切，不至于生疏冷淡。“谈判”一词则带有敌意和矛盾，大多数的时候被我们用于敌对一方或者对立一方。比如两军对垒，打得精疲力竭，于是开展军事谈判；两国之间有利益关系或者冲突，于是展开政治谈判；企业之间有

1. 英文的例子请读者参看本书英文部分。

业务来往或者并购事宜，于是展开商务谈；等等。

除了上面的这些，此时你的脑海里还会浮现出哪些词？好了，先举例如此，让我们来梳理一下：***究竟什么是谈判***？

二、什么是谈判

1. 谈判的定义

在《现代汉语词典》中，“谈判”被定义为“有关方面对有待解决的重大问题进行会谈”。

在《谈判力》这本书里，费舍尔、尤里和巴顿三位作者提出：

> 谈判是你从别人那里得到东西的基本手段。它是双方利益诉求有同有异的时候（有时利益诉求并不一定完全对立，只是有差异而已），双方设计好的有来有往的沟通，目的是达成协议。（2011，xxvii）

美国西北大学凯洛格商学院教授莉·汤普森所著的《谈判者心智》[1]是一本关于谈判的内容全面的著作。在这本书里，她将谈判定义为：

> 谈判是人与人之间的决策过程，它之所以必然存在，是因为某些时候我们单凭一己之力无法达到目标。（2005，2）

在这本书较早的版本以及其他一些著作中，莉·汤普森还给谈判下过另外一种定义（e.g., Thompson and Nadler, 2002: 110）：

> 谈判是人与人之间的决策过程，在这个过程中，两人或者多人会就稀缺资源的分配做出互惠的决策。

美国宾夕法尼亚大学沃顿商学院的理查德·谢尔（Richard Shell）教授，在其所著的《沃顿商学院最实用的谈判课》（*Bargaining for Advantage*）中指出：

> 谈判是一个互动的沟通过程，无论是我们希望从别人那里获得些什么，

1. 这本书的中文版，不同出版社有不同的中文书名。清华大学出版社2010年依据原书第四版出版，中文书名为《汤普森谈判学》；2013年机械工业出版社依据原书第五版出版，中文书名为《商务谈判》。

还是别人希望从我们这里获得些什么，它都会发生。（2006，6）

无论你是认同上述某一种定义，还是希望整合它们，抑或是创造出自己对谈判的定义，有一点很清晰：所有这些定义都是非常宽泛的，包含很多内容；当你将之运用到日常交往当中时，你会发现有很多情形，即使环境、背景、人物各异，但都属于谈判。我们在本章稍后会分析这种宽泛定义的优势。在这之前，我们还是要更深入地认识一下谈判的定义，突出一下这些定义中共有的核心要素。

2. 谈判的核心要素

许多关于谈判的定义描述，都包含一些共有的要素。这里我们只做简单的梳理，本书后面章节将详细分析。

谈判各方：谈判是双方之间或多方之间发生的沟通过程。尽管我们的思考、我们与自己的对话也很像谈判，但是一般而言，谈判并不涉及这些自省的行为。一旦我们开始与他人交往，就会慢慢萌生出谈判的场景。当然，谈判绝不仅仅发生在两方之间，经常会有三方或多方谈判（我们会在本书第九章讨论多方谈判的问题）。有时候，谈判各方是代表自己加入谈判的；而有时候，谈判各方并不出现在谈判桌前，而是派出代表加入谈判（例如，采购主管会替他的企业前来谈判，律师会替他的当事人参加谈判，等等）。

谈判目标：各种谈判都有一个共同点，那就是聚焦于***某些事物***。谈判不是为了混时间、闲聊天，也不是漫无目的的沟通。谈判双方或各方坐下来谈判，目的是得到他们想要的东西。最简单的情形就是某一方需要一样东西，他努力地将另一方引进谈判场景，手段可以有很多种，比如提供给对方某种他感兴趣的东西，或者给他创造出一种需求，即使他之前没意识到这种需求。在谈判中，各方经常会聚焦于一个目标——它可能是某项服务，也有可能是用来交换的物品，或者货品的价格等。如何确定谈判目标，以及如何让对方和你一样地看待谈判目标，我们将在第四章中详细论述。

相互依赖：谈判情形最典型的特征——如果没有对方的支持或配合，任何一方都无法独自达成目标。如果一方单凭一己之力即可达成目标，那么他肯定不会浪费时间和精力来谈判。从经济意义上说，谈判时各方均有机会通过谈成的协议，实现一个更好的目标，参照系是单凭一己之力可以达到的状态。谈判就发生在这种相互依赖的关系当中。

上面这段话还暗示了这样一种情形，有时一方依赖于另一方，但是反过来未必如此（或者说另一方尚未感知到这种依赖性）。那么，为了将另一方拉进谈判中来，有依赖性的一方就必须给对方创造出一种依赖的感觉，否则双方是无法坐到谈判桌前的。

试举一例：如果我要买辆车，而车行的销售员也需要卖车，这样他才能完成月度销售任务，当我走进车行时，我们两个就都感知到了这种相互依赖的关系。但是，如果销售员需要完成任务，而我并不需要买车，那么销售员就得让我产生买车的需求，这样我们两人之间才能出现一个共同目标，产生相互依赖的感觉。如果你想跟一个起初并没有需求的人谈判，那种困难很像爬山。但是，汽车销售员时时刻刻都在做着这样的事，所以很显然，它并不是完全不可能。

相互依赖是一个值得深入探讨的问题，因为谈判各方一般都会以自己的利益最大化为目标，并且在许多谈判中，各方之间存在着各类冲突，状态非常复杂，所以相互依赖的谈判关系并不一定非常简单明晰。关于“冲突”的问题，本书第二章和第十二章会进行较深入的分析。另外，本书第四章和第五章将分析影响相互依赖和各方利益平衡的因素。

谈判过程：谈判不是一种瞬间的事件，而是一个过程。这个过程指的就是上文谈判定义里包含的“有来有往”或者“互动”，谈判各方之间有一系列你来我往的举动，随着时间的推移不断发展。这并不是说谈判过程不可能在很短时间内完成，相反，它能，而且经常如此。但是，无论时间多短，谈判总是要经历这个过程——各方表达需求，一方有机会提出方案，各方达成协议或者拒绝这个方案。从谈判过程的角度而言，这种简短的谈判与旷日持久的重要谈判具有非常相似的特征。虽然持续时间很长的谈判容易让人察觉谈判是一个过程，但是其实过程在任何一个谈判场景中都是存在的。

沟通：谈判中的“有来有往”就其核心来说，指的是沟通行为。通过沟通，我们告诉对方自己的观点和愿望，提出各种方案或需求。有时候，沟通是精心设计的，例如一位经理向首席执行官呈报一份详尽的预行方案，希望它能获得通过，此时他就需要运用各种背景数据和逻辑推理；有时候，沟通是即刻完成的，没有章法，例如孩子要父母给他“***买玩具，立刻买***”，然后父母拒绝，接着孩子耍性子。这两个例子呈现的都是沟通行为，都是一方要说服另一方满足自己的需求。

沟通贯穿谈判的全过程，甚至在谈判开始之前，沟通就已经开始了。例如在正式谈判之前，谈判各方需要商定时间、地点等事宜，这个过程会一直持续到谈判有了一个结果（无论这个结果是达成协议还是陷入僵局）才算结束。谈判中涉及的沟通形式五花八门，书面的、口头的，语言的、非语言的，林林总总。谈判时双方可能同聚一室，也可能相隔千里。

由于沟通在谈判中扮演着非常重要的角色，因此本书中很多章节都会涉及这个话题。我们会讲到谈判沟通的动态变化，以及如何进行有效的沟通（详见第十章）。沟通中人们会面对各种挑战，也会获得许多机遇。不完美的沟通往往导致误解和矛盾（详见第二章），不完美的沟通也会阻挠双方在谈判中获得互惠互利的机会（详见第七章）。谈判各方的文化差异会给沟通制造障碍，这个问题我们会在第十七章中详细分析。信息和通信技术让全球化的沟通变为可能，当然其中各类挑战仍然存在，因此我们也会分析这个新内容（详见第十八章）。

协议：协议是谈判中的关键因素。谈判各方努力达成协议，以便界定他们相互依赖的平衡关系。他们之所以这么做，是因为他们把达成协议看成各方实现目标、决定谈判走向的途径，且优于单独行动的结果。因此，谈判就是各方探索是否有可能就某个或某些问题达成协议。当然，我们不能用结果来判断某个具体的沟通过程是否属于谈判范畴，因为有很多谈判都不会达成协议，而会以僵局收场。因此读者朋友们需要注意，***协议本身***并不是谈判的首要目标。在大多数情况下，如果协议并不能使双方获益，那么最好***不要***达成任何协议。换句话说，***没有协议总比签署一份糟糕的协议要强***！在谈判的过程中，各方不仅会一起探索可能达成的协议，更会单独对协议做出评价，因此，协议是否能够达成具有很大的不确定性。

专栏 1-1　不打不相识

“不打不相识”出自元末明初施耐庵的长篇小说《水浒传》第三十八回：“戴宗道：‘你两个今番却做个至交的弟兄。常言道：不打不成相识。’”意指经过交手和相互了解，才能更好地结交、相处，也是一种和好的妥协。在我们的生活中，谈判无时无处不在，所以在谈判时树立“不打不相识”的观念是十分重要的。中国和美国之间的谈判是“不打不相识”的典型案例。早前有美国贸易代表在对昔日中国的谈判高手，如朱镕基、吴仪和龙永图等进行评说时，将中美之间的博弈称为“谈判高手，不打不相识”；

2016 年 8 月，中国人民大学重阳金融研究院执行院长王文在“调研华盛顿后看美国与中美经济关系”的主题讲座中指出，中国作为全球第二大经济体，长期被特朗普认为是“伟大的谈判者”和“美国再次伟大”的竞争对手，在新形势下面对的是相对陌生且商业交易色彩极浓的特朗普团队，更要做好“不打不相识”的心理准备。

三、谈判的背景和应用

1. 谈判的宽泛定义

通过梳理谈判在一些经典教材中的定义及其核心要素，可以看出，谈判是一种极为普遍的人类交往活动。实际上，许多关于谈判的著作都曾强调一个基本观点，即谈判是生活中人们相互交往的一种主要形式。绝大多数谈判著作的作者都会强调，他们探讨的理论适用于各种交往场景。下面举几个例子。

在《谈判力》一书中，三位作者曾这样写道：

> 你跟老板谈涨薪；你试图和一个陌生人谈他房子的价钱；两位律师试图解决一场因车祸引起的官司；几家石油公司成立合资公司，商讨共同开发近海石油；市政府的工作人员会见工会领导，阻止罢工……所有这些都是谈判。
>
> 每个人每天都在就某些事情谈判……有时候人们都没有意识到，他们是在谈判。例如，夫妻两人商量去哪里吃饭，或者跟孩子商量几点关灯睡觉。谈判是你从别人那里获得“己所欲”的基本方法。（2011，xxvii）

在《谈判者心智》一书中，汤普森是这样描写的：

> 谈判不仅仅包括那种一对一的商务会谈，也包括涉及多方、多家公司、数百万金额的大宗交易。无论是简单的还是复杂的谈判，它们都是人们之间的一种相互沟通、相互影响的过程。即使是最复杂的谈判，其中也有一对一互动的情形。
>
> 除了商务场合，人们在生活中也进行各种谈判（例如和爱人、孩子、老师、邻居等）。因此，谈判的范围很广，从一对一的谈判到极其复杂的多

方谈判，甚至还有多国之间的谈判。（2005，2—3）

在《沃顿商学院最实用的谈判课》一书中，谢尔一开篇就讲了这样一段话：

> 我们所有的人每天都要谈判好多次。孩子们会通过谈判争取他们想要的东西，比如关注、优待、多一点零花钱。大人们谈判的事情要复杂得多，但是仔细分析一下，其实二者没什么不同。谈判是一种基本的、特殊的人类沟通形式，但是很多时候我们并没有意识到我们是在谈判……我们的谈判可能发生在谈判桌前，也可能发生在厨房的灶台前。（2006，6）

赫布·科恩（Herb Cohen）的总结也许是最精辟的，他曾在1980年出版的《谈判无处不在》（*You Can Negotiate Anything*）中这样写道：

> 你的真实世界就是一张巨大的谈判桌，无论是否愿意，你都得参与。（1980，15）

很多关于谈判的书，无论目标受众是普通读者，还是MBA学生，抑或是经理和律师等，都会呈现出这种宽泛的视角，将形形色色的交往行动纳入谈判旗下。

正是因为采纳了这种宽泛的视角，所以许多作者都会给出一个非常简单的说法：***所有***这些交往活动都涉及一些很明显的谈判元素，因此在很多重要的方面，它们是非常相似的。

2. 宽泛定义及具体场景

这是否意味着各种谈判场景不存在什么差别呢？我们谈工资的情形和孩子争论玩电脑的顺序，会采用一样的沟通方式吗？

显然不是。实际的谈判中，人们有许多环境因素需要考虑，然后才能决定在谈判中采取何种行为。比如，彼此之间以往的关系，以及这种关系对双方而言的重要性；谈判的结构（平级的还是上下级之间的，等等）；备选方案；彼此相互信任的程度；文化模式；行业规范；组织实践；伦理问题；所谈判的问题的重要性；双方对各自谈判力的评估等。所有这些问题本书后续章节都会述及。

但是，关于谈判的“宽泛视角”的共识表明，无论参与人是谁，情形如何，纷繁的谈判现象背后总有一些相同的东西。它们当中有一些最基本的因素可以清晰地定义和描述，可以应用到非常广泛的地方，可以帮助人们为即将到来的谈判做好各种准备，避免遭遇失败。

专栏 1-2 和而不同

“和而不同”出自《论语·子路》：“君子和而不同，小人同而不和。”意思是指在人际交往中与他人保持一种和谐友善的关系，但在对具体问题的看法上却不必苟同于对方。“和而不同”的思想除了在人际交往中得到应用，在谈判中也有广泛的体现。谈判不是放弃自己的原则盲目地妥协，也不是单纯地以暴制暴，而是在“和而不同”思想的基础上实现双方利益的最大化。“和而不同”的核心是“和”，即在追求自身利益的同时也能推己及人，考虑他人的感受和需求；在“和”的基础上追求“不同”（即更多的可能性与可行性），摒除“蛋糕固定”的思维，创造更大的价值，分配更多的利益。

宽泛的视角表明，世界上充斥着各种谈判，因此人们总是扮演着谈判者的角色。要想谈得漂亮，就需要根据具体情况进行规划，制定战略，并付诸实践——人际交往中，大多数谈判的基本因素都是类似的。这就意味着，你在生活中，无时无刻不在应用着自己的谈判技能。随着你不断地练习，试验新的谈判方法，你就会有所进步。

宽泛视角的另一条启示就是：作为一个谈判者，你在任何一次谈判中获得的技巧都可以运用到其他场合。比如，你的基本谈判技巧的提升，可以用来帮助你在下次购车中谈个好价钱，在工作中谈份不错的薪水，甚至帮你说服孩子准时睡觉！也许这么说有点过于美好了，但是那些谈判专家就是这么成长起来的。

思考题

1. 在你的人生中，有没有某个场景或沟通情境，你从前并没有把它归为谈判，但在学习了本章之后，你会认为它就是一种谈判？

2. 学习本章之后，请思考：你是否经常谈判？或者你很少与人谈判？是否你经历的大多数谈判都与某种场景（比如工作、家庭、朋友聚会）有关，涉及的总是某几类人？而其他场合中你很少与人谈判？

3. 费舍尔、尤里和巴顿曾经说过:“无论你是否喜欢，你都是一个谈判者。”科恩也曾经说过:“你的真实世界就是一张巨大的谈判桌，无论是否愿意，你都得参与。”请谈谈你的理解。

这两段引言提出一种可能，即***你根本就不喜欢与人谈判***。即使你感觉自己没有这么极端，然而很有可能你在某些场景中确实不喜欢与人谈判，或者你不喜欢与某些人谈判，再或者你不喜欢就某些事情与人谈判。对这些问题你有何感想？认真思考一下，回答下列问题：

（a）你***喜欢***谈判吗？你是很容易就进入谈判过程呢，还是必须自我逼迫才能进入谈判过程，而且在这个过程中会有***压力***？

（b）有没有一些具体的***场景***，你不喜欢置身其中与人谈判？或者有没有什么**人**，你不喜欢与之谈判？

对于这几个问题，人们的答案差别很大。你可以去问问同事或者朋友，看看他们的答案是否和你相同，结果会很有意思。在第三章中，我们将分析导致这些倾向和产生这些差别的原因。

第二章

冲突与谈判

在讨论真实的谈判行为以及人们可能或者应该采取的行为之前，很多关于谈判的教科书都会首先分析另一个主题：冲突。

我们先分析一下谈判与冲突之间的关系，再解释影响谈判的冲突理论包含哪几个基本因素。

一、冲突与谈判：异同点的初步分析

1. 相同点

冲突与谈判如影随形。实际上，谈判理论在许多关键方面都是从冲突理论发展而来的。[1]二者都涉及个体或组织之间的或内部的差异、努力影响对方、满足自身利益诉求的情境。“冲突”这个词可能会有负面的含义，而“谈判”则没有。然而即使这样说，也不表明二者之间真的存在非常大的差异。其实，即使针对“冲突”是否存在负面含义，也是仁者见仁、智者见智的事情；而且不同的文化当中，人们的认识也不一样。

2. 差异点

当然，谈判与冲突之间，确实有一些非常明显的差异：冲突中的人们很可能聚焦于满足自身的利益，以牺牲他人为代价，而且可能会把完全***打败***对方看作自己的目标之一。这种情况下，他们很有可能根本不和对方沟通，而是单方诉诸武力。但谈判不是这样，即使是非常咄咄逼人的谈判者或者自利目的很强的谈判都不是这样；谈判往往涉及一定程度的认可对方、展开沟通、获取对方同意等行为。冲突中的人

1　谈判学领域最主要的国际学会的名称是“冲突管理国际学会”（International Association for Conflict Management），由此可以看出谈判与冲突的紧密联系。

们可能会想要打败对方，而谈判中人们可能会尽力让对方有所获益。冲突可能是单方发动的，例如，一个国家挑起战争不会征得对方同意。但是，谈判却是一个涉及对立双方的过程，旨在让双方达成一致的意见。单独一方无论如何都无法达成协议。探戈要两个人才能跳得起来。

二、将谈判与冲突分开

在分析谈判和冲突的关联时，首先应该注意这种关联存在非常清晰的局限性，也就是说，并非所有的谈判都涉及冲突，并非所有的冲突都涉及谈判。

1. 并非所有的谈判都涉及冲突

关于不同类型谈判的文献曾经提到过一个基本的区分方法，即谈判可以分为交易促成型和冲突解决型两类。它们都是谈判的形式，例如，我们会与人谈判，达成某项交易；我们也会与对手谈判，目的是解决一个现实的冲突问题。很显然，这两类谈判存在本质的差别。

在交易促成型谈判中，谈判双方之前并没有什么关系，即使有关系，也不是相互冲突的关系。双方共同探索改善自身状况的可能性。也就是说，他们之间之前不存在冲突。当然，冲突会在各方心中或者感知层面产生；当他们离谈判越来越近，或者谈判开始以后，双方会从最初把彼此看作满足自身利益的途径，变成将对方视作满足自身需求的***障碍***。但是，一般而言，在这种情形下，双方会坐下来商讨，他们之间并***没有***积怨，双方在谈判的初始阶段并没有敌意，单方或双方并没有实际受损的情形。

而冲突解决型谈判恰恰相反，其目标就是解决双方之前就已经存在的某个冲突或争议。虽然在这种情况下，双方采用的工具可能没什么特殊之处，然而，整个谈判场景却是完全不同的。双方会陷入争斗——各种猜忌、失望、缺乏信任，以及在冲突发展的过程中逐步形成敌意。

我们来看一个例子。甲公司要对员工的电脑显示器升级。其采购部经理约见了乙公司的销售代表，乙公司是销售电脑及相关配件并提供现场服务的企业。在确认了某款显示器满足采购条件，而且乙公司可以按质按量提供所需的产品和服务之后，两家公司的代表开始商谈交易细节，包括拟采购的显示器数量、交货期、维护服务的内容和时限，以及产品价格和付款时间等。

从前面的描述中，你一定会想象出一些画面，展示这个谈判会如何进行下去。比如，双方会谈些什么问题？他们会使用什么样的语言，尽力避免什么样的语言？他们的语气怎样？谈话的焦点会是过去还是将来？这场谈判是系统有序的，还是诸多话题交织在一起的过程？

你可以想象这个谈判场景，然后定格在最后的画面上：双方代表签署协议，皆大欢喜。但是，让我们向未来穿越一年，看看会发生什么吧。

两家公司打起了官司。甲公司声称他们只收到了货品的95%，而且很显然这些显示器都有质量问题，乙公司只是将它们重新包装后，就作为优质产品出售了。甲公司还指出，货品是分批交货的，交货也比商定好的期限晚；而且这还是甲公司多次致电销售代表，并三次到对方公司催货，才取得的结果。乙公司的维护团队很少回应甲公司提出的问题，所以甲公司不得不联系了另一家***不同的***公司，寻求售后服务。因此，甲公司要求取消合同，而且要求乙公司全额退款，并支付赔偿金。

乙公司指控甲公司没有按期支付货款，还编造了各种理由，目的就是不再为乙公司已经提供的优质产品与服务付款。因此，乙公司要求遵守合同，而且要求甲公司立刻支付全额款项，并为破坏乙公司的名誉支付赔偿金。

自此，两家公司再也没有彼此沟通过，而是走向法庭上的诉讼程序。双方之间没有了谈判。他们之间的冲突达到顶点。

在法庭上，法官建议双方商讨一个解决办法。甲公司的采购经理和乙公司的销售代表，连带两家公司的首席执行官和律师，一起坐在了谈判桌前。各位读者，大家想一想：从直觉上判断，你觉得那会是一个***什么样的画面***？双方的语气、语言、焦点、谈判内容会是怎样的呢？

虽然上面提到的两次谈话均属于谈判，但是它们的区别却***很***大。双方之间存在冲突会显著改变谈判的性质。

专栏 2-1 跋前疐后

“跋前疐后”（bá qián zhì hòu）出自《诗经·豳风·狼跋》：“狼跋其胡，载疐其尾。”意思是说老狼前进就踩着它的胡（脖子下的垂肉），后退就被尾巴绊倒。后用来比喻陷入进退两难的困境。谈判进入实际的磋商阶段后，谈判各方往往由于各种原因而相持不下，因此容易陷入“跋前疐后”这种进退两难的境地，从而造成谈判的搁浅，以致形成谈判僵局。全球气候谈判中常常出现谈判僵局现象，以至于谈判进程举步维艰：在《联合国气候变化框架公约》第十七次缔约方会议上，虽然一些基本原则得到坚持，但气候谈判在整体上陷入僵局，根本原因在于气候谈判希望达成有约束力的协议内容，而每个国家基于自身的情况各自有不同的立场诉求。

---

2. 并非所有的冲突都涉及谈判

还有很多情形，冲突会不断出现或者不断升级，而其中却根本没有谈判的痕迹。有时候，一方努力想得到自己想要的东西，却要牺牲对方的利益且不经对方同意，此时可能根本不会有谈判。例如，一个国家向另一个国家宣战，根本不会提前告知；恐怖组织在人群密集的地方制造爆炸袭击，都属于这种情况。还有一些情境，比如，超市里收银台前有人插队；你驾车在道路上行驶，看到红灯，就刹车等候，突然有辆车插队到你的车前面；一个家庭里，两个家庭成员很多年都互相不说话。所有这些场景中，冲突都是逐渐出现、发展、升级或者持续的，而其中根本没什么谈判和沟通。有时候，冲突双方也许会用谈判的方法；但是大多数时候，这些冲突情境中的人们根本不会采用谈判的手段，于是冲突就会持续下去（例如，家庭成员即使在团聚的时候仍然彼此无视），或者冲突得到单方面的解决（例如，一国占领另一国）。

三、谈判和冲突之间的关联

虽然区别冲突与谈判很重要，但是了解它们之间的关联同样重要。它们之间存在三种关联。

1. 谈判催生冲突

谈判过程中的一些因素为冲突的行为、情感和思维方式提供了丰富的土壤。即使是那些非常专业的交易促成型谈判都是如此，更不要说那些冲突解决型谈判了。

尽管谈判双方都很客气，但是谈判的基本事实总会引发双方脑海中的冲突型回应。谈判的基本事实在于：你想要得到些东西，而对方要的数额你付不起，或者你觉得不公平，所有这些事实都会不断地给你带来一种感觉，那就是对方在不公正地对待你、盘剥你，甚至在故意制造障碍。同样，有时我们认为自己提出的要求非常合理，但在对方眼中，却有可能非常过分。当我们竭尽全力地试图说服对方时，也许我们自己都没有意识到我们的声音已经高了八度。此时谈判对手会把这解读为一种强迫或者一种威胁，从而拒绝我们，也许还会提高音量作为回敬。在谈判中，“不”这个字暗含着“我就是要得到这个”“我决不给你”的意思，它往往携带着冲突的可能。如果谈判中我们特别希望得到一个结果，但对方拒绝了，这就会给我们留下一种印象——“他们就是要伤害我们”。在大多数情况下，这类信息、解释或回应，都是下意识地或者凭直觉做出来的。即使在最具合作特征的谈判中，人们通常还是会认为谈判对象不是***队友***，而是***对手***。谈判开始时产生的细小分歧，最终可能演变成双方之间你死我活的冲突。

2. 谈判恶化导致冲突

因为谈判经常会陷入僵局，所以双方针对谈判问题的解释和回应都可能会有分歧。因此，谈判推进的过程经常会伴有各种令人产生冲突感的举动。例如，我们会对谈判对手施加压力，迫使他接受条件；我们会威胁对方，告诉他如果不能达成协议，那么我们会采取什么行动；我们还会提醒他，别的替代方案并不好，无利可图；等等。除此之外，即使我们想尽一切办法达成协议，但通常我们还会做出下列行为：指责对方，质疑对方的可信度或专业性，竭力带着“赢家”的感觉抽身离去。虽然我们可能认为这些举动是在努力使双方达成协议，但是它们确实都会让人产生冲突感。针对对方为促成协议所做的一些努力，我们也会有类似的反应，这些反应——无论是情感层面的还是行为层面的——都会导致冲突。

专栏 2-2　杯水车薪

“杯水车薪”出自《孟子·告子上》：“孟子曰：‘仁之胜不仁也，犹水胜火。今之为仁者，犹以一杯水救一车薪之火也；不熄，则谓之水不胜火。此又与于不仁之甚者也，亦终必亡而已矣。’”意思是指用一杯水去救一车着了火的柴，通常用来比喻力量太小，解决不了问题。“杯水车薪”往往和谈判中的让步策略联系在一起，当谈判陷入僵局或谈判各方利益冲突不能通过其他方式协调时，让步策略的使用将发挥重要作用；但当一方或各方的让步幅度远远低于对方的期望值，从而导致谈判仍然无法继续进行时，这种让步相对于整个谈判目标而言，就是“杯水车薪”，即无效的让步。2008

年6月23日，代表中国钢企参与国际铁矿石价格谈判的宝钢宣布，与澳大利亚的力拓达成协议，同意力拓的低质矿和优质矿分别在2007年价格的基础上上涨79.88%、96.5%。这一涨幅创下了历史最高纪录。但宝钢的让步并没有满足另一澳矿巨头——必和必拓的胃口，必和必拓首席执行官高瑞思暗示并不满足这一涨幅。也就是说，必和必拓的胃口太大，宝钢的此次让步对其来说只是“杯水车薪”，并没有带来预期效果。

3. 谈判解决冲突

正如前面所谈到的，有一种谈判发生的背景是有冲突需要解决，这时双方的目标非常清晰——冲突各方努力通过谈判寻求一种解决途径，同时心中带有一丝将矛盾搁置起来的希望。在这样的谈判中，各方会努力解决原有的冲突，或者将之完全搁置起来，聚焦于规划未来。尽管如此，冲突一旦存在，就会影响当下的谈判。从一种意义上讲，这种谈判经常意味着将冲突延后；从另一种意义上讲，双方的对话总是发生在冲突的阴影下。实际上，让冲突继续存在和通过谈判来解决冲突是两种现实的可能性。

尽管准确地描述谈判与冲突何时转化，对于学术研究非常重要，然而对于现实问题更为重要的是，必须认清这两种人类交往的模式有时并行、有时重叠。从理论角度上讲，冲突理论和谈判理论有非常紧密的联系；从实践意义上讲，要成为更好的谈判者，理解冲突很重要。

行文至此，我们先从冲突的角度打个基础，稍后章节还会涉及这其中的一些问题，特别是在谈判的背景下冲突是如何产生影响的。

四、冲突理论的基础

为了了解冲突萌生和发展的过程，明晰如何分析和理解冲突，我们先介绍几个概念和模型。

1. 冲突的形成

人们之间有着各种各样的联系，其中有一些涉及负面因素。那么究竟是哪些因素使得交往具有了“冲突”的特征呢？

1980年，威廉·费尔斯坦纳（William Felstiner）、理查德·埃布尔（Richard Able）和奥斯丁·萨拉特（Austin Sarat）在一篇关于冲突的产生与变化的文章中，提出了一个冲突形成的三步模型。第一步是将一个事件***认定***为感知到伤害的经历；第二步是***责难***，将受伤归因于另外一个人或机构的错误；第三步是将内部的对话转化成外部的要求，即向另一方***索取***赔偿。例如，如果我看到自家汽车的车门凹下去了，也许我会认为是我自己不小心碰到哪儿了——这时我除了跟自己生气以外，不会有其他的冲突；但是也许我会将它和早前听到的屋外的噪声联系起来，然后***认定***这个事件就是伤害到我的事件："有人撞了我的车。"如果凑巧我又看到邻居家车辆的后挡泥板也有令人生疑的凹痕，那么也许我会判定是她撞了我的汽车，于是我会因此而***责难***她。此时，我有不同的选择，我可以直接走过去，敲门，提出***索赔***；抑或我什么都不做。根据三步模型，当我面对对方，明确指出受到伤害的经历，提出索赔条件时，冲突就全面爆发了。

因为这个模型是在法律冲突的框架下生成的，所以这一类的冲突只在索取某种法律意义上的权利时才会明确发生。当然，我们有些人会感觉到，即使我们不上门要求赔偿，冲突也会存在。我们把某些事情归咎于别人的时候，就认为自己与之存在冲突。即使我们避免真正地涉入矛盾、争执之中，那种冲突仍在我们的脑海里，当我们判断与他人之间的关系时，那种冲突便会梗在心头。

2. 介入冲突和避免冲突

克瑞顿大学的伯尼·迈耶（Bernie Mayer）教授在其著作《冲突的推动因素》（*The Dynamics of Conflict*）中，分析了通常情况下，人们会如何选择介入冲突，或者避免介入冲突。

> 虽然避免介入和选择介入都是冲突过程中的关键部分，但是它们涉及完全不同的立场。当我们要避免冲突时，我们会努力地避免让冲突凸显出来，我们会否认存在冲突，我们会让自己置身冲突之外。一般而言，我们会尽量不往冲突中投入太多的情感和精力。而一旦介入冲突，我们就会投入精力、涉足其间，主张我们的需求，表达我们的情感，提出我们的意见，并促成某些结果。有时候，我们会在冲突发生的过程中反反复复地考虑究竟是避免介入还是选择介入，特别是当涉及需要维持长期关系的情况下，更会如此。（2012，42）

在他后来的著作《冲突的悖论》(*The Conflict Paradox*)中，迈耶又将人们每天都需要面对的这种介入/避免决策，描述为冲突是人们面对的最难困局之一：

> 尽管我们会将它看作一个很直接的选择——要么挑起冲突，要么对它置之不理——然而真实的情况要复杂得多。和其他很多相互矛盾的物体一样，我们必须明白避免和介入这两种选择相生相长。当我们避免一次冲突时，也许我们会挑起下一次冲突。当我们选择介入一次冲突时，很有可能我们会避免另一次冲突。我们都在个人的和职业的关系当中，选择是否加入战斗……如果每件事我们都不放过，那么我们就会面临风险，即忘了最重要的任务，使双方无法开展真正的沟通。所以，为了有效地介入冲突，我们也必须避免冲突。应对冲突的过程中，总是既有避免介入，又有选择介入。(2015，96)

是否介入冲突是人们战略思考的结果。人们会有意识地思考如何最好地实现目标，并选定战略。有一些个性因素也会对介入/避免冲突的决策产生影响。简单地说，相对而言，有些人更反感冲突，他们会选择避免冲突的做法，或者尽力缩短介入冲突的时间。另一些人似乎随时准备好，甚至渴望投入争战。而且，人们的性格也会决定他们介入冲突的方式。本书第三章将分析托马斯—基尔曼(Thomas-Kilmann)性格评估中的冲突方式模型，以及它在谈判中的应用和启示。

上面这些观点可以给我们一些启发，事实上，在冲突中，人们的行为究竟是出于理性的认知原因，还是感性的下意识原因，并不总是非常清晰的。但是，有一点却相当确切：人们会在认知、情感和行为三个层面上体会到冲突。在《冲突的推动因素》一书中，迈耶描述了以下三个层面：

> 我们通常都是在行为层面上描述冲突，但这种方法会过于简化我们经历的实质……
>
> 冲突是一系列感觉，我们相信或者我们认为自己的需求、利益、愿望或者价值观和别人是不相容的……
>
> 人们也会从情感层面感受到冲突。我们经常会用自己的感觉来描述冲突，例如愤怒、不安、受伤、苦涩、无望、下定决心或者兴奋异常等。有时冲突不会有行为上的任何表现，但会产生很大的情感层面的影响……通常情况下，冲突的存在是因为我们在情感上与某个人有抵触，即使这种情

感并没有收到对方的回应或者对方甚至根本不知道……

人们也会将冲突理解为或体会成一种抒发情感、表达感觉、争取满足自己需求的行动，特别是如果这些行动有可能干扰另一个人的需求，那就更是如此……无论怎样，冲突行为的目的就是把冲突说出来，或者让自己的需求得到满足……（2012，4—6）

当我们身处冲突之中时，我们会感到愤怒，做出出格的决定，而且会付诸实施。所以，在***解决***冲突问题时，我们必须采取措施，在相应的层面上落实解决方案。

除了介入或避免冲突的总体倾向，我们往往还会采用不同的***方法***介入冲突。例如，一个在纽约长大的孩子，他从小接受的教育就是要***避免***冲突，避免和陌生人发生联系，看到冲突将要发生最好马上离开。如果无法避免冲突，比如遇到抢劫，他就应该***妥协***，毫不反抗。后来他长大成为一名律师，所接受的教育则是***积极争取、咄咄逼人***，为了维护自己的客户而竭尽全力，不管这样做会给谈判对手带来何种损失也在所不惜。再后来，他做了调解人，他会发现冲突中最难的策略是与对方***合作***，共同寻求得到双赢的结果。冲突越深，越难有效地开展合作。当然，单方面的努力对解决冲突是没有效果的；处理冲突的方法明显是需要双方共同努力的，通常情况下这种双方共同努力就是谈判。这再一次彰显了谈判与冲突之间的联系。

专栏 2-3 北面称臣

“北面称臣”出自《史记·郦生陆贾列传》：“君主宜郊迎，北面称臣。”意思是古代君主面南背北，臣子拜见君主则面北，指臣服于人。“北面称臣”通常和谈判中的屈服战略联系在一起，屈服战略一方面是指降低自身的期望，以便让他人获胜，并在此过程中获得自己想要得到的；另一方面是指采取恐吓、威胁、警告、压力等强硬型的谈判方式，迫使对方答应自己的谈判要求，这种情形往往出现在一方谈判实力明显强于对方的情况下。这种屈服或胁迫式的谈判策略有时并不能达到期望结果。例如，2015 年在伊核问题谈判中，美国国务卿克里发出警告说“如果伊朗不同意证明其无意拥有核武器的条款，美国将退出谈判”。而伊朗副外长、伊核问题谈判小组成员阿拉格希做出回击，称“如果其他谈判方将意志强加给伊朗，损害其国家利益，伊朗将退出谈判”“伊朗的谈判人员永远不会屈服于威胁、欺凌和外界压力”。可见，美国及其他谈判方的政治压力及舆论压力，并未让伊朗改变谈判立场、策略和要求。

---

3. 组织冲突：冲突之轮

简单地讲，冲突是非常麻烦的状态。当你介入其中时，你很难说清楚冲突究竟是怎么发生的，你的目标是什么，未来会怎样。双方通常都是在情绪不稳的情况下，依据有限信息来决定采取什么行动。当人们筹划通过谈判***解决***冲突时，需要以分解的方式理解冲突。

迈耶曾经给出了一个分析冲突的工具（2012），即如图 2-1 所示的“冲突之轮”。

图2-1　冲突之轮

迈耶认为，要理解冲突，首先必须弄清楚冲突双方的核心需求是什么。人们正是因为这些需求才会介入冲突，除非这些需求得到满足，否则冲突就无法解决。导致冲突的人类需求可以分级或者按照一些标准加以分类。需求包括生存类需求（比如衣、食、住、行和安全需求，有时这类需求可以转化为货币形式）、归属类需求（意义、隶属关系、友谊、独立性需求）以及其他种类的利益诉求（比如，希望得到尊重或者公平的对待）等。

迈耶提出，这些需求是产生冲突的源头，它包括五类：

沟通：人类的沟通有很多不完美的地方，人们在沟通过程中的推论、假设和解读不同会导致冲突。

情感：作为“燃料”，情感在冲突的发生和升级中扮演很重要的角色。谈判各方在理性、情感层面上都会经历各种内心的挣扎，很好地表达自己、控制好情感并非易事。

价值观：每个人对于对与错、好与坏都有自己的认识，这构成指导我们生活的基本原则。当人们判断彼此之间的冲突是源于价值观时，他们往往会感觉冲突几乎没有可能解决。当我们认为自己的价值观受到攻击时，便会认为是自己受到了攻击。而且，当面对原则性问题时，要找到一个中间地带非常困难，因为那样做会让人们认为是牺牲了自己正直的品质。

结构：冲突不会发生在真空中，它总是发生在由关系、规范、资源、时间限制条件、决策程序、法律要求等形成的结构中。例如，幼儿园里两个孩子之间、办公室两个同事之间、两个邻国之间的冲突都有着各自独一无二的结构特征。结构因素会左右沟通的推动因素、冲突升级的可能性等。

历史：离开历史背景就无法很好地理解冲突。冲突双方本身、冲突发生的机制以及谈判涉及的问题等通常都有历史根源，冲突是不断演化发展的。

迈耶的模型还识别出另外四种变量——文化、权利、个性和数据，它们与上面描述的五类源头因素相互交织，这个模型可以帮助人们更好地分析各种冲突。本书将探讨这些因素在谈判中的表现。

4. 冲突的转化

冲突从来都不是静态的，它会不断地变化，而且常常会升级。在《社会冲突：升级、僵局及解决》（*Social Conflict: Escalation, Stalemate and settlement*, 2004）一书中，杰夫里 · 鲁宾（Jeffrey Rubin）、狄恩 · 普鲁特（Dean Pruitt）和金盛熙（Sung Hee Kim）讨论了五种转化：

由轻到重：谈判双方从采用影响力轻的策略（例如迎合对方或者劝说对方）转变为采用更重、更有进攻性的举动（例如威胁对方和下最后通牒）。

由小到大：如果冲突一开始仅仅是围绕一个问题，随着越来越多的问题的卷入，那么就会演变成双方在争执一***切***问题。而且，最初在冲突中投入资源有限的各方会增加投入。

由具体到一般：虽然双方起初聚焦于具体问题，但是随着冲突的升级，双方的冲突就会扩大为针对一般性问题，甚至是涉及双方总体关系的问题，对此双方针对对方的忍耐力均会下降。

从"做得不错"到"要赢"再到"伤害对方"：随着冲突的升级，谈判各方的导向会发生变化。如果说一开始，每一方都只是在为自己寻求好的结果，那么升级的冲突往往会让谈判各方从聚焦于内部转变为聚焦于外部，竭力达到优于另外一方的结果，或者简而言之，就是“胜出”。随着冲突继续升级，双方不再仅仅满足于寻得一个对自己有利的结果，也不再满足于胜过对方，此时“***伤害对方***”会变为核心目标和行为准则。

由少到多：随着冲突的发展，参与的人数通常会增多。当一方无法让另一方按自己的意愿行事时，他们往往会寻找联盟，与之捆绑在一起以达到目标。例如，两个国家之间的冲突到后来会演变成一个区域性的战争；两个人之间的争议会导致整个社区两极分化。

五、解决冲突

冲突并非总能得到解决。即使是那些最终得以解决的，路径也各有不同。有一些冲突最终是以一方压倒另一方的方式得到解决的（例如，一个国家占领另一个国家；一家公司逼迫另一家公司破产），但是大多数冲突的命运并不是这样的。此时，除非双方均各自决定放弃冲突，不再纠缠，否则冲突的解决是需要一些方法的。鲁宾、普鲁特和金盛熙的研究（2004）指出，当谈判各方感觉自己处于僵局，甚至是“伤害性的僵局”时，冲突的升级也会停下来，因为此时他们通过当下的方法无法达到自身的目标，与冲突进一步升级相关联的成本又远超过他们的承受能力，继续争斗下去对彼此都没有好处。几位作者指出，即使情况不断发展，通常各方也需要一些时间才能认清；他们往往习惯于冲突存在的状态，所以难以清醒地认识到（更难以承认）这不再是最好的办法。有时候，仅仅是某种中断事件——比如一场天灾或者领导人变化——就足以让双方认清。一旦双方认定已陷入僵局，那么双方有可能会着手减少彼此间的冲突，而这往往会引导双方采用谈判的方法来解决冲突。不过，在讨论谈判之前，我们先来看看各方能寻求的其他冲突解决程序。

1. 法律途径

将对手告上法庭可以视为一种解决途径或者进入一种有约束的冲突形式。采用法律途径的大多数人很有可能会将它看成后者：双方意见相左，你死我活，但是因为有法律约束和法律程序，所以它是一种规范的体系。法律途径往往会引发很高的成本，耗费时间、金钱和精力；而另一方面，它又会给双方带来自我辩护、终结冲突的希望。最后胜出的肯定只有一方。输家虽然输了，但是他们会出现在法庭上，至少有被公平对待的感觉。当然，这只是理论上的认知，在现实中也未必如此。

2. 仲裁

法律程序的一种替代方案是仲裁。从根本上讲，仲裁程序是双方达成协议，让一个私人（或者由私人组成的小组）来裁决事件。双方偏好由第三方裁决，并且不要求仲裁者是政府机构的代表时，就会选择仲裁的方法。事实上，双方在仲裁这种途径中看重的恰恰是私密性。双方可以选择一位专业人士，而不必由国家来指定一名法官。他们可以选择仲裁人选定的规程（例如，当地法规，或者不同国家的法律、习惯或传统规范，或者干脆就是常识），以及规则、程序等。仲裁人会做出最后的裁决，通常情况下，双方没有权利上诉。在大多数国家，仲裁决定通常被认定为对双方均有约束力；在很多司法管辖区内，它们也会被认为等同于法官做出的官方裁决。

3. 调解

调解是一种特殊形式的谈判，它与“常规”谈判不同，涉及中立的第三方，他的角色就是帮助双方开展谈判、克服困难、清除分歧。调解与仲裁或法律途径不同，因为中立的第三方并没有决策权。调解方可以帮助双方找出互相都可以接受的结果，但是他没有权利***代替***双方做出决定。我们将在第九章中分析调解。

4. 谈判

本书其余各章将聚焦于如何运用谈判减少分歧，或者为双方寻求更光明的未来。需要记住，冲突并不一定总是谈判固有的一部分，当然也不是***必不可少的***部分。但是，它的影响在谈判中不太容易消除，因为过去形成的冲突或者未来有可能形成的冲突，抑或内心对冲突行为的反应，所有这些都会持续影响双方的情感、决策和行动。本章分析了冲突的特征，定义了它的核心概念，并提出了厘清冲突与谈判关系的工具。熟悉冲突将会有助于有效谈判。

思考题

1. 请思考你最近避免的一次冲突，同时思考你涉足其间的一场冲突，积极、全力投入的一场冲突。在每类冲突中，你为什么会选择那样的路径？无论哪种冲突，你的决策为什么都那么困难？

2. 典型的冲突事件往往都包含本章描述的许多因素。思考你身边（例如职场、家庭、社区等）发生的冲突，另外，思考你经常从新闻里听到的冲突。运用本章所学知识，回答其中的哪些理论框架和概念可以用来分析这些冲突。

第三章

谈判者的思维导向与谈判风格

现在我们大致了解了什么是谈判、谈判出现的频率及其与我们生活的关系。下面该学习如何更好地谈判了。但是各位读者，少安毋躁！

为了在未来做得更好，我们必须回望过去，获得启示。为了充分地了解怎样提高谈判能力，我们需要好好总结一下自己经历过的大量谈判，理解谈判的出发点。我们需要明确我们一贯的做法，以便了解我们谈判的模式。我们自己的行为属于哪种类型？什么样的行为会令我们受益？什么样的行为会令我们受损？我们的谈判优势和面临的挑战各是什么？当然，我们越是清楚地了解谈判，就越能提出问题，反思过去，应对未来。本章将从一个非常重要的问题，即人们对谈判的思维导向问题入手。

一、个人倾向

在关于谈判的文献中，有各种各样的名词用来描述个人倾向，比如个人的谈判倾向、风格、模式或者导向等。有时候个人倾向是指个体面对冲突时的直觉导向，有时候它又比较具体地指谈判环境中的思维方式。联系前一章探讨的冲突与谈判之间的关联，以及这两个领域之间的重合，我们可以发现这是很正常的。我们面对冲突的直觉导向和谈判状态的思维方式联系紧密。在下一章里，我们会看到个人倾向与谈判战略的选择高度一致。然而，我们会把这两个问题分开来讨论。我们直觉产生的特定处事方式是我们需要认识的；而我们根据形势分析、选择***不同***行为模式的能力也是需要辨认的。把直觉行为和经过分析之后采取的战略性行为区分开来，是成为一个成功谈判者的关键。

1. 思维导向的模型

那么，何为“直觉导向”呢？虽然千人千解，但是这个概念的核心就是：引导我们行为的东西，不仅包括理性思维，还包括潜意识的“操纵”或“谋划”，这是伴随我们多年，自小形成并随着自身谈判经验积累不断发展的。这种直觉导向对我们在谈判中的行为、回应对方的方式，甚至我们对于谈判的根本态度都有深刻的影响。因为每个人的经历不同，所以每个人的直觉导向也是不一样的。但是，人们在谈判中的直觉导向可以大致分为几类。

解释人们在谈判中直觉行为的最常见的理论框架，最早是为了解释在冲突条件下人们的思维导向的。1974 年，肯尼斯·托马斯（Kenneth Thomas）与拉尔夫·基尔曼（Ralph Kilmann）开发了一种旨在解释冲突模式的工具，它包括一整套可供选择的问卷，以及对答案予以解释的一系列公式。他们确认了面对冲突时人们常见的五种行为模式，而且根据受访者的答案，还可以确定出他最主要的行为模式是哪一类。这些模式之间的主要区别是受访者表现出来的合作态度和表达观点的果断程度。这个框架不仅经常应用于关于谈判的学术研究中，而且经常被老师用来在课堂上解释人们对于谈判的直觉导向。[1] 这五种类型分别是：

- 妥协型（不果断、合作）
- 逃避型（不果断、不合作）
- 竞争型（果断、不合作）
- 折中型（有点果断、有点合作）
- 合作型（果断、合作）

美国宾夕法尼亚大学教授理查德·谢尔（2006）曾采用类似的方法，建立了一个理论框架，更为直接地聚焦于谈判行为导向（与针对冲突的一般行为导向不同）。他开发的“谈判风格测度工具”可以帮助谈判者量化自己的行为倾向，他采用的五种类型和托马斯—基尔曼的理论框架相同。

2. 理解思维导向

描述这些思维导向很不容易，因为那意味着用理性的或者认知领域的词语去描

1　要进一步了解这个工具，可以查看付费网站http://www.kilmanndiagnostics.com/。罗恩·克雷比尔（Ron Kraybill）在《风格决定一切》（*Style Matters*）一书中，介绍了分析冲突风格的另一种工具，详见付费网站http://www.riverhouseepress.com/。

述未曾发生、不可言状的人性深处的心理反应。但是，我们还是要努力去描绘每一种导向所代表的典型内心世界。

妥协型：具有妥协型思维导向的人们，很可能不喜欢谈判的情形。当面临必须果断表达或者向别人提出要求的局面时，他们会感到各种不适。他们觉得为了满足自己的需求而强迫他人是不妥当的。他们可能会非常关心对方的感受和目标，并担心如果向对方提出要求，或给对方造成妨碍，将破坏彼此之间的关系。他们会尽一切力量尽早结束谈判，向对方妥协，或者暂时撤回自己的要求。

逃避型：有这种思维导向的人面对谈判时会感到不适，甚至极为讨厌谈判。他们可能把这种思维方式外化为一种文化（例如他们会说“我们这儿不这么处理这种事”），或者一种经济方面的世界观（例如：“如果对方提出一小时的服务费是 150 元，我怎么能说这价钱太贵呢？”）。因此，这类谈判者会刻意地避免谈判；如果必须谈，他们会找人代表自己去谈。一旦身处谈判之中，他们就会想办法尽早结束谈判，他们采用的方法是向对方妥协，或者加快进程造成谈判僵局以便赶紧抽身。一个简单的问题就可以问出逃避型的谈判倾向：购物中心里商品价格是固定的，不能讨价还价；而露天市场上你可以讨价还价，你喜欢它们当中的哪一个？当然，你有可能喜欢购物中心，因为那里有舒适的空调和能让人大快朵颐的美食街。但是细想一下，这个选择是否和对谈判的心理偏好有关，或者说你不选露天市场的原因，就是可以避免讨价还价。

竞争型：有竞争型思维导向的人会将双方的谈判视作一场零和博弈，即一方的收获一定以另一方的损失为代价。这类人会下定决心，决不能在谈判中失利，因此他们会把所有注意力集中在满足自己的需求上，尽量在谈判中占上风，在竞争型谈判中取胜。

折中型：有这种思维导向的人们往往把谈判视为双方平均分配资源的实践。他们会把谈判中的所有问题量化，然后寻求分割收益的办法，可以是平分，也可以是按双方都能接受的比例进行分割。换言之，这种人对于谈判的认知就是：参与谈判，找个办法分割资源，各自拿走一份，然后结束谈判。

合作型：这种导向也被人称为合作导向或者问题解决型导向，这类人将谈判视为合作的机会，双方基于形势提出解决问题的方案。他们将谈判对手视为潜在的合作伙伴，共同应对难题，认为解决方案是可以满足谈判双方利益诉求的。当把对方视作潜在的合作伙伴时，他们就不会因为要迎合对方而牺牲自己的利益（用托马斯和基尔曼的话来说，在合作度和果断程度方面得分都高）。

3. 个人思维导向代表的行为趋势

如果我们深入分析，就会发现上述五种类型的个人思维导向代表着两组相对应的行为趋势（本书将从不同的角度分析这两组行为趋势）。第一组行为趋势是“直面冲突”对“避免冲突”，第二组是“合作”对“竞争”。

重新审视这五种谈判思维导向，可以看到直面冲突还是避免冲突的趋势非常明显。合作型和竞争型的思维导向都是在双方存在差异点时，***直面***冲突；逃避型以及妥协型的思维导向经常是要***避免***冲突；而折中型思维导向，虽然有直面冲突的痕迹，但是它也很清晰地包含逃避行为，这类谈判者总是急于快速、简单地解决问题，终结对峙的局面。

合作型和竞争型是两种独立的谈判思维导向，但是它们也会影响其他思维导向。妥协型和逃避型的思维导向离竞争型动机更远一些。有些学者认为折中型思维导向更多地包含合作态度，至少是避免全面竞争的态度。

专栏 3-1　布鼓雷门

“布鼓雷门”出自东汉班固《汉书·王尊传》：“毋持布鼓过雷门。”颜师古注：“雷门，会稽城门也，有大鼓，越击此鼓，声闻洛阳，故尊引之也。布鼓，谓以布为鼓，故无声。”通常比喻在高手面前卖弄本领。在谈判的实际应用中，“布鼓雷门”往往代表个人的谈判风格，表示在沟通或谈判中向对方卖弄辞藻、学识或才华，这容易给对方带来华而不实之感，影响沟通感情和沟通氛围。因此，在谈判中把“卖弄”改为“展示”更为合适，不要刻意去卖弄才华或无的放矢地夸夸其谈，而要客观展示自己的真才实学，适当地“显山露水”，向对方证明自己的实力。

二、确定你的思维导向

1. 直觉辨认、分化和抗拒表现

通过阅读本章前面的内容，你也许已经把自己归到某种类型中了。当然，你也有可能不认同思维导向理论，认为自己的思维和行为导向是随场合而变化的。例如，你可能会说“我工作的时候是一种人，但和朋友在一起的时候就是另一个人”，或者“我在私人问题上竞争意识很强，但在工作中更具合作意识”。

当然，你也可能不愿将自己归到任何一类中，这也是人之常情。这里我们强调一件事：托马斯、基尔曼和谢尔的研究都表明人们不会只有***唯一***一种行为模式，他们揭示的只是人们天然***倾向***更明显的行为模式。竞争型思维导向的人***也会***有合作行为，只是他们并不是经常这样，或者说他们的合作行为并非自然而然的选择。这些研究表明，总体来说，思维导向可以将人们划分为不同的类别；虽然情境不同时人们会有所差别，但是每个人都会有一种最突出的、最可能采取的行为导向。我们在这个问题上不下结论，但我们有两条建议：

第一，虽然你可能会抗拒自己被归到某类人群中，但是你会发现将别人进行分类相当容易。例如，想想你的朋友或者同事，看看你自己是否会说出这样的话：“哦，这人***很明显***是逃避型的”或者“她***绝对是***竞争型导向的人”。如果你可以这么说，那么就说明分类是可能的，也是有意义的，随后你也许会出于好奇思考自己究竟属于哪一类。

第二，要真正地理解你在谈判中的直觉行为，就不仅要了解“我想在这场谈判中做（什么）”，还要进一步思考“我***为什么***会这么做”，以及这种行为背后的动因是什么。

专栏 3-2　竭泽而渔

“竭泽而渔”出自《吕氏春秋·义赏》：“竭泽而渔，岂不获得？而明年无鱼。”意思是指抽干池水，捉尽池鱼，常用来比喻目光短浅，只顾眼前利益而不顾长远利益。在商务谈判中，谈判者的利益既包括眼前利益，也包括长远利益和潜在期望。谈判者有时需要在眼前利益和长远利益之间做出抉择，以确定是牺牲眼前利益换取长远利益，还是以眼前利益为重而不顾长远利益，即所谓的竭泽而渔。一般来说，理智的谈判者要避免竭泽而渔的状况，以长久合作的心态对待每一次合作，做到一次性利益和长远利益兼顾，实现各方的可持续合作。1952 年日本松下电器公司为引进荷兰飞利浦公司的先进技术而与其进行谈判，飞利浦公司提出的要求非常苛刻，要求松下电器公司一次性付清 2 亿日元的转让费，这在当时几乎占了松下电器公司全部资产的一半。松下幸之助认为，飞利浦公司研发实力十分雄厚，一旦双方签约，松下电器公司就可以利用飞利浦公司强大的技术资源，而这一技术资源是2亿日元所买不到的。因此，牺牲暂时的眼前利益来换取以后更长远的利益是值得的。于是，松下幸之助应允了飞利浦公司的要求，松下电器公司后来的发展充分证明这一点是十分正确的，公司在20世纪50年代搭建的坚实的技术平台为公司日后的迅速发展奠定了基础。

你会发现，即便最初你觉得自己在谈判中的行为非常复杂、不宜简单归类，然而如果你继续深入探寻自己的内心、行为和情感，就会发现你确实拥有一种主导性的、可辨别的思维导向。但是，这种思维导向会有不同的表现形式，有时表现得明显，有时隐藏得很深，不管怎样，这种思维导向确实存在。

2. 发现自己思维导向的方法

本书英文版的作者埃布纳在长年研究谈判者的过程中，提出了一种远没有那么“科学”的方法，可用来帮助人们识别自己的谈判思维倾向。这种方法不是利用量化模型和工具来进行的（比如，量化模型中会有这样的表述：“本次问卷调查中，你的得分是83分，那说明你的谈判思维导向是竞争型的”），而是让个体思考一系列问题形成自我反思，对这些问题的回答会成为个人导向的判断依据。谈判者完成了这样的自我反思后，通常可以对自己进行归类，要么归于上面提到的某一类，要么给自己提出一种新的分类。下面请大家也来做一下这种练习，进行自我探索。

（1）练习一

本练习的第一部分涉及回答两个问题。我们首先提出这两个问题，建议大家先自己考虑答案，然后再往下读，以了解我们***为什么***要问这两个问题。

①当你参与谈判时，你***喜欢***与人谈判吗？

②考虑一个谈判的场景，你会将它视为一次有威胁、有危险的情境，还是一个将给双方带来好处的机会？

第一个问题，“你喜欢与人谈判吗？”经常会令谈判者感到吃惊。因为谈判是我们必须做的事情，它是我们工作的一部分，我们通过谈判来获取利益或避免损失等，它确实和看电影或逛公园不一样，不是为了开心或娱乐。

然而，确实有些人确认自己很享受谈判的过程。有一类人把谈判当作博弈或运动，他们很喜欢其中的竞争感；还有一类人则认为谈判是一种社会交往的形式，他们喜欢参与其中；当然还会有第三类，这些谈判者认为谈判会令其肾上腺素飙升、激情澎湃。

总的来说，这个问题对于***不喜欢***谈判的人识别自己的倾向，是特别有用的。当面对这个问题时，他们的答案往往是明确的、响亮的、毫不犹豫的。不喜欢谈判的人会非常清楚地识别出这种厌恶情绪，被问这个问题后往往感到如释重负，他们可能从未清晰地表达过这种倾向（尤其是对那些谈判已经是其工作的一部分的人而言，更是如此）。非常反感谈判的人往往不会只给你一个简单的答案:“不”；而是给你一个更有力的答案（例如，“***我***绝对***讨厌***谈判”）。

第二个问题进一步展现我们如何看待即将到来的谈判，它可以让我们更清楚地了解我们会如何描述实际的谈判体验。我们可能会想起各种各样的经历，不管我们是赢家还是输家，不管我们是否熟练，我们在谈判中的行为都会清晰地浮现在眼前。这也会影响我们如何回答“是否享受某些特定的谈判？”这个问题。如果再深究一步，我们就会了解自己的故事和经历所代表的真相、态度和情感。我们对未来谈判的各种感觉，包括期待、恐惧、兴奋、不安等，都能揭示我们的直觉倾向。

（2）练习二

对下面两种情境，你会有什么反应？用几句话把你的答案写下来，这样比仅回答一个词反映得更加准确。

① 在门外

你此时处在这样的场景中：

你工作一年了，感觉是时候提出涨薪了。你几乎没有跟老板说过这些事情，大家都说他不太大方，所以你并不知道他会有什么反应。因为决定提起此事，所以你就给他发了电子邮件，询问是否可以见面聊一聊。一分钟之前，他回了你的邮件，让你去他的办公室。你向他的办公室走去，现在就在他的门外。在敲门前，你自问：“***你感觉如何***？”出现在你脑海里的是什么想法，或者说你身体（比如你的胃和脉搏）有什么反应？

② 前一天晚上

你此时处在这样的场景中：

你的车又坏了。而且你知道它没法儿再修，必须得买新的了。今晚你仔细盘算了一下，发现虽然你已经专门为此攒了一些钱，但是还不够。你知道根据你现在的预算，能否买到一辆不错的车将取决于明天早上你跟二手车行销售员的谈判。你躺在床上，想着明早的谈判。

你的脑海里会出现什么场景？这些场景让你感觉如何？试着说出你的感觉：比如充满压力，充满期待，是热情满满，还是心怀敌意？抑或压根儿就不去想这件事，干脆捂被子睡觉？设想一下：如果你和销售员在谈，那么你的语气、措辞会是怎么样的？你们是不是会友好地开开玩笑，还是会言辞激烈？

请用几句话写下你的答案。

现在请重新思考练习一中的那些问题，看看是否想要改动、修正或者扩充你的答案，因为此时你已经将自己内心的感觉代入了即将发生的谈判。你会发现，此时，我们每个人的个人思维导向变得更加真实和生动。事实上，你很可能在内心深处已经相当明确自己的思维导向属于哪一类了。

（3）练习三

思考下面这些句子，努力从直觉的角度看待它们。不要做价值判断，比如“我想这是对的”或者“我想这是错的”，只根据你对这句话的认同感来回答。分值从 1 到 10，1 指代的是“我从来不觉得自己是这样”，而 10 指代的是“***那简直说的就是我***”。你要对每一个句子做出自己的判断，所以不必把它们对立起来；只要你愿意，你可以给很多句子打同样的分。这些数字只是帮你判断自己认同程度的一种工具。

①	我不喜欢与人对抗。	1…2…3…4…5…6…7…8…9…10
②	谈判中，我更多聚焦于自己的观点和需求。	1…2…3…4…5…6…7…8…9…10
③	在谈判中自己比对方收益更高很重要。	1…2…3…4…5…6…7…8…9…10
④	我喜欢双方为了共同的目标合作共事的感觉。	1…2…3…4…5…6…7…8…9…10
⑤	我不想对方认为我是傻瓜。	1…2…3…4…5…6…7…8…9…10
⑥	我愿意为了维系双方的关系而做出让步。	1…2…3…4…5…6…7…8…9…10
⑦	我希望对方对于谈判的结果感到满意。	1…2…3…4…5…6…7…8…9…10
⑧	我努力在谈判中不做任何妥协。	1…2…3…4…5…6…7…8…9…10
⑨	只要可能，我都会让别人（比如伴侣、朋友、家庭成员或者员工）替我去谈判。	1…2…3…4…5…6…7…8…9…10
⑩	我经常感觉到，是我在谈判中做出让步，而对方没有。	1…2…3…4…5…6…7…8…9…10
⑪	当钱摆在桌上时，我会努力快速地想办法和对方把它分了。	1…2…3…4…5…6…7…8…9…10
⑫	我乐于把对手变成合作伙伴。	1…2…3…4…5…6…7…8…9…10

这些句子代表着不同的谈判思维导向。认真思考对每句话的认同程度，就能帮你明确自己最主要的思维导向。

（4）练习四

在你完成练习一到练习三之后两天，再次思考那些情境。这段时间你一直想着这些问题，同时你又进行了几场真实的谈判，你是否想修正自己的答案？

（5）练习五

再次读一读前文列出的五类谈判思维导向。你能将其中一种判定为自己主要的谈判导向吗？如果不能，那么你觉得自己和哪种导向最接近？如果可以，那么你觉得如何微调对于那种导向的描述，才能更好地反映自己的真实情况？

三、谈判思维导向的含义

人们对于谈判在直觉上有不同的思维导向。从实践角度讲，它对于我们看待自己、他人，以及谈判过程有什么意义呢？我们认为了解下面这些含义很重要。

导向不分对错：没有哪一种导向是对的，或者说是优于其他导向的。这些导向有时有利，有时有害。因此，无论你具有哪一种思维导向，都不要一开始就认为自己是带着缺陷上场的，同样，也不要盲目乐观。

你并不是“另类”：你发现谈判思维导向的种类有限，而且每个人都有一种主要的、天然的谈判思维方式，这样想或许可以让你放松一些。比如说，你可能曾经认为在每次谈判中妥协的都是你，或者你发现即使不必要，你也总是“寸土必争”。当然，还有许多人担心因为自己属于逃避型思维导向，所以自己的行为总是有问题。实际上，所有这些思维导向都是非常常见的，学习了谈判思维导向之后，你可以与朋友和同事讨论，你肯定会发现你和很多人有着相似的思维导向。

然而，不是每个人都像你一样：了解人们对于谈判有着根本不同的思考方式，就可以消除很多困惑，避免很多非理性的冲突。人们往往是带着对潜规则的猜想开始谈判的，比如他们会设想彼此之间有什么关系，如何交流沟通，以及要实现什么目标，等等。当他们发现对手看上去完全不理会这些规则，而且行为方式与自己完全不同时，他们就会觉得被对方冒犯了。大家要明白一点：谈判中广泛接受的行为规则或者惯例非常少，而且人们的直觉倾向往往也是异大于同。明白了这个道理，你就会认识到：即便对手和你的步调不一致，他们也不是故意要激怒你，或是做有悖于规则的事情。他们只是随着自己的思维导向行事。而你自己的刻意行为却真的可能让对方感到困惑，甚至感到被冒犯了。

你的思维导向是力量之源：谈判时遵从内心，就会谈得很好。所以，要识别出哪些谈判场合适合运用自己的思维导向，从而将自身的优势发挥得淋漓尽致。

你的思维导向也会是你的弱点：俗话说："当你只有锤子时，你看什么东西都像是钉子。"我们的思维导向可能完全不能胜任某些谈判场景。以不变应万变，很可能将我们置于风险当中。

理解你的思维导向将赋予你新的灵活性：当你认清自己的思维导向，并意识到它只在某些情况下是有益的之后，你就会进一步思考：是否一切都是预先注定的？谈判中的成功是否总可归因于思维导向？每次谈判中我是否都应该坚持某一种思维导向？所有这些问题的答案都在于：你的思维导向只决定了你的直觉倾向，但它是不能控制你的。你有能力克服固定的思维导向，另择他途。要改变思维导向，关键之处就在于你要意识到这种导向是真实而持久地存在着。一旦你认识到谈判思维导向的力量，并能够识别你自己的思维导向，你就可以不再像以往那样受其约束和控制。而且，当你明白你的对手也有根深蒂固的思维导向后，你或许能够帮助他们摆脱思维导向的控制，换个角度看待谈判。

将思维导向落实到选择当中：下一章将讨论进入自由王国的新途径，降低人们对直觉思维导向的依赖，代之以信息充分的、有目的性的战略选择。

思考题

1. 尝试判断以下这些人的谈判思维导向：你的父母、领导、挚友以及爱人。接下来，列出五位朋友或同事，你能判断出他们的基本谈判思维导向吗？你是否发现对于你熟悉的人，你更容易说清楚？

2. 想想最近你完成的一次谈判，努力识别出你采取的三个具体行动，比如说过的话、做过的事，你认为它们分别与哪一种导向直接相关联？

第四章

设定目标并选择战略

一、选择的重要性

我们已经了解了人们在谈判中会怎样根据直觉的思维导向来行事，现在我们就能利用自身的选择能力来更加灵活、更加审慎地行事了。

在谈判中，谈判者会遇到很多需要做出选择的机会。他们可以选择是否跟对方谈，如何与对方进行接触，如何向对方提问，如何回答对方的问题，以及用什么样的语气来交谈。从是否进入谈判开始，一直到谈判结束时是否同意协议，其中有数十甚至数百个选择机会。谈判者做出的每一个选择，都彰显着他们的角色或身份，例如分析师、战略家、谋士或者交流者等。谈判者选择的时候越谨慎，他们的表现就越好。

谈判者并不会清晰地识别出自己所面临的每一个选择，大部分选择是在很短的时间内自然而然做出的。直觉是一类，还有一些其他的决策过程，我们会在本书其他章节进行分析。然而，随着经验的积累和刻意的关注，我们就会提高自己识别和利用选择机会的能力。本书许多章节都将给出各种建议，帮助谈判者识别机会，并加以很好地利用。

在本章中，我们将分析每一场谈判中，谈判者要做出的两大主要决策，或者更准确地说，是谈判者***应该***做出的两大决策：一是为谈判设定目标，二是选择战略来实现这些目标。

二、选择目标

1. 设定目标的价值

目标就是你参加谈判的目的所在，这是你一大早起床并赶赴谈判现场的动力和原因。在进入谈判之前明确自己的目标，是达成目标的关键一环。虽然设定目标的重要性很明显，但是，人们却很少这么做；或者即使设定了目标，在谈判的整个过程中，往往也不会以它为方向。宾夕法尼亚大学教授斯图尔特·戴蒙德（Stuart Diamond）在他的著作《沃顿商学院最受欢迎的谈判课》（*Getting More*）中写道：

> 很多学者都写过如何确定目标。研究表明，设定目标是个人可以完成的最重要的事情之一。光是设定目标这样的一个行为，就可以把绩效提高25%。
>
> 人们并非不知，他们需要识别出自己的目标，并实现自己的目标。人们不知的却是：他们并不是那样做的！他们不这么做，是因为他们没有专注于这件事；他们不这么做，是因为他们分心了。并且，即便他们最后开始做这件事，他们也不会完成它——因为在半路上他们就迷失了方向。（2010，16）

谈判的准备工作我们放到本书最后去讲述。但是此时此刻，让我们问自己一个关于现实中的谈判准备的简单问题——回忆你曾参与过的一次重要谈判，在走进谈判场地之前，你是否已有清楚、明确的目标？也许你已经对谈判做了充分的准备，把自己的想法和观点列了清单。那么你的清单最上方有没有一行字：“在谈判中我的目标是____________________________________”。如果有，那么很好，证明你已经开始为了自己的目标谨慎地做出选择了。然而，即使如此，你仍然会发现还有很多时候你的目标其实并不清楚。

正如戴蒙德所说，不设定目标是一件令人惊讶的事情。我们在生活的许多领域都会设定目标。我们经常会花很多时间来设定目标，并仔细地写下来。比如说，当你去逛超市的时候，你可能会列出你希望购买的所有商品清单。你之所以这么做，是为了不遗漏任何东西（换言之，为了完整地达成自己的目标），以及避免冲动型消费（换句话说，为了不让自己从目标上分心）。你不仅会准备一张手写购物清单，而且在购物的时候还会不断思考，将放入购物车的东西从清单上划去，这样你就很清楚哪些目标还没有达成。

再比如，当我们开车去其他地方的时候，我们通常也是这么做的。大多数情况下，我们是在离开家之前就决定了自己的目的地。我们不仅在行程开始之前就设定好自己的目标，而且大多数人还会在路上不断地确认这个目标，会关注路标，查看地图，计算路程，或者利用全球定位系统（GPS），一方面时刻谨记自己的目标，另一方面不断测量路程，优化路线，即时调整。

专栏 4-1　差之毫厘，谬以千里

“差之毫米，谬以千里”出自《礼记·经解》:“《易》曰:‘君子慎始，差若豪厘，缪以千里。’”豪，同“毫”；缪，同“谬”。意思是指一点微小的误差，结果就会造成很大的错误，通常比喻做任何事情，开始一定要认真地做好，如果做差了一丝一毫，结果会相差很远。对细节的掌控程度直接影响谈判的结果，而细节在谈判中的表现也较为复杂，比如不同的场合涉及的细节不同；同样的细节，对于不同身份和不同性别的人也有不同的结果；尤其是在跨文化谈判中，更要对对方的文化和习俗进行了解，充分尊重对方的文化习俗等各种细节，这样才能确保谈判顺利进行，否则可能因为文化冲突导致谈判破裂。

2. 有效设定目标

在设定目标方面，以下建议非常重要，需要牢记。

永远不要认为自己很清楚自己的目标：即便有些情况下，你的目标看上去很明确，你也要认真地想想，并把目标清楚地说出来。比如说，你找到了一份工作，现在要商量薪水的问题，你也许清楚地知道自己的目标就是赚尽可能多的钱。然而，在薪水谈判中，还会有许多其他可能实现的目标，你一定要利用下面这些方法仔细地思考，这样才能帮你明确一个最适合你的目标。

永远不要认为你和你的小组成员目标相同：如果你和其他人组成谈判小组共同工作（例如，甲公司的律师、经理团队与乙公司的律师、经理团队谈判双方的并购事宜，或者一对夫妻面对想买他们房子的买家），除非你们已经明确地讨论过，否则永远不要默认你和小组成员的目标是相同的。本书第八章中，将会讨论与团队谈判相关的其他问题。

组织语言：目标不能设定得太啰唆、太复杂，尽量用一两句话捕捉最关键的信息。实际上，任何目标都可以简明扼要地说清楚。这就要求你清楚地了解自己的目标，而且要能够简明地表述这个目标。这样的目标会让人更容易记住，也方便你在谈判进程中随时对照思考。

尽量精确：不要满足于泛泛的目标表达方式，例如"获得高薪资"或者"把车卖个好价钱"。要尽可能地使目标很精确，比如，多高的薪水，或者你准备把车卖多少钱，等等。

问问你自己"还有别的吗"：你的目标可能有好几个部分，要把它们全加进来，具体到细节。比如说，甲公司向乙公司采购轮胎，双方的谈判代表要谈 1000 只轮胎的采购协议，甲公司谈判代表最初的目标可能是"迅速地、以一个好价钱采购 1000 只轮胎"。但是，如果她谨记"目标要尽量精确"这个原则，记得问问自己"还有别的吗"这个问题，那么她会将自己的目标变为"以不超过 20 美元的单价购买 1000 只轮胎，两周内发货，而且质量要绝对可靠，我拒收的轮胎乙公司必须给予退换"。

书面记录：即便我们记得设立目标，我们经常也会只是想一想，然后就从思想跳转到了谈判。要养成***书面记录目标***的习惯，这可以督促自己按照目标行事，还可以帮助我们在谈判过程中，以及在总结时，有一个实实在在的记录以备参考。

积极反应而不是被动反应：目标是你为自己决定的方向。它与谈判对手的目标无关，永远不要暗示自己"我到里面去听听对方怎么说，然后再决定我的目标"。你谈判就是为了***达到***你的目标，而不是为了***设计***你的目标！在上谈判桌之前就要明确你的目标，然后努力去实现这个目标。

了解情况不是你的目标：有时，谈判人员会基于对情况的了解来确定目标，比如，"我的目标就是想要知道对方购买我们公司的股份愿意出多少钱"。谈判中确实会涉及很多需要学习、需要了解的东西，而且好的谈判者也确实可以学到很多。然而，学习或者了解情况并不是***目标***，它们只是为了达到目标所借助的***手段***。"设法了解对手能为我做什么"可以是***谈判第一次会面的目的***，但绝不是***整场谈判的目标***。

为了避免落入谈判陷阱，要坚定且灵活：在谈判中你会不断发现新的东西，让你不断地重新评估许多事情。你要重新评估的一个方面就是你的目标是否现实，或者你是否能在该谈判中达到目标。通常情况下，这样的重新评估往往是因为对方分享了一些新信息，或者他们对你的信息或要求做出了新回应。尽管这类新信息有时值得我们重新考虑自己的目标，但是很多时候却不值得。谈判过程中风起云涌，很容易让信息看上去显得更重要、更紧急，对我们更紧要。因此，我们的建议是：尽量不要在谈判桌上改变自己的谈判目标。如果你了解到一些新信息，感觉它们会影响你的目标，那么，暂停谈判。离开谈判现场，离开那些信息带给你的压力和影响，清楚想想是否真的发生了什么，值得你考虑调整目标。

专栏 4–2　草船借箭

“草船借箭”是三国赤壁之战里的著名桥段。周瑜要求诸葛亮十天造十万支箭，机智的诸葛亮一眼识破这是一条害人之计，却淡定表示“只需要三天便可造好十万支箭”。后来，有大雾天帮忙，诸葛亮再利用曹操多疑的性格，调了几条草船诱敌，终于“借”足十万支箭。谈判中的“草船借箭”策略并非其原始含义，即运用智谋，凭借他人的人力或财力达到自己的目的，而是指采取“假定……将会”的发问方式进行谈判，目的是使谈判形式不拘泥于固定的模式。在谈判中常常出现的“如果我订货量再增加一倍，价格会便宜一点吗？”“如果我们自己检验产品质量，你们在技术上会有什么新的要求吗？”等问题，都属于这种发问方式，这有助于双方为了共同利益而选择最佳成交途径。值得注意的是，“草船借箭”的谈判策略较多运用于谈判初期的探底阶段，在谈判的深入阶段再使用这个策略则可能引起分歧。比如双方已经为报价做了许多准备，甚至已经在讨价还价了，而在这时，若对方突然说“如果我对报价做些重大的修改，会怎么样”，就可能破坏已形成的合作气氛。

什么不是你的目标：我们已经说过，“了解情况不是你的目标”。谈判者偶尔也会将一些其他的事情误以为是他们的目标，例如与对方的关系。如果你发现自己将谈判目标设定为“与对方搞好关系”，那么你就需要认真考虑一下，这是不是你的真实目标，或者它只是你达成目标的一个手段。通常，你会发现答案是后者。比如说，你的目标可能是“说服对方公司与我方签订合同，为其主题活动提供安保服务”，而“与他们搞好关系”只是手段。这种情况下，如果你将目标确定为“搞好关系”，那就是错误的，你有可能为此付出代价。实践中，你有可能和对方搞好了关系，但却没能签下这份安保合同，因为想要搞好关系分散了你的注意力。类似地，你的***战略***也不是你的目标。下文将详细分析战略。战略是达成目标所使用的***方法***。谈判者可

能会错误地将目标确定为“与对方展开合作，以获得安保服务合同”。这就是一个误将战略（合作战略）视为谈判目标的例子。如果你在表述目标时，使用了下面将谈到的战略中的任意一个，那么你一定要思考自己是否将战略和目标混淆了。

对手的目标在谈判中也很重要，但那不是你的目标：知晓对方的目标也很重要，这可以帮助你看透他们的动机，可以让你找到合作的可能方式。然而，“知道他们的目标”并不是你的谈判目标，它只是完成谈判的一种方法。

三、战略选择

一旦确定了谈判目标，下一个任务就是选择谈判战略。在谈判背景下，战略就是整体的行动计划，是最核心的行动准则，会引导你在多种策略中做出选择。谈判中战略和策略之间的区别很清楚：战略是你的整体计划；策略是你采取的具体行动，包括你说的话，或你做的事。比如说，谈判者确定了合作型的战略，那么他就会选择一系列适合该战略的策略，包括一见面就握手，彬彬有礼，跟对手分享信息，以及认真聆听而不打断对方，等等。

1. 战略选择的种类

关于谈判者可以选择的战略种类，专业文献给出的是五种：妥协战略、逃避战略、折中战略、竞争战略和合作战略。我们之前在分析谈判思维导向时见过这几个术语，而在本章中，它们代表的是谈判者可以选择的几种战略。“选择”这个词很重要，它把思维导向和战略种类之间的差别表现得很清楚。根据自己的天性行事和深思熟虑***选择***战略行事完全不同，***选择***战略时，人们一定会根据实际局面，考虑具体情况，特别是根据对对手的了解，选择一个最有利于自己达成目标的方法。

下面来总结一下谈判者可以***选择***的五种***战略***。

妥协战略：有时候，最佳的谈判战略是在谈判中向对手妥协和让步，即使这样做会损害己方利益。一旦你选择了这种战略，你在谈判中的任务就变成了要找到一种可行、高效的办法，来满足对方的需求。

逃避战略：有时候，最佳的整体战略就是干脆避免谈判。当你选择这一战略时，如果你没能在第一时间阻止谈判的话，那么你就要努力尽快结束谈判。你可以采用的手段包括告知对方你不是合适的合作方，最大限度地减少与对方的接触和交流，并停止与对方的交往。

竞争战略：即全面实现自己的目标，不考虑对方将付出的代价，也不管会对你们之间的关系造成什么影响。如果你选择了这种战略，那么你就要努力使自己的利益最大化，只关注自己的底线，竭尽全力不向对方让步。

合作战略：在一些谈判场合中，达成你的目标的最佳方式就是与对方合作。如果你选择了这种战略，那么你就要把谈判视为一个共同探索、共同规划的过程，目的是努力让双方的需要都得到满足。

折中战略：有时候，你会认定谈判的目标是你们双方都有所收获，而不是只让你的目标全部实现，却让对方付出代价。在这样的情况下，你也许会选择折中战略。选择折中作为一种战略（而不是仅仅只对谈判结果做折中处理），就意味着你对谈判的整体看法是，谈判就是要努力去识别问题，并对这些问题进行量化处理，然后努力寻找一种分割资源的方法，以双方都认可的方式来解决问题。

上述战略都可以从两个角度进行细化分析，一个是你自己的目标，另一个是对手的目标。

选择***妥协***战略时，你不追求实现自己的目标，只关注实现对手的目标。

选择***逃避***战略时，你并不会努力通过谈判实现自己的目标，你也不会努力帮助对手实现他们的目标。

选择***竞争***战略时，你表现出实现自己目标的强烈欲望，同时你不会努力帮助对手达成他们的目标。

选择***合作***战略时，你在追求实现自己目标的同时，也帮助对手达成他们的目标。

选择***折中***战略时，你会以完成自己的部分目标为方向，放弃达成全部目标的意愿，使得对手也能实现足够多的目标，并愿意放弃实现全部目标的意图。

专栏 4-3　此一时，彼一时

“此一时，彼一时”出自《孟子·公孙丑下》：“彼一时，此一时也。五百年必有王者兴，其间必有名世者。”意思是指那是一个时候，现在又是一个时候，用来表示时间不同，情况有了变化。谈判双方实力的变化可以用“此一时，彼一时”来形容，即双方在谈判中的优势和劣势并非绝对的、不可转化的，这种转化往往和前期数据收集、外部环境变化、谈判地点及谈判技巧等相关联。例如日本同澳大利亚关于煤和铁的谈判。日本的钢铁和煤炭资源缺乏而澳大利亚盛产煤和铁，因此，通常情况下在钢铁和煤炭的贸易谈判中，日本的谈判地位是低于澳大利亚的。然而，当日本商人想方设法把对方请到日本去谈判时，双方在谈判桌上的相互地位就发生了显著变化——日本的谈判地位明显提高，这一定程度上显示了主场谈判的优势。

2. 从五类战略中选择：双重关注模型

上述关于战略本质的描述可以帮助谈判者做出判断，即什么情况适用哪种战略。研究谈判和冲突的文献常常以图表的形式来解释这个过程，其中最常见的解释就是双重关注模型，见图 4-1。双重关注模型说明，人们选择战略的根本原因在于两个关注焦点：（1）对实现自身目标的关注；（2）对对手实现其目标的关注。

这个模型告诉我们，如果你对自身目标是否实现并不太关注，那么你就应该去思考自己对对手的关注程度。如果你对促成对手实现其目标不感兴趣，那么你也许该考虑直接避免这场谈判；如果你希望促成他们实现其目标，比如你希望和对方保持很好的关系，那么你就应该采取妥协战略，燃烧自己，点亮对方。

如果你对实现自己的目标关注度很高，并且不在乎对方的目标，那么就可以考虑竞争战略；如果你除了关注自己，还关注对方，那么你们就应该共同努力，促成彼此的目标实现。

如果你对自己目标的关注和对对手目标的关注都不是很高，那么就应该考虑采用折中战略——互让一步，找到彼此都同意的资源分割方式，都达成自己的一部分目标。

这个模型可以为人们初步的战略选择提供一套建议，也可以作为战略思考的一个起点。当然，除了实现目标的动机以外，还要考虑其他的问题，包括具体的谈判场景、可调用的资源、对对手性格和动机的评估等。

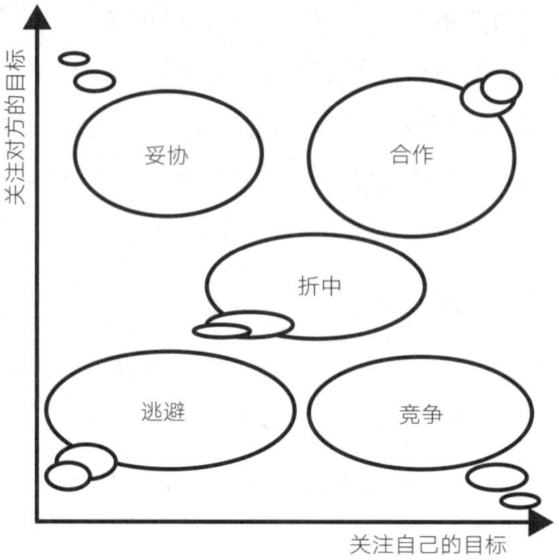

图4-1　双重关注模型

3. 对战略选择的进一步思考

在选择谈判战略时，除了要考虑双重关注模型当中列出的两个关键因素之外，还有一系列问题需要考虑。这些问题肯定无法准确地对应你面临的具体情况，然而，当你根据所处状况，仔细斟酌下面列出的所有问题时，可能正确答案就会浮现在你的脑海中了。如果你发现你选择的战略并不奏效，那么你应该暂停一下，重新思考，并再次选择，重新开始。下述问题是鲁宾、普鲁特和金盛熙研究提出的，最早出现在他们的著作《社会冲突：升级、僵局及解决》当中。

（1）你对你的谈判成果有多在意？你越是积极地为自己争取好的谈判结果，我们就越不建议你采用图 4-1 左侧的战略，即妥协战略和逃避战略，因为这些战略无法帮助你获得很好的谈判成果。

（2）相对于生活中同时发生的其他事情，你对这次谈判的结果有多大的关注？从理论上来说，任何一个谈判问题对你都很重要。但在你的生活和工作中，还会有许多其他的事情，甚至你可能同时参与了另一场谈判，这些事情都会限制你聚焦于此次谈判的能力，以及你可以调配的资源。所以，明智的做法就是提前考虑现实情况，选择这次谈判你要遵循的战略，而不是进入谈判了以后再仓促思考。

（3）你对对方将取得的谈判成果有多关心？有时候，我们对谈判对手是否获得一个好的谈判成果并没有太多兴趣；而有些时候，我们却很在乎对方是否会取得令他们满意的谈判结果。这可能取决于你与对方当下的关系，比如说，对方也许是你的商业合作伙伴、家庭成员、同事等。你越关注对方是否取得好结果，你就越不应该选择严格的竞争战略，因为它不能帮助你们取得理想的谈判成果。图 4-1 顶端的战略可能会更适合于这种情况。

（4）你是否发现你与对方之间存在共同的利益诉求？“共同的利益诉求”意味着你们有机会满足双方的愿望。找到这种机会的可能性越大，求同的合作战略就越合适；如果你们之间没有任何共同诉求，那么即使你很在意对方将取得的成果，合作战略都不是一个好的选择。你可以通过下面三个问题确定你们之间是否可以“求同”。

①你对自己目标的期望有多高？

②你认为对方的期望有多高？

③你觉得你和对方有没有可能采取互惠互利的方案？

（5）你认为对方会开明地接受合理的解决方案吗？你越是觉得对方通情达理，合作战略对你们而言就越合适。你越是觉得对方会坚持很高的初始条件，合作战略就越不合适；此时你应该认真估量自己的竞争力，如果自己的竞争力并不强，那么就应该采用折中战略和妥协战略来减少损失。

（6）你的竞争能力有多强？在选择竞争战略之前，你必须客观评价自己的竞争能力有多强，对手的竞争能力有多强；否则，一交锋你就会输。谈判中你是否拥有很好的论据和论点？你是否擅长论证？你是否能给对方造成气势上的威慑？（本书第十三章会讨论如何使用谈判力）

（7）你觉得对手的竞争能力有多强？对手会因为你采取竞争战略而惩罚你吗？或者你的出拳收到的是无力的还击，最后对方会妥协？对方是不是看起来决断力很弱，或者并不太在意自己的利益？他们是否缺少替代方案，还是有更好的合作方？你的能力越强，他们的能力就会越弱，这种场景下建议你选择竞争战略。

（8）你在时限上有很大的压力吗？如果是的话，让步或者妥协也许是更有益的战略，因为这可以让你更快地完成谈判。然而，如果不是一次性的谈判，或者有人听说了你要让步，那么图 4-1 左上方的战略从长远看并不明智，会产生反作用，因为如果对方或其他人了解了你的妥协行为，未来他们一定会再次迫使你妥协。

4. 战略的灵活性

战略不是一成不变的。在谈判中一旦设定好目标，下一步就是根据各种具体情况，包括对自己和对手的需求以及资源的了解，来选择一个你认为最恰当的初始战略。当然，在谈判过程中，你可以随时在五大战略中进行调整。如果你发现你的战略不奏效，那么就应该暂停一会儿，重新考虑，并再一次选择，重新开始。这里的关键是，转换战略一定应是***审慎的选择***，而不是拍脑袋的决定，或者被对方牵着鼻子走。我们强烈建议谈判者在休息时决定战略的转换，而不是在谈判桌上改变战略。

如果你能够提前了解对方和相关情况，那么你就能更准确地预计到什么时候需要调整战略。在准备阶段，你就需要选择一种主要战略，并思考一种备选战略和一系列将迫使你调整战略的环境因素。比如说，你会这样思考战略选择："鉴于我十分在意我的目标达成，以及和 ××× 保持良好的关系，所以我将会选择合作战略。我会表现得很友好、通情达理，询问他的关注点，并提供一系列解决方案。然而，如果我发现，他反复拒绝我给出的条件，而且不告诉我他的想法；或者一直对我进行人身攻击，迫使我让步，那么我会叫停谈判，并转而采用竞争战略。"

四、谈判人员的挑战：从驾驶员的角度做出选择

本章前文分析了在谈判中最恰当的决策和行动流程：首先设定一个目标，然后决定哪种战略最有可能帮助自己达成目标，再审慎地选择并实施相应的策略（许多策略我们会在后续章节中讨论）。这个过程如图 4-2 所示。

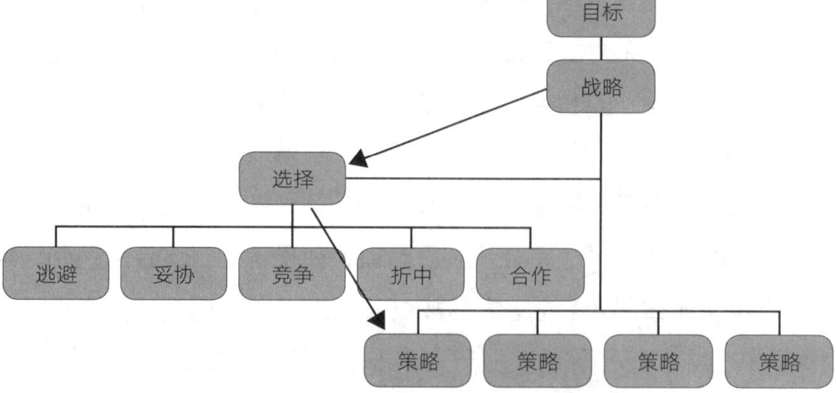

图4-2 谈判中的选择与决策流程：目标、战略、策略

在实践中，事情的发展往往不会这么整齐、有序，真正的谈判通常是乱糟糟的。在谈判时，人们通常会偏离目标，也无法按照定好的战略来行动，并且通常下意识地做出反应，而不是执行精心选择的策略。其中一个原因就是，尽管我们认识到了自己有某些思维导向，并且也掌控了它，但它从来不会消失，一有机会就会“逃”出我们的掌控。另外，还有一些其他因素也会影响我们确定明确的目标、决定清晰的行动流程，以及采取有意识的行动，这些因素我们会在后面讨论。

谈判是一种人类行为，因此人们肯定会把人的本性带到谈判桌上来。一方面，人们会带着充分的理性、智力和分析能力，来应对各种复杂的问题；另一方面，他们又会受情感驱使，从多个角度（尤其是从谈判对手的角度）来看待世界，而且他们回应其他人的方式通常难以预料。因此，谈判涉及的结构非常复杂，虽然谈判的核心是审慎的、有目的的选择，但是谈判中的各种回应行为不仅不连续而且还很混乱，同时谈判中还经常会发生负载着各类情感的复杂行为。这不是一个通过在人脑中植入什么芯片就可以解决的“问题”；这就是谈判活动的事实，对此谈判者必须重视。

思考题

1. 你可以通过问自己以下问题来确定谈判目标。随着继续阅读本书，你会发现它们之间的差异越来越明显。然而，在本阶段，可以暂且将它们视为帮你确定目标的不同心理路径。

（1）我参加谈判的动机是什么？

（2）我需要对方给我什么？（这些东西是我无法带给自己的。）

（3）我想从谈判中得到什么？（它们是我目前还没有的东西。）

（4）我最多能从谈判中得到什么？

想一想即将参加的谈判。问问自己上面 4 个问题，然后确定谈判目标，把谈判目标清晰地写成文字。从所列的各种表述中，选择你最喜欢的一个，或者整合出一个令你满意的。确保你的目标表述符合前文提出的那些建议（例如，尽量精确，给出的是目标而不是战略，等等）。最后，确保将谈判目标的最终表述写下来。

2. 回想你最近参加过的一次谈判，不一定是特别重大的谈判，只要你记得细节就可以。

在谈判前你是否设定了目标？如果是的话，你当时是怎么写的？如果不是，那么你有没有想过为什么要跳过这一步骤？

你是否选择了一个通盘计划，即本章中称为“战略”的规划？如果有的话，它最接近于我们描述过的五种战略中的哪一个？如果没有的话，你有没有想过为什么省略了这一步？

为实施所选择的战略，你在策略层面上有哪些举动？

回想一下，你能否知道对手的谈判目标和他们选择的战略？你认为他们是否有明确的谈判目标并有意识地选择战略？

你认为谈判从整体上讲，是你们双方的战略之争，还是由你们双方思维导向引导的行为之争？

第五章

谈判者的困境——谈判中的合作与竞争

正如前文所讨论过的，谈判思维导向中最核心的问题，是我们对于合作和竞争更深层的、下意识的认知。

一、合作与竞争——超越谈判的视角

合作和竞争之间的关系一直是人类生活的核心。为了满足情感层面和物质层面的需求，我们会以各种各样的形式与别人互动，或给予或拒绝。与之紧密相关的是另一对与生俱来的关系：一方面，我们希望独立；另一方面，我们又渴望归属于某个（或某些）团体。

从战略角度来讲，上一章中谈到的五种主要战略大致可以划分为倾向于选择竞争和选择合作两类。

竞争与合作两种倾向，见诸人类所有的活动中，尤其是如我们所见，交织在谈判中。因此，它们一直是谈判研究的焦点。而这些研究又深深地影响着某些被推崇或提倡的谈判方法。实际上，随便浏览一下与谈判相关的图书，读者就能够发觉，一些书更倾向于竞争型谈判，而另一些则更倾向于合作型谈判。竞争与合作完全相反，许多作者都试图把它们视为谈判理论的基本分割线：谈判要么是合作的，要么是竞争的。谈判双方要么是伙伴，共同寻求互惠互利的解决方案；要么是对手，竭尽全力得到双方争夺的物品，并从中获得尽可能大的收益。但是还有一些作者认为，没有必要这样定义竞争与合作，更重要的是，实际上，在实践中根本不可能将它们区分得如此清晰，在所有的谈判中，一定都会既包含竞争因素，又包含合作因素。

二、博弈论和囚徒困境

1. 残酷的赛场，进退两难的状况

为了清晰划分合作与竞争的倾向，我们必须回到之前介绍过的话题：冲突理论和谈判理论之间有着紧密的联系。合作与竞争之间的差异是冲突理论中的基本内容之一，因为冲突理论一定程度上发端于“二战”后的博弈论研究。博弈论的目的是揭示，两方（甚至多方）在不同情况下该如何表现，一方会因为对方的选择或行为而受到影响；反之，他们的行为也会影响到对方。在许多这样的互动（又名“博弈场”）之中，谈判方的选择分为两种情况：一是跟对方和平相处，与之“合作”；二是攻击对方，“击败”对方。本质上，这就是在合作和竞争之间做选择。无论你要分析多么宏观的问题，你都需要清楚地理解谈判参与者是如何做出选择的，那样你就可以清晰地预测世界舞台上的决策者会在核军备竞赛之中如何表现，也可以明确一个国家是否会抢先向对手发动核攻击。

2. 囚徒困境

在博弈论领域，最著名的也是研究最为广泛的博弈，名为“囚徒困境”。请大家设想以下场景：

> 你和小秦都因为涉嫌抢劫银行而被警方逮捕。警察有足够的证据以轻微罪行起诉你们两人中的一人（比如说，在银行门口的路边残疾人专用停车位上非法停车），但他们不能以更严重的罪名（例如抢劫罪和手持危险武器恐吓他人）起诉你们，因为摄像头记录的视频不能清晰地分辨出你们的面孔。警方立即把你们两人分开来审讯，让你们无法联系对方。警察给你们两个选择：要么坦白两人犯下的盗窃罪，要么保持沉默。并告诉你们，警察只需要你们两人中的一人认罪。盘问的警察这样启发你：如果你坦白了而小秦没有坦白，那么你的证词就尤为珍贵（因为这足够使你们两人定罪），他们会出于感激免去你的牢狱之灾，而让小秦在监狱中待上很长一段时间——5 年。如果你和小秦都认罪了，你们的坦白不能让你们两人免除牢狱之灾，但是你们两人会得到一定程度上的减刑，比如说减为 3 年。如果你们两人都不坦白，你们只会因为非法停车而受罚（被送进监狱，判 1

年徒刑）。同时，警察告诉你，在另一个房间内，小秦也会听到同样的解释和条件。

表 5-1 描述了你和小秦可选的每种行为及产生的结果（受刑年数）。其中，“合作”是指两人保持缄默；“背叛”是指坦白罪行，与警方联盟来对付对方。

表5-1　囚徒困境

		小秦的行为与结果	
你的行为与结果		合作	背叛
	合作	1 1	0 5
	背叛	5 0	3 3

在继续阅读下文之前，请花时间看一下表 5-1，并问自己一个简单的问题：你会怎么做？

许多学者围绕这个问题做了大量研究。关于这一话题的文献，我们推荐大家阅读罗伯特·阿克塞尔罗德（Robert Axelrod）于 1981 年出版的著作《合作的演变》（*The Evolution of Cooperation*），它研究了应对各类囚徒困境的不同策略。

从本质上来说，囚徒困境的基础版本并不是一场谈判——因为困境中的双方是没有办法与对方联系的，也就没有办法影响对方，只能完全把自己交托给对方，守口如瓶或者背叛。然而，想想这个基础版涉及的问题，你就会发现它和谈判紧密相关：首先它涉及关系的问题。比如如果你被问到“你会怎么做？”，假如小秦是你弟弟，你的答案是否会有什么不同？另外它还涉及一个问题——信任，即：你认为小秦会怎么做？他会不会背叛你？你对小秦行为的估计将归结为一个根本性问题，即你是否相信他。

3. 将合作和竞争结合起来

在这一版本的囚徒困境之中，合作和竞争之间有着明确的选择——没有中间方案。但是如果涉及反复囚徒困境的概念，即存在**多轮**谈判的囚徒困境场景时，每一轮竞争和合作之间的选择相同，此时就要考虑将竞争与合作结合起来。举个例子（这里我们不用精确的打分图），想象你和小秦在同一个牢房度过 3 年。在这段时间里，有很多次监狱看守来牢房中搜查违禁品。有一种情况是：在这些搜查中，无论是你还是小秦，都可以告诉看守你们在牢房中藏了违禁品——坦白的那一个会得到奖励，而另一个要接受惩罚；另一种情况是：你和狱友合作，保持缄默。

在这类情形下，有的战略家会推荐全盘合作或全盘竞争的方法，有的战略家则建议将两种做法结合起来。阿克塞尔罗德通过研究发现最恰当的方法是"以牙还牙"，即别人怎样对你，你就怎样对他。以上文监狱牢房的情形为例，阿克塞尔罗德建议在最初选择合作的方式，即不向看守泄密小秦藏违禁品。如果小秦也选择合作，没有泄露你藏违禁品的话，那么***下一次***看守来检查的时候你们会再次合作；如果他向看守指出来你藏匿违禁品的地点，那么***下一次***你也向看守告发他。简而言之，开始采用合作的方式，之后每轮都采用对方在上一轮的做法。

即便是这种综合型场景仍然可以看到合作和竞争的倾向泾渭分明，表现在：这一轮我可能选择这种方法，下一轮我就选择另一种，但是我从不会将两者结合起来。这种关于合作与竞争的观点是在博弈论研究中形成的，它进而影响冲突理论，之后又潜移默化地影响了谈判理论，使得许多谈判的研究者都会在合作与竞争之间选择其一。

但是，正如前文指出的那样，还有一些研究表明每一场谈判中都会既有合作，又有竞争因素：没有任何一场谈判是单纯只有竞争或者合作的。1986 年，戴维·拉克斯（David Lax）和詹姆斯·塞贝尼斯（James Sebenius）在他们的著作《当管理人员应对谈判时》（*The Manager as Negotiator*）中讲过一个例证。他们强调，谈判绝对不只是在合作和竞争两者之间择其一那么简单，这两个因素在谈判期间时刻存在于谈判者的心中。他们认为，人们选择其中一种作为整个谈判的思路，实际上是忽视了谈判活动的现实。

> 深层次的分析证明竞争与合作元素是互相交织的。实际上，它们二者无法分开。它们之间的联系对于分析谈判、组织谈判和开展谈判都至关重要。在选择合作、共同创造价值和选择竞争、获得个人利益之间，存在一种核心的、无可避免的紧张关系。这种紧张关系实际上影响着所有战术和战略上的选择。研究人员必须认真分析，而实际的谈判人员必须能掌控好两者。否认它或者讨厌它都不会令其消失……（1986，30）

三、从囚徒困境到谈判者困境

在将竞争与合作因素确定为谈判过程的必有因素后，拉克斯和塞贝尼斯将这两者之间的拉锯战命名为“谈判者困境”。选择合作并创造价值和选择竞争并夺取价值这两种战略之间的紧张关系，导致了谈判者必须面对普遍存在的、永不停止的谈判者困境，在谈判的每一阶段都是如此。尝试推进其中一种做法，就不得不对抗另一种做法。旨在夺取价值的竞争战术（例如攻击、揭露信息等）会破坏旨在创造价值的合作策略。相反地，如果一方采取旨在创造价值的策略，即公开的、分享的、合作的方法，而另一方恰恰相反，他就会非常被动。

无疑，谈判者困境让我们再一次想起了囚徒困境。实际上，为了解释它如何影响谈判者选择合作还是竞争的决定，拉克斯和塞贝尼斯编写了这样一段情节和一张表。

试想一下，你与小秦进行谈判。在谈判过程中的每一轮，你都可以选择和小秦合作或者竞争。比如说，你也许会以说谎和威胁作为竞争手段；你也可能选择和他共享信息和诚实回答问题作为合作手段。拉克斯和塞贝尼斯解释道，如果你们双方都选择了竞争策略，那么你们会得到一个***一般***的结果；如果你们双方都选择***合作***，那么你们可以得出一个***好的***结果。然而，如果你们一方选择合作，而另一方选择竞争，那么在这种复杂的情况下，选择竞争的一方会得到***最多的***利益，而选择合作的那一方会承受代价，得到***不好的***结果。

表 5-2 是你和小秦每次选择后的谈判结果。

表5-2 谈判者困境

		小秦的行为与结果	
你的行为与结果		合作	竞争
	合作	好 好	很好 不好
	竞争	不好 很好	一般 一般

在接下来的章节中，我们会分析采用“竞争法”和“合作法”的人们表现出的不同行为。在此，我们还要建议：谈判者不仅要明智地决定自己的行为，还要试图去影响对方的行为，使对方更倾向于选择合作。理解从博弈论到冲突理论到谈判理论

之间的内在联系，可以更好地帮助我们理解各种行动背后的动机。

四、谈判：不同的术语，同样的划分方法

当我们从对谈判进行一般意义的研究转向对具体谈判模式的界定时，我们就发现，实际上存在好几对术语，它们经常被人们提及。究其根源，它们都是从竞争与合作这两个角度划分的具体谈判模式。这几组术语我们都应该熟悉。具体而言，对应竞争型谈判的术语有“对抗型谈判”和“立场型谈判”，对应合作型谈判的术语有“协作型谈判”和“基于利益型谈判”等。

1. 对划分法的命名

美国俄勒冈大学的教授麦克尔·莫菲特（Michael Moffitt）和马奎特大学的教授安德莉亚·库普弗·施耐德（Andrea Kupfer Schneider）在他们的文章《争议解决》（*Dispute Resolution*）中提出了这样的二分法：

> 有些人认为谈判的基本模式有两类。在第一类谈判中，谈判者会深入探索他们的利益诉求，确保沟通明白而又高效，会竭力维持好双方的关系，会运用客观标准来劝说对方，并提出创造性的方法来解决问题。这类谈判有各种名称，包括最常见的“原则型谈判”（principled negotiation）、“合作型谈判”（integrative negotiation）、“互利型谈判”（mutual gains negotiation）和“共赢型谈判”（win-win negotiation）。在第二类谈判中，谈判者会尽力压倒对方，获得更多的收益，在创造出的价值中占比更多，或者支配另一谈判方的决定。这类谈判经常被称为“竞争型谈判”（competitive bargaining）、“分配型谈判”（distributive negotiation）或“艰难型谈判”（hard-bargaining）。（2011，10）

虽然这几对术语之间存在细微的差别和侧重点，但是它们的核心都是，一类谈判更具竞争倾向，另一类更具合作倾向。

下面的两章我们会分别详细介绍这两种类型的谈判。为了更好地加以区分，我们将更具有竞争性的谈判称为“竞争型谈判”，并用“合作型谈判”来描述更偏向于合作的谈判方法。下面我们将对这两者进行简单介绍，为以后的分析做一些铺垫，

展示这两种方法的深层根源就是竞争与合作之间的紧张关系，而这种关系属于人类天性，是天然存在的。

在合作型谈判中，谈判的目的是整合并满足各方的需求。秉承合作型谈判策略或者带有合作型谈判思维的谈判方，最终会让所有人的利益诉求均得到满足。而竞争型谈判中，所有的谈判方会将谈判看作是分割利益的场合——不是分给这一方，就是分给另一方。谈判就是一种分配稀缺资源的活动，此时每一方都聚焦在尽可能获得更多的资源。秉承竞争型谈判策略或者带有竞争型谈判思维的谈判方，最终会让自己一方从谈判中获得最多的收益。

当我们了解了这两种基本的谈判方法后，就可以看到，它们会影响谈判中的许多核心问题，会成为谈判者决策过程、战术选择和关系互动的焦点。例如：

•我们是如何看待谈判的：是联手还是战争？

•我们要在谈判中做什么：尝试去解决问题（我们的问题以及他人的问题），还是尝试去解决我们自己的问题（包括通过给他人制造麻烦来解决自己的问题）？

•我们是如何看待另一方的：对方是我们的伙伴还是敌人？

2. 体现竞争与合作之分的谈判术语

竞争与合作这两种倾向之间的区分对谈判产生了深刻的影响，由此出现了大量的成对术语，都试图捕捉它们之间的区别。每一对术语都体现了这种区别的部分本质。

资源规模固定 / 将资源扩大：竞争型谈判者总有一种观念，即“谈判涉及的资源规模是固定的”。他们认为双方都想要的物品（即双方谈判或争夺的物品）是恒定的且规模不会改变。想象这样一个场面：你特别想要一个苹果派来配咖啡，而且你感觉到对面有个人也有同样的想法，那么此时你就进入了博弈论专家所说的一种“零和博弈”状态——除非一方愿意承担损失，否则任何一方都无法有所得。苹果派的大小是已知的、看得见的、提前确定的并且无法改变；对方每咬一口，你就损失一口。这种思维模式会让谈判者想尽一切办法获得整个苹果派，或者获得尽可能多的部分。

合作型谈判者则会倾向于把苹果派做大，而不是去分割它。他们不会遵循直觉、按照自己的欲望来分配资源并争取获得全部；相反，他们会寻找途径，看看是否有方法能够让双方都满足自己所有的需求——或者通过桌上这个苹果派，或者通过增加其他的资源。

选择合作 / 选择竞争：合作型谈判会与“合作的”“解决问题”“协作”之类的直觉倾向、战略和思维模式等联系在一起；而竞争型谈判则会与“竞争”“对抗”“争夺”等行为联系在一起。

索取价值 / 创造价值：还有一组术语，形象地展示了竞争型谈判和合作型谈判的区别。竞争型谈判的重点在于“索取价值”（比如谈判中强调：“这是我的！”），而合作型谈判的重点在于“创造价值”（比如讨论“我们两人如何才能获得我们所需的更多的苹果派？”，以及探寻“也许我们可以找到其他苹果派或者其他做苹果派的方法，或者其他能替代苹果派的东西？”）。

赢 / 输：在谈判训练和相关研究文献中，一个非常流行的趋势是根据谈判方想要的结果来描述不同的方法和策略。竞争型谈判的目的在于达到一个非赢即输的解决方案（即“我要赢，你就得输”），与零和博弈类似。合作型谈判则是为了达到一个双赢结果（“我们每个人都满足了自己的需求，双方皆赢”）。

五、谈判中同时使用两套工具

行文至此，我们需要澄清一点，竞争型谈判和合作型谈判这两种方式，大多数谈判者会根据自己的价值观和世界观选择采用，但是，本书作者们的观点恰恰相反。如果你要在这两者之间做选择，例如听从你内心的声音说“合作型谈判是好的，而竞争型谈判是坏的”，或者相反“合作型谈判很软弱无力，竞争型谈判才够强大”，那么就尽早把这样的想法掐断在萌芽期吧。在我们看来，谈判者当然必须在两者中做出选择，在每一次谈判给定环境和对手后，作为初步的选择是一种战略性的举动（正如在第四章分析过的那样）。然而，现实地说，谈判者必须熟练掌握各种技巧，来应对各种类型的谈判。正如在跳舞的时候，人并非总是能选择背景音乐或者舞场的形状；有时候，舞者根本没法选择搭档的水平，甚至是搭档的身份！在谈判中也是一样，我们往往无法选择环境或者对手；我们也无法控制他们的谈判思维导向；更无法控制他们选定的战略和采用的战术。我们必须掌握大量的工具来应付各种场合、探讨各类问题，应对各异的对手。虽然这些工具可以单独分析，它们其中有的更偏向于竞争型，有的更偏向于合作型，但是经验丰富的优秀谈判者从来不会只把一类工具带上，用在谈判桌上，而把另一类束之高阁。

我们已经看到，拉克斯和塞贝尼斯主张竞争与合作在所有的谈判中都存在，将谈判只视为其中一种的观点有失偏颇。这些元素在谈判模式中的存在方式也是类似的；采用一种元素的谈判模式并不全面。正如莫菲特和施耐德所写，这两种路径其实并非泾渭分明：

> 我们并不认为，这两种谈判模式之间的界限有表面看上去那么明显。合作型谈判代表可以获得特别高效的、具有创造性的协议，但他们最终还是必须面对分配利益和损失的问题——此时他们就是要在彼此之间分割可计量的资源。同样地，即便是最稳定的竞争性交易双方，他们也不会愚蠢到因为对方也会受益就放弃一个巨大的交易机会。谈判者在进入谈判的时候，很有可能会带着某种特定的直觉，帮助他决定应该如何最好地劝说对手。但是谈判是动态的、变化的过程，技艺娴熟的谈判者不会限定自己只采用一种方法。（2011，11）

或者换句话来说，我们不应该将竞争型谈判和合作型谈判看成两种独立的***方法***，而应该将它们看成谈判现实的两个***方面***。谈判中合作型和竞争型这两个概念更多的是二元性而不是两分法。谈判***总是***兼具合作型行为和竞争型元素。

在本章中，我们提醒各位读者，谈判时要同时利用两种工具。第六、第七章我们将对它们单独进行详细分析。作为谈判者，我们要面对双重挑战：第一重挑战是，我们必须要学会如何应对某一类谈判。第二重挑战是，我们必须能够掌握某类谈判所需的技巧。下面两章将会帮助你了解如何应对第一重挑战；而要应对第二重挑战，就需要你不断地对自己经历的谈判实践进行反思，不断领悟。

? 思考题

假设你身处囚徒困境中的审讯室。试选你的一个朋友，想象一下假如他 / 她是你的同犯，看守用了上文提到的同样方法来对待你们。你会选择合作，还是背叛呢？为什么？

无论你如何回答上一个问题，现在假设一下，如果看守提出某种条件，你有无可能改变自己的策略呢？那个条件是什么样的？它为什么会改变你的策略？

现在，你再试想一下，你的同伙不是你的朋友。这个前提会不会改变你的决定？

回想一下，最近你是否参与过一场谈判，其中你既使用了合作行为，也使用了竞争行为？如果这样的场景很难想出，那么，是不是回想起完全竞争型或是完全合作型的谈判，更容易一些呢？

第六章

竞争型谈判

我们在前一章讨论过，有一种谈判的主要方法会使双方走上相互竞争的谈判道路。在这种思维方式下，谈判者很有可能将对方看成对立的敌手，而把谈判的问题看成一场竞赛。因此，如果可能的话，谈判者很自然地会产生完胜的愿望。如果不能完胜，那么也要赢得最多，或输得最少。每一方都会竭尽全力多赢——在所谈之事上争取最大的份额，因此也就意味着留给对方尽可能少的份额。

与对手展开竞争型谈判的方式有许多。行为表现小到微妙的“小算盘”，大到公开的挑衅行为。这些策略的共同之处就是采用方会竭力影响对方的决策过程，以达到自己的目标，而并不考虑或极少考虑对方的结果。通常情况下，很容易看到一方利用权力达到目的；而且经常会有操纵信息的做法。

本章稍后我们会讨论这些策略。但是，策略不应该凭空贸然采用。策略应该是经过精心选择、思虑周全的一整套方案。因此，我们必须考虑的第一个问题就是，究竟是什么方法使得竞争性的做法能在谈判中落到实处，答案就是讨价还价（bargaining）。下面我们来看看讨价还价的定义，如何更有效地认识它和运用它。

一、理解竞争型谈判或讨价还价

1. 什么是讨价还价

在英文中，“bargaining”（讨价还价）这个词通常会被看作“negotiation”（谈判）的近义词。但是，阅读本书（特别是前几章）后，你应该认识到，它们指的是两种不同的谈判类型。在本书中，以及大量关于谈判的文献中，“讨价还价”一词都会用于指代竞争型谈判。

讨价还价是一个沟通过程，谈判各方努力在彼此之间进行资源的分配。他们会明确地提出各自的预期，或要求得到的资源份额。然后一方会尽力迫使对方的出价接近自己的条件。同时，另一方也会努力让对方给出的条件对自己更加有利。

在谈判的过程中，双方会不断改变提出的条件，彼此接近，就像跳舞一样。双方有可能找到令各自都满意的条件，然后成交。但也有一种可能性，那就是双方发现自己陷入了僵局之中——也就是说，他们双方并不认同对方提出的条件，或者双方也不愿意再提出新的条件，此时谈判就会终止，达不成协议。

为了分析讨价还价过程的推动因素，我们先来看看下面两种情景。

2. 两种讨价还价的情景

发生在户外市场的谈判：小张去逛一个户外市场。他走着走着，发现一个摊位上在卖手表。他看了一会儿。卖家朝他走过来，给他看了几块表。小张拿起其中一块，问道："这块表多少钱？"卖家答道："这块表特别好，款式新，在商店里要卖 120 元呢。80 元，你可以拿走。"小张放下那块表，他说："太贵了，我不想出那么高的价。我还是老老实实地戴我的老表吧。"卖家又问道："好吧，那你想出多少钱？"小张耸耸肩："我觉得 30—40 元就够了。"卖家大笑道："哦，那恐怕你得看看其他手表了，少于 70 元我不卖。"小张拿出钱包，从里面拿出钱，遗憾地问："我只有这么多，50 元怎么样，能卖给我吗？"

要求加薪：小赵在过去的 8 年间一直担任一个营销团队的领导。她受聘两年后，曾经加过一次薪，但是在那之后她的薪水就再没有涨过。有一天，她和一个朋友谈起薪水的事儿。听说了小赵的工资后，朋友告诉她，如果是在他们公司，这种工作岗位的工资至少要高 20%，而且在这个城市里任何一家公司，相同的工作都会挣得比她现在多。他问她是否需要帮忙，去问问他所在公司的人力资源部，能不能录用她。她让他等几天；毕竟她还是喜欢自己现在的公司，希望公司能给自己涨薪，把自己留下。于是她约了经理去谈这件事。

见面后，小赵告诉经理，自己的来意是要求加薪。她说："过去五六年间，我一直拿的是 4 万元的年薪，太少了。我想我们两个人都清楚我的工资应该更高一些。"经理听完她的话，说道："小赵，你看，你是一名很棒、很努力的员工，我也希望你在我们公司心情愉快。但是，你也知道，现在公司运营得并不好，我觉得公司今年是不会给任何人加薪的。不过，话说回来，你想加多少呢？"小赵听了这些话后，虽然有些沮丧，但同时也很欣慰，经理并没有完全拒绝她。于是她说："我想涨 15%，即涨 6000 元以上。"经理看看天花板，非常生气地说："小赵，我刚刚告诉你，我们根本没有钱给员工加薪，而你一张口，就要每年涨6000元？你当真吗？我想要帮你，但是这不是我力所能及的事情！”小赵意识到这样行不通，看来真的需要再找一份工作了。于是她说：“好吧，涨4500元也行，也就是说，年薪变成44500元。其他公司里，我这个岗位的薪水都比我高，而且高很多呢。”经理听了后，思考了一会儿，然后回答道：“听着，我不可能给你涨那么多，但是我确实想帮你。我可以给你涨1500元。我知道那达不到你的预期，但它仍然是一笔钱，是一个信号，表明我们公司非常珍视你。而且可以肯定的是，这是公司今年给出的最高涨薪。”小赵很失望，但是决定再最后试一下，她问：“43000元怎么样？”经理沉默了一会儿，看上去脑子里在算账。他叹了一口气，说道：“你看，我已经给你很多了，我们之间的差距只有1500元而已。我们折中一下吧。42250元，怎么样？”

听起来很熟悉吧？我们大多数人都曾经在自己的生活中经历过上面两种情形。尽管上面两个情景有很大差异，但是对照着解读它们，会让我们清楚地了解讨价还价最主要的发展路径。费舍尔、尤里和巴顿将这种谈判称为“立场型谈判”，这个术语表明了这种交流的一个重要特征。每一方都会拥有一个立场——比如他们需要什么，或者他们愿意放弃什么，然后再去与对方沟通这个立场。例如，手表的卖家要价80元，小张表明只愿意付30—40元。然后，双方会努力吸引对方，使其离开原有的立场，就像小张暗示如果卖家坚持80元，他就不买了。实际上，在此时，双方一般都会改变原先的立场，转而采取一个新的立场。在涨薪谈判中，小赵将她的立场从原先的46000元转变为43000元。而经理将其立场从41500转变为42250元。双方均改变了立场，此时动态变化就发生了。小赵的经理希望她能放弃43000元的立场，从而接受42250元的方案。在这两个情境中，我们都可以清楚地看到费舍尔、尤里和巴顿的著作《谈判力》中描写的立场型讨价还价过程：

> 每一方都拥有各自的立场，为其争执，并做出让步，达到妥协。（2011，3）

专栏 6-1　币重言甘

“币重言甘”出自《左传·僖公十年》：“币重而言甘，诱我也。”币：礼物；重：厚。礼物丰厚，言辞好听，多用作贬义，指为了能达到某种目的而用财物和好听的言语诱惑。“币重言甘”和谈判中的“远利诱惑”（也称“与之远利，取之近惠”）策略有诸多相似之处。“远利诱惑”是指在某一议题的洽谈出现危机之后，为了使对方能够做出妥协和让步，提醒或承诺在随后的交易中给对方此次损失以补偿，以诱使对方在目前问题上做出让步的技巧。在日常生活中，我们买衣服时常常说的“老板，这件衣服便宜点，下次我带朋友过来也买你的”就充分体现了这种谈判策略。

---

3. 我们可以针对什么讨价还价

在本书第一章中，我们采用了一种非常宽泛的视角来定义谈判，还描写了形形色色的情景，它们都涉及谈判的过程。那么，我们可以针对什么讨价还价呢？答案就是:“几乎所有东西！”但是，正如本章前面部分所介绍的那样，“讨价还价”这种谈判形式仅仅只是一类谈判而已，与谈判并不等同。

“讨价还价”的过程，或者我们称之为“竞争型谈判”的过程是要决定谈判双方（当然，也有可能是谈判多方，但为了简明起见，我们处理为双方）需要分割已知的资源。为了分割资源，这个资源就必须能够计量——能够计数。因此，许多讨价还价的情景都涉及钱。从本质上讲，钱既可以计数，也可以分割，因此会成为讨价还价的主体。无论讨论的问题是涨薪，还是手表的价格、机器的单价，抑或是机器的单位小时成本等，我们谈的都是钱:可计量、可分割；因此也就可以“讨价还价”。

讨价还价的过程中，与钱最接近的一类问题就是“时间”。比如货物的交货期、合同中的反悔时限等。抛开具体场景，你会发现大量关于时间的谈判过程都是很相似的。想象一下，父母在和十几岁的孩子讨论孩子可以和朋友们玩到几点回家。起初，父母坚持晚上 10 点，而孩子会说夜里 1 点。而后，双方的差距会缩短，父母说晚上 11 点，孩子努力说服父母接受晚上 11:30。类似地，供货商会提出 30 天付款，而买家会要求 90 天，这两种情形其实没有根本的差别。

地域也是可计量、可分割的另一个问题，比如不同的公司竞争石油开采权，销售人员划分独有的销售区域，两个国家争夺边境地区的主权，等等。

虽然上述这些问题都属于可计量的大类，但是可谈判的事物还有很多。有时候，讨论的是有形的实物，例如姐妹两人商量怎么分 37 颗糖豆。有时候，讨论的事情是抽象的，例如两个公司的老板商量并购后将持有的股份比例，等等。

那么哪些东西是***不能***讨价还价的呢？那些不可能分割，或者分割后就会丧失其性质的东西就不能谈。针对它们可以有其他形式的***商谈***，但是不能***讨价还价***。不能从数量上加以分割的一个例子就是情感。人们经常为了爱情相互商谈，但是却无法针对爱情讨价还价（比如“我爱你60，你爱我40”这样的话），因为那不合适。分割后丧失性质或本质的另一个例子是书。可以想象一下，两个孩子抢一本书，如果从中间撕开（比如“你拿前面一半，我拿后面一半”这种表述），这种情况也不合适。两个口渴的人可以为一瓶水讨价还价（比如“我喝四分之三，你喝四分之一”），但是同样的逻辑不能放在杯子上（比如“我拿上半部分，你拿下半部分”），明显这样的情况也不合适。

讨价还价的情形很普遍，其原因在于我们生活中的许多事情都不仅仅可以用量化的标准来呈现，而且我们可以将很多东西转化为可计量的事物。虽然夫妻两人无法就爱情讨价还价，但是他们却可以商量每周一起做的事情。夫妻只有一个孩子，离婚后会争抢孩子的抚养权，但他们不能针对孩子讨价还价——因为孩子是不可分割的。但是，他们可以（通常情况下他们会这样做）将其转化成“每个家长与孩子共处的时间”或者“每周孩子与自己待在一起的天数”等条件。通过将“抚养权”或者“孩子”转化为“时间”或“天数”，人们就可以将不可分割的东西变成可分割、可计量的东西。类似地，离婚的夫妻谈如何分割共有财产时，也会发生同样的转化。分割冰箱没有意义，但是可以将冰箱转化为货币价值，然后再进行分割。因此，可量化、可分割的原则适用的范围，其实是非常广的。

4. 我们会针对什么讨价还价

我们***可能***针对***任何***可计量、可分割的东西讨价还价；但是大多数时候其实我们并不会那样做。影响是否讨价还价这个决定的因素主要有以下两类。

文化的因素：有的文化属于竞争型谈判的文化，在这种文化中，人们针对什么都会讨价还价。但也有文化属于非竞争型谈判的文化。虽然给文化大致归类并不难，但是通常情况下还是需要细究具体情况和具体地点。了解你所属的文化对讨价还价的态度非常重要，这样你才能将它放在不同文化的框架中加以比较，而且遇到具体的情形时能够适时调整。

专栏 6-2 必争之地

“必争之地”出自《魏书·张烈传》:“此郡今当必争之地，须得堪济之才，何容泛举也？”意思是指敌对双方非争夺不可的战略要地。“必争之地”在谈判上表示为谈判焦点，对谈判方来说具有重大影响，是谈判双方所要维护和争取的根本利益所在，不允许妥协和让步。2013 年 10 月 17 日，德国总理默克尔领导的联盟党与最大反对党社民党经过三轮试探性谈判，同意启动联合组阁正式谈判。在这三轮谈判中，消弭政策分歧是联盟党与社民党正式组阁谈判最先要解决的问题，而其在解决政策分歧后，14 个内阁部长职位又成为双方谈判的“必争之地”，这是因为内阁组成直接影响下届政府在各领域的政策走向，能否占据更多更有分量的内阁职位，将直接决定双方在制定政策时的影响力。

情景的因素：在广义的文化概念中，我们还能发现，某些具体的情景会影响个体对讨价还价做法的接受程度。例如，无论是在北京还是在伊斯坦布尔，人们在露天市场买东西时，讨价还价的做法都是可以接受的。但是，在高档商场，这种做法就不合适。此时的标准与地域无关，而是与涉及的商品和服务有关。例如，在美国，买车时讨价还价一般都可以接受；但是如果是在电器店买冰箱，讨价还价是否合适，情况在各国就不太一样了。比如，在很多地方的菜市场，讨价还价很正常；但是和牙医讨价还价，人们连想都不会想。还有一些情景的因素，包括市场惯例和特别的规矩，例如，某餐厅的点餐人员可能无法为涨薪而谈判，但同样是在该公司，高管就会觉得要求涨薪很正常。还有最后一个因素，即双方的关系。当谈判双方有某种关系时，就会认为讨价还价不太妥当；但如果双方没有任何关系，则会认为讨价还价没什么不合适。

考虑文化和情景因素的合适性非常重要，因为谈判者需要确定具体谈判场景下，讨价还价的行为是否恰当。当然，你可以根据自己的喜好，选择是否讨价还价。但是，正是因为存在上面提到的那些文化和情景的因素，所以如果一方认定讨价还价的行为合适，而另一方认为它不恰当，那么，谈判过程的效率就会受影响。不喜欢讨价还价的人会直接判断对手提出的条件，要么直接接受（当了冤大头，付出了比本该支付的条件更高的条件），要么离席走人（让双方错失成交的可能性）。在谈判中，如果有一方认为讨价还价的方式不合适，而另一方恰恰采用了这种竞争性的做法，此时前者轻则看不起后者，重则被激怒，于是会造成双方无法成交。这种情况非常麻烦，因为很少有明确的法律规定表明讨价还价的行为是否合适，是否可取。

相反，需要谈判每一方仔细审视具体的谈判情景，进而确定策略。

5. 我们必须讨价还价吗

行文至此，你可能会自问：是不是在某些情景中，我们***必须***采用竞争性的谈判策略？一般而言，答案是否定的。正如我们曾经分析过的那样，“避免”和“妥协”本身就是可选的谈判策略。比如，当你和一个供货商讨论产品单价时，你可以接受他的报价，不还价。当你跟老板说涨薪时，你也可以接受他给你提出的任何条件，不再多说。和讨价还价一样，不还价也是一种选择。

虽然你并不一定***必须***采用竞争性的谈判策略，但是这样做往往是有益的。其实，“我必须这样吗”这个问题恰恰反映了你不喜欢这种方法。事实上，一旦你介入这个过程，甚至是一想起***要***介入这个过程，你就会感觉内心不安。我们曾经分析过，针对谈判，人们有不同的性格倾向，有人喜欢，有人不喜欢。

但是，无论你天性是喜欢还是不喜欢，这种讨价还价都会让你增长知识，提升技巧。原因有三个：

有时候，你真的应该讨价还价！即使你天性属于那种特别不喜欢讨价还价的人，你也总是会遇到必须为之的情形。比如在旅游的时候，买些小玩意儿，你可能不在乎多掏一些钱，免去讨价还价的尴尬；但是生活中总是会有一些更为重大的交易。比如，你代表公司去采购，商品单价哪怕降下来一分钱也会给公司带来明显的收益。再比如，如果你想想整个职业生涯那么多年，就会发现涨薪的讨价还价还是很有意义的。当你买卖的是房产这样的大宗商品时，谈判会为你省下很多钱或者多得许多钱，这样的例子并不鲜见。

通常情况下，你会与某些谈判老手进行谈判。大多数情况下，当我们介入谈判时，我们很少会意识到自己的对手实际上是一个时时刻刻都在与人讨价还价的角色。例如前面的例子中，小赵提出涨薪实际是工作好多年之后才发生的事儿，而她的经理恰恰相反，很有可能这个月已经和好多员工谈过类似的事情了。小张买表的时候与手表卖家讨价还价，也许这是他一生中第一次这么做，而手表卖家呢？每天谈上百次都有可能。再比如，买车的时候遇到的推销员，采购你们公司产品的一位经理，等等，都会是这种情况。这样的对手很有可能谈判技巧高超，而且经验丰富，更熟悉这个过程的走向，于是会引导谈判过程逐渐变得对他们有利。那么此时，如果你能更好地了解讨价还价这种方式，就会表现得更优秀一些。

你自己也有可能成为一个反复谈判的角色。讨价还价有可能成为你职业的一部分。也许你供职于公司的采购部或人力资源部，发现自己必须反反复复地介入竞争型谈判。也许你要出租房屋，必须每年与租户商讨租金。也许你会出租自己的房屋给游客，那么此时你也许每个月甚至每几天都需要与人谈判。无论哪种场景，提高自己讨价还价的能力都会是你对自己最好的投资。

幸运的是，讨价还价的竞争型谈判属于稍加学习便会显著进步的领域。仔细地洞察这个过程，可以帮助你做得更好。了解一些策略可以让你更好地加以利用，或者当对手出招的时候，你能清晰地辨别出来。

专栏 6-3　壁垒分明

"壁垒分明"现常用来比喻对立事物的界限非常明显，壁垒最初是指古时军营的围墙，后泛指防御工事。一般来说在谈判的初始阶段，谈判双方的立场是"壁垒分明"的。在 2009 年的哥本哈根会议上关于气候问题的谈判中，发达国家和发展中国家坚持不同的谈判立场，体现出"壁垒分明"的立场特征：发展中国家普遍主张气候变化谈判必须坚持《联合国气候变化框架公约》及《京都议定书》，必须坚持"双轨制"，同时发达国家应正视并承担起自己的历史责任，加大减排力度，并为发展中国家减缓和适应气候变化提供足够的资金和技术支持；而发达国家则要求近几十年才开始工业化、尚有大量人口处于绝对贫困状态的发展中国家承担超出其应尽义务和能力范围的减排目标，还要求其减排行动接受国际监督。但谈判是一个"重利益，轻立场"的过程，因此在谈判的中后期阶段各方经过沟通协调和让步之后，彼此的立场并没有初始谈判时的"壁垒分明"，反而更注重利益谈判的成果。

二、讨价还价的相关术语

下面通过一个实例来说明讨价还价这种行为中包含的基本谈判术语，这里的背景是：甲公司试图并购乙公司。

1. 条件、拒绝和还盘

条件。在谈判中，条件就是你给对手的一则声明，告知对方要达成交易他们需要接受什么。注意，这时无论你是买家还是卖家，它都叫作“条件”，目标是尽可能多得或尽可能少付。条件的本质在于它非常具体，只要对手点头、同意，交易就达成了。例如，甲公司会说：“我们愿意付 2000 万元，目标是得到你们公司 51% 的股份。”如我们看到的，“条件”用谈判语言来说就是“立场”。

拒绝。在对方提出条件后，做出否定的回应，即拒绝接受它。例如乙公司可以说：“不行，这不够。”

还盘。针对一方提出的条件，谈判的另一方可以明示或者暗示拒绝它，并提出新的条件，当然这个条件会对提出方更加有利。例如，乙公司会说：“不行，这不够。如果你们希望得到 51% 的股份，那么就得付 4000 万元。”

2. 让步

让步，指的是任何一方两次提出的条件之间的价值差。例如，甲公司会说：“好吧，我们从 2000 万元提高到 2400 万元。”此时甲公司就做了 400 万元的让步。而乙公司可能还价到 3700 万元，这样相比之下，乙公司就做出了 300 万元的让步。

3. 底线和可能的协议区间

底线。它指的是任意一方可以接受的最低条件。比如，甲公司决定无论如何，出价都不会超过 3200 万元，这里，3200 万元就是甲公司的底线。

可能的协议区间。谈判双方底线之间的区间，它有可能存在，也有可能不存在。对比双方的底线，我们可以看出双方是否能够达成交易。如图 6-1 所示，如果甲公司的最高出价是 3200 万元，而乙公司定下的卖出那些股份的最低价格是 2800 万元，那么双方底线之间是有 400 万元的重叠部分的，可能的协议区间就是 2800 万和 3200 万元之间的区域。我们也称之为“***正的谈判区间***”。

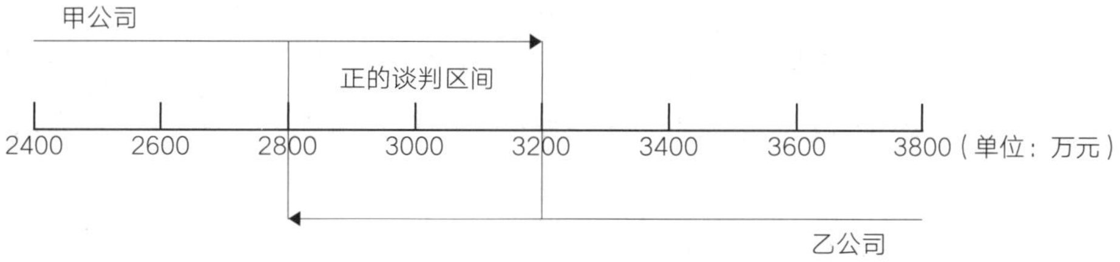

图6-1 正的谈判区间

但是，如图 6-2 所示，如果乙公司决定不接受低于 3400 万元的条件，那么双方底线之间就不会有重叠。此时，就不存在可能的协议区间；因为没有重叠的情形，所以它被称为“***负的谈判区间***”。

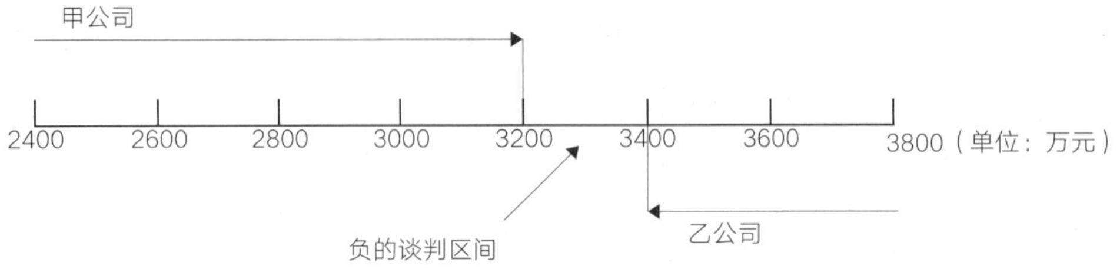

图6-2　负的谈判区间

当然，正如我们下面将要看到的，双方都有可能知道自己的底线，却很少知道对方的底线。因此，人们进入谈判时，大多数时候并不知道是否存在这样一个可能的协议区间。

4. 备选方案和最佳备选方案

备选方案。谈判每一方都可以采取的其他行动，它不涉及谈判的另一方。它指的是如果你涉及的谈判无疾而终的话，能够满足你的需求的各种各样的方案。例如，甲公司可以在企业内部设立一个部门，以获得那些它本来希望通过并购乙公司获得控制权后才能得到的益处。因此，如果不能与乙公司达成协议的话，那么创建这样一个部门就是一个备选方案。备选方案是任何一方自己就能够完成的事情，它不需要对方首肯。

达成谈判协议的最佳备选方案（Best Alternative to Negotiated Agreement，简称 BATNA）。在谈判中，我们通常都会有许多备选方案。上面的例子中，甲公司创建一个部门，乙公司并购行业内另一家公司——丙公司等，它们都是备选方案。还有一种备选方案，就是甲公司把它本计划投给乙公司的那部分资金用于发展甲公司，通过完全不同的方式来改造甲公司（例如，培训或者升级公司的信息技术设施）。当我们评价谈判情形时，非常重要的是要了解所有备选方案，估量它们的价值和吸引力，并在谈判无法达成交易的情况下，在其中选择你***实际***会采用的方案。换句话说，当双方无法达成协议而陷入僵局时，在各种可能的行动方案中，哪一个对你而言是最好的，它自然也会是你最愿意选择的方案。这种方案就是达成谈判协议的最佳备选方案（Fisher, Ury and Patton, 2011）。

三、为了利益去讨价还价

关于在竞争型谈判中应该采取什么行动，有相当多的研究。如果在网上搜索，你还会发现无穷无尽的“小窍门”。它们大多被冠以“永远要”和“永远不要”这样的字眼，暗示你一定要遵从某些建议。基于前面的分析，下面我们来学习一种基于研究的更加规范的进行竞争型谈判的方法。

莉·汤普森在其所著的《谈判者心智》一书中，提出了一套方法，包括指导谈判者行动的十大原则：

（1）评价自己的备选方案，并改进这些方案；

（2）明确自己的底线，但不要暴露；

（3）研究对方的备选方案，估计他们的底线；

（4）确定高的目标；

（5）主动首轮开价；

（6）如果对方抢先开价，立刻重新确定锚定位置；

（7）为让步做好规划；

（8）用客观的逻辑支撑自己提出的条件；

（9）遵循公平的准则；

（10）不要落入“折中”的陷阱。

下面的部分，我们将运用本章介绍的术语，以汤普森提出的原则作为主线，结合我们自己和他人的研究成果，分析如何在谈判中遵循这些原则。

1. 评价自己的备选方案，并改进这些方案

在谈判前，你就要仔细思考自己拥有的多种备选方案。然后还要思考一个问题：如果谈判失败，你要怎么做？你选定的那个最好的备选方案，也就是预期在谈判陷入僵局时你最愿意采取的行动方案，就是你的最佳备选方案。

在谈判中，你的最佳备选方案有两个功能：它可以保护你，让你不至于接受一个很差的条件。在上文中，如果小张买表时，同样一块表，另一个摊主给他 60 元的出价，那么小张就不会花 70 元来买它。

但是，即使你***识别出***了最佳的备选方案，也不意味着前期准备工作就结束了。谈判涉及的价值越高，就越值得你真正在走入谈判前，去***改进***已经识别出来的那些

备选方案。例如，小张可以努力讨价还价，将另一个摊主的 60 元的出价还到 55 元，那么当他回到现在这个摊位时，他就有了更好的备选方案。再比如，小赵谈涨薪之前，可以到她的朋友的公司去面试，这样她面对自己的经理时，口袋里就有了另一个备选方案。除此之外，她应该努力与***另外***那家公司讨价还价，以便获得最好的备选方案。

2. 明确自己的底线，但不要暴露

在进入竞争型谈判之前，一定要想清楚，明确自己的底线是什么条件；而且，如果得不到这个条件，就一定要终止谈判。如果你没有想清楚，没有做好准备，那么，谈判桌前瞬息万变的情形会诱使你付出比自己愿意付的更高的代价。

不要告诉你的对手这个底线——如果他们知道了，就绝对不会多付一分钱！汤普森曾经指出，只有两种情况下，你可以暴露自己的底线：

第一种情况是当时间有限，你只有提出最后一轮开价的时间了，而且你感觉到协议的可能区间已经被双方压得很窄了（甚至已经是负的谈判区间了）。此时，告知对方你的底线，而且明确这是最后的条件，也许会挽救一场无果的谈判。

第二种情况是，你拥有一个特别好的备选方案，你的底线被定在一个不仅可以接受的条件上，而且它是一个你会欣然接受的条件。想象一下小张买表的例子，小张对自己现在的手表很满意，只有当新表价格不错时，他才想买一块新表，他对价格的期望是 55 元。所以，作为最后一招，他可以向摊主透露这个信息。因为，有可能这个条件会被接受，即使不能成交，也无所谓。

汤普森建议，谈判中，虽然信息共享、营造彼此信任的氛围、构建相互融洽的关系都有助于谈判顺利进行，但是必须牢记一件事：***永远***不要透露自己的底线。另外，她建议***不要***在底线问题上说谎。除了伦理道德层面（详见本书第十五章）的原因之外，在底线问题上说谎会适得其反。即使双方之间存在可能的协议区间，谎言也会让双方误认为没有成交的可能，从而导致谈判破裂。如果甲公司声明“我们的股东授权我们 2700 万元用于并购，所以这是我们可以出的最高价”，那么在那之后就很难收回这个说法。如果承认之前说谎了，甲公司的谈判人员就会很尴尬；这样的话，他们就会紧紧咬住 2700 万元，而错失可能的成交机会，其实 3000 万元对甲公司也是不错的条件。同样，如果乙公司相信了甲公司明确表达的条件，并且知道自己的底线是 3200 万元，他们或许就会完全放弃谈判，以免徒耗精力。

3. 研究对方的备选方案，估计他们的底线

了解谈判对手的备选方案，可以帮助你猜测对方的底线。它首先可以让你把握双方之间是否存在可能的协议区间，然后可以让你明确能使对方做出多大的让步。要始终牢记一点：虽然你永远也不可能绝对有把握地知晓对方的最佳备选方案或者底线，但是，你要尽一切可能去研究。买表的小张可以在市场里好好看看，人流如梭的市场表明摊主会有很多备选的客户，而门可罗雀的街道就说明对方的备选方案并不多。

4. 确定高的目标

在谈判前，有一些谈判者会习惯于确定一个适中的目标。虽然这样做的目的也许是让自己不必为谈判结果感到失望，但是它会产生消极的作用。事实上，有研究已经证明，虽然在谈判中确定较低的目标会让对方觉得自己比较“理性”，但是确定高的目标更有可能带来更高的收益。许多谈判者都会非常关心对手如何根据第一轮开价看待自己，因而会在这个价位或条件的基础上降价或降低条件，目的是让对方觉得自己“更为理性”。但是，从整体来讲，这是“耕”了对方的“田”！一般而言，如果你自己有主见，而不是凭空猜测对方的想法自行降价，这样更好。如果对方希望你降低条件，那么让他们自己开口！当然，你不仅仅要确定高的目标，而且还要让对方知道你的这个目标。例如前文中的小赵，谈判前给自己定的目标是涨薪 20%，但是事实上她一开口，却变成了 15%。她应该记住一条简单的经验法则：你永远不可能得到你开出的条件。虽然很难给这个问题进行准确的量化界定，但是一般来说，不要为了显得“合理”而降低条件，除非你开出的是明显、客观上极不合理的条件。

另一方面，你还要谨慎，不要迷失在自己开出的条件里！如果你深陷其中，那么也许你会错失成交的机会。换句话说，就是不要把目标错当成自己的底线。

5. 主动首轮开价

确定一个高的目标是一个很好的开端，但是还不够。你需要让对方知道你究竟想在谈判中达到什么目的，而且让对方知道你所提的目标是很有意义的！究竟是应该我们首先出价呢，还是等着让对方首先开价？大多数时候，你应该首先开价，原因是首先开价会给你带来一种被称为***“锚定效应”***的特有优势。就像这个术语呈现的画面一样，船员们下锚后，船只虽会转圈，却跑不远了——谈判桌前你的首先开

价就确定了双方讨价还价的基本范围。

回到小赵的例子中，大家应该注意到她的经理微妙地采用了锚定效应。在她提出自己的要求之前，经理就告诉她：“你也知道，现在公司运营得并不好，我觉得公司今年是不会给任何人加薪的。”这句话的含义就是把条件锚定为0%。这其实可以提示我们理解，为什么小赵放弃了最初打算提出的20%，转而只提了15%。经理用这个锚定效应，在小赵还没有开口的情况下，就让小赵让步了5%。

没有研究提示我们应该首先开多高的价，或者究竟应该比自己的目标或底线高出多少。但是，汤普森曾经指出过，如果你可以估算出双方的谈判区间，那么你就应该把首轮开价确定在这个区间内。而且她还指出谈判者不必过度担心，首轮开价会给对方带来“冒犯”。消除这种感觉的最好办法（也是让你自信地开出高价的办法）就是在提出条件的同时，给出一些合乎逻辑的支撑论点（第十四章将讨论如何给出论据）。

谈判中，特别是首轮出价时，很多谈判者经常会给对方一个区间值，前文中的小张就是这样，他说自己希望花30—40元来买这块表。许多人在面试谈判中往往也会这么做，他们经常会提出一个工资范围。而事实上，你提出一个区间值的时候，除了对他最有利的那一个，你的谈判对手往往会忽略掉那个区间中所有其他的条件。如果摊主谈判经验丰富，那么她就**不会**说：“我们取中间值35元，如何？”相反，当她听到小张说只愿意花40元的时候，她会将这个40元当成基准线，然后在那个基础上开出更高的要价。

6. 如果对方抢先开价，立刻重新确定锚定位置

如果对方抢先开价，那么你应该回应对方***你原本希望首先开出的条件***。换句话说，你要尽自己的一切努力忽略对方开价的锚定效应，用你的出价重新确定锚定条件。在进入谈判之前要做好准备，特别是要明确自己的底线、谈判目标和最佳备选方案；当听到对方的开价后，不要调整自己的那一组方案。这么做除了可以克服锚定效应以外，还可以将真实的信息与对方的要求区别开来。如果对手给出一个条件，我们不就可以了解他的能力或者意图吗？那么为什么又要忽略对方的首轮开价，只按自己的计划行事呢？很简单的解释就是，在你听到对方的首轮开价时，***其实***你并没有了解任何新的信息。你只是听到了对方想让你听到的内容，他们这么做的目的是实现他们自己的目标。所以不要轻易跟从！

7. 为让步做好规划

如果你进入的谈判是竞争性的，那么你就要清楚一点：不要假定能够不做出任何让步就成交。相反，你要了解做出让步是必需的，因为讨价还价的基本性质就是这样。让自己提前准备好一个让步的计划，否则，你在谈判中的让步就可能是随机的、仅凭直觉的，不仅效果不好，还有可能适得其反。此时可以遵循的原则有如下五条：

（1）总是提出高于自己目标的要求。既然知道谈判中你必然会有让步，那么就给自己多留出一些空间，让自己即使让步之后仍然可以达到自己的目标。

（2）不要连续让步——在所有情况下，都要等着对方做出让步之后，再做出自己的让步。1982 年，哈佛大学的霍华德·莱法（Howard Raiffa）教授在他的著作《谈判的艺术与科学》（*The Art and Science of Negotiation*）中提出，如果一个谈判者可以打破传统的“你让步，然后我再让步”的做法，让对方连续让步两次，那么两次让步的那一方的总体谈判结果一定会受到损失。在上面小赵的例子中，你可以看到经理让小赵做出了两次连续的让步，一次是 46000 元，然后是 44500 元，之后他才给出自己的条件。

（3）逐步地做出让步——不要着急，要迫使对方更多地让步，这样让步才能达到最佳的效果。

（4）你让步的幅度（换句话说，就是你同意给对方的价值或者价值的比例）始终不应该高于对方让步的幅度。注意前文例子中的小张买表时，他的让步幅度始终跟随着谈判对手的幅度。

（5）莱法在其著作中提出，让步应该采取***递减***的幅度。例如，如果你卖车的时候，同意降价 1000 元，随后对方在他的开价基础上增加了同样的幅度，此时你需要进一步做出让步，但是这次让步的幅度应该***低于*** 1000 元。假如上一轮你将卖车的价格从 10000 元降到了 9000 元，那么你再次让步以后的出价应该是 8500 元。采用这种方法，你可以暗示对手你让步的幅度是有限的，已经逼近底线了。注意前文中的小赵就没有遵循这条原则，她做出了连续 1500 元的让步。

8. 用客观的逻辑支撑自己提出的条件

在提出一个量化的条件时，如果你可以加入一个客观的逻辑理由来支撑，那么肯定会比仅提一个数字要好。这个理由越是客观，它的有效性就越好；相比较而言，你的谈判对手更有可能接受客观理由去做一件事，而不仅仅是因为你要求让他那样做。例如，甲公司在提出3000万元的条件时，如果附加上“按照昨天的收盘价，3000万元是这家公司51%股份的价值”或者“如果按照过去三个月的情况来估算的话，3000万元相当于你们公司51%的股价”，此时效果会更好。

9. 遵循公平准则

这条建议或许可以看作上一条原则的递进版，也就是说，你应该采用某种方式，让你提出的条件显得公平。绝大多数谈判者都希望自己看上去是公平的，你的对手同样不希望看上去有失公平。尽管这个原则不一定放之四海而皆准（因为公平是主观的、因人而异的，而且还有文化差异），但是值得预先准备一个看上去公平的提议，然后再进入谈判。例如，小赵可以说：“这件事不是我贪婪，市场上我这个岗位的所有人都会得到45000元的薪酬，我只是想要一份公平的薪酬而已。”

10. 不要落入“折中”的陷阱

经验丰富的谈判者，尤其是那些谈判老手经常会采用一种策略，那就是“我们把双方最后出价折中一下，如何？”。这是一个很有力的策略，因为面对这样的提议，对方很容易点头。它本质上带有公平的色彩（因为双方是折中），而且给出了一个双方可以谈拢的机会。在前文小赵的例子中，这就是经理的最后提议。想象一下，当他这样说的时候，就仿佛他向小赵伸出了友好的手。她有多大的可能性不去握这只手呢？但是要特别注意的是，这种策略只是让提议***显得***公平，但实际上根本不是。它只是折中处理了双方最后剩余的那一部分，在上面的例子中，在走到这一步之前，小赵做出了很多让步，因此优势明显是在经理手里。小赵的目标是加薪8000元，首轮开价提出了6000元，最后呢，拿到手的是2250元。如果从整体而言，即使折中，小赵应该也能拿到最少3000元（如果她没有降低自己的目标，而开价8000元的话，那也许会是4000元），但这种以双方最后出价为基础的折中方案让她只拿到了2250元。

专栏6-4　冰炭不容

“冰炭不容”出自《韩非子·显学》：“夫冰炭不同器而久，寒暑不兼时而至”。意思是指冰与火不能并容，比喻性质相反的事物不能相容。在对立型或竞争型谈判中，一方的目标通常和另一方的目标存在根本的和直接的冲突，即双方的目标是“冰炭不容”的，在资源固定且有限的前提条件下，双方都希望最大化自己的份额。

四、竞争型谈判及其他

很显然，谈判力在竞争型谈判（讨价还价）中扮演了非常重要的角色，我们将在第十三章中详细地讨论这个因素。因为谈判双方都会努力地向对方施加压力，所以竞争型谈判的过程中会比其他任何类型的谈判都更多地涉及不合乎伦理道德的行为，这不奇怪。我们将在第十五章分析谈判中的伦理道德问题。

竞争型谈判是一种人类采用了成千上万年的交易方式。但是，近年来，将这种方式作为谈判的首要方法受到了质疑和批判。罗杰·费舍尔、威廉·尤里和布鲁斯·巴顿在其著作中，提出竞争型谈判包含风险和成本。他们警告说，竞争型谈判效果并不好，原因在于竞争型谈判往往会导致不明智的结果，这种结果是由于对方将彼此看成对手或敌手而产生的，让双方无法理性地努力明确自己的真正需求。而且从时间、精力等角度而言，这种方式也是效率低下的，因为双方会采用一系列的回应步骤，而每一个都需要时间，需要双方付出努力，需要双方做出决策。最后，敌对的思维定式不可避免地会让双方的关系面临威胁。因此，他们提出谈判有更好的方式，能够消除这些缺陷。

下一章我们将介绍另一种完全不同的谈判方式，它摒弃了在谈判双方之间分配有限资源的固化思维方式，聚焦在如何获得双赢，如何展开合作上。与很多谈判专家一样，罗杰·费舍尔、威廉·尤里和布鲁斯·巴顿认为这是“更好的”谈判方式。

虽然如此，掌握竞争型谈判的本领、了解讨价还价的知识，对于所有谈判者而言，都是非常关键的。有时，谈判者会发现自己处于一种以竞争型谈判为主的文化或者氛围当中。有时，他们会发现虽然自己参与的谈判是合作性特征很强的谈判，但到最后双方仍然需要决定如何分配资源。无论是哪种情形，相比而言，熟谙讨价还价技能的谈判者都会收益更多。

思考题

1. 抛开一些方便性因素（例如购买空调的时候你会考虑这个问题），你更喜欢在购物中心购物，还是更喜欢在市场摊位上买东西？前者所有的商品价签清楚，不能讨价还价；后者没有价签，价格需要和摊主沟通确定。对于这个问题的回答应该能够启发你自己对于竞争型谈判所采取的态度。

2. 你能够回忆起曾经经历过的一次竞争型谈判吗？努力去回想一下双方让步的步骤。你是否遵从了本章中提到的一些建议或原则？它与谈判结果有关联吗？

第七章

合作型谈判

大多数情况下，西方电影和流行文化对于谈判的描述都侧重于竞争型谈判，即我们在前一章讨论的“谈判交际舞”。虽然这种谈判方法在整个人类历史长河中一直是普遍存在的，但是过去几十年来，兴起了另一种谈判的方法。这种方法将谈判视为双方面临的一个机会，双方从中是可以相互获益的。这种方法表明双方都可以是获胜者，而不是只有一个赢家和输家的过程。事实上，这种方法的核心是“赢”的概念被“双赢”所取代。大量谈判文献为这种类型的谈判赋予了不同的名称，我们将使用其中最常见的一个名称：合作型谈判。

一、什么是合作型谈判

1. 概念上的差别

在合作型谈判中，谈判双方会尽力识别出存在于他们之间的***所有***潜在价值，并且努力将这些潜在的价值挖掘出来，整合成一个协议。要开展合作型谈判，就需要我们摒弃竞争性的思维方式，不让自己聚焦于狭隘的关注点，并调整自己的心态。思维方式、关注点和心态都改变之后，有可能会给谈判带来巨大的好处。如果各方以合作方式进行谈判，将会怎样？针对谈判涉及的资源，如果他们不仅仅聚焦在狭隘的范围，而将关注点扩大到更广泛的范围，又会怎样？如果他们不再什么都想抓住，而只是努力获得那些对自己最有价值的东西，又会怎样呢？遵循这个简单的逻辑，你就可以想象出合作型谈判和竞争型谈判有什么不同了。

2. 过程合作和主观估价

合作型谈判的核心在于精神和思想的统一。从精神层面上说，合作型谈判表明人们认同一种观点，也就是与他人合作而不是对抗，才会产生更好的结果。而从思想层面上说，合作型谈判要求人们认同一条简单的经济规律，即面对同一件物品，人们会有不同的价值判断。这个规律在赢家通吃的情景下就会被人忽略。

即使抛开合作型谈判不说，这一原则也是每一笔交易和所有商务活动的核心。所有的交易实际上都是因为各方估值的主观差异而达成的。例如，你去商店买一块巧克力，你想要巧克力，但不想为它花太多钱；店主想要你的钱，但又不想把巧克力卖得太便宜。于是店主将巧克力的售价定为两元，她希望找到一个平衡点，一方面，你觉得为这块巧克力花掉两元钱值；另一方面，店主也认为两元钱比巧克力对她来说更有价值。

合作型谈判就是建立在这一原则的基础上，并进一步强化了它。它并不是试图找到一个更加有利于你自己的协议点（用上面买巧克力的例子来说，它指的是，你向店主支付了 1.9 元，希望她觉得这钱相对而言超过巧克力的价值，从而愿意卖掉巧克力，而此时你就得到了 0.1 元的更高收益），相反，它要求双方更多地了解情况，并明确双方更多的估值差异。通过双方一起挖掘所有的估值差异来源，便可以找到双赢可能的来源。拉克斯和塞贝尼斯曾指出过，这种方法看似不符合人的直觉，但合作型谈判从根本上说，就是***依赖于***这种估值差异：

> 正是因为谈判者***彼此不同***，谈判才能给双方均带来一些收益。因为谈判者的偏好、预期、禀赋、能力或其他一些方面不完全相同，所以他们每个人都可以提供一些对他们自己来说价值不太高，而对对手很重要的东西……
>
> 在某种程度上，我们认为谈判双方的差异性导致了他们之间的摩擦，特别是在与“求同存异”这里面的“同”相比时更是如此。“求同存异”属于常见的外交辞令，它告诫人们在谈判中，首先要明确双方认同的“共同基础”，包括事实、假设、预期等，然后再针对各方的差异点讨价还价，但是实际上这种观点可能导致谈判过程朝着错误的方向发展。事实上，研究表明谈判者之间的***差异***往往是推动他们展开联合行动的驱动因素，使双方可以获得潜在的收益……由于双方共赢常常来自这种差异，所以谈判时关注的主要焦点应该是发现这种差异，思考如何消弭这些差异……（1986，90—91）

将主观估值的一般经济学原理转化为谈判理论就会为合作型谈判找到一个非常

贴切的解释：谈判双方根据各自的喜好就多个问题达成协议，就可以实现各方均满足自己需求的目标。在这个意义上，合作型谈判不仅是“管理好了”各方偏好的差异，而且它恰恰是利用了这些偏好的差异！下面这个例子常常被认为是管理理论的先驱玛丽·帕克·福莱特（Mary Parker Follet）提出的：

小麒和小麟是姐妹。她们像所有的姐妹一样，有时候相处得很好，有时候也闹别扭。今天她们俩就吵开了。她们一直在争论谁能拿到她们在厨房里发现的最后一个橙子。小麒想要它，但小麟也不让步。小麟试图说服小麒让出橙子，但小麒坚持要得到它。

最后，两个女孩拿出一把刀，把橙子从中间切开。她们各拿了一半，然后不欢而散。

小麒把她那一半橙子挤出汁，把果皮扔进垃圾箱，加了一点糖，喝了。小麟剥了她那一半的橙子，把果肉扔了，把果皮研碎，加到她正在做的蛋糕中。

如果从竞争型谈判的角度来分析这个故事，我们可能会说，就初始需求而言，姐妹两个都得到了一些收益。如果不太严格的话，在0—100满意度量表中，她们俩的满意度可能都是50。但是事实上，她们双方的收益可能都会更低。如果小麒非常渴，喝了半杯橙汁后仍然渴，她可能会把她的满意度评定为30甚至更低。如果小麟的蛋糕很大，那么橙皮在面糊里面可能就太少了，而她想要的橙子风味就出不来，她可能会将她的满意度评为25，甚至为0。

从合作型谈判的角度来看，这个故事恰恰展示了认为资源有限的思维定式的局限性。姐妹俩都专注于一个固定的资源——认为厨房里的那一个橙子是唯一的价值来源。结果，她们将它变成了一个零和博弈。在这种心态下，她们会认为最好的选择就是她们所实现的妥协——分割资源，但却没有努力扩大资源。然而，在这样做的时候，她们实际上把橙子的很多价值留在了谈判桌上——在这里是丢进了垃圾桶里——双方并没有获益。

想想小麒和小麟两难的局面，我们很容易就会发问：如果她们只有一个橙子，她们该怎么处理呢？她们到底有多少个橙子？即使看到现在，你可能（也许可能）仍会说就一个！然而，小麒和小麟实际上有两个橙子：一个果皮橙子和一个果肉橙子。她们每人都可以得到令自己满意的***整个***橙子——满意度在0—100评分量表中达到100分。

这个例子当中，问题就在于透过现象看本质，或者看出潜在的更高价值是***特别***

困难的。特别是当我们和对方渴望得到的是同一样东西时，***尤其***具有挑战性。

从本质上说，小麒和小麟之间是典型的人类互动，因此就会陷入一个非常典型的陷阱：我们只知道我们知道的，我们只看到我们所看到的。资源固定的思维定式就是因为这样的前提才产生的。

把一个橙子变成两个，就必须进行细致入微的分析，而且能够理解姐妹两个对橙子的估价逻辑。所以不仅要问她们“这个橙子对你来说有多大价值？”，而且还需要问“你为什么需要这个橙子？”以及“你要用橙子做什么？”，这些问题连带其他一些问题会最终引出一个重要的问题：“橙子哪个部分对你来说更有价值呢？”如果进行这一连串的整合探索——这个“整合”恰恰是合作型谈判的核心——那么就可以发现小麒对果肉的估值是100，而对果皮的估值为0；小麟对果皮的估值为100，而对果肉的估值为0。如果她们事先知道这一点，那么她们很有可能会找到一个解决方案，使她们两个的满意度都达到100分！

然而，这才仅仅只是一个解决方案。也许姐妹俩可以进一步挖掘她们之间偏好的差异、挖掘更多的资源，从而找到更好的解决方案。例如，也许小麒也喜欢一小块蛋糕。如果小麟满足她（也许是换来了几口果汁），那么她们也许会认为自己的满意度达到105分了。或许，通过进一步的讨论，她们还能找到一些办法，来开发本会被扔掉的种子和果肉，此时她们的满意度会更高。

我们所有人都曾处在小麟和小麒的位置，因此，我们知道谈判者要跳出思维定式有多难。拿起刀，分割资源的冲动是很强大的！然而，在某些情况下，合作型谈判确实能够让我们得到更好的结果。

回到前文那个你从店主那里买巧克力的例子：想象一下，你每隔一天或两天就去买一块巧克力。如果你每次进店都能用1.9元买到巧克力，那么你买10块巧克力就意味着少花了1元。而店主呢，她的进货价是每块1.5元，那么成功地把巧克力卖给你后，即使每块巧克力只赚0.4元，而不是0.5元，她仍然会很满意。

然而还会有另外一种情况：就在你走进商店之前，店主的供货商告诉她，如果今天她进50块装的一整箱巧克力的话，就会给她打20%的折扣（也就是说，每块巧克力少了0.3元）。因为她还有10块巧克力的库存，所以她对这个买卖犹豫不决。然而如果你们每个人都知道对方的情况，那么她可能会让你今天以1.75元的价格买走原有的10块巧克力。这次交易后，你将获得2.5元的收益，虽然她得不到5元的正常利润，但她还会获得2.5元，而且从未来买10块巧克力的客户身上，她将获得

3元的超额利润，这样她的利润就变成了5.5元。除此之外，她还有另外40块巧克力可以提高利润出售（这将产生12元的边际价值），如果她遗憾地拒绝供货商提出的条件的话，这笔超额利润她根本拿不到。

专栏 7-1　　避重就轻

"避重就轻"出自《唐六典·工部尚书》："技能功巧者，不得隐巧补拙，避重就轻。"意思是回避重的责任，只拣轻的来承担，也指回避要点、只谈无关紧要的事情。当谈判在某个问题上陷入僵局时，双方的情绪会处于低谷，这时可以换一个新的话题与对方谈判，以等待谈判的高潮来临，这种谈判策略被称为"避重就轻"。1995年7月下旬，中外合资重庆某房地产开发有限公司代表与澳大利亚著名设计师尼克·博谢洽谈，请他帮助设计金盾大厦的建设方案。在第一次谈判中，双方首先就价格进行商谈，然而，因为双方对价格存在争议，致使谈判进入僵持阶段；在第二次重开谈判之时，双方坐在谈判桌前首先探讨的是建筑方案的设想和构思，然后再将议题转移到敏感的价格上来。这实际上是避重就轻，暂时转移视线的做法，在其他方面容易达成共识，从而有利于在价格方面继续谈判。"避重就轻"更容易促进合作型谈判取得成功。在竞争型谈判中，则要防止对方"避重就轻"，即在主要问题上打马虎眼，而故意在无关紧要的问题上兜圈子。

二、合作型谈判：一张路线图

行文至此，我们必须澄清一点：合作型谈判绝不仅仅是合作。它不只是和和气气、很有礼貌，或者不那么贪婪。而是一种战略思维，包括谈判各个阶段的战术。随着谈判的推进，这些战术可以帮助双方不仅仅聚焦于自己的那部分，争夺有限资源中较大的一份，而是聚焦于共同的目标和为双方创造出尽可能多的价值。

在我们分析具体的方法之前，首先我们来介绍合作型谈判各个阶段的一张路线图。有一些重要的教材介绍过如何实施这种方法，例如罗伊·列维奇（Roy Lewicki，俄亥俄州立大学）、布鲁斯·巴里（Bruce Barry，范德比尔特大学）和戴维·桑德斯（David Saunders，皇后大学）的《谈判学》（*Negotiation*，2015），莉·汤普森的《谈判者心智》（2005），戴维·拉克斯和詹姆斯·塞贝尼斯的《当管理人员应对谈判时》

（1986），以及纽约州立大学布法罗分校的狄恩·普鲁特教授的《达成合作型协议》（*Achieving Integrative Agreements*，1983）。下面的分析综合了这些教材以及其他一些教材中的建议。

拉克斯和塞贝尼斯提出，合作型谈判者有两大基本原则：

> （1）当考虑双方可以从协议中获得哪些潜在收益时，首先要仔细盘点各方彼此之间的不同，而不是彼此之间的相似之处。
>
> （2）消弭差距、实现双赢的基本原则，是找出对于一方价值很低，但对于另一方价值却很高的要素，然后将之匹配起来。反之亦然。（1986，91）

列维奇、巴里和桑德斯（2015）为这些原则构建了一个框架，提出合作型谈判应该经历以下四个阶段。

识别问题：双方不是将谈判看作“试图从另一方得到某种东西”，而是“一起解决问题”，这种心态有利于找到合作型解决方案。这就需要对谈判涉及的问题有共同的认识。

理解问题：在这个阶段，双方不仅仅是要表达“我想要这个，你想要那个”这种思想，而是要抓住双方的根本需要和利益。对每一方来说，什么是最重要的？他们在谈判中必须获得什么或者失去什么？

形成替代方案：虽然一把钥匙开一个锁，但是谈判却不同于开锁，总是存在着多种解决方案。形成多个解决方案通常是合作型谈判的关键。在探索替代方案的时候，各方就有机会探知对方的偏好，并明确自己的偏好，而且可以将自己的偏好进行排序。

选择解决方案：在谈判结束阶段，各方可以共同确定“好方案”的标准。从个体来说，他们会依据自己的偏好来判断对各种方案的取舍。他们可以找到一个为所有各方都带来价值的解决方案。最后，他们还可以努力改进他们已经达成的价值更高的解决方案，从而确保不留遗憾。

三、合作型谈判者的工具箱

前面的分析提供了一张总体路线图。从实践而言，下面是实现这张路线图的具体工具或者策略。这些策略中，有些看似自然地贴合上面列出的某些阶段，因此它们大致是按照上面列出的步骤来排序的；然而实际上，它们适用于谈判过程的任何阶段。

1. 建立互信、共享信息

互信的谈判者往往会共享更多信息，这提高了实现互利结果的可能性。

当然，作为一名谈判者，你并不能决定对方是否会信任你，也不能迫使对方变得值得你信赖。但是，你却可以做到尽力让别人信任你，也可以通过对他人刻意的仔细观察，明确对方是否值得信任。信任的这两个方面都将在本书后面进行讨论。

为什么彼此信任的谈判者有更多机会获得双赢呢？其中一个原因是，相互信任的他们更有可能继续谈判，携手渡过难关，到达成功的彼岸；而缺乏互信的谈判者会认为对方在伤害自己，因此很容易就谈不下去了。另一个原因就又回到谈判者两难困境问题上了。彼此信任的谈判者更有可能采取合作的行为，使得双方可以实现双赢。这种合作行为的一个关键要素就是信息共享。

虽然很多研究都表明，总的来说，“共享信息”是合作型谈判的一个条件，但是汤普森（2005）曾经更进一步地提出，并非所有的信息都具有同等的价值。她将谈判者可以共享的信息分为以下六种类型。

（1）最佳备选方案；

（2）提出的立场要求；

（3）论证（支持立场的论据）；

（4）根本的利益诉求；

（5）优先顺序问题；

（6）关键事实。

谈判者与对手共享前三种类型的信息，不仅不会对合作型谈判产生积极的影响，甚至还会破坏合作型谈判。例如，分享关于“最佳备选方案”的信息往往会限制思维，并且经常被理解（或解释）为一种威胁——这个举动绝对是竞争型的。然而，最后三类信息，尤其是第四和第五类，对于合作型谈判至关重要。当然，对方并不总是会和盘托出、共享信息，有时你需要竭尽全力去挖掘这些信息。

2. 询问一些诊断式问题

诊断式问题的目的在于探寻两类重要的信息——关于根本的利益诉求和优先顺

序的信息。汤普森的研究表明，谈判各方很少提出这些问题，这表明我们需要刻意地提出这些问题。比如可以这样问:“你更喜欢这些方案中的哪一个？”“为什么这个问题对你如此重要？”“条件甲比条件乙对你更重要吗？”“听起来好像条件甲不像条件乙那么让你难以接受。”如果谈判者提出这些问题，那么他们就有可能了解价值暗藏在哪里，并且去发掘这些价值。这样做的另一个好处就是，不会诱使对方撒谎，也不会产生对前三类问题的曲解。

3. 提供信息

虽然前面我们曾经提出，要谨慎地审视对方的可信度，但这并不意味着谈判者应该默不作声、不与对方进行实质沟通。谈判者应该战略性地考虑与对方共享信息。虽然我们大多数人经常会本能地不告诉别人我们将要做什么，但是共享信息会触发互惠。一些研究已经表明，也许正是因为这一点，分享信息的谈判者比不与别人分享信息的谈判者，能够达成更多的合作协议，并且能获得更多的资源。如果你选择与对方共享信息，那么就应该明确地分享，并帮助对方完全理解这条信息。除此以外，因为双方对于信息的理解不会完全符合彼此的预期，所以一定要谨慎：如果你已决定分享信息，那么就要尽量清楚地让对方正确理解这条信息。

4. 拆解问题

就单一问题谈判很容易使谈判者形成资源固定的看法，从而引发竞争型谈判。如果可以把一个问题拆解成两个不同方面来进行讨论，那么就可以将竞争型谈判转变为一个合作型的多问题谈判。通常情况下，合作型谈判过程需要挖掘出两个或更多的问题。一旦你可以将谈判分解成两个问题，你就可以挖掘出双方开展合作的可能性。例如，购买二手车时，价格谈判似乎是一个单个问题的谈判。但是，如果将卖家可以接受的付款方式引入的话，这个谈判就会变成涉及两个问题：时间和金钱。如果卖方更看重价格，而不是时间，而对买方来说，他看重的是时间，而不是价格，那么此时买家就可以用分期付款的方式以更高的价格成交，这种情况将会使双方均获得更多收益。

5. 创造新的议题

不要把自己的注意力仅仅限制在谈判桌上，要努力去探索如何将正在讨论的问题的价值扩大。我们可以自问一下，是否存在这样一些谈判对手能够提供而你又恰恰需要的东西。反之，你也可以询问你的对手，你是否可以为他们做些其他事情。

6. 消除损失

通常情况下，获得共同收益的最简单的方法就是消除目前状态中存在的损失。例如，如果谈判双方为解决问题诉诸法律，那么，如果双方可以节省法律费用，就可以视为令双方获益。当然，这时会有不平等，比如一方可能请的律师费用很高，那么，如果不打官司了，他节省得更多。

7. 直接扩大资源：添加资源以增加收益

在某些情况下，谈判双方会往交易中添加资源，从而有可能使双方均获得更大的利益。从表面上说，大额交易与小额交易相比，可能会使花费提高，但利润率同时也会上升。前文批量购买巧克力就是这个策略的一个例证。

8. 削减成本：给予特定补偿

如果针对谈判问题提出的解决方案对甲方有利，但对乙方不利，那么就需要探究甲方是否可以通过某种方式，缓解乙方的痛苦或给他一些补偿。普鲁特曾经指出，这种做法的本质是获益多的一方以特定的方式补偿获益少的那一方，可以算作是抚平伤痛。例如，甲公司购买了乙公司的多数股权。甲公司很高兴，因为它认为收购价格不错，收购的资产也好；乙公司可能对价格也感到满意，但它对股权转让所产生的自主决策权的损失不满意。此时甲公司可以补偿乙公司，它可以通过更改公司章程来提高乙公司的内部自主权，或赋予乙公司任命更多董事会代表的权利。

9. 提供非特定补偿

普鲁特将这种方法定义为甲方向乙方提供补偿，以此获得乙方在一个问题上让步。尽管补偿的东西与谈判的事项不直接挂钩，或者是一般的货币补偿，但这种方法一般都会让乙方对双方的交易感到满意，即使甲方在***这个***问题上提出的条件乙方并不喜欢，乙方一样会感到满意。例如，买卖二手车的时候，甲方拒绝再降价，但他同时指出，他会在将车交给乙方之前，彻底地清洗车辆，并加固后挡泥板等。

10. 设计一个打包价，而不是进行单一报价

针对谈判的多个问题，不要进行单一报价（这会导致竞争型谈判），而应设计一个打包价（这就会引向合作型谈判），把所有问题放在一起综合地谈，然后提出一个将所有问题都考虑进去的报价。这样做有四个好处：

（1）**可以交易某些问题**。针对每个问题的重要性，各方有不同的判断，这样他们彼此之间可以就某些问题展开交易，比如“在第一个问题上，我多得一些，在第二个问题上，你少得一些”。

（2）**互助**。将上面的方法再往前推一步：在第一个问题上，甲方绝对让步于乙方；相应地，在第二个问题上，乙方绝对让步于甲方。普鲁特和其他一些研究学者将这种方法称为“互助”。

（3）**陷入僵局的机会更少**。可以避免因单一报价而造成的潜在协议区间变窄的问题，从而也就减少了谈判陷入僵局的机会。

（4）**避免妥协陷阱**。对于单一问题的讨论，从本质上说经常引导各方寻求***妥协***——妥协确实是一个解决方案，但却是一种相对低效的解决方案。

11. 同时提出多个方案

带过孩子的父母都知道，当他们问孩子“你想要一根香蕉吗？”或“你想要一个苹果吗？”的时候，他们的孩子可能会对两个问题都说“不”。然而，如果他们问孩子“你喜欢哪一个，苹果还是香蕉？”，孩子经常会选择其中的一个。这个策略常常很有效，即使你与最不合作的（成人）谈判者谈判时，该策略仍然能够起作用。当向另一方提出要约时，给他们提供至少两个备选方案——二者对你都有价值。研究已经表明，提供多个备选方案往往能带来更有利的结果。此外，使用这种策略的谈判者还能给对手留下更好的印象，因为对手会欣赏给他们提供的灵活性，这样对自己选择的结果也会更满意。

12. 识别并利用根本性差异

正如我们所讨论的，谈判者应该寻找彼此之间的差异，并利用它们。汤普森（2005）、拉克斯和塞贝尼斯（1986）曾经总结了谈判各方之间可能存在的几类根本性差异，以及可以利用它们产生的价值。

估值判断方面的差异：我对一个问题的估值更高，而对手对另一个问题的估值更

高，此时我们就能够采用互助的办法，每一方都能“赢到”自己最偏好的问题。我们前文提到过的买车，买方支付全款，但采用分期付款的方式，就是谈判双方建立在主观估值差异基础上的互相帮助。

对未来预期的差异及对风险的态度差异：许多谈判都会涉及对未来的预期，此时谈判各方经常会有不同的意见。我正在与之谈判的这家公司的价值会上升，还是下降？这家公司能否运作良好、收益很高？人们对未来往往会有不同的期望。还有一组概念，虽然和未来预期不同，但与之相关，即各方对风险的态度有差别。简而言之，有些人比其他人更乐意承担风险。将这两种类型的差异放在一起，就可以发现，有的谈判者可能偏好无风险但低收益的组合，而有的谈判者则偏好高风险、高收益。这些差异并不能表明谁对未来的估计是正确的，它们只是可以成为合作型交易的基础。

时间偏好的差异：即使对于同一事件，人们也可能因为事件发生的情形不同，而产生不一样的估值判断。例如：一对夫妇离婚了，他们打算出售他们的房子。他们很快就提出两人平分卖房的钱，但是随后他们就意识到对于***何时***出售房子，他们却有不同的看法。妻子有些钱、有自己的工作，还可以住到她父母家里去，所以她希望等一年左右再卖房，这样过渡更容易些。但丈夫一无所有，所以他就想赶快把房子卖掉，这样他就有钱，可以租一个新的公寓，置办点需要的电器。即使抛开房地产投机不谈，也不涉及前文提到过的风险态度和其他偏好，此时双方在时间问题上，确实存在偏好差别：在这种情况下，丈夫很有可能更容易接受当下卖房 40% 的收益，而不是一年后 50% 的收益。前文提到的二手车付款计划的例子也与这种类型的差异有关。

能力差异：人们不仅在个人偏好、对风险的态度和时间偏好等方面有所差异，而且他们本身的能力方面也是有差异的，这就包括他们是什么样的人，他们能做什么，或者说他们的能力、技能和资源如何。合作型谈判者应该探讨这些方面，探索如何将这些因素综合起来，并将之与正在谈判的资源联系起来，以扩大资源。

13. 寻求结算后再结算

一般情况下，谈判双方在达成协议、握手成交之后，会迅速离开。也许他们担心，如果有一方返回来质疑交易的某一方面，那么他们已经达成的交易会向不好的方向发展。在合作型谈判中，谈判者会竭尽全力来克服这种倾向。既然已达成协议，他们应该享受这种成就感，并增强协议带给他们的相互信任——利用这份信任进一步扩大资源，提高双方的收益。扩大资源的一种策略很简单，却有令人难以置信的价值。它遵循这样一个逻辑：一旦谈判双方达成协议，他们就同意落实它并把它搁到一边。接下来，他们会继续合作，来探讨除了成交的事项以外，是否还有一些事项的价值尚未开发出来。然后，他们竭力挖掘是否能够达成一项能使其中一方或双方获得更大收益的协议。如果他们无法达成新协议，那么第一份协议将是具有约束力的最终协议。

大家需要注意的一点是，谈判双方通过这一举动，让第一份协议变成了***双方***第二次谈判的最佳备选方案！因为双方知道他们现在已经有了一份很好的协议作为退路，并且双方明确他们可以达成协议，所以此时他们更愿意分享自己的偏好和利益诉求。而这种情况下，双方更有可能达成更高价值的交易。

协议后再协议有另一个例子，那就是 Smartsettle.com 提供的服务。谈判双方通过 Smartsettle 的在线电子谈判平台谈判，并达成一项交易后，他们的协议过程就完成了。然后，系统会询问他们是否想要计算机提供一种算法来分析他们之间的交易，并且根据各方先前输入系统的偏好条件，建议一个对各方均具有***更高***价值的新协议。如果他们不想听从计算机的建议，重开谈判，那么他们之前商定的交易条件就是最后的协议。如果他们确实同意考虑系统的建议，那么系统就会向他们发送一套新的协议，其中包含对之前协议的更改，也就是对协议的优化。此时，双方既可以同意新的协议，也可以仍然采用之前的协议。我们将在第十八章进一步讨论在线谈判。

四、原则性谈判或基于利益诉求的谈判

有一种合作型谈判的模式值得重点分析，因为它对谈判实践影响深远。它就是原则性谈判或者基于利益诉求的谈判模式。

1. 背景与影响

1981 年，罗杰 · 费舍尔和威廉 · 尤里出版了《谈判力》一书。在后来的版本中，哈佛大学的布鲁斯 · 巴顿教授也加入了他们。这本书被翻译成二十多种语言，而且在美国、欧洲和世界其他很多地方的大多数谈判课程中，它都被列为必读书目。世界各地的谈判者，无论是否遵从几位作者提出的模型，他们都非常熟悉这个模型；因

此，熟悉这个模型不仅是对模型本身优点的一种掌握，更是与大多数专业谈判者拥有了相同的语言体系。

费舍尔、尤里和巴顿开发了一个四原则模型，他们称之为“原则性谈判”，由于它以利益诉求为中心，因此又被称为“基于利益诉求的谈判”。当谈判者采用这个模型时，他们会寻求探索自己以及对方的动机、本能和利益诉求，进而一同努力来满足谈判各方的根本需求，找到一种令各方满意的解决途径，它与竞争型谈判的根本差异是不将谈判看成是各方在分配有限的资源。

正如我们所看到的，费舍尔、尤里和巴顿主张放弃讨价还价式的竞争型谈判，因为它效率低下，还会破坏各方的关系，引发不明智的行为。但是，他们也不建议谈判方为了显得温和，而抛弃强硬行为。他们认为这不是简单的二分法，态度温和并不是解决问题的途径。虽然它有时可能让双方维系更好的关系，但是它不一定会带来更佳的谈判结果。此外，当你态度温和、希望保持与对方的这种关系，你就会表现出和善，进而做出让步。发生这种情况的原因在于，当我们专注于关系并积极表现出和善态度时，我们就会发现对方会以保持关系为由，诱导甚至迫使我们做出实质性让步。在这种关系里，我们始终是“给予者”，但这种关系绝不是我们希望获得的“更好的”关系！

这种思想就引出了费舍尔、尤里和巴顿方法的第一条原则：将人与问题分开。

2. 将人与问题分开

谈判者是人。他们有利益诉求，希望通过谈判满足其诉求，但同时他们也是有身份、个性和各种情感的人。他们有一套思维模式、感知和情感，可能与你不一样，但这些不一定是“错误的”；如果你需要他们赞成一种方案才能达成交易，那么你就不能将这些视为“他们的问题”。相反，处理人的问题是谈判的核心部分。在接近谈判的实质之前，谈判者要识别互动的哪些方面是与“人”相关的，哪些方面是与“问题”相关的，这样分析之后，你就可以明白如何与人打交道，同时在谈判主题上不让步。事实上，这样做就可以让你成为一个兼具同情心和效率的谈判者，即“对人要温和，对事要强硬”。

聚焦在立场上的竞争型谈判往往会将我们引入意愿的战争，因为我们会告诉谈判对手：“我说了，你就得接受。”双方的情绪和自尊都会带进来，目的都是从这场竞争的有限资源当中多获得一些好处。正是因为这种普遍存在的现象，费舍尔、尤里和巴顿提出了他们的第二条原则：关注利益而非立场。

3. 关注利益，而非立场

不要将谈判变成你告诉对方你的谈判立场，并让他在“是”与“否”之间进行选择；然后对方也这样对待你。要改变游戏的玩法。要努力理解谈判立场背后隐藏的根本性利益诉求。利益诉求是谈判者在明说的立场背后真正关注的问题，以及他真正的需求和动机。有时，这些需求是潜藏起来的。比如前文说过的两姐妹分橙子的例子，当小麒和小麟都想要橙子时，小麒真正需要的是果肉而小麟真正需要的是果皮。有时，利益诉求藏得更深一些。为了举例说明，我们可以继续探索小麒和小麟的利益诉求，不仅局限在果肉 / 果皮上。小麒的谈判立场是“给我橙子”，而她的利益诉求可能只是解渴。小麟的谈判立场是“给我橙子”，而她的利益诉求可能是她的社会需求，因为她答应过她的朋友，如果他们来了，她会用她烤制的美味蛋糕来款待他们。一般来说，人们谈判为的是满足他们的利益诉求，而不是实现他们的立场。上一章中谈到，当小赵为 6000 元的加薪进行谈判时，她并不是仅仅对 6000 元这个数字感兴趣，而是为了达到这个数字所能满足的目标：社会地位、物质舒适和身份认同等。这些是驱使她直面她经理的力量，按照费舍尔、尤里和巴顿的观点，谈判者需要关注的正是那些利益。虽然竞争型谈判通常会产生一个赢家和一个输家（通常，两个谈判者主观上感觉他们都输了），但是其实他们的利益诉求往往是兼容的。橙子可以有不同的食用方式，薪水和其他形式的福利、待遇都可以改变形式，让双方都满意。

一旦双方了解对方的利益，他们就可以寻求这样一个令双方都满意的解决方案。费舍尔、尤里和巴顿将这种方法描述为第三条原则：提出一些备选方案，使双方均有收益。

专栏 7-2　求同存异

“求同存异”出自毛泽东 1957 年《在省市自治区党委书记会议上的讲话》：“目前只要大体过得去，可以求同存异，那些不同的将来再讲。”意思是指找出共同点，保留不同意见。在谈判开始前，谈判双方必然会在各方面存在着“同”与“异”，这也正是谈判的意义所在。谈判者在谈判中应当遵循“求同存异”的原则，坚持求“大同”、存“小异”。“大同”是指各谈判方在总体上、原则上必须一致，摒弃细枝末节的分歧和不同意见，从而使参与谈判的各方都感到满意；“小异”则意味着双方要做出让步行为，允许谈判协议中存在与自己利益不一致的情况。总而言之，“求同存异”就是要强调谈判各方的共同点，减少分歧，这有助于谈判目标的达成。

---

4. 创造备选方案，使双方获益

草率地寻求一个“将就的”解决方案，很快就会导致各方进入竞争型谈判的局面。各方应该花时间去了解究竟有多少可能的解决方案。竞争型谈判会认为解决方案很有限。例如，我们看看涨薪的例子，如果小赵要求 6000 元的加薪，那么在 0 元（她经理的偏好）和 6000 元之间，就有 6001 种不同的解决方案。如果谈判中，各方把重心放在利益诉求上，就会扩大利益诉求的范围，在上面的例子中，不仅仅包括那 6001 种解决方案，还包括***其他***各种可以满足利益诉求的方案。也许给小赵一个新的头衔就可以满足她在职位上的利益诉求；也许一部新手机或公司配车可以在物质上让她得到满足；也许可以允许小赵每天提前下班 15 分钟，这样她就可以赶上早班车，从而显著增多她的休闲时间。谈判各方只有对利益诉求进行深入探索，才能挖掘出这些潜在的诉求，而且只有审慎地发现多种诉求，才有可能找到令各方满意的最佳解决方案。

费舍尔、尤里和巴顿认识到，即使人们愿意在这样一个过程中展开合作，并一起寻找解决方案，他们也不一定会同意另一方提出的方案。因此，他们提出了第四条原则，也是最后一条原则：坚持使用客观标准，旨在努力避免这个过程恶化成依靠强力展开较量的竞赛。

5. 坚持使用客观标准

费舍尔、尤里和巴顿建议谈判者以客观的准则或标准来支持他们的要求，而不是用“这是我需要的，把它给我”来支撑他们的要求——支持他们的理由来自外部，而不是任何一方的建议。换句话说，不是将条件陈述为自己的观点或偏好，而是将其呈现为从客观依据中自然而然得出的观点。上文中小赵在提出自己涨薪的要求时，可以补充原因是这个要求符合市场惯例，即“这种岗位上，每个人拿到的薪水都是这么多”。小麒支持自己想要橙子的要求的理由可能是，因为她是姐姐（在某些文化中，情况如此）或她是妹妹（在另一些文化中）。在就出售股票展开谈判时，一方可能指出过去一周或一个月该股票的平均价格，或普遍被市场接受的估值系统给出的价格。买车时，买卖双方就汽车的价格谈判，卖方会用车辆的账面价值来作为自己出价的理由。通过使用客观标准，谈判者可以努力将评估解决方案的任意过程变为不那么有争议、理由更充分的过程。我们将在第十四章中详细分析如何利用客观标准。

结论

使用合作型的方法去谈判，包括基于利益诉求的谈判，绝不是一项简单的任务。最棘手的挑战是让另一方接受同样的观点，即使他们头脑中可能已经有一个***非常***不同的看法。当两个人开始跳舞时，如果他们并没有完全同意跳什么舞，混乱就会出现：一个人开始跳狐步，而另一个人开始跳萨尔萨，彼此都会感到困惑，或觉得太糟糕了。但是，如果一个人带着另一个人跳，而另一个人也同意，那么这舞应该跳得还不错。作为一个合作型谈判者，你的挑战就是让另一方跟着你的“舞步”，并参与到这个合作的过程中来。当你尝试采用本章所述的方法时，你的主要工具就是让别人愿意与你合作的那些因素，包括你与别人交往中建立起来的关系、信任、情感和沟通，这些在本书后面的章节中我们还会谈到。

思考题

1. 迪恩·普鲁特（1983）提出过一个简单的例子，呈现如何将不同的合作型谈判的策略与谈判过程结合起来。想象一下，丈夫和妻子正在讨论去哪里度过两周假期。丈夫想去山里，钓钓鱼，爬爬山，休息休息。而妻子呢，她想去海边，享受阳光、沙滩和夜生活。他们觉得如果把两周分为两个一周，那么怎么都玩不透、玩不好。如果运用本章中的合作型谈判的各种工具，他们应该如何解决这个问题呢？你会为他们提出什么样的合作型的解决方案呢？

2. 思考一次你曾经参与过的竞争性谈判。如果参与谈判的双方采用了聚焦于利益诉求的思维方式和谈判方法，那么，那场谈判会有什么不同？你和对手有哪些共同的利益诉求？你能够找到使双方都满意的新方法吗？适用于这种情形的客观标准有哪些？

第八章

谈判中的各方、角色和行动者

在前面的几章中，我们主要是对谈判进行了描述。但是就我们一直探讨的谈判中的各方而言，前几章涉及的都属于比较简单的情况。我们的例子都是一对一的，一方和单一的对手沟通、谈判。

在本章中，我们会更加细微地去观察谈判中的不同角色，谈判各方的不同类型，以及直接参与者和间接参与者在谈判中扮演的不同角色。

一、谈判各方：谈判人与委托人

在谈判学文献中，经常会涉及的简单框架是谈判人和委托人组成的框架。虽然有些谈判中，谈判人代表的是自己，但是许多谈判都是采用谈判人和委托人的框架。谈判人是那个谈判中坐在谈判桌前的人，而委托人是谈判人所代表的人或机构。谈判人向委托人报告，向委托人负责，而且经常受其影响。例如：甲公司是销售卡车的企业；乙公司是一个交通运输公司，它想要更换整个车队的车辆。当甲公司的销售代表约见乙公司的采购经理时，他们都是谈判中的谈判人。甲公司的销售代表的委托人包括她的经理、销售团队的成员以及甲公司组织机构中的其他成员。乙公司的采购经理的委托人可能包含乙公司的总裁，以及乙公司的股东（因为这次采购会对公司整体业绩产生重大影响）。当学生会的成员约见学校学生处处长时，学生会的成员所代表的就是所有大学生，而处长的委托人会包括大学（作为一个组织）、校长、教职员工等。当一位男士去买家用小轿车，他的妻子和孩子可能就是他的委托人。而他的谈判对手，轿车销售员的委托人可能包括他的销售团队、经理，以及他的妻子（这是因为妻子一直建议他把车卖得贵一点，这样他就可以拿到更多的佣金）。

如图 8-1 所示，谈判人和委托人的主要区别在于谈判人坐在谈判桌前面对面谈判，除了这个明显的显性谈判桌以外，实际上还有一个虚拟的“第二谈判桌”，在这张桌子前，谈判人会和他们的委托人进行谈判。

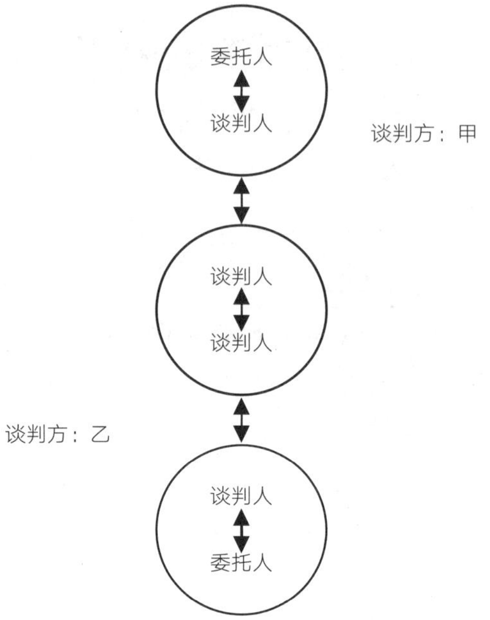

图8-1 谈判人、委托人及其“谈判桌”

莉·汤普森（2005）曾经在一项关于谈判人和委托人的研究中，呈现了很有意思的发现。相对于代表自己谈判的情形，当谈判人受托替人谈判时，他们往往会提出更高的要求。他们很少会妥协。换句话说，对委托人负责会使得谈判者更加强硬。他们会更加细心地考虑信息和各种方案，而不是急于谈成了事。这样带来的结果就是他们很有可能会提高谈判协议的质量。

这个框架有助于你理解面对的两种不同的谈判场景，包括作为谈判人自己去谈，或者你的谈判人为你出面，代表你去谈。同时它也可以帮助你更好地理解你的对手，让你知道对手方面在幕后可能发生的事情。

二、更广的范围：谈判各方、角色、行动者、“被影响者”

在谈判的时候，我们经常将主要关注点放在谈判桌前的人身上。这是人类的本性，关注此时此刻，关注眼前的人。然而，根据我们自己的经验，我们都能理解，还有另外一些人、机构及其观点在谈判中影响非常大。出于这一原因，我们下面将更加详细地分析这些角色，而不仅仅聚焦于谈判人和委托人这种简单的框架。之后，我们会更好地理解他们的影响，以及如何明智地和他们相处。我们还可以更好地理解谈判桌前另一方的角色，更有效地与我们的对手展开谈判。

首先，我们来介绍三个关于谈判参与者的有用术语：谈判各方、角色和行动者。然后，我们再详细阐述和每个术语有关的问题，最后我们还要介绍谈判中另一类参与者，即“被影响者”。

谈判各方：通常来说，谈判中的谈判各方是指个人、小组、组织或者实体，***他们准备好去赢得谈判或者做出让步，因此他们会针对谈判协议做出自己的承诺***。由多人组成的谈判团队有时会派一个人作为代表去谈；但那绝不意味着团队中的其他成员不是谈判的一方，相反，它意味着谈判一方中并非每一个人都会直接和另一方接触。

角色：可能包含一群人，他们扮演着多种多样的角色，为团队服务。角色的概念是指这些人承担并完成和谈判有关的具体、持续的任务。这些角色各司其职。例如，一个主谈，其他成员待在幕后。还有一种可能，这些谈判角色起初并不是成员，而是为了补充团队的能力招募进来展开谈判的。代理人、律师、谈判代表、战略顾问和教练都是属于这种情况。

行动者：在许多谈判中，还会有一些人或者实体，他们并不属于谈判某方，因为他们不参与谈判方相互依赖的决策，而且别人不会要求他们做出承诺，他们也不会主动做出什么承诺，当然他们也不要求别人做出什么承诺。这些行动者都是为了自己的目标，寻找机会来影响谈判的进程。

图 8-2 为谈判各方、角色和行动者的示意图，下面我们一个个来分析。

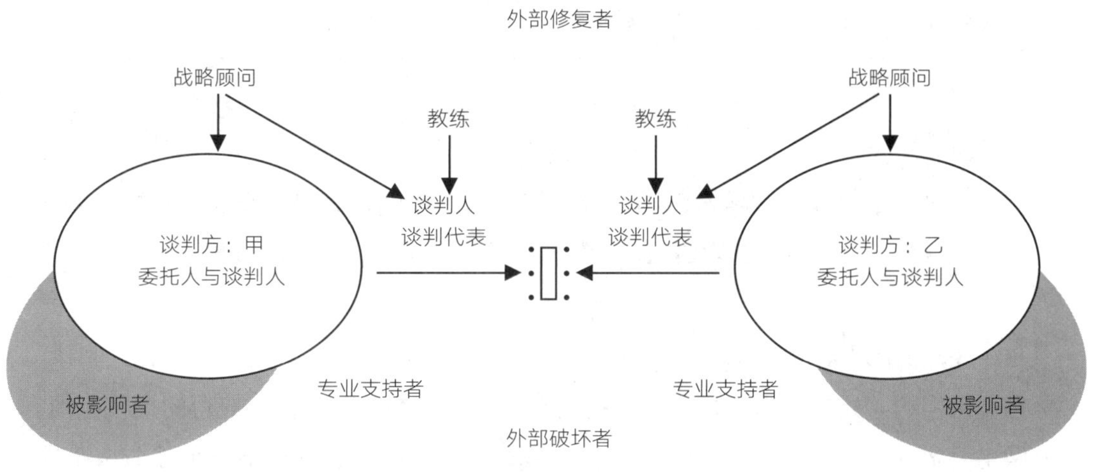

图8-2　谈判各方、角色和行动者

三、谈判各方

1. 谈判各方

正如我们之前所解释的，谈判方是指那些独立的人或团体，就未来的某些事宜进行交流，会受彼此的共同决定的影响，在提出承诺时会深思熟虑。谈判方可以是两个个人，例如前文说过的二手车的卖家和买家。谈判方也可以是由谈判人代表的两个实体公司，甲公司和乙公司的工作人员谈判采购卡车的交易，就是这种情况。谈判方也可以是国家，例如外交官代表国家与他国的谈判代表展开谈判。

专栏 8-1　八仙过海

"八仙过海"出自明代吴承恩《西游记》第八十一回:"正是八仙同过海，独自显神通。"它用来比喻各自拿出本领或办法，互相竞赛。在实际的谈判应用中，谈判各方都竭力做到"八仙过海，各显神通"，明比质量与价格，暗比意志与智慧。此外，谈判各方都试图调整自己的心理状态以及充分运用各种谈判策略和技巧，以期达到各自的谈判目标。在一方的谈判团队内部，谈判成员的专业知识结构和性格等往往具有互补性，并且扮演着一些角色，担负不同的谈判职责。因此，在正式的谈判场合，谈判成员能够各司其职，解决好各种专业问题和处理好与对方团队成员的关系，从而提高谈判效率以及更好地完成谈判目标。

2. 谈判对手

谈判对手指与你进行谈判的那一方。你的对手可能自己出现在谈判桌前（如你从个人手中买二手车），也有可能派一个代表来和你谈（例如你通过车行的销售员来买车）。

在许多情况下，预先知道你的谈判对手是代表自己来谈，还是代表委托人来谈，是有益无害的。如果谈判人是代表委托人来谈，那么就要明确他们获得的授权范围，即做出决定和提出承诺时他们有多少自主权。通常情况下，谈判桌前的谈判人员全权负责他们达成的协议。然而事实并非一贯这样，限制给谈判人员的授权往往是对手的一个策略。例如：许多公司在客户看重的问题上，会限制谈判人员妥协的程度。当顾客致电投诉的时候，他们会听到，一方面销售代表表示自己愿意做出让步，另一方面他又会说："这超出我的职权范围。"公司希望客户感觉对方再难做出让步，从而放弃要对方做出更多让步的要求。当然，那个销售代表的经理（或者他经理的上司）是有权做出这一让步的。公司在谈判前不向任何人授权的做法，就是希望避免让步（经常可以获得成功）。有时候，你和对手谈判，一直认为对方有权做出决定，但谈到最后，他说："好的，我会向我的上级反映这一情况，然后给你回复。"然后那个人告诉你，除非你做出更大的让步，否则他的上司不会同意你的要求。在谈判之初，询问双方是否都有权决定让步，就可以避开对方这种常见的花招。

在承诺问题上，还存在文化差异。在一些商业文化中，代表所属公司、坐在谈判桌前的人就拥有以公司名义做出承诺的自主权；而在另外一些文化中，通常谈判桌前的谈判人仅仅是探讨可能谈成的条件，而最终的决定权在其上司手中。所以，当你展开跨文化谈判时，这个问题一定要首先辨别清楚。

如果在谈判中你和你的对手不能和谐相处怎么办？在许多谈判中，双方谈不拢主要是因为没有交流好、惹怒对方或者不信任对方。当然，你总是可以选择另一个对手，选择不同的谈判方重开谈判。例如：如果乙公司和甲公司谈判破裂，那么它可以从丙公司购买卡车。然而，在此之前还有另外一个问题需要考虑，那就是改变谈判对手或者纳入拥有决策权的对手，是否真的可以让谈判继续下去呢？在你这一方，你可以改变参加谈判的人——替换你派去谈判的人，派一个可以代表你的人。但是更具挑战性的问题就出现了：你能够影响对方吗？你能够要求他们换谈判代表吗？如果你拥有绝对的权力优势，也许你能成功；然而，如果情况并非如此（有时候，即使你拥有绝对的权力，也未必做得到），那么你这个换人的要求很可能引起另一方认真思量，然后坚决地支持自己的谈判人员，并且宣布：在这件事情上，他是唯一代表本公司的权威人员。也许，精心设计的方法成功机会更大。

3. 联盟

谈判并不总是由独立的带有自己利益诉求的个人或组织相互谈判。有时候，单独的个人或组织或其他实体会联合起来，组成一个联盟，共同对付谈判对手（当然，对手也可能会组成一个联盟）。各方结盟是为了共享资源，共同分配利益。小岛屿联合协会就是当代联盟的一个例子，它是由岛屿国家以及海拔很低的沿海地区组成的联盟。它们有着共同的利益诉求，那就是减少由于海平面上升造成的潜在破坏，因此，这些国家在气候变化问题上一起努力，包括在重大问题上发出统一的声音。虽然在全球舞台上，这些国家大部分都是非常小的，但是它们联合起来，在联合国的成员国资格上占比高达 20%。它们在投票权和解决方案上的共同影响力就可以提高其谈判力。

4. 团队

正如我们所说，知道谈判方是谁是一回事，而明确谁实际坐在谈判桌前，这是另一回事。坐在谈判桌前的，可能是谈判方的一员，也可能是谈判方之外充当代表人角色的一个人。当我们用到“人”这个单数名词的时候，我们并不是说谈判必须一对一进行。事实上，许多谈判都是由团队对团队，它们各自代表自己一方的利益，例如巨额的商业谈判或高规格的外交谈判大都是这样。莉·汤普森（2005）研究称，团队之间的谈判有很多优势：它会提高双方签订合作型协议的机会，双方也更容易进行信息共享，同时还可以采用更加广泛的战略。

虽然与个人谈判相比，团队之间谈判有很多益处，但是它也会带来一些挑战。团队谈判会增加整个谈判的复杂程度。此时不仅要和对手团队沟通，我们还必须进行内部沟通，必须清楚地认识和应对内部人员之间关于自身和对手的不同看法。和团队谈判之前，有七件事值得研究，而且要在谈判进行的过程中始终留意把握。

（1）确保团队每个成员在思想上保持目标一致，利益诉求一致。这听起来简单、明确，但是却很难做到。当派上多个谈判人员的时候，那通常意味着即将讨论的事情是很复杂的，需要不同角度的看法和各种专业技能。当团队成员坐在一起，交流这次谈判要达到的目的、诸多事项的优先顺序时，他们经常会发现，原本以为大家看法一致，但实际上却并非如此。解决这种问题就要求成员们一起准备，及早发现问题，这样他们才能在共同目标和优先事项方面达成共识。

（2）要明确在共同目标或者计划以外，团队成员之间是否存在冲突。如果对这类冲突不理不睬，那么这种冲突会破坏在谈判桌上的团队合作，还会被你的对手加以利用。

（3）团队成员共享信息。团队谈判中，谈判人员通常来自机构的不同部门，他们可以接触到不同信息。对每个人来说，把自己所知道的一切都告诉其他人或许是行不通的，因为他们之所以被选中，就是因为那份独特的专业技能；同样他们也不能把重点信息缩减到一页纸上，交给一个谈判人员。但是即便如此，他们仍可以辨别出一些所有团队成员都需要掌握的重要信息。但是，如果谈判团队的成员依据各自的资源表达不同的观点，那么这有可能成为自我瓦解的表现，会被对方利用。

（4）团队成员要共同决定在谈判中使用的整体战略方法。当你独自谈判的时候，始终把握原则并执行确定好的战略都很难做到；在团队谈判时，就会更难，此时不同的成员会以不协调的方式来执行自己的战略。即使你确实选定了诸如“红脸白脸”这样的战略，那也要以一种内部协调的方式进行。

（5）明确谈判桌上个人的具体角色。团队成员可以采用灵活的角色设计，也可以进行具体分工。这些具体角色可以包括主要发言人、总结人、提问者、计时员和其他角色等。

（6）要提前确定好有效的团队内部沟通方法。团队成员之间可以用信号、触摸、发信息、短暂休息或者其他办法来互相协调合作，让那些没按原定计划执行的谈判人员回归原先计划，或者商量下一步怎么做。提前确定沟通计划对谈判的顺利开展是极其重要的。

（7）要提前确定关于给对方承诺的内部机制。可以由地位高的团队成员来决策，也可以任命一个人成为决策者。当然还有一个办法，就是团队商定好，任何承诺做出前，都必须采用短暂休息和共同决定的办法；然后还需要明确如何快速做出这种共同决定。

5. 整体的和多层次的谈判方

只要你的谈判对手不是一个人而是一个团队，无论它的形式是几个委托人，还是一个小组或者一个联盟，你都要判断对手是整体的还是多层次的。整体的团队中，各个成员看法一致、观点一致，有共同的目标和利益诉求。而多层次的团队中，成员之间的分歧很明显。当你能够识别出来这些分歧，你就可以利用它们。当然，你也要关注自己的团队；要考虑这些问题：你在谈判对手面前呈现出什么状态？别人会发现你们团队中的裂缝并利用它吗？团队内部良好的信息交流，以及针对谈判目标的深入讨论，或许能让彼此之间的分歧彻底消失，或者至少减弱。

四、角色

伯尼·迈耶教授（2004）曾经针对更广泛的谈判参与者，提出了这些人群的几种不同作用，他称之为“盟友关系”。这些角色处在冲突事件以外，他们会支持谈判某一方在冲突中达到目标。这些角色包括专业支持者、战略顾问和教练。这些角色在大多数谈判实践中都会遇到。

1. 专业支持者

谈判各方可以由一个成员坐在谈判桌前作为代表。然而，他们还会经常采用另一种方法，即雇用一位外来专家去扮演这个角色。这个角色经常被称为特邀谈判代表或者***专业支持者***。汤普森（2005）曾经总结过，请外来人员支持谈判有一系列好处，比如他们具有专业知识、谈判技巧、丰富经验，情感中立，甚至更多。专业支持者的形式有很多。例如，准备离婚的夫妻、企业经常会请律师代表他们去谈判。出售房屋的人和运动员经常会请代理人来帮助他们。需要同政府机构打交道的时候，人们可能会雇用其他类型的代表。虽然这些专业支持者的形式不同，但是他们都有一个共同特点：代表他人利益去谈判。

如果谈判一方或者双方聘用专业支持者这类外来人员完成谈判，那么，此时谈判就会发生变化。一方面，对双方来说，外来谈判人员的专业素养、网络资源、知识储备可能会提高谈判的整体质量，增加他所代表的谈判方的收益。另一方面，这些外来代表会在谈判中加入另一种利益诉求，即他自己的利益诉求。他们可能关注谈判中自身的形象和成功，也可能在意经济报酬。不同类型的代表之间，经济报酬的方式不同。律师可能按月或者按年获得劳务报酬（不管他们投入多长时间），也可能按时收费，还可能根据事情是通过谈判途径或者法庭途径解决而获得不同的报酬，每一种支付方式都影响律师的收益。有时，这些利益和谈判方的利益是相违背的。房地产经纪人的佣金收入经常会是房产成交价的一定比例，这样他们就很希望房子卖得贵一些，即使他们代表的买家更喜欢低价。运动员的经纪人常常也是根据运动员薪水拿提成，因此他们可能就会坚持要求运动员拿极高的薪水；但是运动员不一样，有时候涉及的队伍特别强，有时候要求队员上场时间更多，相比较而言，运动员可能会更喜欢报酬低一点的工作。如果你在谈判中引入了这样的专业支持者，那么就一定要去辨别他们在谈判中有什么样的个人利益偏好，不要假装这些偏好不存在，而是要像应对谈判对手一样，去处理好它们。

2. 战略顾问

有些谈判者在谈判桌前已经能够完美地表现自己——自信满满、能言善辩、坚守立场；如果再加上外来专家充当战略顾问，他们会如虎添翼。虽然战略顾问在许多场景中都有，但是在商业世界更多。许多管理者在本领域是专家，但是在谈判方面却没有接受过专业的培训，他们缺乏系统的方法储备，因此很难将最好水平发挥出来。战略顾问可能非常了解特定的市场，或者非常了解谈判的背景，明了谈判的推动因素。他们可以帮助谈判方分析情况，识别各种备选方案，明确哪种是最佳方案，然后在此基础上选择一个谈判策略，并且确定一些初始策略加以利用。随后谈判方带着战略顾问的建议，去和对手谈判。战略顾问的作用会一直持续下去：在谈判过程的不同阶段，谈判方和战略顾问可以召开情况分析会，考虑战略转移，并决定在下一轮谈判中采取的新措施。

3. 教练

正如教练可以帮助运动员提高运动水平一样，教练也可以帮助谈判人员提高谈判技能。战略顾问关注的是特定谈判场合下如何帮助谈判人员发挥好，而教练的角色是关注谈判人员的整体情况，提高谈判人员的表现和修为。除了不断提高谈判人员的技巧以外，教练更会激励、鞭策谈判人员并进行实景测试。迈耶解释说：指出谈判人员需要做的一堆事情并不是特别有益的，相反，优秀的教练会指出阻碍他们谈判的一两个重要因素，帮助他们理解这些阻碍因素，鼓励他们去实践并帮助他们明确自己是否有所改进。管理者和团队领导者经常会充当非正式的谈判教练，而他们自己也会利用这个过程提高自己的谈判技能。

五、行动者

并不是谈判涉及的每一个人都会坐到谈判桌前，或者会派一个代表坐在谈判桌前。经常会有这种情况：谈判涉及的人会隐藏起来，但由于个人的利益，他们会努力影响事件发展的方向。他们是从外部施加影响的，原因可能多种多样，比如他们无法保证可以坐到谈判桌前，或许他们不想被人看到，或者他们不想让别人感觉他们是站在某一边的。他们的目的或关注点也许是看到协议达成，或者在于协议中的某些条款，也可能是为了防止协议达成。

让我们简单地介绍两大类经常隐形的行动者。

1. 外部破坏者

在许多谈判中，特别是在那些为了解决冲突而发生的谈判中，人们经常会发现：有一些行动者的目的就是破坏整个谈判的进程，减少合作的可能性，并加剧现有的冲突。这样的人被称为“破坏者”。

在某些情况下，这些破坏者会通过表达他们对一方或双方的关注，来极力反对达成协议。还有一些时候，外部破坏者会通过扰乱谈判环境，来降低协议签署的可能性。例如：20 世纪 90 年代中后期，在《北爱尔兰和平协议》签署之前的谈判过程中，双方派别均反对签订协议，经常发动暴力行动，希望创造机会，破坏协议签订。有时候，外部破坏者会小心谨慎地不暴露自己的行动。例如：在商业谈判中，外部破坏者很有可能是破坏双方谈判后的受益公司。在我们前文提到过的卡车采购例子中，如果甲公司和乙公司不能签订协议，这样乙公司就可能会转向丙公司来购买卡车。丙公司很有可能积极寻找各种机会破坏谈判，比如散播关于甲公司的车辆质量或者乙公司的信用的谣言等。

2. 外部修复者

外部修复者扮演的角色和外部破坏者恰恰相反。他们希望自己并未涉足其中的谈判可以达成协议。外部破坏者会从冲突状态中获益，但是外部修复者往往由于冲突的存在而经历损失。为了避免那些损失，他们会致力于提高谈判成功的概率。他们可以公开地促成谈判成功，比如外部修复者可以将谈判双方拉到一起，让他们真正坐下来解决问题。下一章我们会进一步讨论这种类型的修复。也可以用微妙的方式去促成，比如仅仅对一方说另一方的好话就能够达到目的。修复者的行动主要是为了减少问题，或改善谈判进程。可以想象一下，夫妻两人发现要花很多钱去修缮房子，经济上的压力影响到双方，致使他们未能一起计划如何面对这个问题，他们对彼此感到失望，质疑对方提出的花费项目，为目前所处的困境责备对方。此时，婆婆发现了这一问题，她开始充当修复者的角色施以帮助，做法可以有好几种，比如：她可以直接承担修缮房屋的部分费用；她也可以优化夫妻俩的决策过程，和一方或双方坐下来，建议他们如何齐心协力解决这一问题；当然，她还可以间接地帮助解决问题，告诉儿子和儿媳，晚上她照看孙子，让夫妻两人去外面吃饭，好好谈谈。

专栏 8-2 变生肘腋

“变生肘腋”出自《三国志·蜀志·法正传》：“主公之在公安也，北畏曹公之强，东惮孙权之逼，近则惧孙夫人生变于肘腋之下，当斯之时，进退狼跋。”它通常用来比喻事变就发生在内部或身边。谈判的格局并不是一成不变的，甚至有时是瞬息万变、不可控的，除了对手提出的刁钻问题让人难以接受外，外部环境或局势变化作为一种不可抗力也会对谈判产生影响。因此在谈判的过程中，不仅要时刻注意对方的要求和变化，还必须去关注与谈判形式相关的外部环境的变化。全面、详细地了解外界的形势，就等于是使自己在谈判中始终将眼睛睁得最大，在谈判中能明察秋毫，否则对形势的错误预计或把握将造成对谈判问题的难以应对，或者在应对的时候就可能非常仓促、缺乏考虑，甚至牛头不对马嘴，以至于不能很好地维护自身的利益。

六、谈判各方、角色和外在行动者以外的角色：被影响者

在大多数谈判的外围，有大量虽未直接参与但受到影响的人。***被影响***的这些人有时候会忽视谈判和由此带来的影响，甚至会尽可能地***避免***谈判和它带来的后果，希望这样一来不再被谈判的结果所影响。还有一些被影响的人试图改变他们的身份，离开没有影响力的位置，寻找机会接近决策制定的过程，逐渐转换成***行动者***。还有一些被影响者可能走得更远，通过成为谈判***参与方***来影响谈判的结果。方法既可以是加入现有的一方，也可以是通过请求或强制，获得谈判桌上的独立身份。

思考题

假如一个城市正在和一家公司就在该市建厂展开谈判，谈判重点是工厂的位置、赋税的水平、工厂雇用本地劳动力的数量这几个问题。公司提出，如果该城市政府允许公司将厂建在处于该市主干道和其他便利设施附近的位置甲，那么它愿意负担更高的税金，雇用更多的本地员工。如果该城市政府不允许公司在那里建厂，而是

建在位于郊区的位置乙，那么公司就要支付较少的税收，减少雇用本地劳动力的数量。对于城市未来的发展，这场谈判有很大的影响，因此，该市市长和公司首席执行官坐下来认真地谈判。

用我们在本章所学到的专业术语来分析这种情况，包括谈判各方、角色、行动者，以及被影响者等。如果你感觉到信息有缺失，为了熟悉这些术语，你可以借助想象和假设，增补细节。努力把你自己放到各种角色的立场上。针对不同谈判角色，你会采取什么办法来提高自己的谈判能力呢？

第九章

复杂谈判：多方谈判以及涉及调解方的谈判

迄今为止，我们举出的几乎所有的谈判实例都只涉及双方。之所以这样，是因为：首先，我们日常生活中最常见的谈判就是两方谈判。其次，双边谈判是最基本的、最简单的一种谈判形式，增加了额外的人员或角色也就意味着谈判的复杂性大大增加了。在上一章中我们通过对“谈判各方”这一专业术语进行诠释，揭示了谈判方通常是一个复杂的团体，而不是一个单独的人。我们同样也谈及了即使是双边谈判，也会有其他人员参与进来，并在谈判中扮演着不同的角色；另外，还有局外人也会影响到谈判本身。

在本章中，我们会继续探索一些可能使谈判变得更复杂的因素。首先，我们将关注点从双边谈判转移到多方谈判。其次，我们要解释的是，当借助调解人这种角色来达成协议时，谈判是如何变得更加复杂的。

一、多方谈判

简而言之，在双边谈判中，谈判方会就是否达成协议做出承诺，并准备好有所得或有所失。而多方谈判就意味着三方或者多方（即上一章所提过的个体或团体）互相谈判协议，并决定是否要遵守这一协议。例如，20 世纪 90 年代初，墨西哥、加拿大与美国之间进行的谈判，直接促进三方签署了《北美自由贸易协定》。当时的谈判内容涉及贸易与投资、知识产权、环境保护及其他内容。然而，另一个例子可能更容易引起本书读者的共鸣：有三个学生需要合力完成一份集体作业。这三个学生之间可能会谈到很多内容，比如，研究和写作如何分工，谁来联系老师，时间怎么安排，以及作业需要达到的质量，等等。以上两个例子都涉及三方谈判，其中各方都有自己的利益诉求、资源以及愿望。每一方对自己与另外两方的关系都有自己的判断；而且，如果他们没有在一起合作过，那么他们首先就必须考虑三方要以何种关系来达成合作。

二、多方谈判面临的挑战

莉·汤普森（2005）曾经列举了多方谈判面临的四种主要挑战：

1. 联盟

在多方谈判中，为了增强谈判力，通常某些谈判方会形成联盟。在三方谈判中，其中两方会采取一种合作的形式以维护共同利益，获得凌驾于第三方的优势。联盟的双方往往和第三方有着相反的利益诉求。结盟本身就是挑战，如我们在上一章所讨论的，它是合作和竞争的混合。联盟的形成通常代表着力量的转移，目的是加强两方的能力，更好地与第三方展开竞争。这不仅要求联盟成员在应对外部竞争时要有良好的合作，同时，联盟方必须意识到最终他们还会面临共同获得的利益的分配难题。举一个例子，改编自同名小说的电影《饥饿游戏》（*The Hunger Games*），讲述了一群人被关进竞技场，只能有一个幸存者。这个剧情完美地诠释了在联盟的环境下，潜在的合作和竞争所造成的紧迫感。汤普森提出，在多方参与的情况下，谈判者应当尽早与其他方达成联盟，以防失去可结盟的伙伴，因为人们通常会更忠诚于他们参与的第一个联盟。不仅仅是口头上说说了事，而是应当试着从你的联盟方那边获得明确的承诺，因为人们更愿意遵从明确的表态行事。最终，结盟的双方必须明确而且同意一个公正的机制，用于未来平分双方获得的资源（也就是通过合作所获得的成果）。联盟方对于成果的划分越满意，联盟就越牢固，越不容易分崩离析。

2. 公平交易

在双边谈判中，谈判方可以通过公平交易来实现合作型谈判的结果，即一方让渡对对方最有价值的东西，来得到***自己***认为最有价值的东西。明确双边谈判中这样交易的可能性并落实这种交易，本来就不是一件易事，在多方谈判中就更难实现。通常，在多方谈判中，达成循环型的公平交易是关键。比如：甲方给予乙方他重视的东西，乙方给丙方他想要的好处，然后丙方满意了就会给甲方欲取之物。换句话说，甲方给予乙方一些东西，作为回报丙方再回赠给甲方。用文字写出来都不简单，更何况要实现呢！这其中，不仅需要许许多多的创新思想才能找出实现合作的具体路径，而且彼此之间还需要坚定的信任来执行计划，依靠所有参与方来履行承诺。同时，还要记住一点，那就是谈判涉及的可能会超过三方，每增加一方，挑战就增加一分。

专栏 9–1　　杯弓蛇影

“杯弓蛇影”出自东汉应劭《风俗通义》。应郴请杜宣饮酒，挂在墙上的弓映在酒杯里，杜宣以为杯中有蛇，疑心喝下了蛇，心忧而病。应郴听说杜宣生病了，便来看望杜宣，得知杜宣的病因后，应郴将杜宣再次接到家中饮酒，让杜宣坐在原来的位置，叫他仔细观察酒杯里的影子，告诉他杯中蛇不过是墙上那张弓的倒影罢了，杜宣弄清原委后病就好了。“杯弓蛇影”后用来比喻疑神疑鬼，妄自惊扰。谈判中的“杯弓蛇影”的心理是谈判双方之间缺乏信任的典型表现，因此，一方或双方会出现过于质疑、担忧、焦虑、不断发问的情况。一般来说，谈判者将发问作为一种比较内敛的攻击方式，通过有准备的发问从对方的解释里找出破绽，或者在发问的过程中把自己的专业知识放进去，以期达到使对方做出让步的目标。而过于频繁的发问则意味着自己的多疑和忧心，期望从对方的回答中来对某些情况，甚至是已达成的共识进行反复确认，这容易对双方已形成的信任关系造成影响，对谈判目标的达成也是不利的。

3. 决策机制

在双边谈判中，决策机制十分明了：双方达成协议即可。然而，当三方甚至多方谈判时，决策机制会有更多的可能性。可以是全体一致通过机制，也就是必须获得所有各方的完全认可才能达成协议；也可以是投票机制，投票机制指的是超过一定的投票率（通常需要大多数票，各方可以自己决定这个百分比），就可以达成一项对所有人都有约束力的决定。全体一致通过机制更加需要创造性，需要有机会扩大所得成果及相互利益。然而，这需要花费更多的时间和努力才能达成，也需要各方保持更高程度的信任和更好的交流；而随着谈判方的增多，情况会变得更加复杂。虽然投票机制和少数服从多数原则耗时更短、效率更高，但是就结果而言，它实现合作型谈判结果的可能性不如全体一致通过机制。

关于投票机制的另一项挑战在于，投票更容易受具体情况的影响，无法反映各方的实际意愿。汤普森把这种情况称为“投票悖论”，指的是人们投票是为了表达自己的意愿，但获得的结果却恰恰没有反映出他的意愿；***即便他赢了***，仍然如此。还是以三个学生来举例吧，三个学生打算投票选出小组论文的选题。小张想要题目A，小李想要题目B，小王想要题目C。三人投票时，每个人都自然会选自己想要的论文题，因此无法得到多数票。但如果，小张提出应该在A或B中选择，有可能选出了B，小李欣喜若狂；直到小王说，这轮投票中根本没有考虑她的题目C，因此应当在B和C之间再做选择；在这轮投票中，C被选出来。此时会出现什么情景呢？小李很生气，感觉她的胜利果实被窃取了，小王觉得很高兴，但小张隐隐约约觉得他没有获得公平的获胜机会。结果就是，三人之间不会再有更长远的合作，而此时他们还只不过在确定题目的阶段！从数学角度分析，这样的序列投票可以给投票晚的人而非投票早的人更多选择；那么作为投票的谈判方，在这样的时候，就应当隐藏好自己的偏好，而不是在第一轮抉择时就将其摆到台面上。

经常出现的一种谈判情景就是，还没有决定采用什么决策机制时，各方就已经开始会谈了。因此，在介入多方谈判时，你应当先看清风向，然后提出决策机制的问题，再提议你认为对你最有利的那种决策机制。

4. 沟通

在下一章中，我们将要分析谈判方之间的交流互动。我们将看到，即便在最适宜的环境下，谈判***双方***开展良好的、具有建设性的沟通，也是很难做到的。那么再多出一方或者更多方的话，将会使沟通难上加难。好的沟通是合作的关键，也是创新思维和实现共赢的关键——这样的沟通会随着另外的谈判方的加入而变得更加困难。在学习下一章的时候，请各位读者不时思考：随着第三方或第四方的加入，沟通原则会得到怎样的贯彻，沟通过程会发生什么样的变化？

双边谈判往往只涉及一种对话形式（谈判方要么是和另一方沟通，要么是与自己对话），而多方谈判就涉及多种可能的对话形式，既有所有各方都参加的联合会议，也有并非所有各方都参加的私密会议。联盟成员可以通过私密会议来提出观点，并完善提议。联合会议往往是全面的谈判，部分联盟成员之间首先达成协定，进而努力将范围扩大至所有成员时，也会有全面的谈判。

除了汤普森提出的这些挑战，我们还要补充两种：信任和人际关系。

5. 信任

正如本书稍后章节将分析的，信任是我们与他人交往的主要因素。它不仅影响到我们与他人合作时的动机，还影响到我们与他人分享信息的意愿，因此是与谈判困境相关的关键因素。当然，整个谈判过程中，彼此间的信任程度会直接影响我们对达成协定的意愿。下文将会分析到，即便是两人之间，信任感都是很难构建和维系的；多方之间的信任就更难做到了。

6. 人际关系

稍后我们还会谈到，谈判是发生在人与人的交往中的，谈判各方的人际关系关乎过往和将来，也涉及当下谈判时的各种关系因素。双方谈判时，要形成、建立、维持良好关系并非易事；而随着多方加入谈判，就会形成复杂的关系网。

专栏 9-2　不谋而合

“不谋而合”出自东晋干宝《搜神记》卷二：“二人之言，不谋而合。”它是指事先没有商量过，意见或行动却完全一致。目标一致，更利于谈判的达成，对双方都有好处。2003 年浙江奥康鞋业有限公司和意大利 GEOX 公司的成功谈判凭借的就是双方互相信任。浙江奥康鞋业有限公司是国内知名鞋业生产企业，GEOX 公司是意大利排名第一的功勋企业、世界鞋业巨头，后者把目光对准了中国，意图在中国建立一个亚洲最大的生产基地。而奥康也想借 GEOX 公司的全球网络走向全球。正所谓“英雄视英雄，英雄惜英雄”，奥康与 GEOX 在谈判中都努力寻找共同点，这也是此次谈判成功的重要原因。奥康和 GEXO 的合作无疑是互惠互利的，GEXO 公司看中的不仅仅是奥康的“硬件”，更多的还是其“软件”，是一种积极向上、充满活力的企业精神，还有奥康人一直倡导的“诚信”；而奥康看中的则是 GEXO 公司这艘大船，它要借船出海，走一条迅速国际化的捷径。

三、通过增加复杂性来促成协议：调解人

在上一章中，我们提到了一些外来的角色对帮助谈判方达成协议，可以起到建设性的作用。那时我们讨论的重点是这些外来角色，他们目的是促进或达成自己的某种目标，而一旦谈判方达成协议，他们的目标也就达成了。

在下面这个部分，我们要介绍的是另一种类型的角色，他们的工作就是为了使谈判方之间的关系更加紧密。然而，这种角色并不是为了自己，而是仅仅想帮助谈判各方达成协议。

1. 调解人角色的变化

调解人的作用在于帮助解决各方出现的各种问题，这种角色存在于每个社会、宗教团体和社会群体中。有时这个角色是非正式的。比如在同学群里，总有一个人是大家遇到不和时首先想到向其求助的。类似地，在许多专业团体、工会、社区中也是如此。有些人就是能与所有人都相处得很好，并且擅长解决人际问题。但是，有时候这个角色也相当正式（甚至调解矛盾就是此人的主要工作），比如村子中的长者、老师以及族长等。他们都会解决团体中出现的争端，而且有时还会努力在纠纷爆发之前尽量预防。

商务环境中也经常有类似的角色，他们充当中间人，得到一些报酬。这些中间人包括代理人、经纪人、调停人和诸如此类的职业，他们的基本目的都是更好地连接两方，帮助彼此找到共同的利益诉求以及双方具备的能力。有时他们的工作不仅仅是介绍双方认识，更需要在真正交易时帮助解决问题。当然，这样的中间人会收取一定的费用，可以是谈妥的一个固定数额，也可以是所涉及交易金额的一定比例。

2. 调解的原则

在这一部分我们谈到的各类调解人，发挥的作用尽管有相近之处，但他们也有着自己独特的属性。在过去几十年里，调解人在美国、欧洲及世界其他地区已经发展成为一个独立的职业。在许多地方，职业调解人可以凭他们的服务收取费用（这就与前文我们讨论到的一些传统的中间人角色的自愿行为区别开来），在调解工作中必须遵循一系列原则。在美国，调解通常要遵循以下原则。

公正性：调解人与被调解的任何一方都没有关联，并且他们与任何其他角色都

没有利益冲突。通常，调解人在调解之前，对任何一方都一无所知。因此，调解人不会表现出对任何一方有偏好而伤害到另一方，并且能够公开宣称在两者间他是公正的。

中立性：调解人对于被调解双方之间存在什么问题或应该如何解决，并不持自己的观点。例如，在离婚的夫妇争夺他们3岁儿子的抚养权时，调解人通常不会迅速下判断或有很坚定的想法，认为孩子是应该跟着父亲还是跟着母亲。再比如一对夫妻与房屋建造商针对房子质量存在分歧，调解人绝不会预判"顾客就是上帝"。

决策最终由谈判方做出：调解人的中立立场非常重要，其中一个原因就是调解人自己对于问题"应该"如何解决的观点完全不重要。调解人是为了帮助谈判方达成协议，但协议内容完全取决于谈判方。

过程自愿：调解人会明确地告诉被调解双方，只有双方愿意遵循调解过程，这个过程才会存在。双方的协议制定并不是一击即中的，这个过程是否持续下去，完全取决于双方的意愿。如果一方决定终止调解过程，那么调解就没法继续下去了。

协议自愿：有调解人介入的谈判与其他谈判一样，都有可能谈成或者谈崩。谈判方一致同意聘请一位调解人来协助他们谈判时，绝不意味着他们在谈判桌上说"不"的自主权或能力受到了限制。

决策约束力：在谈判中引入调解人这个角色，根本原因是双方本着良好的愿望，希望谈判能有成效，这与其他任何一类谈判无异。然而，***不应该认为***在调解人的帮助下达成的协议并不具有约束力。有没有调解人介入，协议的约束力都是一样的。所有最终达成的协议都是有约束力的，其效用程度由谈判双方决定。有时，谈判的结果是双方互相表示了善意，而并未达成具体的协议。有时，谈判结束时会达成具体的协议，生成正式的合同。涉及调解人的协议也是一样，有着诸多的可能性，但最终结果通常具有法律约束力。除此之外，在某些特定的案件或特定司法管辖区内，双方会将调解人协助达成的谈判协定交由法官以法院判决的形式加以正式批复；在这种情况下，基本上是谈判方自行拟定法庭裁决意见，而法庭的正式批准使得这类协议的法律约束力大于"常规"合同。

私密性：调解人必须遵从的规矩就是尊重当事人的隐私。他们不能与人谈论委托方的隐私，就像律师和心理医生不能与人谈论客户一样。在某些特定案件和特定司法管辖区内，法律规定调解人与谈判各方的谈话受隐私权及保密条例保护，这些谈话内容不得在法庭中作为证据，调解人也不能作为出庭证人。隐私权和保密条例双重保护是为了保持谈判的平衡，创造一个尽可能安全的谈判环境。

尽管有一方会率先提出聘用一位调解人，但是调解人绝不是为这一方服务的（这与代理人和辩护律师的本质属性不同）。谈判双方共同聘请调解人，而调解人会平等地对待双方。

3. 调解的方法与工具

和其他职业一样，调解人在工作中也会使用各种办法来帮助谈判各方。有的调解人专注于沟通，帮助谈判方进行建设性的对话；有的调解人可能更注重解决现有问题，帮助谈判方想出创新方案或推荐一些解决办法。不论他们的职业倾向如何，调解人在帮助谈判方加强联系时，往往有一套基本的“工具”。

沟通工具：在下一章我们会看到，沟通不善往往会导致谈判的瓦解。因此调解人的主要目的就是协助谈判各方保持良好的沟通。

谈判议程的设定：谈判中，双方的谈话通常是无序的，杂乱无章。比如说，谈判各方可能对讨论问题的顺序有不同意见。而这件事如果不首先敲定，就有可能造成冲突。此外，谈判方有时看似讨论的是同一个问题，但实际上并不是。因此，他们可能互相鸡同鸭讲，使得谈话毫无意义、让人受挫。调解人可以帮助他们在对话中找准话题，帮助他们在进入正式谈判之前，先敲定一个双方都同意的讨论问题的顺序。

秘密会议：调解人可以与各方单独会面，来了解他们的参与度以及对谈判进程的满意程度。这样的私下会面可以被称为“秘密会议”。在此时，调解人可以询问一些问题来弄清楚该方的利益诉求，在他看来，这些信息在双方同时在场的情况下，并不会传递出来。如果他们认为在双方谈判中提出的某些提议会被当场否决的话，那么调解人可以单独向某一方提出解决问题的初步设想。同时，调解人也会审慎地提醒双方，在秘密会议中谈及的内容，未经允许的情况下他不会告知另一方。

调解建议：调解人可以提出解决方案让谈判各方加以考虑。谈判方有可能十分中意这个提议并接受；当然，谈判方也有可能拒绝该提议。即便如此，调解人和谈判各方都可以探索任何一方拒绝的理由，从而明确这一方的利益诉求。

4. 调解人促成交易

大多数情况下，人们在谈判中引入调解人，目的就是通过调解人的协助，更好地解决当前的争端。然而，调解人的作用不仅仅表现在这个方面，他们在促成协议达成方面，也可以起到有益的帮助作用。调解人很善于把蛋糕做大，因此经常可以帮助双方远离竞争型谈判方式，实现双赢。有些谈判因为各种原因，会存在沟通的困难，比如谈判涉及多方，或者谈判双方在之前已经关系恶化，那么此时调解人就可以运用高效的沟通技巧，帮助双方进行条理清晰、具有建设性的沟通。

5. 调解人增加复杂性

在谈判中加入调解人，当然不是为了使局势更加复杂。恰恰相反，调解人的角色是协助谈判各方，或者说让谈判变得更简单。然而，在谈判沟通过程中引入另一方，即使他们非常专业，也充满善意，依旧会增添一层复杂性。我们在分析多方谈判时，总结了各方在沟通、关系和信任方面面临的一系列挑战，这些挑战在引入调解人的情况下同样显著。

大量研究表明，谈判方对于调解人的信任，是调解人与谈判方合作的首要条件。然而这份信任却不是凭空得来的，尤其在两方谈判中间弥漫着一股不信任的氛围时，就更不容易。调解人必须与谈判方处理好关系，因为彼此通常过去没有任何交集，也就无法拥有良好的过往关系。调解人通过各种方法改善与各方的沟通，他们经常会采用总结、重组问题或者提问的方式。即便所有工作都完成得不错，但仍需要耗费大量的时间和注意力，这可能会使希望表达自己观点的谈判方感觉不好。而且，有调解人这种角色的时候，谈判方有时会觉得自己被忽视了，或者被误解了。正如我们下一章将讲到的那样，沟通的过程很有可能存在各种交流障碍或曲解，而调解人与谈判方之间的沟通也无法幸免。虽然调解人本意很好，但谈判方有可能会误解调解人的话语，并因此怀疑调解人怀有负面的意图。调解人与谈判方沟通的过程中，也会存在各种消极的情绪，包括沮丧、恼怒、背叛或者感到自己被边缘化，这些情绪一旦爆发，会影响到他们针对彼此的态度。如果你参与的谈判中引入了调解人，那么你就应当明智地将对调解人的态度与对其他谈判方的态度区分开来。此外，要仔细观察谈判对手与调解人的互动，并且随时准备好积极应对，如果对方在调解人的帮助下，提出很好的方案，那么你就要能够抓住这个机遇。

思考题

1. 你是否参加过谈判方超过两方的谈判？思考一下你是否经常遇到这样的谈判。本章当中哪些内容对你参加多方谈判有所帮助？

2. 思考一个场景，你和谈判对手之间有矛盾，需要第三方协助你们寻找出路，这第三方实质上（甚至是非正式地）在你们二者之间进行调解，而非直接告诉你们应该怎么做。本章当中哪些内容对你参加这种有调解方参与的谈判有所帮助？

3. 思考一种正式或非正式的场景，在其中你扮演的是调解人的角色，比如朋友或家人之间。本章当中哪些内容对你做好调解有所帮助？

第十章

谈判中的沟通

一、谈判与沟通

1. 谈判依赖于沟通

究其本质，谈判是一个由沟通驱动的过程。因此，从沟通的角度研究谈判，非常重要。正如费舍尔、尤里和巴顿叙述的：

> 没有沟通，就没有谈判。谈判是人们为了达成一致决定而反复沟通的过程。沟通本身并非一件易事……（2011，35）

沟通确实很难，沟通不当会带来许多矛盾并造成谈判失败。伯尼·迈耶在《冲突的推动因素》中认为“人类非常不善于交流沟通”，然后他解释了对于人类来说，沟通既是一大困难、挑战，又是希望之源，其原因是：

> 造成沟通困难的原因有许多：文化、性别、年龄、阶级、认知能力以及环境都显著影响个人有效沟通的能力。我们常常依赖于不正确或不完整的看法而产生偏见，再把那些偏见带入由之前的沟通和经验形成的结论中。我们通常还没有把问题弄清楚，就尝试去解决它们。我们越感到胁迫（或是感到一个问题越重要），就越难以有效地沟通。有时在关键问题上，我们需要投入更多的精力和关注力进行交流和沟通，而这可能超过我们能力所及的范围，或者我们根本不愿意那样做。因此当人们在面临一些很严重的冲突时，他们很容易灰心丧气甚至绝望……
>
> 尽管困难重重，但是我们还是能够找到方法彼此沟通，并且努力提升沟通的能力，来化解一些激烈的冲突。在处理一些严重的冲突问题时，

沟通既面临困难，但同时也是有希望化解冲突的主要手段之一。（2012，12—13）

如果我们不与他人交往就能得到希望之物，那么沟通就不必要了。只要一言不发地伸出手去，拿走即可。然而，大多数情况下，为了得到我们需要的东西，我们常常要得到他人的默许或者同意，而此时双方的谈判就是一种沟通行为。因此，谈判者必须是***沟通高手***，才能克服谈判中不断出现的种种挑战。

2. 口头与非口头沟通、暗示与明示

并非所有的沟通都是通过口头表达的。当你在路上开车，需要变道时，你会打转向灯，这就是通过非言语信号来传递具体、通用的信息与其他司机交流沟通。不仅如此，也并不是所有的沟通都是直接传达给对方的；人们可能单方面采取行动给对方发送清晰明了的信息。例如美国在波兰部署导弹，就是向俄罗斯传达明确的信息，表明要保护盟国边境的立场。这些信息不是直接传递的，而是心照不宣地传递出去的。

暗示的信息有被忽视和误解的风险。然而，即使各方直接进行口头沟通，也会有许多信息被忽略和误解。有时候，因为双方之间存在很大的差异，自然而然会造成信息的遗失，不同性别的人和跨文化沟通的人就是这样，我们会在后面的章节加以分析。谈判中信息传递不当也会带来很多问题。在这一章，我们将聚焦于直接、口头的沟通，去理解人际沟通是怎样进行的，关注谈判环境中的沟通要素。我们将讨论能够帮助谈判者改善沟通的五种主要工具，并给出一个谈判沟通的框架。

二、沟通环路

1. 理想的沟通过程

想象一下最普通的沟通场景：两个人面对面坐在一起，一个人正在说话——传递信息，另一个人听着——接收信息。

假如真的存在完美的沟通，那一定是图 10-1 所描绘的情景：接收者一丝不差又连续不断地接收信息，并且像信息传递者所期望的那样，准确无误地解读信息。也就是说，在信息传递者和接收者的头脑中不会产生信息的误解和遗漏。然后二者替

换角色，信息接收者开始回复信息而信息传递者开始接收信息，此时信息还会准确无误地在二者之间传递。

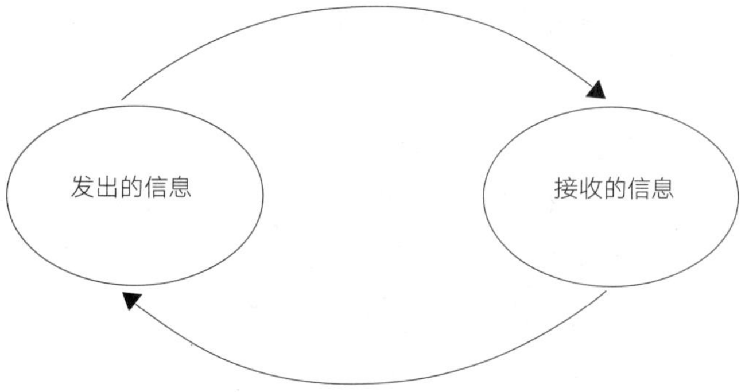

图10-1 发出的信息和接收的信息

2. 关注现实沟通环路中存在的差距

尽管我们都希望自己参与的是那种完美的沟通，但是在现实生活中信息传递却不是那样的。为了理解人际沟通是怎样进行的，我们可以想象一下两个人分别站在大河两岸，互相喊话，湍急的河水发出很大的声响。两人之间距离很远，因此只有一部分原始信息能够传到接收者那里，接收者在脑海中还要重组一下原始信息。对谈判者们来说，理解双方之间存在的巨大距离，以及信息是怎样传递过去的非常重要，因为他们可以通过冷静的、熟练的沟通构建桥梁，缩小彼此之间的距离。为了理解人际沟通是怎样进行的，我们需要在上述的沟通环路中加上一些复杂的要素。

人类并不是靠心灵感应彼此沟通的，也就意味着人类无法保证传递出去的信号能被他人迅速、准确地解读。如图 10-2 所示，人类通过粗放的渠道沟通，这种渠道影响信息被接收和解读的方式。在大部分交流沟通中，信息传递的“渠道”仿佛就是一方对另一方说出信息，然而我们应当记住：非言语沟通也是其中的一部分；而且这里我们为了简化并聚焦于沟通本质，重点关注的仅仅是面对面沟通的典型环路；

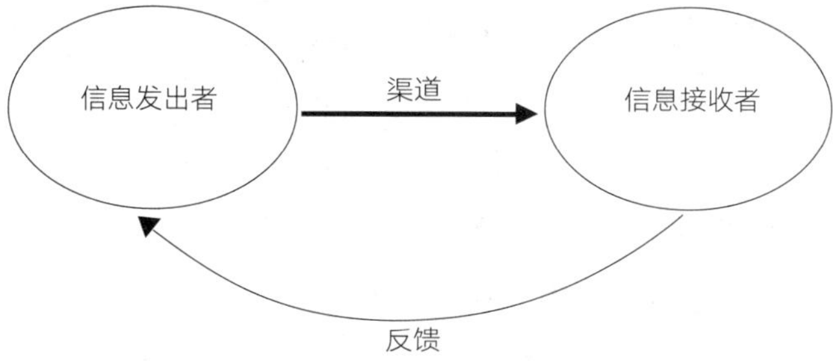

图10-2 基本的沟通环路

而正如我们将在第十八章讨论的那样，如今许多沟通借助的都是在线网络媒介，媒介的特点也会显著地影响沟通。

图 10-2 除了给大家展示渠道本身的作用，还展示了沟通过程中发生的另一个方向的交流。也就是说，尽管信息发出者正在发送信息，而听者正在接收信息，然而与此同时，听者或接收者又通过另一个平行渠道把一些信息传递回去。这些信息可能就是“我正在听”或是“我没在听”，也可能是“我不理解”，还可能是“很有趣”或“我不耐烦了，你快停下来，别说了”。即使信息发出者还在讲话，这些信息都会通过听者的反馈传递回去。此时听者的反馈或反应通常是非言语的形式。

三、解码、编码与噪声

帮助我们理解沟通的最后一组术语是：编码、解码和噪声（如图 10-3 所示）。

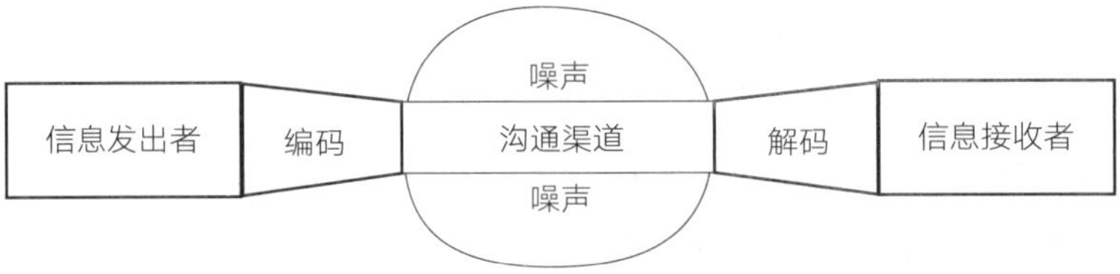

图10-3　编码、解码和噪声

当信息传递者准备发送信息时，他们会把想要传递的信息进行整理，涉及怎么措辞、用什么音调和语气、配有什么样的面部表情和肢体动作等。比如谈判中，买家觉得卖家开价太高，那么在把这个信息传递给卖家的时候，她会有非常多的组合方式，将上面那些因素结合起来传递这一信息。选择那些因素的过程就叫作编码，通常它是在信息传递者的头脑中完成的（很大程度上是潜意识的）。

经过编码的信息会通过一个渠道传递给他人，而这个渠道***总是***会过滤、曲解或改变初始的信息，这是因为渠道中总有一种被称为“***噪声***”的东西。为了说明这一术语，请想象一次电话谈话，在这一过程中一方要通过电话线传递，静电产生的杂音就被称为与信道相关的噪声。即使我们察觉不到，但所有的信号通道都有扭曲信息的特性。“噪声”只是一种比喻的说法。在电话交谈中，有一些信息扭曲是无声的——例如听者看不到对方在说话时手上的动作，这样就遗漏了手上动作要传递的信息。与此相似，说者也看不到对方听他讲话时的面部表情，这也减少了反馈的信息量。当人们通过人为技术渠道沟通时，例如电话对话或者互发电子邮件，就更容易发现这种噪声。在后面的章节中，我们将会讨论这种噪声的影响。然而，噪声存在于所有的交流沟通中，其中就包括面对面沟通。在面对面的沟通中，双方之间听觉、视觉方面都会有交流，而这些交流都有可能会受噪声的影响。这种噪声有可能是物理的或者说真实的噪声，比如音量太低致使接收者无法完整地听到信息。再或者，窗外飞过的小鸟或口袋里振动的手机都会影响接收者的注意力。信息传递者可能对接收者相当愤怒，以至于甚至不去看对方，由此在视觉上便得不到任何回馈信息。所有这些噪声都影响到编码信息在接收者脑中留下的内容和遗漏的部分。

经过编码的信息，又历经了各种噪声的影响，最终到达了目的地——接收者的脑海中。然而在这一过程中还有一种阻碍。此时，接收者会努力“解读”那些信息，他们会在经验和见识的基础上，过滤信息的含义，对信息进行解码。这一解码过程常常导致接收者把信息解释得与原始信息大相径庭。我们稍后会进一步分析，由于过滤信息方式的问题，解码的信息总是存在质量下降的可能性。谈判中双方对抗的气氛易于使信息接收者把信息解读成刻意的、侵略性的甚至是有害的信息，虽然信息传达者本意并非如此。因此对抗的气氛会影响到接收者的答复以及他们编码信息的方式。这也解释了为什么谈判者经常会情绪升级。

最理解这些问题的，非著名爱尔兰剧作家及社会批评家萧伯纳莫属，他发现“沟通中唯一的最大问题是人们已经产生的幻觉”。信息绝对不会清晰明了且准确无误地在人们之间传播。你永远不能如我所愿地听懂我想要表达的内容。

理解这一点对谈判者来说是至关重要的。尽管人们在人际沟通中的缺点使得完美地沟通不太现实，但是总要去进行高效的沟通。你必须能够尽可能准确地把握对方的初始意图。当然，你在传递信息时，也要尽量让对方准确了解。你必须成为编码和解码高手，并且能熟练地规避或缩减干扰信息的噪声。

专栏 10-1 盘根错节

“盘根错节”出自东晋袁宏《后汉纪·安帝纪一》:“不遇盘根错节，无以别坚利，此乃吾立功之秋，怪吾子以此相劳也。”《后汉书·虞诩传》也云：“志不求易，事不避难，臣之职也。不遇盘根错节，何以别利器乎？”盘根错节指树根盘绕、枝节交错，常用来形容事情复杂、纠缠不清。多方参与、多个议题、多重利益和不同利益等是复杂型谈判的典型特点，而在其中谈判利益又往往盘根错节、相互交织。在20世纪70年代克莱斯勒公司深受两次石油危机打击，艾柯卡转而向政府求助提供贷款担保时，和美国国会、支持艾柯卡的联合体进行了谈判。谈判中，美国国会代表的是自由企业的利益，坚持按照自由竞争的原则，政府不该给予克莱斯勒公司帮助；艾柯卡代表克莱斯勒公司的利益，他希望获得政府的帮助；而联合体中有多方代表，他们有自己的利益。盘根错节的谈判使沟通变得异常困难。

四、高效沟通的工具

西方的谈判课程通常会训练人们掌握许多沟通工具，有些工具聚焦于编码及信息传送这一侧，而有些工具把重点放在接收和解码那一边。在不同的图书、手册和训练指南中，它们有不同的名称。在本章中，我们将重点介绍五种沟通工具。但是在开始之前，请注意以下的建议。

1. 与“友好”无关

在阅读下面对沟通工具的描写时，大家很容易误认为你只是在学规矩，而与效率无关；只是在学怎样与人友好相处，而不是怎样从他人那里获得所需。最好预先明白这是一种误解。虽然使用下述工具一定会带来“更友好”的沟通，但是这不是首要任务，它只是达到主要目的的过程中顺带产生的。在本书中，这些工具的首要任务就是高效沟通。

2. 语言与文化

沟通的一个核心要素就是语言。大家首先要记住的原则就是各种语言当中，词法和句子结构都是不一样的。例如，英文“I am going to New York”意思是“我要去纽约”；而这句话如果用土耳其语来表达，它的语序就会变成“New York-wards, going am I”。《星球大战》（*The Star Wars*）中的大师尤达可能会用他独特的句式：“To New York, I am going”。在希伯来语中，它就会是“I am going via transportation to New York”（在希伯来语中，“去”这个词的含义是乘坐交通工具到达目的地，而不是步行走去）。在最基本的句子结构和语言的普遍用法之外，文化也会影响我们说话的内容和说话的方式。消息和信息的交换从来不可能发生在真空中。它会发生在特别的文化环境中，或在特定的两个人之间，在独特的文化背景下发生。文化范式在许多方面影响沟通的过程，例如，在特定的场合下谁应该首先发言，谈判各方在沟通时应该保持多远的肢体距离，双方接受的语调范围以及谈话的节奏，等等。

因此，就沟通工具而言，做任何明确的预判都可能是错误的。比如，在美国的某些文化环境下，“经常与谈判对方保持目光接触”的原则可能是正确的，因为避免眼神交流会被视为奸诈、不忠和隐瞒。然而在某些文化环境中，与人对视被认为是很失礼的行为方式，那么这个原则就有问题。所以，在学习本书所介绍的沟通工具时，请大家一定要***注意***这些工具与具体文化的匹配性。

3. 沟通的一种新思维方式：承担全部责任

无论在何种语言和文化中，谈判有一条重要原则，即谈判者对于交流沟通不能有这样的心态：“我只完成我的任务，而对方也会完成他的任务。”熟练的谈判者必须能够克服沟通中存在的各种挑战和阻碍，不论他们的对手是不是谈判高手。如果谈判失败了，那么，“我告诉她应当做什么了，可是她压根就不听！”或是“他为什么没告诉我***那就是***他想要的！”这样的说辞都只是在推脱责任，最终我们双方还是不能如愿以偿地达成协议。谈判者需要对整个谈话负责。他们需要清晰地表达自己，并且帮助对方明确地了解信息；同时他们应当尽力接收信息，并帮助对方准确无误地接收和解码信息。

要在谈判中承担责任，就需要配备有效的工具，下面这五个就是非常重要的工具：

（1）积极聆听

（2）有所回应

（3）重塑沟通框架

（4）“我”式信息

（5）提出问题

五、积极聆听

我们将要介绍的第一种工具与沟通回路中的接收端有关。首先介绍这种工具是要强调其在谈判沟通中的重要性——尽管很多人在本能上并没有充分地认识到它的重要性。

1. 表达与倾听

谈判者在本能上更倾向于说而不是去聆听。他们希望表达自己的观点和看法，而不是让对方说话。贝都因人（Bedouins）有句谚语“上帝给了我们两只耳朵和一张嘴巴，可我们总是多说少听”，这句话对许多谈判者都适用。另外，“沉默是金”也是非常明智的格言。尽管在谈判中保持沉默可能会不符合我们的直觉，但是我们要保持沉默去***聆听***，目的就是确保在合适的时间说正确的话，这样才最有可能获得效果。

当然，表达和倾听单独都不会有很大用处，我们不可能只是通过聆听就能达成一致意见，也不可能不听对方意见就达成交易（最起码要听到“同意”二字）。因此谈判者必须很好地平衡这两者。然而，在这方面，许多谈判者经常犯错。

史蒂芬·柯维（Stephen Covey）是商业和领导力领域的畅销书作者，他在其著作《高效能人士的七个习惯》（*Seven Habits of Highly Effective People*）中，提出在发表意见之前认真聆听是这七个好习惯之一。用他的话说，这就是“首先要努力去理解对方，然后再努力让对方理解你”（1989，249）。

2. 被动倾听与主动倾听

理解始于接受信息。聆听就是为接受信息打开了一条通道。为了最大化获取通道传来的信息，仅仅在接收端竖起耳朵是不够的。我们还应该通过反馈通道发送信息，让对方明白，我们正在聆听，听他们所说的内容，竭尽全力理解他们所说的，并且希望听到更多内容。我们要努力地把一些没有明确说出来的信息传递给说话者：“放轻松——我不仅在听你说话，我还***理解***你所说的，请继续说下去。”这种利用了沟通环路两端通道的聆听模式，就是积极聆听。

3. 积极聆听的目的

“积极聆听”主要有以下三种目的。

（1）**构建信任和联系**：聆听能够创建信任的氛围，表明对对方的尊重，能够改善双方关系。

（2）**获取信息**：信任和关系加强后，交流沟通会变得更加开放，并带来更多信息。

（3）**建立沟通准则**：密切关注他人有助于形成“友好谈判”模式，因为当轮到你说话时，对方也会有意回应你（或是无意间模仿）。

4. 实践中的积极倾听：默默的交流

当你积极聆听时，你会关注对方，并且会抑制打断对方或者改变信息传送通道的行为——而且你的兴趣、关注是默默地传递出去的，鼓励对方继续说下去。大多数时候，这是通过非语言的行为实现的。

积极聆听主要是一种沉默的行为。除了用鼓舞对方的词语来表达我们的意愿（例如在中国，人们会说“是”“嗯”“是吗”“对”等）以外，积极聆听就只是听，不要说话。默默的信息交流发生于反馈通道中，因此主要依赖于肢体语言。当我们聆听时，我们希望自己的肢体语言能给对方传递一个简单的信息：“我在听，我也懂了。请继续。”针对积极聆听的环境中的肢体语言，我们需考虑三种传递方式。

（1）**你的身体向对方暗示了什么**？你有没有重重地坐下，然后转身背对说话者？这会给说话者传递怎样的信息？他/她将会怎样解读这些信息？你有没有抖腿或是脚频繁点地，给人造成你不耐烦的感觉？这会造成怎样的影响？

（2）**你的身体向自己暗示了什么**？如果你坐在椅子的边缘，那么你是否想要赶快逃离这场谈话？如果你发现自己不断地抓耳挠腮，或许你真的想要聚焦于某事或某人，但绝不是说话者？

（3）**说话者的肢体语言告诉你什么**？当你向他靠近时，说话者有回避吗？当你试图进行目光接触时，说话者跟你对视了吗？你还能发现其他的肢体语言吗？你知道它们意味着什么吗？

下面是有关肢体语言的一些主要方面，值得实践和注意。

注意力：你的注意力一直都在说话者身上，还是你的目光和注意力一直在游离？你是不是在玩你的钥匙或在不断确认你的电话有没有开机？你有没有转头看别人？

目光交汇：如果环境允许持续的目光交汇，那就这么做。不要只是机械地盯着对方，尝试用眼睛***传递***你的理解和专注。记住死死盯住他人有可能给别人造成不适感。

距离：双方之间的物理距离会影响交谈，所以改变距离就传达了多层意思。要记住关于身体距离的文化准则和个人倾向，也就是说，人们关于肢体之间距离的接受程度因人而异，也受到文化习俗的影响。当你改变距离时，例如身体前倾，以示你的理解、兴趣或专注，要密切注意别人对你的反应。

姿势：点头、微笑以及适当的面部表情或许是表明你很专注的最简单的方法，但是只有当它们被用在正确的文化环境中，才算是适宜的行为。

要铭记一条重要原则：肢体语言经常会误导人，尤其是肢体语言与文化紧密相连。比如，一方说话时向另一方靠近，这种行为也许会被解读为要和对方拉近关系；但在某些文化中，它也可能被视为侵犯他人私人空间。另外，在解释肢体语言时，如果只关注肢体本身而忽视了周围环境，就可能会造成误解。看到对方双手相交地坐着，你可能会认为她很“有戒心”“固执”或“封闭”，而事实不过是空调开得太足，她觉得很冷而已。

5. 有效积极倾听的关键

有些人是天生的积极聆听者，而其他人却需要学习使用这个工具，不断练习，直到能熟练运用为止。熟练使用积极聆听技能，不仅需要在技术上掌握它（例如，在合适的时机点头或微笑），还需要能够通过重要的方式用此工具和对方建立***联系***，并且***影响***他们参与对话的方式。你需要记住四条原则，它们有助于你将此工具用到最佳效果。

（1）**考虑具体场景**：在既定的环境下，如何向既定说话者表达聆听意愿，你可以从下面几个问题入手：你和说话者的关系怎样？你是否在听一个与你关系亲密的人说话？还是一个客户？一个陌生人？这会影响到很多方面，例如肢体语言、位置、身体接触、眼神接触等。除此之外，你还要考虑环境、外在噪声以及和对方之间的物理距离。

（2）**放空大脑中的回应**：当我们听对方说出自己想法、意见和要求时，我们往往会转换关注焦点，从某些时点（通常是最初的焦点）开始，由近至远，一直到我们对其做出回应。正如史蒂芬·柯维所写：

> “首先要竭尽全力理解对方”就包括一个非常大的范式转换。一般而言，我们总是首先寻求他人的理解。大多数人在听别人说话时，并不是本着理解他人的意愿，他们只是带着回复的意愿在听。他们不是正在说话就是准备开始说话。（1989，251）

听完对方的意见之后，你还有时间来考虑如何回复。此时，你应该放弃脑海中那个着急回复对方的想法，因为总想着怎么回复，肯定会使你在聆听过程中分神。

（3）**鼓励对方充分表达，但不要首肯任何事情**：一般人会本能地认为，如果不跳起来立即反驳对方的观点，在某种意义上说，就相当于我们同意了对方，或是给对方一种我们会同意的感觉；当我们迅速反馈时，用了点头的姿势，或表达了鼓励的声音，那么我们就是在同意对方。积极聆听的关键是打消这个顾虑，听某人说话并不是同意他，鼓励他人说下去也并不意味着放弃自己的立场，当对方说完话后，你还是可以对他说“不”的。

（4）**真诚地表示理解**：积极聆听最重要的是真诚，如果不能发自肺腑地显示出真诚，对方会察觉并产生相反的效果。你必须***渴望***积极聆听，并且对对方所传递的内容***感兴趣***。如果对方说的内容你不感兴趣，那你就不要假装真诚。机械性的点头和微笑不能达到上述目的。只有让对方感知到你在真诚地聆听和理解，才能达到上述目的。也只有这样，你的外在表现才能被对方视为是在表达理解。

专栏 10-2　冰冻三尺，非一日之寒

“冰冻三尺，非一日之寒”出自东汉王充《论衡·状留》:“故夫河冰结合，非一日之寒；积土成山，非斯须之作。”它的意思是指冰冻了三尺，并不是一天的寒冷所能达到的效果，用来比喻一种情况的形成是经过长时间的积累、酝酿的，积少成多。复杂型谈判往往需要漫长的时间和复杂的过程才能取得理想的谈判成果，可见“冰冻三尺，非一日之寒”。中日韩自贸区谈判进展缓慢、过程复杂、时间战线长，是典型的复杂型谈判案例。2012 年 11 月，中日韩三国在柬埔寨举行经贸部长会议，正式宣布启动中日韩自贸区谈判；2013 年 3 月，三方在首尔举行第一轮谈判，截至 2017 年 1 月共进行了十一轮谈判，其间谈判曾数次陷入僵局而后重启谈判。在 2017 年 1 月 12 日结束的自贸区第十一轮谈判取得了初步进展，三方就货物贸易、服务贸易、投资、规则等领域深入交换了意见。由于中日韩三方政治经济利益复杂，因此距离三方谈判完全结束依然还有较长时间。

六、有所回应

1. 增强积极倾听的效果

谈判中，你一直聚精会神地听对方说，揣摩他的真实想法，斟酌自己如何回应，因此当对方说完了，你会松一口气，然后稍稍停顿一下。之后你又会深吸一口气，准备反驳对方，提出自己的要求。请你把这口气再稍微憋长一点。

记住积极聆听的目的是：收集信息，建立互信，塑造沟通。如果能积极聆听，你就处在达到目标的途中了。延迟脱口而出的回复，认真思考如何回应，你便能在实现目标的路上前进得更远。

回应包括再次重复对方所提出的主要观点，以确定我们正确理解了对方。这么做时，我们的信息收集和建立互信便得到了增强。我们已经能通过积极聆听传递出“我听你说了，也理解你的意思”的信息，而现在我们就是要通过回应来加以提升。另外，我们也确认收集到的信息非常准确，即使我们并不同意那些信息，但我们向对方表明我们接收到了他们的信息。

回应有许多方式，可以非常简单，也可以是逐字复述。不同的方式适用于不同的情形，因此大家应该练习不同的回应方法。

2. 回应的组成要素

为了说明回应的一些重要元素，我们用一个例子来讲。一个被解雇的员工在质疑他的经理，要求她恢复自己的原职。被解雇的员工这样说：

> “我简直不能相信，你竟然坐在这儿说‘这与私人恩怨无关’。10 年了！我已经在这个公司工作 10 年了，我夜以继日地努力工作，不仅完成了本职工作，还做了许多额外工作！我 10 年来每年的业绩评价都是很好的。怎么突然间我就一无是处了？我只收到了一封邮件，上面说我星期一不用来上班了，还要清空办公室的桌子和柜子？这公平吗？我为公司奉献了 10 年，而你们却要像丢垃圾一样丢掉我？我从没有迟到早退过；我是一个模范员工，在代表公司的许多时刻我都表现优异。我跟你说，你必须收回对我所做的一切。”

积极聆听后，经理会认真思考，把握建设性回应的各个要素，每个关键要素都出现在他的话中。

重复或总结说话者的语句或主要观点，确保自己正确理解了他的话：

“好的，我理解了，你说你已经为公司工作许多年了，而我们从未说过跟你一起工作不愉快。”

除了回应事实，还要回应情绪上的细节：

“我也能理解收到辞退信犹如遭到了晴天霹雳，让你又震惊又生气。”

使用说话者自己用过的语言或表达方式：

“你刚才说了，‘你们用了我 10 年，然后像丢垃圾一样扔掉了我。’”

努力对说话者的观点保持中立态度，先不要反驳或尝试打败他。相反，要表达你的关注，确保你理解了说话者：

“我听说整个事情令你非常痛苦，因为你觉得我们没有公正地对待你，所以你想回到从前。”

针对说话者，强调他是事情的焦点：

“你说你的服务记录没有瑕疵，并声称对公司非常忠心。”

不要断言他的话是证实了的，是真实、客观的事实，不要这样说：

“公司背叛了你，而你不应该被如此对待。”

相反，要把这个意思重新组织一下，变成说话者自己表达过的、感觉到的或经历过的：

“我理解你感到被公司背叛了，而你认为公司不应当这样对待你。”

做出认真思考，重复或用形象的语言描述说话者的情绪：

“我能看出，我的这些话让你很不舒服，而且总的来说你很生气。”

当回应了说话者自己都没有提及的情绪时，一定要用试探性的语言：不要告诉说

话者他的情绪是什么——而是要通过一个问句，询问他；他们通常会用非言语沟通的方式或口头表达方式简短地证实自己的情绪。

“我能看出，我的这些话让你很不舒服，对吗？”

整个回应的过程要以一个反问句来结束：

“我理解得对吗？”

“那是你的想法，我这么理解对吗？”

成功的回应过程最后会带来两种有利的结果。其一，对方会一边点头，一边坐回到椅子中，他们很满意你聆听了他们所说的，也许他们也能够而且愿意听你说下去。其二，既然你已经表明乐意聆听且接收信息，对方就会继续说下去，进一步分享信息。无论是哪一种结果，你都得到了信息，建立了互信，开始了有建设意义的沟通。

七、重塑沟通框架

或许对于谈判者来说，最复杂、最难掌握的沟通工具就是重塑沟通框架，它也是最强大的工具。

在谈判中交换的许多信息都不是建设性的。有时这些信息敌意太强或过于繁杂，就达成目标而言没有建设性。有时从你希望通过谈判得到的条件的角度来讲，很多信息也是没有建设性的。每一番对话结束时，我们都可以问问自己：“这种谈话能使我们达到目的吗？”如果答案确定是“是”，那么我们就应该继续；如果不是这样，那我们就必须改变话题方向，将其引向能够使谈判双方达到目的的方向。每一番对话之间的方向调整就是凭借重塑沟通框架这个工具。

1. 框架的力量

“***框架***”是英文单词“frame”的直译，作为谈判中的一个核心概念，它含义很丰富。什么是“框架”呢？简单地说，就是我们在谈判中采用什么方式把语言组织起来，或者我们将语言组织成什么样的一个逻辑，又或者我们采用的语言强调的是什么。在谈判中，无论我们说什么，我们都会确定一个框架，将我们将要讨论和正在讨论的事项放进去。框架会包括谈判的话题和一系列术语。谈判中经常发生的情况是，我们会接受对方所用的框架，表现形式就是我们会针对对方所说的内容做出回应，这就是在框架内回应对方。

想象一下：你正在请求老板给你加薪。老板会叹息着说道："你又想加薪了？你每隔几月就让我给你加薪，难道不怕我嫌你太贪吗？"

老板在谈话中设立的框架就是"你的贪心"或"你的品格"。你会自然而然地在这个框架中回应他，比如你会说："我已经有半年没让你加薪了"或"我才不贪心呢！"无论你采用哪种说法，你都把自己束缚在了一场关于你的贪心或品格的对话中。在这个框架中谈判，你最多能得到什么呢？或许你能够竭力证明自己并不***总是***很贪心，或者你虽然有点贪婪，但是你还有***其他优良***品格。换句话说，***你已经绕进一场不可能取胜的对话了***，即使你能获得任何一点让步，那也与你一开始的意图背道而驰了！要记住：你一大早起来，斗志昂扬地去见老板，是希望争取更高的薪水，而不是为了佐证自己的品格。

2. 通过重塑沟通框架改变对话

会话进行到这里时，你既可以继续顺着老板的方向说下去，也可以换一个方向，转换一下话题。转换话题有三个重塑沟通框架的原则。

（1）**不要在最初的框架中回复对方**：在这个案例中，如果你们讨论的焦点是你的贪婪，那么无论如何你也无法达到目的。不要直接回应你老板的评论，甚至不要立即反驳他。

（2）**改变框架**：找到一个能帮助你实现目标的新框架。在工资谈判中，什么样的对话会让你有机会实现目标呢？一个可行的思路就是谈论公平，还有一个是员工满意度。可能还有其他的思路，但是上面这两个就足以达到目的了。

（3）**构建框架**：要构建一个新的框架，将它作为谈话的新方向。要顺利做到这一点，关键就是让你的新框架看似延续了之前那个框架，而不是你生搬硬套强加进来的一个东西。也就是说，你不能告诉对方"你的框架不好，换一个新的吧"（比如在上面那个例子中，你说"我不想讨论我是不是贪婪，我想和你谈涨薪水的问题！"），你要稍微调整一下对方的框架，使其变得有一定的建设性意义。就采用对方的语言，但要改变其言语中的含义。这就是为什么这种方法叫作"重塑沟通框架"，而不叫"反向设置沟通框架"。在此例中，就是要使用老板的原始信息，使其听上去像是一开始他就是在谈论公平或员工满意度的问题。那么应当怎样说呢?

3. 举例说明如何重塑框架

下面两个例子分别呈现了如何把老板的信息重塑为聚焦于**公平**这个新框架,其后两个例子把信息重塑为聚焦于***员工满意度***的新框架。

公平

老板:你又想加薪了?你每隔几月就让我给你加薪,难道不怕我嫌你太贪吗?

你:我听你说过,你想要大家挣的钱对得起干的活儿,这样就不用没完没了地跟大家谈判了。

或者:

你:所以,你只是想所有人都能拿到公平的工资,无一例外,也不会有人拿得更多。

员工满意度

老板:你又想加薪了?你每隔几月就让我给你加薪,难道不怕我嫌你太贪吗?

你:你的意思就是想要员工们对自己得到的酬劳感到满意,不让他们感觉到需要自己不断要求加薪。

或者:

你:所以,你的意思是我们需要谈妥一个工资额,不仅让我这次满意,而且让我彻底满意。

其实,还有很多种其他话题框架可供选择(比如生产率、你作为员工的价值、你所做工作的客观市场价值等)。而且,在每个新框架中,都有许多方式来重新组织信息。

4. 确定新框架

要使一个框架起效,它就必须落地生根,使得双方逐步聊到新的话题。有两种方法可以实现这个目标。

（1）**直接邀请**：第一种方法就是在确定一个框架后，询问对手，征得他的同意，来确认这个框架。可以通过写一个询问的便条，给出一个询问的表情，或者以一个期待确认的简短问话作结，例如：

你：所以，你只是想所有人都能拿到公平的工资，无一例外，也不会有人拿得更多。

或者：

你：所以，你只是想所有人都能拿到公平的工资，无一例外，也不会有人拿得更多。对吗？

对方常常会通过点头或其他肢体语言表达接受这个新框架，或者简短地回答"不错"，或更委婉的回答"呃，是吧"。

（2）**自己多迈出几步**：另一种方法就是你一直持续地说，不给对方太多时间思考他们的框架和你的框架之间的不同。用这种方法时，你会在制定出新框架后继续说下去，然后才把话头交给对方。如果对方在框架内回复你，那么重塑的新框架就定下来了，然后对话会向这个新的方向发展。例如：

你：所以，你的意思是我们需要谈妥一个工资额，不仅让我这次满意，而且让我彻底满意。我很感激您，因为我只是想在工作和工资上都能满意。

老板：嗯，怎样才能让你满意呢？

此时，老板接受了员工满意度这个新框架，并且在框架内做出了回应。

5. 重塑框架不奏效

不论你选择何种方法来确定框架，对方都有可能拒绝。在上面这个涨薪的例子中，老板或许会这样回复："是的，不错——你会为了这次涨薪而感到高兴，但你不会知足常乐，***下次***你还会来要求我加薪的。"

这时你该怎么做呢？你应该再次通过上面的三个步骤来重塑框架。重塑框架不是一个总能成功的魔法工具，它需要你有韧性、耐性和创造力。然而，这个工具能够给你最大的希望，将对话转变到于你最有利的方向。哈佛大学教授威廉·尤里在他的 *Getting Past No* 一书中，点出了重塑框架的关键力量：

> 重塑框架之所以能起作用，是因为每条信息都会得到解读。你会拥有**积极认知的力量**，无论别人说什么，你都能构建一个解决问题的框架……此时对方也会经常跟从你的重新解读……因为他们关注的是谈判的**结果**，他们甚至意识不到你已经改变了谈判的**进程**。（1991，80）

6. 现成的新框架

当对方在谈判中采用了不具有建设性的框架时，你可以运用下面这些手段转换话题。下面每一种框架转换都有一个例证。

（1）**将需求重塑为愿望**

卖家（提出需求）：这辆车，低于一万元我不卖！

买家（重塑为愿望）：当然了，你想把车卖个好价钱。

（2）**将谈判条件重塑为利益诉求**

甲公司的代表（提出谈判条件）：如果贵公司不能将价格降低 20%，那么我公司将无法与你们签署提供 5 年服务的合同。

乙公司的代表（重塑为利益诉求）：除非你们认为特别有利，否则你们不会拒绝长期合同。

（3）**将对人重塑为对事**

饭店老板（正在攻击对方）：你们都是骗子！酒送过来整整迟了两天，这次合同到期后，别指望再和我们做生意了。

酒供应商（把话题转向具体问题）：所以，你是说你们只想与信任的人做生意，对吗？

（4）**把话题从过去引向未来**

老板（针对过去）：这是这个月你第三次迟交报告啦！

员工（针对未来）：从此以后我肯定按时交报告。

（5）**把话题从“你”引向“我们”**

买家（针对“你”）：你疯了，我才不会花那么多钱！你最好重提一个优惠得多的价钱。

卖家（引向“我们”）：当然啦，我们能找到一个适合双方的价格才是至关重要的。

（6）把话题从消极引向积极

零售商（专注于消极话题）：最后一批货都是次品！我该拿这些次品怎么办？没人想买它们。

供应商（将消极引向积极）：你想收到优质的货物，这样以后才能轻易卖掉它们。

有许多方法可以重塑框架，了解这些没有建设性的信息以及如何对其进行重塑，就能够帮助你辨认和思考。在这样做的过程中，你会慢慢地体会到重塑框架的强大力量。

记住一点很重要：重塑框架本身并不是直接帮助你达到目标的工具。它只是一块块砖头，让你能够搭建平台，发挥最大优势。一旦你转变话题方向，将其引向建设性的方向，你就能将谈话进行下去。此时你就有机会表明自己的思想、意见、要求或需求，构建出有建设性的话题。此时，我们需要另一个不同的工具。

八、“我”式信息

采用沟通的步骤达到目的既简单又复杂，用最有效的方式通过沟通环路是很复杂的；但是，为了沟通需要做的事又是简单的。

1. 自食其果的“你”式沟通

我们进行的大量谈判都聚焦在对手身上。比如我们总会对对手说：“你得给我个好价钱”，或者“你又这样，你简直太不可理喻了”。即使我们不是真的用手指着对方，我们的话语都起到了相同的作用。简而言之，我们说的很多话都是采用了“你”式沟通的方法。

这样做通常是为了能对别人更有影响力，我们希望对手受到责备而让步，或者承认错误，接受指责。即使我们并不打算挑衅别人，我们也仍然会用“你”式框架，因为它看起来是表明观点的最简单的方式。

我们并没有考虑“你”式沟通框架会给对方带来的影响，尤其是在沟通环路中对对手的影响。“你”式信息会让对方根本不想或者不能倾听我们的信息，会在瞬间引发对方的防御心和恶意，而不是让对方认真考虑我们的信息。对方会在脑海中不断反驳我们，把过失和错误归咎于我们。如果对方收到了“你”式信息，那我们最理性、最体贴的信息都有被消极解读的危险，让我们始终处于被防御的境地。这样的反应很难给谈判带来建设性结果，也不会帮我们达到目的。

因此，为了达到最好的效果，谈判者们必须避免不必要的“你”式信息。对于那些最重要的信息，谈判者应该巧妙、熟练地运用“我”式信息。“我”式信息聚焦于谈判者本身，而不是他们的对手，聚焦于谈判者的请求、期望、需求、谈判立场或者根本的利益诉求。

2.“我”式信息的组成要素

创建有效的“我”式沟通信息，有四个要点。

（1）**从“我”开始**：一张嘴就从“我”说起，或者先起一个简短的开头，然后再加上“我”。例如，“我想要把这车卖个好价钱”就是一个“我”式信息，“这辆车不错，所以我想把它卖个好价钱”也是“我”式信息（尽管这句话没用“我”开头）。

（2）**不要把“你”式信息伪装成“我”式信息**：用“我”起句，并不代表这个句子会自动变成“我”式信息——核心在于句子应当持续把焦点放在说话者身上，而不是放在对手身上。比如，“你是一个贪心鬼”和“我觉得你是一个贪心鬼”都是“你”式信息，这两个句子同样都会挫伤听者继续听下去的意愿。要想传递有效的“我”式信息，就要把关注点放在自己身上，而不是对方身上。

（3）**不要说“你”**：随着你熟练地掌握了“我”式沟通方法，你会发现自己使用“你”这个字越来越少。然而，“我”式沟通方法还有一个重要原则，那就是不要只是记住了用“我”起句，然后转而说对方，比如“我觉得你如何如何”，或者“我认为你如何如何”等。这样对手不会把你的话当作“我”式信息来处理，而是会有戒备地闭上嘴。

（4）**不要招惹对方说“不”**：正如我们之前所说的，“我”式信息的力量就在于不会引起对方的防御就通过沟通环路。对于有效的“我”式信息，对方更愿意接受，会进一步思考和关注，而不是直接拒绝。提高信息真正受到关注的概率是任何一个谈判者都希望达到的目标，为了实现这个目标，就需要给“我”式信息增补一些更积极的信息，使对方如同着了魔似的点头同意。换句话说，要把语言精妙地组织好，使信息不仅不会被忽视，而且对方也不会用一个“不”字直接拒绝。为了说明“不行”和“不一定不行”之间的差别，大家想一想下面的句子，把自己当作说话者的对手，尝试否定回答：

“我想工资再涨 500 元。”

“我需要 1000 个零部件，明天就得送到。”

“我只能付 10000 元来买这辆车。”

回答这些句子很简单吧？虽然这些句子都是“我”式信息，但它们都很容易招致最简单直接的答复——“不”。

把信息重新组织一下，用精致的语言表达出来，让对方***无法***轻易拒绝，也就提高了对方思考和关注的概率。大家再看看下面几个句子，试着对它们说“不”：

“如果能够重拟一份合同，给我加 500 元薪水，那我会非常高兴。”

“我在想，如果我们明天拿不到 1000 个零部件，恐怕我们的交易就做不成了。”

“我不太乐意花超过 10000 元来买下那辆车。”

虽然对方可能仍然不会同意你的要求，但是他们在语言上不能单单用一个“不”字就把你打发了，那么做不合适。为什么呢？因为这些句子不仅仅聚焦于你，而且它们除了表达需求、请求和期望以外，也表达了说话者的想法、感觉和关切。这些信息的内容可能本质上是一样的，但它们招致的回应却大不相同。在你表达了自己的想法、感觉和关切的情况下，对方很可能会告诉你不想给你加薪的原因，或者明天无法送来 1000 个零部件的原因，又或者不能用那个价钱成交的原因。这样你们就有机会继续谈下去，只要对方参与你的议题中来，你就有机会向前迈进。

九、提出问题

另一种沟通工具就是提出问题。在谈判中有多种提问的方式，可以实现不同的目标。有时问题会让对方处于防御状态（例如：“你意识到了吗？你所有的竞争对手都能提供同样的产品，而且价格更低”），有时问题可以用来抵御对方的攻击（例如：“你们俩是一个唱白脸一个唱黑脸的吗？”），也可以用来获取信息（例如：“你能提供更多关于你们产品的信息吗？”），或者表明你的同情（例如：“你看起来有点不舒服——我能帮你做点什么吗？”）。

问题是一种工具，而不只是瞬间从你脑海中蹦出来的东西。对任何工作来说，选择一种正确的工具是至关重要的，驴唇不对马嘴的话，工作是做不好的。尽管我们知道各种问题或者提问的方式适用的情况不同，但是在谈判时，很多人都未必非常清楚它们的细微差别。因此，谈判者有必要熟悉不同种类的问题。本书将谈论三种问题——开放式问题、封闭式问题和直接疑问句，以及每种问题的使用目的和效果。

1. 开放式问题

开放式问题旨在帮助对方敞开心扉，鼓励他们表达自己。它们本身没有任何固定答案，而它们的答案也常常比较长。

开放式问题能够激励对方，让他们明白自己已经获得充分表达自己的机会，友善的聚光灯照在他们身上，全神贯注的听众激励着他们。除了能够加强双方之间的互信，这些问题还能使我们更好地理解对方的动机以及他们对局势的看法。

不足的是，开放式问题会引出相对较长的答案，比较浪费时间。而且，这种问题会让对方不知不觉地改变对话的速度、节奏、话题等。

2. 封闭式问题

封闭式问题会让对方聚焦于特定的事件，能够从对方那里取得具体或特别的信息，或者把对方引向一定的方向。这些问题有助于澄清或理清之前获得的各类信息（或许是你从开放式问题的回答中所获得的信息），从而引起对方的关注以及简短的回复。

尽管封闭式问题有很多好处，但是这类问题会限制你的对手，此时他们只是回答你的问题，而不会去考虑还应该和你分享哪些有用的信息。此外，当他们***感到***你的问题将其限制或者约束了，他们就会马上沉默不语，或者会为了结束话题而猛烈抨击你。

3. 直接疑问句

直接疑问句就是用确切、简洁、二选一的答案彻底澄清一个问题。它们在某种程度上是终结性的，有助于明确答案、证实事实、准确界定谈判方的利益诉求或谈判立场。

但是大家要记住，人们并不喜欢受到约束。过多地使用直接疑问句会给对方一种被审问的感觉，这样或许会导致对方的抵制。

4. 几类提问方式的对比

表 10-1 是用实例来对比刚刚分析过的几种不同类型的问题。每个问题实质上询问的内容都是一样的，但是引出信息的方式是不同的。

表10-1 问题的类型

开放式问题	封闭式问题	直接疑问句
你有没有想过为它花多少钱？	你将为它花多少钱？	你愿意为它花1000元吗？
这就是我们的报价，你觉得怎样？	你想要商量一下我们的报价吗？	能接受我们的报价吗？
有什么建议吗？	这些报价中你更倾向于哪个？	我们能签合同了吗？
你怎样看待开粉红色车的人？	你的车是什么颜色的？	那是你的车吗？
今天有什么计划吗？	你现在在哪？	你现在在办公室吗？

十、把所有工具联系起来

1. 顺序的力量

积极聆听、有所回应、重塑沟通框架、“我”式信息、提出问题这五种工具中的每一个工具单独使用都是威力无穷的。大家会看到，如果按照一定顺序使用它们，就会有更好的效果。其中有些工具——例如积极聆听和有所回应——似乎原本就是一前一后的，而其他的工具就需要用心组合在一起使用了。有顺序地使用积极聆听、有所回应、重塑沟通框架来回复“我”式信息，然后向对方发问，对方很有可能给出建设性的回复。当他们回答问题时，你就要积极聆听，一旦他们讲完话，再完成序列中其他四个步骤。用这种方法，建设性的对话就一步一步朝你的目标发展下去了。

2. 顺序效果的例证

为了证实这一点，我们举个例子。还是本章前面提到的那个满腹牢骚的被解雇的员工，他说：

“我简直不能相信，你竟然坐在这儿说‘这与私人恩怨无关’。10 年了！我已经在这个公司工作 10 年了，我夜以继日地努力工作，不仅完成了本职工作，还做了许多额外工作！我 10 年来每年的业绩评价都是很好的。怎么突然间我就一无是处了？我只收到了一封邮件，上面说我星期一不用来上班了，还要清空办公室的桌子和柜子？这公平吗？我为公司奉献了10年，而你们却要像丢垃圾一样丢掉我？我从没有迟到早退过；我是一个模范员工，在代表公司的许多时刻我都表现优异。我跟你说，你必须收回对我所做的一切。”

老板积极、认真地听他说完，然后开始按顺序使用我们讨论过的那些工具。

有所回应：

“我知道你非常生气，我也很抱歉自己对你做出那样的决定。我完全理解你所说的，你已经为公司工作许多年了，我们对你的工作从没有异议。听你说完这些，我觉得辞退书像晴天霹雳一样击中了你，让你既吃惊又恼怒；你觉得我们利用了你10年，然后像扔垃圾一样扔掉了你。我知道整个情况让你变得十分沮丧，你觉得我们对待你不公平，所以你想让时间倒流。”

重塑沟通框架：

“我听说你希望公司能做出更好的决定，一个能更好地体现你的价值的决定。”

“我”式信息：

“我当然也希望公司能够做出好的决定，我也希望我们能好好对待所有员工——直到他们离开公司甚至离开之后。我认为公司有理由这么做，对待你的事情公司也是这么做的。我希望能与你分享这些，了解你的想法，让公司变得更好。但是我仍然认为我们所做的决定是正确的。”

提出问题：

“你想了解为什么我这么说吗？”

思考题

继续本章末尾的这个练习，请把自己代入老板的角色中。在你提出“你想了解为什么我这么说吗”之后，那个被解雇的员工说：

“好吧，我当然想知道原因。会是什么样的原因使公司立即炒我鱿鱼？这简直让我愤怒至极！一定有什么办法能扭转这个决定。也许我听了你的理由后，能让你们知道为什么你们做错了。”

你积极地聆听这个即将失业员工的话，并且点头鼓励他继续说下去。他说完停下来了，你深吸一口气，准备按顺序使用其他四种工具。反思一下他说了什么，把他的信息重塑到建设性的框架中，利用“我”式信息找准你在这个问题上的位置，然后通过提出问题把信息有效地传递给对方。

第十一章

谈判中的认知与情感

一、平衡谈判中的人类属性

一般认为，谈判绝不仅仅是一种旨在达成可预期成果的理性信息交换。谈判是一种人的行为，涉及人类交往的方方面面。换句话说，它是一种人际行为，其囊括范围之广，包含了人与人之间相处的所有因素；因此，谈判不是处在一种真空状态。

谈判涉及大量的科学理论。研究人员长期从博弈论、沟通以及社会心理学等方面，来探索人们在既定情境下是如何表现自我并与他人交往的。这些研究产生了许多战略与战术。

人们普遍认为谈判还有另一面，这一面包括很多直觉的、艺术的、动态的、回应性质的元素。谈判的这一面要归因于人类是一种依赖于心灵活动的生物，即便人们常常自诩十分理性，但这些直觉的元素始终存在。从谈判筹划起，到谈判终结，人类本性中的这些元素，都会对谈判产生影响。这个特征体现在许多谈判领域极具影响力的著作标题上，例如霍华德·莱法的《谈判的艺术与科学》(1982)，以及莉·汤普森的《谈判者心智》(2005)。

本章的目的在于分析人性的这两个关键因素——认知与情感，即我们的思维方式和我们的感觉方式——是怎么影响谈判进程的。

情感与认知相互影响，然而为了解释这二者以及它们对谈判所造成的影响，我们必须先将它们加以区分。其实，我们都非常熟悉，在生活中，强烈的情感会影响我们思考问题的能力；而理性的认知会帮助我们克服情感上的障碍。

本章就是要突出这些认知和情感中的关键因素，以便读者更好地了解它们及其对谈判的影响。它们每一项都会赋予谈判者力量，但同时也可能威胁到谈判进程。谈判者需要学会利用谈判中的认知与情感来达到目的，同时留心它们可能造成的危机；除此以外，谈判者还需要努力识别和注意这二者之间的平衡，这是一种独特的平衡。掌握这种平衡，有助于在谈判中得心应手。

二、认知功能

1. 谈判中认知扮演的角色

认知指的是我们的理性思维方式。它是我们吸收、处理、理解信息的机制。

在谈判中，我们依赖认知的过程来做出判断，评估风险，制定有创意的解决方案，以及精心打磨协议。在本书的许多章节中，我们都曾指出谈判者需要“小心地”“有意地”“谨慎地”来处理事情，这些词都包含了认知功能。

要了解认知功能，最重要的可能就是清晰地描绘出认知功能应用的边界。虽然人们会骄傲地认为自己非常理性、具有很高的认知技能，但是实际上我们的认知能力并没有我们认为的那么强。梳理一下从处理信息到做出决定的过程，就可以发现我们认知过程中存在一系列缺陷。这可以很好地提醒人们，在坚信自我理性的时候必须十分谨慎。

一般来说，人们首先获得数据，然后处理数据，再决定行动步骤。如果认同这样简单化的描述，人们可能会认为，要想达成满意的谈判结果，只需要谈判双方意识到共同面临的问题需要一个一致的解决方案。他们自然而然会同意绝大部分谈判的问题，最多是在谈判结束时争议一些利益盈余的分配问题，而且盈余最后也会理性地进行分配。如果真是这样的话，我们这本书就应该叫作“分配盈余”了；实际上，谈判绝不仅仅是一个学术话题或一种管理技巧，其中涉及的大多数人际问题也不会轻易地自行解决。

2. 实践中的认知：推导的阶梯

实际上，认知过程要复杂得多，还有许多需要研究的内容。哈佛大学教授克里斯·阿吉里斯（Chris Argyris，1982）通过引入一种被称为“推论阶梯”的模型，详细地解释了认知过程的细节，来展示我们如何从数据中获得意义，并做出反应。这个理论最初是用来解释人们是如何学习的，后来它被应用于人类认知的许多领域，包括人际交往和谈判中（可参见 Stone, Patton and Heen, 1999）。

如图 11-1 所示，在这个模型中，我们从大量可获得的数据开始，紧接着我们会通过一系列步骤筛查并确定数据的含义。每登上阶梯一步，我们就离数据更远一步。因此，我们离最初数据越来越远，而增加的含义越来越多。虽然每一步，我们对于事物的了解都更加精确、更加具体，然而，缺陷也可能变得越来越多。熟悉每一个阶梯上的任务，就可以让我们了解认知出现误差的原因，或者让我们认识到我们是在哪个环节上朝着正确的方向精妙地跳了一步；这样的认识会赋予我们一个持续的、不断有反馈的学习过程。

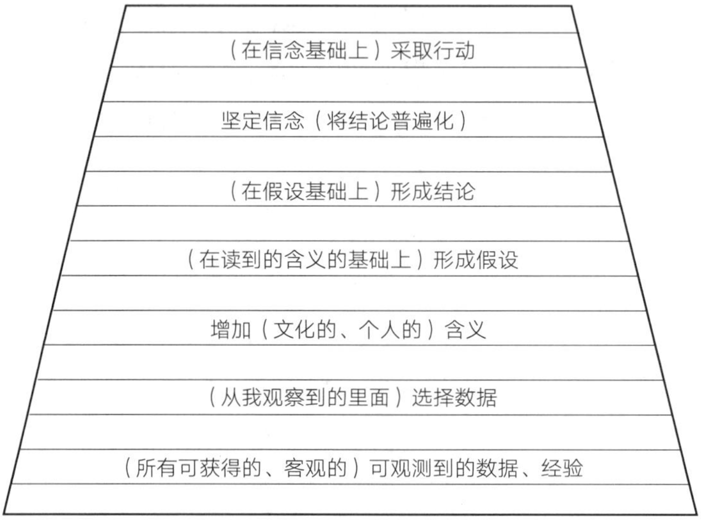

图11-1 认知的推导阶梯

从数据到解析，到形成结论乃至采取行动，随着我们攀上每一级阶梯，我们必定惊叹于人类归纳、推导以及决策的能力，但同时也会发现在认知循环中，每一步都存在内生的错误风险。

认知的第一步是得到信息。方式有很多种，可以是在我们面前展开的一幅场景，也可以是在谈判中发言的其他人。在观察到的信息（比如采用录像机、麦克风或其他录音录像设备所采集的）和人们真正接受的那一小部分信息之间是有差距的。简而言之，当我们面前有人在说话时，我们可能在看其他地方，或者注意力却在另一个人身上。在这之后，我们会把接收到的数据进行（意识层面的或者潜意识的）过滤，从而仅仅聚焦在某些数据上，同时将其他的数据排除在思考范围之外。这之后，我们会给这些数据赋予含义，将它们编成一个故事或者形成一幅完整的画面；而所赋予的含义取决于我们的文化背景和个人经历。在此之后，针对正在发生的事情以及各方希望实现的目标，我们会形成一套假设。然后我们会得出结论，在脑海里明确“究竟发生了***什么***”和“***为什么***会这样发生”。在此基础上，我们又会产生一套信念，即应如何处理这个局面，以及根据这些信念，应该在此情形下采取哪些具体行动。

我们来举一个非常简单的例子，你在商场的电影院外等一个朋友。你们说好晚上 8 点见面，而现在已经过去 10 分钟了；他还没有来，也没有打电话给你。下面大家可以看到推导阶梯理论是如何解释我们从数据处理到采取行动的过程的。

从可获得的数据中进行选择：你注意到你的朋友还没来，你的手表上显示的时间，以及他没有给你留言。你可能还会想起以前这个朋友曾经迟到的次数。你有可能注意到商场里的顾客比往常多，你也有可能注意到商场的电视正在播放高速公路上发生的一场车祸，不过你也可能注意不到。

赋予含义并做出假设：你所处的文化有可能是非常守时的，或者守时是你的处事原则，那么迟到就很不妥当。你的朋友过往常常迟到，老要让你等他。把所有这些信息综合起来，你就会认定：你的朋友迟到了，原因是他并不在乎你的时间和你的感受。

形成结论和信念，并导入行动：你很有可能会继续得出一个结论，那就是你的朋友不仅行为粗鲁，还是***故意***冒犯。你的这个“朋友”根本不在乎你等待时的状况，甚至就是要让你等他，或者故意让你不爽。而这不应该是朋友之间的相处之道，所以你相信，这么做的人应该得到教训，要么改变他们对待朋友的方式，要么就让这样的人远离你的生活。于是，你决定当朋友露面的时候，你会生气地指责他，如果他不好好道歉，那么你就不和他一起看电影了，马上打道回府。

有可能你的认知处理是准确的：你的这个朋友的确对浪费你的时间毫不在意。当他晃晃悠悠迟到了，你明明白白地告诉了他，此时他会后悔、会感到不好意思，他会意识到他的错误，会向你道歉，并发誓绝不会再这么做。

但是也有另一种可能，即你的认知处理过程有缺陷。比如，当你的朋友露面时，他会告诉你他给你打了许多次电话但都无法接通，因为商场人太多、太吵了。同样因为人太多，所以他在地下停车场找车位就花了半个小时，而地下停车场***没有***手机信号，因此没法给你打电话。还有一种可能，他根本不会来，因为在去商场的路上他出了车祸，住进了医院。

在谈判中，我们可以充分地理解那些认知过程中可能存在的风险，而且要记住认知的过程同时发生在谈判双方的脑海中。尽管他们面对相同的处境，但他们看到的现象不一样，关注的焦点也不一样，并且根据自己完全不同的人生经历和文化，他们会给数据信息赋予完全不同的含义。于是他们会做出不同的假设，得到不同的结论，并且形成完全不同的甚至对立的看法，从而引发双方的行动。这些行动又会成为双方观察对方形成的新一套的数据，于是整个认知循环过程就会重新再来一次。如图 11-2 所示，谈判就像将两个推导阶梯***叠加在一起***，你爬得越高，看待问题的结论就越不同。

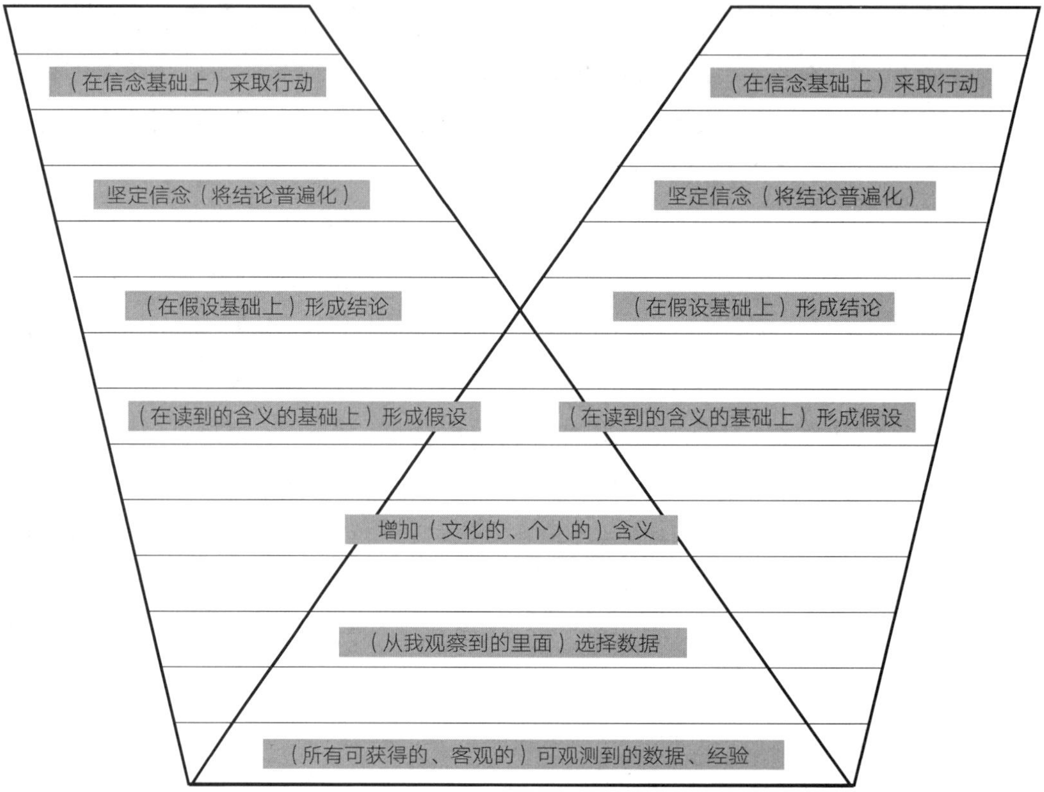

图11-2　推导阶梯在谈判中的应用

3. 认知偏见

一些特定机制会干扰人类的认知过程和决策，导致在推导阶梯的不同层面上出现误差。这些机制被人称为***判断偏见、认知偏见、决策偏见以及启发式机制***。它们与人的潜意识有关，也就是说，人们在决策过程中，或挑选信息解读现状，或者对别人的行为、意图或者特征下定论时，往往会存在走捷径的现象。

可得性偏见：人们往往会受到现成的信息或可获得的信息的过度影响，从而干扰自己的判断。在所有的已知数据当中，我们倾向于选择那些最容易使用的，也就是那些与自己关系最紧密的信息。因此，我们会从个人经历或个人体会中归纳总结，我们会认为曾发生过一次的事情必定是经常发生的，因此也可能再次发生。同样地，人们更容易关注那些生动地展现在其面前的信息，或是最近发生的事件（这也被称为“近事偏见”）。

确认偏见：我们倾向于去寻找、选择、回忆那些验证了过去所持的立场、观点或假说的信息，而对于有所矛盾的信息我们的关注度要低很多。试着想想看，我们去买二手车，看上了一辆很酷的车，此时我们会更多地关注卖家对车子加速性能的夸赞，却会忽视发动机发出的奇怪噪声。

基本归因偏见：当我们判断一个人的品行时，我们会关注他们的行为反应，而非他们的性格和他们所处的环境。换言之，我们就一个人的品质下结论是直接根据他们的行为，而不是考虑他们这么做是否有什么原因，是否与他们的品格有关系。比如，有一天你遇上了堵车，后面一辆车从你右边超车驶过，其他堵着的车则留在原地静静等待，此时你就会觉得刚开车过去的那个人真是一个没有公德心的混蛋，不遵守保证所有人安全的社会规则。你看到此人做出了一个负面的行为，就认定此人品性不良。你几乎不会认为：也许这名司机其实是一个好人，并且这么做也是有着充足理由的；换句话说，他们那么做是受当时环境的影响，而不是品格有缺陷。很有可能这名司机是因为邻居马上要生产了，于是无私地取消了今天所有的工作计划，只想尽快把邻居送到医院，仅此而已。

恶意归因偏见：除了基本归因偏见之外，有时候我们将他人的行为不仅归咎于性格，而且认为他们是故意以一种恶毒的方式，朝***我们***释放这种恶意的人格。在上一个例子当中，你也许不会觉得这个烦人的司机是意图伤害你，你只将他这个行为归结于他是一个违反社会道德的坏蛋。但在看电影约会的那个例子里，你很可能觉得你朋友迟到这个行为不仅仅是因为他很懒，而且是他故意要伤害你。我们经常会判断他人的行为有***恶意***的动机，或者无视具体环境地贸然揣测他人。

当事人/旁观者偏见：这是一种基本归因偏见的延伸形式，它指的是我们在判断自己行为时会仔细考虑具体情况，然而我们在判断别人行为时则会忽视具体情况（并且将他的行为归因于其品格）。如果我和朋友约好看电影，我迟到了几分钟，那么我会很容易就找到各种理由，比如我路上遇到堵车了，或者在我要出门的时候接了一个重要电话。这些理由在自己看来非常充分，如果我的朋友借此认为我就是冷漠的或者无礼的，那么我一定会想：他们实在太过偏执或反应过激了。我们在前文已经描述过，如果我是一个行为（迟到）的***旁观者***而不是**当事人**，那么我会直接判断我朋友品格有问题，而且如果他说我偏执，或觉得我反应过激，那么我肯定会火冒三丈。

团体内归因偏见：当谈判者属于不同群体的成员时，就会出现这种偏见。一个属于特定群体的人会对自己这个群体的成员（或组内成员）产生较少的归因误差，而对那些和他们不在一个阵营的人（或组外成员），则产生较多的归因误差。换句话说，如果你是一名教师，听说有一名老师对着学生大吼大骂，你可能更倾向于认为这件事有着合理的情境（比如这名学生犯了错或行为不得体），而不会轻易将这个行为归结于该老师的人品有问题。此外，相比组外成员，人们在评价组内成员时更容易觉得他们可信且讨人喜欢。他们与组内成员更有可能合作、互相理解，更容易对对方产生良好印象。团体内归因是对于不同种族、不同文化、不同性别的人群产生固定看法的原因之一。这种影响还可以延伸到职业圈、宗教团体以及商业对手等团体中，从而产生了一种区别群体内和群体外人群的认知机制。

专栏 11-1 矮子看戏

“矮子看戏”出自宋代释普济《五灯会元·五祖法演禅师》：“这个说话，唤作矮子看戏，随人上下。”意指矮个子挤在人群中看戏，什么也看不见，只能随着别人评论戏的好坏。比喻不了解实际情况，只知道附和别人，自己没有主见；也比喻见识不广。在谈判的准备阶段搜集信息、摸清对方的实际情况，在做到“知己”的同时也做到“知彼”，以求达到百战不殆的目的，这是进行谈判的必要条件和重要步骤。辽宁省盘锦市A公司从事某添加剂业务，在2008年金融海啸导致许多工业原材料价格暴跌时，决定以低价从国外大量购进该产品。在谈判正式开始之前，A公司做了大量的市场调研工作，首先通过互联网搜寻该添加剂主要生产国的信息，又通过对各国产品的性价比对确定英国B公司为谈判对象；其次A公司副总经理亲自挂帅组织谈判团队，通过各种渠道了解B公司的产品与底价，制定周密的谈判计划和方案；最后为了克服文化差异，A公司利用商务接待、参观访问等各种场合搜集英方谈判代表的个人信息，及时调整策略，充分尊重对方的文化与习惯。尤其是在正式的谈判中，其通过列举国内同类产品的价格（但质量不如B公司），结合该产品世界行情、英方的产品质量和需求状况等，给出还价，改变了对方的底价，达成了对A公司更有利的价格条款。

团体内归因偏见中有一种强大的主观元素，它会导致这样的结果：当一个人确认自己属于某个特定团体时，他会偏颇地支持自己的团队成员而反对非团队成员，此时他并不真正在意团队成员是否是该团体的“正式成员”，或者这个团体是否真的存在，又或者这个团体是否已经接纳了这些人。比如说，有人支持一个运动队，那么他就会偏向性地支持这个队的队员、粉丝，甚至是从这个队的主场城市来的人们。同时他们也会反对那些该队对手的支持者。很自然的情形是，我们所有人都属于多个团体或组织，哪个团体或者哪些组织可以获得我们的好感，哪些人又会被视为组外人士，所有这些都取决于哪个联盟或者团体对我们来说更加重要，或在哪个时刻这个联盟更加突出。例如，两个人支持不同的足球队，但当有人告诉他们看足球就是浪费时间，提议把电视换个台时，他们可能变得对彼此友好起来，因为至少大家都是球迷。

回应贬值型偏见：这是一种普遍存在的偏见，同样一个事情或者方案，其价值在提出者和回应者看来是有差别的，与提出者相比，谈判中的回应者往往会认为方案的价值更低。理由很简单，就是因为这个方案的提出者不是自己，而自己只是回应者。例如，如果你的老板提议给你涨 1000 元的工资，她可能觉得自己已经尽全力满足你的要求了；而你呢，也许会认为这个条件不怎么样，认为自己受到了不公正的对待。

虚假同感偏见：一般来说，我们会觉得自己的观点、预期、立场以及各种看法都是普遍性的、正常的、典型的、与他人无异的。我们从不认为自己的观点很极端，自己的定位很过分，或自己的期待值太高。因此，当我们的谈判对手表达的观点、预期或解决方案与我们不同时，我们就会觉得他们的观点实在是偏离准则太远。这就使得我们对自己的观点产生过度自信的态度。我们认同共识的存在，就会导致我们形成这样一种看法：如果对方谈判时和我们不同（事实上他们经常和我们看法不同），他们一定是错的，他们的想法有缺陷。当然，我们并无任何理由来认定自己的看法或观点是典型的或正确的，因此这种认定共识存在的感觉就是***虚假的***，只是我们自己这样认为而已，它会影响我们的决策。

行文至此，我们已经了解了很多种类的认知偏见，了解这些偏见可以让谈判者清楚地把握决策过程。我们都会受这些偏见的影响，或曾基于它们做过决定，甚至有时还会有多种偏见掺杂在一起。知晓它们就可以使我们避免或减少这些偏见的影响，使我们提高透彻思考的能力，做出有效的结论和有益的决定。同时，了解它们也可以让我们认识到：自己与谈判对手之间的差异来源于他们的某种偏见，这样我们就可以有的放矢，促使他们重新考虑是否理解准确、推理合适以及采取了明智的举动。

然而，人类的大脑并不仅是一台可以重新布线的“硬件平台”，一个可以提高效率的“软件程序”。大脑还是情感的聚集地——情感也是一种强大的力量，无时无刻不影响着我们与他人的交往。有时候，一些专家会给谈判者提出忠告，即去谈判时，要把情感深深藏起来，只把理性的一面带到谈判桌上。但是一般来说，这样的建议在有限的情形下或许有用，却忽视了人的心理作用。人类是理性的，但同时也是情感动物。提升我们的认知过程极其重要，但同样重要的是，要理解我们自身的情感并知道如何处理好情感的问题。

三、情感

1. 谈判中的情感

情感在谈判中指的就是谈判者的“自我感觉经验”（Fisher and Shapiro, 2006）。情感是我们产生感觉的方式，是一个复杂过程的结果，这个过程包括认知反应过程中我们的感悟、对手对待我们的方式，以及双方的沟通等。

在谈判中怎样处理情感，并没有一个大家都认同的方法。然而，毫无疑问的是，情感的力量非常强大，决定着谈判是愉快地进行，还是不欢而散。伯尼·迈耶曾经分析过情感与冲突，他是这样写的：

> 情感因素会助燃冲突。如果我们可以完美地保持理性，聚焦于如何更好地满足对手和我们自己的需求，并且冷静、高效地相处，那么许多冲突都不会产生或者很快就会消失。但那肯定不是人类的本性。有时情感看似会控制行为，有时情感又恰恰是失控行为之源。情感赋予我们能量、力气、勇气和毅力，使我们可以强有力地投身于冲突中。
>
> 情感有可能因特定的情形或环境而产生，也可能因为先前的经验而产生。冲突中如果有人用手指着我们的脸，那么我们会根据当下这个动

作的含义做出反应，但同时我们也会根据以前的经历产生愤慨的情感。（2012，13）

他同样也指出了在某些情况下，情感有积极作用：

> 虽然情感有可能助燃冲突，但它也可能是冲突减缓的关键。许多情感可以防止冲突的出现，也可以在冲突发生时控制和消减它。从情感上讲，每个人都会希望与他人有所联系，并得到别人的肯定和接纳。谈判中，如果一方真诚地表达对于争执的难过或担忧的情感，那么冲突很有可能会得到有效化解……应对冲突时，最奇妙的方法往往是在有效表达情感和毁灭性的极端表达这二者之间，寻到一条适宜的羊肠小道。（2012，14）

所有这些在谈判中都是事实。各方坐下来谈判，其中部分原因就是情感因素，通常情感也代表谈判各方行为的动机。一方面，情感***常常***是成功谈判面临的挑战；另一方面，当作为一种正面力量时，情感也有强大的积极作用。情感可以促使各方达成协议、合作共赢、帮助彼此，开展友好交流，以及建立良好的互信关系。

2. 情感：是问题的一部分，抑或是解决方案的一部分

情感既可以帮助谈判过程，也可能会造成危害，因此如何看待情感，各种研究文献都有一些不确定的结论。这中间存在各种不同的观点，但其中有两种观点值得我们特别关注。

一种观点认为，情感是理性的对立面、是对合理行为的威胁，以及对建设性沟通的重大考验。因此，情感需要被压抑、隐藏、精心把控。宾夕法尼亚大学教授戴蒙德在他的著作《沃顿商学院最受欢迎的谈判课》中，曾经举过一个特别好的例子。

另一种观点认为，情感属于人类的一种本性，不会因为我们是谈判者，就自然消失。因此，谈判者需要深刻地理解情感，明确自己特有的情感表达方式，并且保持警觉；同时，谈判者还要学会辨认他人的情感表达方式，并能够熟练地刺激自己和他人产生正面的情绪。密歇根大学的雪莉·科佩尔曼（Shirli Kopelman）教授在著作《真正地谈判》（*Negotiating Genuinely*，2014）中就曾经给出了一个很好的例子。

我们认为不会有一个“万金油”式的答案，可以适合每一个人。正如科学记者兼美国罗格斯大学的丹尼尔·戈尔曼（Daniel Goleman）教授在他开创性的著作《情商》(*Emotional Intelligence*, 1995)中所说的那样，人们在情感处理方面有着完全不同的能力和趋向。有些人对情感更敏感；有些人更容易被情感掌控；有些人更能得心应手地控制情感。如戈尔曼在他的著作《社交情商》(*Social Intelligence*, 2006)中所做的，如果将探索的重点从个人转移到人际交往领域，我们可以发现，人们对待自己与他人的情绪是完全不同的。有些人擅长辨认出其他人的情绪并很好地应对，有些人则在这方面害羞内敛。有些人很擅长于用自己的情感感染别人。简单地说，因为人们***体验***情感的方式不同，所以对待事情的情绪就不一样，比如说有些人就更加活泼开朗一些。当我们考虑不同职业的时候，就会发现，有些职业经常要与情感打交道(如社会工作者、心理学家)，而有些则需要尽量避免受情感的影响(如工程师、律师等)。这些差异毫无疑问地会将谈判者区别成不同类型。我们建议谈判人员进一步阅读关于情感的著作，包括我们前面提到的几本。

虽然处理情感并没有一个统一的方法，但是我们认为有必要提出这样一个观点：即便是再平心静气的人，一定的情况也会触发他强烈的情感。而且，如果他们的对手被强烈情绪冲昏了大脑，他们也无法躲开，必须冷静处理。因此，我们认为需要梳理一下在谈判中常见的情感，并讨论一些有效的应对方法。

3. 在谈判中会遇到哪些情感

情感可以大致分为积极和消极两大类。我们建议大家仔细阅读英文版，本书作者用了很多描述情感的形容词，从中可以看到：无论是英语还是汉语，描述情感的词汇都很丰富。

积极的情感通常与好的情绪(愉快、乐观、开心或高兴)相连，它们大多包含正能量和激励(充满热情、有决心、兴奋、激动)。积极的情感一般与内心感受(冷静、专注、镇定)有关，它们可能代表着面向未来的积极态度(感到充满希望、乐观、有期盼)，或者它们也可能与消除了负面情绪有关(如释重负、舒适、安心)。

消极的情感会与心情不好的状态(伤心、痛苦、疯狂、愤怒)相连，它们有可能是受了他人刺激而产生的(感到恼怒、着急)，也有可能是因为处于能量低潮期而产生的(感到了无生趣、冷漠、孤立)，也许是和焦虑有关(感到担忧、担心、焦躁、害怕、恐慌)，也许是因为对比之后产生的(感到嫉妒、艳羡、不满)。

还有很多词语可以描述情感的细微差别；而谈判中很有可能会出现非常细微的情感状态，因此谈判时应该仔细观察对方动作、行为、姿势等代表的情感。

专栏 11-2 谋事在人，成事在天

“谋事在人，成事在天”出自元末明初罗贯中《三国演义》第一百零三回“上方谷司马受困　五丈原诸葛禳星”：孔明叹曰：“谋事在人，成事在天。不可强也！”后人有诗叹曰：“谷口风狂烈焰飘，何期骤雨降青霄。武侯妙计如能就，安得山河属晋朝！”它的意思是自己已经尽力而为，至于能否达到目的，那就要看时运如何了。“人”“谋”在前，“天”“成”在后；先有“人”“谋”，后有“天”“成”；有了“人”“谋”，在预定时间内不一定有“天”“成”；但终归会有“天”“成”；但没有“人”“谋”，绝不会有“天”“成”。要取得谈判的成功也是如此，必须“谋事”，即在谈判开始之前做好万全准备。

---

4. 情感是如何影响谈判的

情感影响沟通、信任和关系：情感发挥关键作用的一个领域是沟通。在上一章中，我们讨论了移情在沟通中的作用；情感会影响双向的沟通，也就是说，我们可以在沟通中表达对谈判对手的理解，并让对手也有机会做到这一点。情感还会大大地影响谈判各方的关系和信任，这个问题我们将在下一章分析。

情感造成囚徒困境：谈判者的进退两难很大程度上是由情感造成的，情感因素有时决定着谈判各方会采取合作还是竞争的态度。

情感影响目标：积极的情绪可以鼓舞谈判者设定较高的目标。然而，当出现消极的情绪时，他们则会把目标定得较低；而目标定得较低反过来则会让他们在潜意识里认定，无论谈判结果是什么，自己都**不会**满足。

情感影响策略选择：当谈判者感觉到不安全或对方具有侵略性时，他们也许会选择一种竞争型的谈判策略，或者选择妥协。当感觉到弱势时，他们可能会选择避免正面冲突或者竞争（比如感觉无路可退、山穷水尽之时）。而拥有积极情感的谈判方，或认为安全、拥有自信的一方，则会选择合作策略。

情感影响动机：如果在谈判中拥有积极的情感，那么我们会充满信心地谈下去，即使这场谈判举步维艰，极具挑战性，我们依然会继续留在谈判桌前。乐观的态度也会鼓励谈判者继续，积极投入多轮讨价还价的过程，并在探索合作共赢中尝试多种创新的想法。相反地，消极的情感会让谈判方在一两次没有全心投入的尝试后就

直接放弃。如果一方感觉愤怒，觉得受到了轻视或羞辱，那么谈判很有可能变成一个非常剧烈、非常决然的交涉过程，最后以一方退出谈判而告终。

情感影响承诺：情感还会影响我们是否愿意在谈判结束时跟对方点头说“好”，与对方握手言欢，或签署合同。通常情况下，谈判的最终阶段会有一种强烈的情感“冲动”，仿佛我们的情感——不管是积极的还是消极的——会意识到这是决定此次交易的最后机会。当然，在谈判方宣布谈判失败或撤出谈判时也会产生类似的情感冲动。

5. 在谈判中如何提高对情感的辨认和掌控能力

更好地辨认与应对情感的一种方法就是，深刻理解它们在谈判中的出现形式及影响机制。科佩尔曼（2014）曾梳理了谈判中的各类情感，并对它们进行了有益的分类和差别分析：

我们的与他人的：谈判中的每一方都有自己的情感，因此，只集中于一方的情感而忽略另一方或其他各方的情感是错误的。

有意识的与潜意识的：有时，谈判者明确地意识到了某些特定的情感；而有时，情感隐藏得很深。因此，谈判者可以努力提高辨识自己情感的能力，并且在适宜的情况下，可以帮助对手发现他自己没有意识到的、潜意识中的情感。

积极的和消极的：不论是消极的情感（如害怕、伤心），还是积极的情感（如喜悦、幸福），都可能产生作用，或者起到反作用。谈判者要能够把握这两类不同的情感。

场景驱动的或萦绕已久的：有一些情感是由当时的谈判场景或事件触发的，比如，谈判中，一方开出了低得离谱的价格，另一方就会非常愤怒；再比如，谈判中自己的第一轮报价被对方不屑一顾地否决了，此时报价的一方就会感到受了侮辱。然而，还有一些情感并***不属于***场景驱动，一定程度上或者完全与谈判事由不相干。例如谈判桌上一方说了一些话，一下子就让对方想起了之前与他的交往经验，以及当时的情绪；再比如，谈判中，一方反复看表，担心回家要开很长时间的车，这些情感与谈判的具体情形并没有太大关系。

真的和假的：所有的谈判者都会感觉到对方和自己的各种情感。其中，有一些情感是假装出来的，作为一种手段来赢得优势。应对真实的情感已然很具有挑战性了；再将真实情感与“卑鄙手段”区分开来，针对完全不同的动机加以应对，就更难了。

6. 聚焦于核心问题

哈佛大学的两位教授罗杰·费舍尔和丹尼尔·夏皮罗（Daniel Shapiro）在他们的著作《超越理性》（*Beyond Reason*, 2005）中，全面而系统地诠释了谈判中的情感问题。他们认为人无法摒弃一切情感，因为情感是人类固有的；人也不能忽略情感，因为情感影响着人的身体、思想和行为。然而，他们也提出，人是无法完全掌控情感的。要想很好地掌控情感，必须经过大量的心理训练，精益求精；你需要敏感地辨识自己及对手的情感，一旦出现某种情感，应全神贯注来管理情感，把控它对你及对手造成的影响。

费舍尔和夏皮罗分析了情感与谈判者的核心关注点之间的联系。他们认为，这种联系给谈判者同时提供了诊断工具和干扰工具。谈判者可以通过观察自己和对手情感的表达，来诊断谈判是否涉及核心关注点。谈判者会通过强调核心关注点，来主动或间接地干扰一下负面情感，刺激产生出积极的情感。

核心关注点：费舍尔和夏皮罗认为，谈判者体验到的每一份情感都有原因，有可能是满足了核心关注点，也有可能是应对不力。这些核心关注点包括：

理解：我的想法、感觉、观点是被重视了，还是被忽视、置之不理了？

关系：对方是否视我为同事、伙伴、队友，并怀有尊敬与关注？或者与之相反，他们将我当作敌人和外人呢？

自主权：对方是否尊重我做出重大决定的决策权和自由度？或者我只是一个傀儡，身不由己，被迫交易？

地位：对手是否按我的地位来对待我，还是将我视为地位较低、不匹配或其他可以忽略不计的角色？

角色：我在这个谈判中的角色是令我满意的、适合我的并且能够帮助我实现目标的吗，还是我的对手强迫我扮演了一个令我不满意的角色呢？

核心关注点的理论框架给我们提供了应对情感问题的两种途径。

通过观察情感来判断核心关注点是否达到满意度：积极的情感表达显示出核心关注点在谈判中得到了满足，而消极的情感表达说明双方并没有谈妥核心关注点。

通过满足核心关注点来刺激积极的情感：若谈判各方的核心关注点得到了满足，积极的情感就会应运而生。如果你认为积极情感的注入有利于谈判，那么重视对方的任何核心关注点都有可能带来这种改进。方法很多，比如尊重对方的自主权，感谢他们做出的贡献；而此时你并不会付出实质性的代价，比如额外的让步。

四、认知与情感再分析

1. 情感绑架

谈判者在谈判的过程中涉及心和智两类机制。有时，心情必须调整好，认知才能充分发挥作用；有时必须理性地做出判断，才能应对心绪不宁。正常情况下，所有谈判者都需要根据自身的人格、技巧和训练来面对这两类机制，寻求一种平衡。但是，在一些情形下，我们的感性会超越理性，根本原因是人类认知的偏差。

从技术上讲，它其实并不是真的理性与感性的对抗，而是大脑的一部分与另一部分的对抗。丹尼尔·戈尔曼曾在他的著作《情商》中，描述了人类早期大脑在生死攸关的情况下如何反应，他将之描述为一种捷径机制，即绕开正常情况下的缓慢决策过程。例如，当你在茂密的草丛中发现一只狮子，你没有时间考虑这只狮子是不是友好，或者是不是一个人伪装的，抑或一只致命的野兽。在这样一场遭遇中，人类的大脑会超快地处理信息，并决定是逃还是战。

时至今日，戈尔曼研究的这种系统仍旧是人脑运行的机制，虽然在很大程度上已不再必要——如今，我们绝大多数人不会处于那种千钧一发的生死关头；而且，与我们打交道的大多数对手都是人类，而不是饥饿的野兽。然而，当我们遇到大脑判断为威胁的事情时，我们还是会启动这种认知捷径系统，来代替常规思考过程。戈尔曼将这种过程叫作“情感绑架”。

明白这一点对于谈判者来说至关重要，因为谈判中经常会出现威胁或类似的争端。前文说过，许多谈判者都会将谈判视为一场冲突，是具有威胁性的环境，或者至少是有压力的场合。谈判中可能一个无心的举动就会触发这类负面的情感，比如一句威胁的话，某个人说话声音大了，或者我们联想到会有什么损失，等等，此时都可能会发生情感绑架。从那一刻起，不论我们如何精心准备，我们的行动——即使不是拳打脚踢或者夺门而出——都不再是从容、审慎的决策，自此我们无法与对方开展建设性的沟通或者战略合作。

我们是受到了严重的情感绑架，还是稍微有一些情感干扰，这取决于我们是否有能力让理性的认知占上风。虽然很多学者对谈判中的情感问题有不同的观点，但大多数研究谈判的学者都会建议，在谈判中应该努力保持平衡，让理性回归到思考和谈判过程中来。保持冷静和高度理性，我们就能够重获建设性思考的能力，帮助我们的对手逃出情感陷阱，或者走出情感困境。

2. 应对情感绑架

为了避免情感绑架，或者减少剧烈感情波动带来的负面影响，有四种做法可以推荐。

（1）**将行为与反应分割开来**：只有在我们对他人的语言或行为立即做出反应时，情感绑架才会发生。那些语言或行为就像打开了我们脑子里的开关，然后我们的行为就变得不同了。要将这两者分开有两个方法，一是在他们的行为和你自己的行为中间空出一点时间，二是运用我们学过的各种沟通方法。中途休会是恢复平衡的一个简单方法。我们强调这种方法的原因在于，大多数谈判者并不常常采用中途休会的方式，即使他们需要这样做。他们担心如果提出休会，对方会做出什么反应，或者认为这么做会有些丢面子。我们建议他们考虑一下**不**采用休会的方式将付出的代价。因此，休会实际是一种很简单的好方法。另外一种方法是我们已经讨论过的，利用各种沟通工具来达成一个重要目标：将谈判中我们的行为与对手的行为分割开来。比如说，对方说了一些话，让你怒火中烧，你完全可以用积极倾听的方法来应对。虽然当时你的本能是让他们赶紧闭嘴，或者朝他们尖叫，抑或一走了之。然而，如果你在刻意训练积极聆听的能力，那么你就会认识到前面描述的那些做法并不合适；相反，你应该点点头，继续听下去。至此，那种白热化的愤怒就开始消逝了。你听完之后，不要立即反应，而是重复一下他们说过的话。这就让你在做出反应前有个缓冲时间。同时，你也能更好地控制自己。事实上，你已经很好地控制了内心的怒火，可以复述或冷静地分析对方传达的那些让你发怒的信息。等你做到这一点的时候，你就不会被情感绑架了，并能做出很好的应对，比如重构一个问题或者提出一个新问题等。

（2）**当心外来情感的感染**：当你感受到强烈的情感波动，你需要问问自己这是从何而来的。这是你自己的情感吗，还是说这些情感是外来的，而你没有可约束它们的理由？为什么要这么做？这是因为驱动情感绑架的机制也会驱动另一个过程，情感绑架发生在人们自己的内心里，而这个过程发生在人与人之间。这种机制被称为社交传染：当双方互动时（特别是非常重要的互动，或者压力巨大或存在威胁的互动时），人们很容易沉浸进去，并对他人的感情感同身受（Goleman, 2006）。我也许感受到了强烈的恐慌、压力或者质疑，但是却说不清这些情感的来源；实际上也许我是受到了他人情感状态的感染。要把控自己那云霄飞车一般的情感已经很难了；谈判中把握情感就更不易，谈判者只有有限的注意力，必须维持情感平衡，还要警惕外来情感对我们的感染，并想办法将其摒弃。

（3）**将对话聚焦在核心关注点上**：如果你注意到对方的情感明显发生了波动，那么你应该重新组织对话和沟通，聚焦在他们的核心关注点上。如果你能找到是哪个核心关注点导致情绪波动，那就更好了；如果不行，就选择一个有可能的点，并用灵活的方式应对它。如果你注意到是自己的情感发生了波动，那么就应该转移话题，围绕自己的核心关注点去谈。

（4）**利用情感感染**：如果谈判对手的负面情感猛增，那么你应考虑重组对话方式，聚焦在他们的核心关注点上，有目的地传输积极情感。也就是采用情感传染的方式。你可以在对话中表达积极正面的观点，传播充满希望、热情洋溢的情绪，这样你就有一定概率可以把积极情感传给对方，足以支撑他们坚持谈下去，而且谈你们希望谈的重要话题。

五、在认知和情感层面上连接彼此

人们在认知处理和情感控制上的能力是不同的。你一定会认同这个观点，因为你周围的许多人和你相比，在这两方面都很不一样。然而，尽管你们有着各种不同，你和他们还是可以开展愉快和有成效的互动，因为你们之间建立了信任和良好的关系。再没有什么比一段友好并彼此信任的关系更能让各方求同存异的了。在下一章中，我们将分析谈判者可以如何与对方构建这样的关系。

思考题

1. 你是否能回忆起曾被情感绑架的场景？它不一定是谈判中发生的。你能谈谈这段经历吗？

2. 你是否曾在电影或电视剧中看到过，谈判逐渐变成高度情绪化的互动？本章中提到的哪种元素可以用来解释这样的场景？如果你有机会在向其中一方给出自己的建议，帮助谈判重新回到建设性的路径上来，那么你会选择什么时间点，你会说些什么？

第十二章

谈判中的关系与信任

良好的沟通往往能让谈判各方交换很多信息，从而促成谈判。同时，良好的沟通还会附带催生另外两个对谈判至关重要的彼此关联的因素：谈判者之间的关系，他们相互之间的信任程度。

一、关系

前文已经分析过，日常生活中各式各样的沟通、互动都可以被视为谈判。因此，谈判总和各种关系交织在一起，同时，我们在各种人际交往中经常会遇到谈判的情形。

1. 关系时间轴

关系通常有明确的时间特点，沿着清晰的时间轴存在或发展，包括过去、现在和将来连续的状态。

过去：我们的许多谈判对手以前都曾与我们有过一定类型、一定程度的交集；通常，随着谈判的推进，我们和对手会保持长期的关系。这些关系的本质、特征与持久性都有可能影响现在的谈判。当然还有一些时候，我们会与那些没有什么交往的人谈判，或者与那些我们第一次互动的人谈判；在这样的情况下，几乎没有任何共同的过往交集也会影响现在的谈判。

现在：即使谈判各方过去没有什么关系，但谈判伊始，他们就会产生当下的、谈判桌上的关系。谈判者需要学习斟酌和引导这种关系。

未来：当谈判涉及某种长期的关系，例如家族关系、工作关系、持续的商业关系，中、长期的未来发展就会是谈判各方在意的一个重点，即使没有列入日程。即便谈判各方目前并没有建立持续性的关系，往往也会谈到如何向未来发展。例如，当我从私人手中买一辆二手车时，我可以想到：这段关系“未来”的时间跨度一定是很有限的，到我付款、她交钥匙时，这段关系也就结束了。但是换种情形来看，当我从车行买二手车时，我们之间的关系很有可能保持更久远，比如我会介绍想买车的其他人给车行销售员；或者将来某一天把这辆车再卖给车行。我也许会有一些涉及未来的考虑，例如保修、分期付款，或者未来再转手这辆车。

2. 保持良好关系的益处

莉·汤普森（2005）曾经指出，良好关系会给谈判者带来很多益处：如果谈判者之间关系好，那么他们更有可能把蛋糕做大，并达到合作共赢的目的；他们更有可能把谈判对手引向合作；关系越好，合作程度越深。

其中的机制在于，当我们与他人有着良好的关系时，我们与他们沟通得更好。我们每个人都有这样的经历，和那些与我们关系好的人沟通起来更简单。相反地，我们会努力不去和那些与我们关系不佳的人打交道，或者尽可能少与他们打交道。这就说明：关系好会给谈判带来好处，而关系差则要谈判者付出代价。在许多谈判中，都会存在典型的关系不好的情况，大多数情况下，双方之前的谈判曾陷入僵局。即使谈判涉及的是一个新问题，与之前谈的事情没有什么关联，然而之前关系不好的谈判者也很难达成协议。

然而，尽管我们总是希望将问题简单化，努力与谈判对手成为最好的朋友，可是最后我们还是不得不付出代价。对手也总是会衡量与我们维持良好关系必须付出的代价。因此，我们实际上总要权衡维持关系和付出代价。

3.《谈判力》论关系

本书英文版的作者埃布纳曾经分析过在西方谈判课上如何讲解“关系”这一概念，他指出费舍尔、尤里、巴顿的《谈判力》在这个主题上的论述影响深远：

> 《谈判力》分析了谈判的一个核心问题：谈判者通常发现自己必须进行取舍。在交易中做出让步，以期与对方保持良好关系，很多人都可能采用这种方法。如果谈判者施加双重压力，那么他就是在要求更好交易条件的同时，威胁对方如果谈判结果不好，则会阻碍或损坏双方的良好关系。然而，正如那几位作者指出的那样，做出这些让步或者假装“友好”并不

是好方法。相反，这会让谈判者显得很弱势，容易被人支配。（Ebner & Kamp，2010，372）

《谈判力》这本书很好地总结了各种关系带给谈判的复杂挑战。显而易见，谈判者拥有良好的关系是有益的。然而，维持良好的关系也要付出代价，即为了维护这段关系，一方总是会尽量让步。因此，如果一位谈判者说"我们和你们公司做生意这么多年了，也希望未来我们能继续做下去——只要你能把价格降低 5%"，那么他实质上就是在迫使对方付出代价，来维护这一段关系。

费舍尔、尤里、巴顿的总体原则是"待人友好，对事强硬"，埃布纳将它进行了延伸分析：

> 这本质上是关系问题，因此也许有人会说《谈判力》全书围绕的都是"关系"这一主题。为了避免在保持良好关系与做出让步之间决定取舍，《谈判力》提出谈判者应当将人和事情分开。一方面，以直率的、尊重的方式面对谈判对手，同时不对实质交易条件做出让步，这样谈判者就不用为保持良好关系付出代价。
>
> 从本质上讲，在谈判中将人和事情分开，是《谈判力》书中提出的谈判原则的核心。实际谈判中，人和事情是紧密联系、如影随形的。双方之间的关系不仅涉及交易中实际的让步，而且更要用双方投入的时间、耐心和沟通来衡量。《谈判力》这本书表明，谈判中"良好"的关系表现为双方进行开诚布公的交流、分享未来将得到的利益、探索更多的备选方案，以及在产生歧义时，双方同意经过对比和讨论，采用客观标准。
>
> 不管教谈判的老师们是完整地讲授了《谈判力》，还是仅仅只讲了其中一些相关元素，我们觉得都可以认定，谈判中有两个核心概念是绕不过去的，即谈判是否以维持良好关系为目的，以及谈判中可否将人和事情分开。（Ebner & Kamp, 2010）

《谈判力》（第 3 版）一书秉承这个总体原则，将维持关系或构建关系作为评判各种谈判方法的一个标准：

> 任何谈判方法，我们都可以用三项标准加以公正地判断：第一，在可能达成协议的情况下，它应能帮助双方达成明智的协议；第二，达成的协

议应当是高效的；第三，它应当能改善各谈判方之间的关系，至少不对其造成损害。（2011，4）

如果好的谈判的核心在于不做实质性让步的同时，还能够构建及维持良好关系，那么实践中该怎么做到这一点呢？

《谈判力》一书在关系问题上提出了以下四点建议：

（1）你要积极地倾听，让其他人最大程度地表达自己的想法。

（2）你要给对方一些空间，不要回应他们的情感爆发，而是让他们发泄。

（3）你需要设身处地地换位思考，试图从他们的角度看待问题，并重新考虑自己的看法。

（4）视对方为搭档，而不是竞争者或敌人。（Ebner & Kamp, 2010，374）

这些都是能够构建良好关系的方法，而且都有可能产生重大的影响。我们在本书的各个章节都讨论过这些问题，非常希望读者们可以在实践中加以运用。然而，此时我们还想表达一个观点：在谈判中这些方法并不一定***总是***正确的。实际上已经有许多质疑的观点，认为费舍尔、尤里和巴顿的做法并不一定总是有效。这些质疑的观点中最突出的一个就是"***唯关系论***"。诚然，***许多情况下***，关系都是非常重要的，但是，它并不适用于***所有***情况，比如说谈判双方只见一面的情况。如果双方的谈判性质是一次性的，那么他们之间的关系就不一定那么重要了。他们的另一个观点是"***友好的关系只会带来好处***"。这看起来像是形成良好氛围的秘诀——但这适用于***所有***谈判关系吗？会不会有这样的情况，你宁愿让对方讨厌你甚至惧怕你？也许这个假设的源头是另一个假设，即"***关系仅仅只能用作盾，而不能用作剑***"。换句话说，如果能够理解谈判中各方是如何运用关系的，那么你就能阻止其他人利用关系操控你做出实质性的让步；然而，这本书认为你永远都不应把这个方法用在对方身上，从而获益。这些原则都建立在一个更为根本的假设上，也就是这本书里所说的"***竞争是不好的***"；这本书里提出，这种挖掘双方利益诉求、旨在双赢的谈判总是恰当的，总是更受双方青睐的并且永远可行。

虽然我们对于这些假设持谨慎态度，但我们不希望大家将之解读为在谈判中可以忽略关系，或者认为关系毫不重要而去肆无忌惮地破坏它。恰恰相反，我们认为，在许多甚至绝大多数谈判中，谈判者都应该去创造或维持一段（至少）“良好的共事关系”。我们建议谈判者要重视与关系有关的决定，在每场谈判中要做***重大***选择时，不妨问问自己以下这些问题：

这段关系对我重要与否？

也许这段关系现在很重要，但未来就没那么重要了，或者刚刚相反？

我是否应该为了未来，在这次谈判中做点什么来调整一下我们之间的关系？

谈判对手有没有可能在关系这个问题上，操纵或者支配我？

我能不能利用关系在谈判中获得实质利益，或者我可能获得的收益是否值得我冒这个风险？

以上这些思路应该能帮助你在谈判时判断某个关系是不是他人设置的陷阱，用于诱惑你为维持良好关系而付出很大的代价。这些思路也能帮助你清楚地判断，在某些情况下，那个代价是否可以接受，而且符合你的目标。它们也能让你思考自己是否有能力给对方带来基于这段关系的好处，来换取对方的让步。

4. 谈判过程中的关系

我们前面说过，大多数谈判都涉及三个时间段——过去、现在和将来，而我们的建议是谈判者要将关注点和努力落在“***现在***”上。我们说的“现在”就是谈判过程中形成的关系。谈判中的每一刻，谈判者们都有机会去影响、转变和改变与他人的关系。我们都知道，一句错误的话或一个苛待的行为都可以让关系顷刻间恶化，因此必须谨慎言行，但这并不是我们的重点。我们发现，其实谈判中的每一刻，也都赋予了我们机会，让我们彼此搞好关系。哥伦比亚大学教授迈克尔·莫里斯（Michael Morris）等人（2002）的研究证明，在谈判开始之前，与对方的短暂互动可以建立融洽的关系，更能促使彼此间达成双赢的协议，并建立更高程度的信任。这就给谈判者提了一个建立关系的好建议：如果我们选择这种有意的做法，甚至与对方多聊几分钟，会怎么样呢？正如我们所知，费舍尔、尤里和巴顿建议采用倾听的方法，使对方不受干扰地表达，我们可以通过认可对方的观点来提升彼此间的关系。他们在书中强调的其实也是这种此时此刻的现有关系，而不是谈判前 5 年或者谈判后 20 年的关系。我们建议大家运用上一章讲过的各种沟通工具，从总体上看，这些工具都能改善现有关系。如果想要与另一方培养良好关系，谈判者应当很好地抓住机会向对方传达感同身受的情感。良好的沟通与共情的表达（不论是语言上还是行动上的）都是构建和改善关系的好帮手，可以鼓励谈判各方互利互惠。如果你倾听，对方往往也会倾听；如果你向对方表示感同身受，你也会收到同样的回应。一旦这些行为不断循环下去，“即时的关系”就在谈判桌上形成并加深了。

通过谈判各方那些旨在培育良好合作关系的举措，我们可以发现各方在一些领域明显有所改善，其中之一就是谈判各方之间的信任程度。大家会看到，信任的培育是最巧妙的，也是谈判各方最宝贵的财富。

专栏 12-1 察言观色

“察言观色”出自《论语·颜渊》:“夫达也者，质直而好义，察言而观色，虑以下人。”它的意思是指观察别人的言行，观看别人的脸色，形容揣摩他人心思。谈判不仅是博弈双方语言交锋的过程，实质上更是一场心理战，因此在谈判中要学会“察言观色”，从而把握对方心理和针对性地采取谈判策略，这样才能在谈判中牢牢地把握主动权。卡莎·维泽维斯基（Kasia Wezowski，肢体语言培训机构肢体语言中心的创始人，著有四本相关图书，同时也是反映执教经历的纪录片《跳跃》的制片人兼导演）发表在《哈佛商业评论》中的文章《做谈判，有一种实力叫作察言观色》中指出，卓越的谈判者与平庸的谈判者之间的最大区别在于，能否读懂谈判中的微表情，并猜测出某个想法或提议的真正目的，然后有策略地导向预期结果。“人心如面，各不相同”，虽然人的心理状态是千差万别的、隐秘的，但总会通过一定的形式表现出来。一个人的一举一动、一言一行，都从某一个侧面反映了他的性格与心理。以握手为例，一般来说，松弛的握手表示从礼节上敷衍对方，紧紧的握手则表示真诚与高兴，主动热情的握手可表示友好的愿望，漫不经心的握手则表示对对方不感兴趣。视握手为例行公事的人一般缺少诚意，做事草率，不值得信赖；握手时掌心出汗的人易冲动，常处于紧张和不安之中；在公众场合频繁与陌生人握手的人自我表现欲很强。

二、信任

1. 信任与关系

美国俄亥俄州立大学的罗伊·列维奇教授是谈判与冲突解决领域的知名专家，他曾指出，信任对于谈判最基本的重要性在于：

> 个体之间如果有信任，那么就可以让冲突更容易、更有效地化解。如果你曾身处争议或冲突之中，你就会非常认同这一点。如果一方信任另一方，那么他就更可能相信他的话，会认为另一方是出于良好的目的，而且努力去化解冲突……因此谈判中各方的信任程度或不信任程度就决定了新生的冲突形态。（2006，110）

我们刻意选择在这一章中讲述信任的问题，并把它和关系放在一起讨论，这是因为这两个概念之间有很密切的联系。列维奇曾与谢布鲁克大学的教授让-弗朗索瓦·罗贝热（Jean-Francois Roberge）一起，这样描述这两个概念之间的联系：

> 信任被描述为维系关系中的"黏合剂"，使得个体沟通得更有效、更高效……我们认为各方之间的信任会影响他们之间的关系，反之亦然……随着关系的发展，信任会发生变化，而随着信任的变化，关系也会得到发展。我们相信人们最初接触时有一定程度的信任……"许多人面对陌生人时，其实抱有很高程度的信任。"但是双方的关系是发展的，因为他们会分享彼此的经历，而且在不同环境下发生多层面的接触……（2012，430）

其实，我们本可以将对信任的讨论放在书的其他部分，比如说，讨论情感的章节或者其他章节，甚至也可以单独就它写一章。那么我们为什么要像现在这样写呢？原因是当人们使用"信任"这个词时，对它的基本意思并不是非常清楚。

2. 什么是信任

对于很多人而言，信任的含义非常丰富，本书的一位作者（埃布纳）就曾写道：

> 在很多学科里，许多人都曾尝试去定义信任。常常有人指出对信任进行跨学科的定义不可行或不令人满意；信任只有结合具体场景才能定义，并且是根据定义者自己的独特视角来定义的。（2012，217）

那么，什么是信任呢？这取决于你问谁。对于一些人来说，信任属于情感问题；而另一些人则认为，信任是关于经济和风险的一个理性问题。因此看起来，当我们谈论信任的时候，有时由心而发，有时又是大脑思考的结果。

各种文献描绘谈判中的信任时，大都会使用相互交叉的概念或术语，凸显以下三个核心要素。

风险：风险是信任的先决条件。只有一个人在危急关头，必须依赖他人，或者脆弱的时候，他 / 她的行为或期望才会表现出信任。

不确定性：只有当一个人对另一个人未来的行为不确定的时候，信任才会显示出作用；如果一个人的行为是预先确定或者受控制的，那么就无须信任，信任此时没有意义。

期望：一个人会期望他 / 她的合作意愿或其他显示信任的行为，能收到回报。

综合以上三种元素，我们可以这样定义信任：

> 信任是一种预期，即在如果一方不合作，另一方一定会输的情形下，一方的合作意愿会收到回报。
>
> ……作为谈判者，每一次谈判对手面对我们提出的并无十足保障的合作提议，我们都需要他们充分地信任我们。我们在整个谈判过程中需要他们多次这样，而不是只有关键时刻才信任我们。我们需要他们共享信息，尽管他们也不能确定我们是否会用这些信息来危害他们。我们需要他们投入时间来探讨为了达到我们彼此的目标，有哪些备选方案，尽管他们也不能保证自己的善意能否得到回报。在协议达成阶段，我们需要对方同意一个特定的方案，必要的时候，他们应该做出一些让步。而我们要求他们让步时，并不能让他们确定我们会守约。要让这一切发生，双方之间必须具备的条件就是信任。（Ebner，2012）

3. 谈判时建立信任：等式两边

因为对于信任的定义很模糊，而且将对信任的理解化作行动特别难，因此一些学者建议完全规避信任这个问题。最著名的是，费舍尔、尤里、巴顿在其《谈判力》一书中，提出过这样的建议：

> 除非你有很充分的理由，否则就不要信任任何人。这并不意味着你认为他是骗子；只是意味着你们要在彼此并不信任的状况下进行谈判。（2011，134）

也许在很多情况下，这都是一条好建议，但是真这么做也不容易，原因很简单：***人们常常不是这么做的***。大家很快会通过我们的分析看到，我们很少有意识地判断出某人可信，同样我们也并不清楚究竟是哪些“充分理由”让我们判断某人可信。

此外，这个建议也只说了等式的一边：我***是否应该信任谈判对手***？但是等式还有另一边，同样重要。这就是：***作为谈判者，我怎么做能让对方信任我***？怎么样才能影响对方，让他们甘愿冒着风险，也会与我共享信息、做出让步，并最终同意与我们签约？

4. 信任在谈判中的作用

信任等式的两边都有助于启发我们更好地理解信任产生的机制和取得信任的途径。为什么深刻理解信任等式的两边和善用信任这么重要呢？简单地说，就是因为信任是一个关键因素，它可以帮助谈判顺利进行，成功推进谈判过程，并取得良好的结果。

> 谈判要获得任何成果，信任必不可少。很多针对谈判的专业和学术研究文献，都探索了信任的定义，以及明确构建、维持、修复信任的各种方法。信任被视为一种起着关键作用的要素，有助于促进各方合作，共同解决问题和争议，达成共赢的解决方案，等等。谈判者受到训练和指点，在谈判过程中要尽可能地创造机会构建信任，而且在谈判开始后越早越好。信任被视为一个重要的先决条件，在谈判时，各方只有信任彼此，他们才能做到信息共享，宽待彼此，认同对方，互惠互利。当谈判一方对对手缺乏信任，那么他就会担心如果将信息告诉对方，会被对方用来损害自己。如果谈判方之间有信任，那么即使出现无法达成协议的最坏结果，各方仍然能够保留关系，做出未来还有机会合作的承诺。但是，如果各方并不信任彼此，那么他们就会认定，自己的合作行为会被利用，从而给自己带来实际损失。这就会引发谈判一方的防卫举动——比如隐瞒信息，攻击对方的立场和陈述，威胁对方，并且将自己“锁”在一个不易退出的立场上。”

（Ebner, 2007，141—142）

5. 信任的产生机制

虽然信任有各种产生方式，但本质上，有三种不同的机制可以产生信任，或者说有三种信任类型。它们是：

基于威慑力的信任，也被称为基于算计的信任。这种信任是谈判方对自己做出成本、收益的主观分析后，做出的决策。因为我们的谈判对手时刻都有可能打破这种信任来换取利益，他只在有丰厚回报的时候才会保持这样的信任。如果打破双方的信任能让他获得更多——比如，假如我们没有能力在他背叛的时候惩罚他——那么他就一定会背叛。只有当我们可以认定，他觉得值得信任的行为符合他自身利益时，我们才可以相信我们的对手。这样说听着很抽象，但在实践当中，谈判各方可以在最终协约中写明违背信任原则时的惩罚措施，或者对于合作行为的奖励措施，从而影响谈判方的“自身利益”。

基于了解的信任。这种信任建立在对对手的预测上。对谈判对手充分了解后，我们可以预测他的反应以及行为，从而预估出他的可信程度。我们对他先前的经历、偏好、思维方式和价值观了解得越多，就越能准确地预测他的行为。这种形式的信任是从对谈判对手的深入研究中得来的；随着我们与他交往更多，获得有关他更多的知识，这种信任也会发生变化。

基于身份识别的信任。这种信任是因为双方拥有相同或相似的性格特点、品质、现况以及背景而产生的。人们倾向于信任那些与他们有着共同点的谈判对手。即便在谈判进程中，一些因素导致谈判对手质疑我们的可信程度，但当他知道我们之间有共同点后，他也会倾向于选择信任我们。当然，这当中有个程度的问题；如果两位谈判人发现他们曾经就读过同一所学校，他们就有了一定程度的联系，此时双方会有一定程度的互信；而如果两位谈判者认识到他们完全了解对方的需要和愿望，那么他们之间的互信就会更广、更强。

谈判者可以努力形成或巩固彼此之间的信任。信任不太可能一成不变，会随着时间而改变。除此之外，在任何一个时间点上，几种信任都可以相互补充。

这三种信任产生的途径很像三根支柱，每一根都可以独立支撑谈判，三者同时具备，谈判方的关系则更稳定。在任何时间节点上，任何一种信

任都能帮助谈判对手确立所需的信念。（Ebner, 2007，143）

列维奇和同事们（2002）曾描述这三种信任的变化顺序。他们认为，典型的情况是：谈判各方最先发展的是基于威慑力的信任。随着彼此了解更多，基于了解的信任就会产生。而基于身份识别的信任是一种最成熟的形式，建立起来需要花很长时间，因为这种信任需要彼此拥有相同的情感与身份识别。许多谈判者之间的关系，主要来源于或仅仅来源于以威慑力为基础的信任。

专栏 12-2　目交心通

"目交心通"出自宋代无名氏《鬼董》第二卷："卜居西湖，邻邸有白衣少妇来寓，艳冶而慧，始见犹自匿，稍久，目交心通。"它的意思是指以眼色传情，心中相互沟通。眼睛是心灵的窗户、信息传递的重要载体，同样眼神交流在谈判中也扮演着重要角色。一般来说，深层心理中的欲望和感情会首先反映在视线上，视线的移动、方向、集中程度等都表达不同的心理状态，观察视线的变化、读懂眼神背后所蕴含的深刻含义，有助于谈判对手间的沟通交流。如果眼神乱瞟、不敢直视，那么对方极有可能在撒谎；眼神流动异于平时，那么对方可能是在谋划或者在打什么小算盘；眼神恬静、面有笑意，则意味着对方对于目前的谈判事项或者成果很满意。

6. 谈判者应该信任谁

究竟是什么让人们互相信任？了解这一问题的答案对于信任等式的两边都很重要。这样你不仅可以调整自己的行为，让对手更加信任你，或者避免做出损害你们彼此信任的事情；而且你也可以知道，对方的行为会影响你对他的信任程度，这样你就可以深思熟虑，判定是否能信任他们。与信任的三根支柱相关的行为都会产生实际效果，例如：

甲方与乙方进行谈判，如果存在以下情形，乙方可能会更信任甲方：

a. 甲方被认为在许多方面都和乙方有相似之处；

b. 乙方有能力对甲方进行某种奖励或处罚；

c. 甲方向乙方表示了积极的态度或表现出信任、合作行为，期待乙方投桃报李；

d. 甲方做出让步，积极推动寻找一个共赢的解决方案；

e. 乙方预料到未来还会与甲方打交道；

f. 甲方过去受过乙方的恩惠（因此乙方期待甲方有所回报）；

g. 大家都知道甲方过去一直是乐于助人、愿意合作的，尤其是对乙方；

h. 乙方感觉自己知道并理解甲方的需求、规范和价值观体系。（Ebner 2012，221）

7. 管理好信任等式，第一步：做出利于互信的好决策

关于信任的判断从何而来？谈判者必须注意一个事实，那就是我们的许多关于信任的判断都是下意识做出来的。基于身份识别的信任通常是因为一些微小细节的相似性而产生的，这本该与对方是否值得信任无关，但实际上确实存在这种信任，究其原因，无非人类本性而已。当我们在对话时发觉与对方有共同点，我们就会感觉到一丝丝联结的纽带汇入信任层面。当我们在感觉中明确了这种微小的相似性，即使我们也许完全没意识到，但这种基于身份识别的信任感已经形成了，并且我们对对方的信任程度已经提高了。如果我们开始感觉到了信任，那么我们就很有可能使其合理化，为自己信任对方找到充分的理由。当谈判者感觉自己是信任对方的，那么一定要小心点了，要坦诚地自问：***为什么***对方值得信任？当答案很模糊的时候，很有可能这份信任就是来源于身份的识别。大多数情况下，绝对不应该让这种信任影响你的判断。比如你们双方都有蓝眼睛，或都打网球，这很巧，也很有趣，但所有这些都不构成贸然信任对方的足够理由。

避免将其他场合产生的信任转移过来，或者给予对方过度的信任：虽然有一些信任的判断是经过深思后做出来的，但是那种信任产生于其他的场合，而且程度高出了应有的范围。比如说，如果对方做出了小小的让步（例如，对方答应了你提出的一个与谈判相关的日程安排；或者你们去谈判会场的时候，虽然共乘了一辆出租车，但他支付了费用），那么我们也许就会下意识地信任他了。然而，如果你将这种信任转移到另外的场合，贸然告诉对方一些信息，或者达成大宗交易，也许都会造成有缺陷的信任决策。

你真的了解对方吗？有时候，我们也许会觉得自己很了解对手，以此来判断值

得赋予他们那种基于了解的信任。但是认真地再确认一下是明智的做法：我们是否真的知道很多关于对方的信息，还是仅仅知道他们的九牛一毛就做了决定？我们是从哪里获得关于他们的信息来做出信任决定的？我们是从对方那里知道的吗？还是其他的信息源？我们可以确认这个信息来源可靠吗？

真实世界的考量：有太多时候，谈判者会忽视信任判断，而依靠威慑力这种通行的办法来决定是否信任对手。人们经常说“如果他敢欺骗我，我就上法庭起诉他，让他付出代价”。然而，你应该认真考虑一些现实的情况。例如，这些基于威慑力的备用方案***真的***会付诸行动吗？许多人认为如果事情出了错，他们就会去起诉；但实际上，事情真的出错以后，他们发现要上法庭打官司不仅费用昂贵，而且胜算并不大。

威慑力让双方彼此试探：如果你的对手背叛了你，你也许会觉得你能去伤害他，从而依靠这种基于威慑力的信任。然而，你要记住：只有在你证实了他也知道这种机制，而且你们双方都用***同样的方法***计量了将面临的损失，你才能赋予对方这种信任。如果不是这样的话，虽然你有报复工具，也不会影响到对手的行为，不会让你的对手按照你期望的方式来和你谈判。

8. 管理等式的第二步：向对手表现出值得信任的样子

社交润滑剂：谈判切入主题之前或者中场休息的时候，你应该与你的对手有些社交互动。究竟在主题谈判和社交互动上各投入多少时间，各国的商业文化不同，但是哪怕是短暂的社交行为也能够在构建信任方面起到很大的作用。你们可以说说天气、交通状况、共同的熟人，这些都是很好的话题。

寻找共同的属性：基于身份识别的信任，是指如果双方有一些共同的品质、特点、观点或其他元素，那么互信就会确立。在你准备开始社交互动时，不妨指出你们共同拥有的一两样东西。你可以说“哇，我和你的电脑是一样的”，或者“我刚才也是这么想的”。

认同核心集体的归属：正如我们在上一章讨论过的，人们更容易信任与自己同属一个集体的人。强调你们同属的共同团体是个很好的办法，例如：你们都是同一个运动队的拥趸；你们可能上过同一所学校；对方可能在桌子上放了一张孩子的照片，那么你也可以谈谈自己的小孩（“为人父母”也是一个普遍的团体）。

表达共情：表达共情在构建信任方面十分有效。大家可以运用本书讲到的各种沟通工具，向对方表达共情，社交互动阶段和实质谈判阶段都可以用。

分享自己的信息：对方信任你的一个原因有可能是你自己提供的信息。你可以与对方分享一些私人信息。分享这类信息显示出你信任他们——这就会触发回报。在你分享信息的时候，记得包含一些能显示你值得别人信任的要点（比如，你可以讲一讲自己信守承诺的故事，助人为乐的故事，或者别人相信你的故事）。

做个值得信赖的人：要想对方信任你，一个简单、明显却往往被忽视的途径就是自己做一个真正值得信赖的人。信守在先前的谈判中许下的承诺就是很好的证明。此外，你要找机会***许下***一些你能实现的诺言，并***遵守***诺言。如果你能够今晚起草好协议，那么就不要拖到明天；另一方面，抓住机会许下承诺，并遵守它。比如你承诺会给对方打电话，那就一定要准时打。这种基于了解的信任就是通过你信守承诺的言行构建起来的，它会在真实的谈判中影响对方的信任决定。

思考题

1. 回想一个你完全信赖的好朋友。考虑回答下面这些问题：你一直都这么相信这个人吗？你能不能回忆起来，在你对他抱有完全信任之前，都发生了些什么？如果确实发生过什么事，那么有没有什么特别的事件让你们彼此更加互信？

2. 想想你对此人的信任，这种信任会延伸到什么样的边界？你会不会在出去的时候，让他帮你看着你的钱包或手包？你会不会告诉他你极为隐私的秘密，相信他不会告诉别人？你们出去逛街的时候，你会放心他们帮你看孩子吗？请回答“是”或“不是”，并问问自己为什么。

3. 接下来，请你回想另一个人，尽管他和你之间关系不错，但你对他的信任程度低一些。你能否找出导致信任度较低的具体原因？或者，你认为那只是因为直觉？运用本章介绍过的术语，你会如何解释此事？

第十三章

谈判力

谈判通常被认为是各方使用谈判力的一种实践。简单地讲，谈判就是双方来到谈判桌前讨论一些事情，强大的一方强迫弱势的一方同意其提出的，对其有利的条款。事实上，谈判力首先会表现为一方将另一方拉进谈判的能力。强大的一方可以迫使较弱的一方走进谈判，他也可以拒绝较弱的一方发出的谈判邀请。

谈判力实际上是谈判中非常复杂的一种力量。它肯定会影响各方的参与、他们做出的选择，以及他们对彼此的态度，但这种情况并不总是像前面所说的那样，以一种可预见的方式进行。在本章中，我们将对谈判力进行定义，分析一些更复杂的方面，并讨论其在实践中的应用。

一、什么是谈判力

1. 关于谈判力的两种观点

看待谈判力的一种角度是惩罚力，这种力量意味着：你可以向对方施加更大的强制性压力；可以拒绝给予他们资源；如果他们让你不高兴，你也可以更多地惩罚他们——这些都是你的力量压过他们的表现。因此，在谈判中，如果对方没给你所要求的东西，你能更多地惩罚他们，那么就说明你拥有更多的谈判力。

看待谈判力的另一种角度是双方的倚重度。此时，谈判力与***不依靠***相关。你越是依靠另一方，比如依靠他们的资源，依靠他们的认可或任何其他东西，你拥有的谈判力就越少。你越独立，也就是说即使在谈判中没有得到他们的“赞成”，你也能够达成目标，就说明你拥有越多的谈判力。

2. 谈判力无法精确测量或相互比较

英国哲学家和社会评论家伯特兰·罗素（Bertrand Russel, 1938）曾说过，力量“是社会科学中的基本要素……就像能量是物理学中的基本概念一样”。

然而，它们二者有很大差异。物理学已经发现了一系列确定能量存在和测量能量的方法，但是对于力量，包括谈判力，社会科学远远没有实现这一点。如果谈判力真的能够测量的话，我们可以想象两个谈判人员抵达会议室，一坐下来，所有出席谈判的人以及外部观察员都清楚，谁是谈判力较大的那一方，以及他的谈判力有多大。然而，正如北卡罗来纳大学的教授罗伯特·阿德勒（Robert Adler）和伊利奥特·西尔弗斯坦（Elliot Silverstein）所指出的那样，谈判力是复杂的，并且与具体情境紧密相连，因此对它进行衡量非常困难：

> 如果一个人观察在房间里谈判的两个人，然后试图精确地计算出每个人的谈判力，那么他会发现这项任务令人望而生畏。如果仔细考量所需的许多条件，包括微妙的和明显的条件，那么很容易得出结论，即这项任务是不可能完成的。例如，需要计算的因素包括诸如各方的身体力量、智力、组织权威、信心、最后期限、吸引力、关注点、指令、代表的群体、韧性和经济收益等。此外，即使一个人可以量化谈判各方的谈判力因素，如果换另一个人，他很可能基于不同的标准或不同的权重得出不同的结论。总之，对于谈判力的分析可能非常复杂。这种复杂性使得学者将它描述为“无底沼泽”，说明轻松地创建研究模型根本不可能……（2000，10）

身体力量是自然界独立存在的力量；与之不同，谈判力，在很大程度上，存在于人的头脑中。谈判力是非常主观的元素。正如阿德勒和西尔弗斯坦所说：

> 认知在更多传统的谈判中也发挥着类似的作用。一个人在谈判中谈得是否有效，最关键的是，无论他是否真的能够做到某件事，他要能使对手相信他能做到。除非遇到的是虚张声势者，否则一般而言，让对手相信自己的力量比实际更大的那一方，是能够运用他们声称的那种力量的。在实际谈判中，虚张声势者做得漂亮时，能获得对手在谈判中让出的权力……
>
> 为什么谈判力是这样的一个认知问题呢？我们认为，这是因为谈判取代了直接行使权力的办法，双方在不知道对方的资源、决心、技能和耐力

> 的情况下，需要对对方进行猜测和计算。没有实际较量的时候，每一方都必须揣摩对方的力量。这种“揣摩”，虽然有可能是误导性的，但它却成为每个谈判者心中的现实情况。因此，双方的力量就成为一种认知“博弈”。根据具体情况不同，力量偏向的方向就会不同。如果一个人虚张声势获得了成功，那么他就占了上风，反之亦然。
>
> ……很多谈判者常常毫无缘由地认为，他们的对手慎重入局，手里握有的力量比自己拥有的要多。（2000，13—15）

因此，谈判力不是关于双方之间实际权力的客观评价（我们已经看到，它们大多是不能加以测量的），更多的是谈判者认为存在的东西，以及谈判者表现的行为方式。

3. 看待谈判力的社会态度

在西方的一些哲学、社会制度，以及谈判制度的文献中，力量（包括谈判力）被看作一个禁忌词。就哲学和社会学而言，我们希望引述哈佛大学教授罗莎贝斯·坎特（Rosabeth Kanter，1979）的观点：“力量是美国最后的禁忌词。与谈论力量相比，人们谈论钱更容易，谈论性还要更容易些。”

就谈判理论中对谈判力的态度而言，我们认为，关注各方利益诉求的合作型谈判，其主要动机就是减少强制力在谈判中的作用，为各方提供更理性和更有益的互动方式。还有一些学者试图以更容易接受的方式来解释谈判力的概念，强调谈判力并不坏，尽管可能存在着对其***使用***不当的方式。赫布·科恩在他的著作《谈判无处不在》里写道：

> （谈判力）没有好坏。也无道德或不道德之分；没有符合伦理和不合伦理之分。它是中性的。（1980，51）

流行文化中对于谈判的描绘似乎美化了力量的运用。在电影中，配备特殊武器的特警队比人质谈判专家更常见，也更有效。政治家犹豫、纠缠，无效地辩论，最后军队接棒解决问题。华尔街的商人强势地在谈判中压制对手……所有这些场面都体现了谈判者在理解力量的作用、性质和应用方式时的复杂性。

这些画面还可能引发这样的结论：“谈判中，只要你有谈判力，或者你的对手认为你有，那么你就一定要尽可能多地加以利用。”这种建议和谈判力复杂性的研究是背道而驰的。即使你可能客观上拥有谈判力，但使用它也并不总是能够达到你的目的。

因此，谈判者需要对谈判力有一个深入的理解，以便能够描绘那些谈判双方掌握的不同类型的谈判力并对其加以分类。无论他们是较弱的一方，还是更强的一方，他们都需要知道如何有效地运用这些谈判力。最后，他们需要理解，在谈判中，虽然强力是一个他们可以达到目标的重要力量，却不是他们唯一可使用的力量。为了帮助谈判者在使用谈判力之外，运用其他工具来实现他们的目标，我们将***谈判力***与***影响力***这两个主题分开，本章只讲谈判力，下一章将讨论影响力。

4. 谈判力的分类

关于谈判力的分类，大量关于冲突和谈判的文献曾经提出过各种分类方法，这些研究都有助于解释谈判力是如何影响谈判的，以及谈判者可以怎样有效地利用谈判力。

驾驭的谈判力和合作的谈判力：在谈判力领域，哥伦比亚大学教授彼得·科勒曼（Peter Coleman）最早提出有两种谈判力：“驾驭的谈判力”和“合作的谈判力”。他解释说，驾驭的谈判力是社会关系中力量的一个典型的代表：它是强迫某人做他不愿做的事情的一种能力。

> 这个概念所代表的隐含假设就是，谈判力从本质上说是强制性和竞争性的；甲方拥有的谈判力越多，乙方可用的谈判力就越少。（2006，110）

合作的谈判力是另一种看待谈判力的方法，它认为不应该仅仅将眼光聚焦在各方之间，只看到一方胁迫另一方。相反，这个概念内含的是一种“合作”的态度，各方努力实现变革、解决问题、扩大资源。

关于谈判的研究文献中，对谈判力的许多研究主要集中于“驾驭的谈判力”上。而“合作的谈判力”恰恰是追求实现各方利益诉求的合作型谈判中常用的方法。但是因为谈判力中的“力量”是一个“禁忌词”，所以很多学者并没有致力于改变谈判力的研究范式，而是干脆不研究这个问题。

伯尼·迈耶教授（2012）曾提出可以将谈判力分为以下几类：

奖励和制裁：谈判力的一种表现是，通过影响他方的收益来影响其决策过程。如果对方行为有对抗性，你就施加制裁；但如果对方行为有利于你，你就奖励他们。

时间有限性和持续性：谈判力还可以用时间这个元素来划分，有的谈判力的优势源于有限的时间。想象一下这种情况：你已经赢得了针对某人的法律诉讼，但他可以在30天内提出上诉。如果他来找你，提出无法一次性偿还他欠你的债务，想用分期支付的方法来支付，每月还一些，两年内付清。一般来说，你肯定希望早点收到所有的钱。但是，你也意识到，如果他们决定提出上诉，给你的付款可能会延迟很长时间，直到该案被重新审理。在这30天中，他们拥有源自“时间有限性”的谈判力。与这种情况相对应的是，源自资源或社会地位的谈判力就不是稍纵即逝的，是持续性的。

正式和非正式：一些谈判力来源于合法权利或组织角色，非常正式。例如，法官可以判决罚款，或经理可以解雇职工。然而，还有一些谈判力不同，相对而言不是那么正式，来自社会地位、风俗习惯、个人特征等。例如，法官可以鼓励当事人和解，管理人员可以激励下属（而不是在每个决策时刻都威胁解雇他们），这些都是非正式的谈判力。

专栏 13-1 蜗角之争

“蜗角之争”出自《庄子·则阳》：“有国于蜗之左角者，曰触氏，有国于蜗之右角者，曰蛮氏，时相与争地而战，伏尸数万，逐北，旬有五日而后反。”比喻为了极小的事物而引起大的争执。任何一项谈判都有其主要目标和主要内容，例如在合同项目的谈判过程中，就要始终注意抓住主要的实质性问题如工作范围、合同价格、工期、支付条件、验收及违约责任等来谈，而不是为一些鸡毛蒜皮的事情争论不休，而把大的问题放在一边。

二、谈判力的来源

一些谈判力的来源似乎不言自明：如果一方明显拥有更多的资源、更多的能力、更多的盟友、更好的律师等，这些资源会带来更强的谈判力优势。

然而，因为谈判力是复杂的，而且与具体情况密切联系，所以重要的是要了解谈判力有多个来源。不同类型的谈判力影响不同。在某一个时间点上，你可能拥有某种类型的谈判力，而在另一个时间点上，你可能拥有的那种谈判力会少一点，而另一种谈判力多一点。在某一个时间点上，某种类型的谈判力可能对你对手的决策有很大的影响，而在另一个时间点上，同一类型的谈判力可能对他们没有任何的影响。正因为如此，谈判者需要能够识别和利用来源不同的多种谈判力——特别是不太明显的谈判力。谈判学的研究文献中大多采用了一个视角，即协助弱势一方认清和利用不同类型的谈判力，提高他们抗衡强势谈判者的能力。下面是不同类型的谈判力，你可以根据自己的情况加以识别、开发和使用。

1. 拥有最佳备选方案的谈判力

研究谈判的很多学者，如《谈判力》的三位作者和《谈判者心智》的作者莉·汤普森都曾提出“达成谈判协议的最佳备选方案”是谈判力的主要来源。最佳备选方案决定了你对谈判对手的依赖程度。你的备选方案越好，你对对手的依赖程度就越低。在谈判中，提高你的谈判力的好办法，就是为自己准备一套谈判失败时可用的备选计划。同样，评估你对手的备选方案可以帮助你在一定程度上认清他们对你的依赖程度。在谈判中，如果合适，你可以暗示，或者直接告诉你的谈判对手你有一个好的备选方案，让他们明白你对他们的依赖程度比他们想象的要低，这样就可以改变他们对你的谈判力和自身谈判力的看法。

2. 联盟产生的谈判力

我们曾经在前面章节讨论过联盟这个话题，但此刻我们再次聚焦，联盟是可以增强谈判者谈判力的一个重要方法。当面对一个明显比你更强的对手时，看看周围是否有任何可以提供帮助的人，努力让他们加入你的阵营中，彼此互助。正如阿德勒和西尔弗斯坦所说：

> “人多力量大”这句格言对于谈判尤其适用。抗衡一个更强大的对手或超越他的一种方式是，与另一个与你利益诉求相同的谈判方结成联盟。这个联盟可以是“心心相印”，也可以是“敌人的敌人就是朋友”。（2000，105）

3. 投入产生的谈判力

我们来想象一个场景：你要去参加一个会议，此时你在路上等车。你担心迟到，但觉得公共汽车随时都有可能到站，所以你就没有打出租车。10分钟后，你开始担心，觉得自己可能会迟到一会儿。但你决定再等几分钟。5分钟后，你很肯定绝对会迟到，此时你又开始考虑是等公交车呢，还是打出租车。大家想一下自己会怎么做，你会打出租车吗？通常，你不会，这里面有两个相互关联的原因：第一，你已经投入了这么多时间和精力，你想看到回报。第二，你会认为如果你再***多投入一点点***，你肯定会有所回报。赫布·科恩（1980）曾建议在谈判中可以多多利用源自投入的谈判力。如果你能让谈判对手在谈判中投入得越多，那么他们就越有可能做出让步，而不是容许谈判谈崩。科恩的具体建议是：如果谈判中有一个非常棘手的问题，你明白必须让对方在这个问题上做出让步才可以，那么可以考虑把这个问题放在最后谈。一旦对方和你谈了很长时间，你就能创造出一个“投入陷阱”，他投入得越多，对你越有利。获得这种谈判力需要你允许甚至鼓励你的对手在谈判过程中投入时间、金钱和精力。他们的每一份投入，都会让他们在“投入陷阱”中越陷越深。

4. 延伸奖惩机制的谈判力

从谈判者的角度来说，在许多情况下，奖惩机制似乎是谈判力的根本来源。比如我的老板可以通过解雇我来惩罚我，或者让我休息一天或加薪来奖励我。而我呢，我不能解雇她，不能给她发奖金。虽然这确实是真的，但是将单位的组织机构、等级制度和谈判力画等号却是错误的。你也许会意识到对手有一些无法从他人那里获取，而只能由他人给予的需求。例如，你的老板也有可能需要得到你们这些下属的肯定、认可、关心或建议。他们可能不愿意听到批评，不愿意被曝光，不愿意被下属有距离地面对，或者也不愿意下属一味地服从。这样其实你会发现，这些东西是你可以提供或不提供的，而这样做会影响你的谈判对手对自己、对你和谈判场景的看法。

5. 消耗对方和滋扰行为产生的谈判力

在很多情况下，你还拥有一种独特的谈判力，只有你能获得，因为这种谈判力源自：你的谈判对手需要你离开，不再打扰他们。例如，在法律诉讼中，很明显一方是对的，并且最终会赢，此时败诉的那一方有能力拖延事情的发展，他可以向法院提交一百种各种类型的文件，胜诉的一方必须做出回应。再比如，一个弱小的国家可能无法赢得一场反对超级大国的战争，但随着时间的推移，它能通过低水平的抵抗来减少生命、金钱和精力的损失。只要你拽住谈判对手，与他们搭上关系，努力恢复谈判，那么你就可以让他们投入时间、精力和注意力。此时只有你才能让整个局面发生改变，换句话说，你的对手***依赖***于你，因为你不撤退，他就始终得面对你。有时候，他们可能会提高条件，目的就是让你不要再纠缠。而这种消耗对方或者运用滋扰行为的方式，能让你以对自己更有利的方式重新分配谈判力。

6. 源自个人特性的谈判力

汤普森曾解释说，谈判力不仅来源于人的首要社会地位特征（例如职级、头衔、职位等），还来源于次要社会地位特征，特别是地位相同的人之间，或根本不具备这种地位的人之间。汤普森对这些次要社会地位特征的解释是：

> ……这些社会地位特征对于资源分配或交往规范没有正规的影响，但是它们会对行为产生强大的影响。次要社会地位特征也称为："准社会地位特征"，包括性别、年龄、种族和在其他群体和文化背景中的地位。三类最常见的次要社会地位特征是性别、年龄和种族。简单地说，男人比女人有更多的影响力；年长者比年轻人有更大的影响力；当谈到文化差别时，白人比黑人有更多的影响力。通常，准社会地位特征是清晰可见的。当然，它与能力没有什么关系，但人们的行为好像表明它们之间有关系。通常在谈判者坐在谈判桌前后几分钟之内，社会地位线索就能很快地显示出来。而准社会地位特征，虽然从规范或理性的角度分析，都不应该会对谈判产生影响。然而，它们确实经常产生影响……（2005，154）

当然，准社会地位特征影响谈判的具体方式在不同文化和不同地区还是不同的；汤普森描述的这些影响在一些地方看来是正确的，但在其他地方看来则不那么正确。然而，其他地方肯定也会有类似的准社会地位特征，提升或削弱各方的谈判力。虽然在谈判前，一方不能或不希望改变另一方对他们的年龄、性别或种族的看法，但通过留心这些影响谈判力的社会地位特征，就可以让谈判者避免无意识地受到干扰或影响。而且事情还有另一面，你还可以利用自己的准社会地位特征：比如能够吸引别人本身就是谈判力的来源，无论你的起点是哪里，通过令人印象深刻的着装、服饰都可以提高别人对你的关注。

7. 弱势的谈判力

面对强大的对手，没有退路，没有选择，没有办法战胜它，但这种状态可以违背直觉地转变为一种谈判力的来源。这当中有不同的实现机制。一个事实是，面临绝境的人有时会拼命地、毫无理性地、情绪化地和毫无预测性地采取行动。他们可能以自伤的方式行事，但是，他们也会伤害到他们认为对整个局势都负有责任的强势一方。为了让压制他们的人受苦，他们情愿忍受巨大的痛苦。毫无实力的一方可能会竭力让对手***知道***他们没有任何力量；此时强势的一方可能愿意付出代价，以保护自己免受弱势一方突如其来的报复。弱势的一方通过让对方知道它毫无实力，就把这种劣势转变成了谈判力。还有另外一种机制，那就是如果弱势的一方能使强大的一方意识到：他们不会屈服，除非强势一方绝对压倒他们。随后，他们将公开地告诉世界：强势的一方正在对明显弱势的一方施用强大的武力，从而让公众舆论来反对他们。（Adler & Silverstein, 2000）

8. 源自时间的谈判力

时间也是一种经常可以转化为谈判力的资源。将时间转换为谈判力的一种方法就是告知对方谈判的截止时间。通过缩短他们认为可用于决策的时间，你就可以影响他们的决定。当然，此时有效的程度还取决于一些其他的谈判力因素，例如对方对你的依赖程度。一般来说，获得更多的时间来实现你的目标，并让你的对手知道这个时间，可以增强你的谈判力，而且对方也很明确你拥有这种谈判力。你的对手明白，你不会仓促做出决定，并知道你可以利用这段时间来改善你的备选方案。所以无论何时何地，只要你可以影响时间因素，那么你一定要加以，不见泰山利用，从而让自己拥有更多的时间，而不是更少的时间。

专栏 13-2　　一叶障目，不见泰山

“一叶障目，不见泰山”又作“一叶蔽目，不见泰山”，出自《鹖冠子·天则》：“一叶蔽目，不见泰山；两豆塞耳，不闻雷霆。”意思是指一片树叶挡住了眼睛，连面前高大的泰山都看不见，用来比喻为局部现象所迷惑，看不到全局的整体，也比喻目光短浅。“一叶障目，不见泰山”往往和谈判中的认知偏差联系起来，即谈判者在处理信息时出现的系统偏差。对于一个问题来说既有主要论点还有次要论点，必须找出所有这些论点并准备好相应的论据和建议才能说服对方，有时还要提出创造性的建议或意见。只有使用这种方法，谈判者才能更为实际、全面地考虑谈判的问题和达成谈判目标。因此，在谈判活动中要避免被单一问题“一叶障目”，要全面、实际地考虑问题。

三、谈判力悖论

有时，谈判各方了解什么能让他们获得更多谈判力之后，就会想尽一切办法去取得能够给予他们优势的谈判信息资源。

在《当管理人员应对谈判时》一书中，戴维·拉克斯和詹姆斯·塞贝尼斯（1986）指出，拥有更多的谈判力不一定会有助于强大的一方。例如，想要赎回被绑架儿童的父母比绑匪或许拥有更多的财产资源；然而，也正是所拥有的这些资源使他们在谈判时变得更加弱势。

谈判力非常复杂，而且往往表现为谈判力的不平衡并不总是能有利于更强势的一方。事实上，阿德勒和西尔弗斯坦就曾经分析过：

> 很多研究都证实，谈判力的对称状态，而非谈判力的非对称状态，是谈判达成协议的最有利条件。在谈判中，一方拥有的谈判力越大，他获得有利结果的可能性越小……（2000，16—17）

哈佛大学教授威廉·尤里在其 *Getting to No* 一书中，将这个现象称为“谈判力悖论”。他解释说，原因是我们拥有的谈判力越大，我们不理性利用这些谈判力的理由就会更多：

> 对于他们你越难说“不”，你也就越难向他们说“是”。这就是谈判力的悖论。这样一来，你被迫以极大的代价强行让另一方接受一种方案。当他们反击时，你通常会将之升级为要付出很大代价才能胜出的斗争。当你们采用法律诉讼、罢工或战争的方法时，你就必须投入大量的时间和金钱，更不用说要流血、流汗和流泪。最后你们很容易地就会得到双输的结果，而并非你所寻求的双赢结局。例如，被起诉的公司可能会失去重要的客户，罢工的工会可能会迫使公司破产，而参与战争的国家可能陷入毁灭性的僵

局。圣雄甘地曾说过:“以牙还牙，双方都会陷入惨败的局面。”即使你赢了一场战役，你也可能会在整场战争中失败。在这个过程中，你有可能赢了一时，但是未来他们更强大的时候，就会想方设法来对付你、报复你。战争——无论是以军事而论，还是对于商业或国内事务——都是处理争端时需要付出很大代价的方法。这就是为什么两千多年前伟大的中国战略家孙子会写道:“百战百胜，不如不战而屈人之兵。”（1991，131—132）

各方运用谈判力的另一种有趣方式是，谈判力似乎在不断地寻求平衡，就像一种自然的力量，这一点在谈判力不平衡的人群之间看得最明显。谈判力较弱的人们往往会以最终获得更多谈判力的方式行事;谈判力较强的人则往往采取最终会削弱他们力量的方式行事。例如，汤普森（2005）曾解释说，谈判力较弱的人，在感知谈判力较强的人的态度和行为方面，具有很高的准确性。他们高度关注对方，从仔细观察中学习，他们对对方的了解会在谈判时派上用场。而那些谈判力较强的人，他们往往不太注意谈判力较弱的人的意见、态度和行为，因此，他们对双方互动的理解往往不太准确，他们在与对手谈判时收集的信息也很有限。在谈判桌上还有一个往往致命的问题就是，谈判力较强的人在与对手接触时，很少会自我监督，从而容易导致与场景不适合的行为发生。

所以，从本质上说，虽然拥有谈判力可能不是一件坏事，但拥有它，并使用它，可能并不总能产生谈判者期望的结果。有时，让你的对手感觉到你们之间的力量是均衡的而非失衡的，更有利于你。而且，虽然在某些情况下直接使用谈判力可能会起作用，但在其他情况下它也会自伤。显然，在积累、展示和使用谈判力时，要非常小心。此外，一旦你拥有了某种类型的谈判力，你必须注意这些谈判力会对你产生的影响。它会不会导致你不太注意你的谈判对手?或者令你不太注意自己如何行事?在收集信息时不再那么好奇或努力?所有的原因都在于当你拥有太强的谈判力时，你就不会那么愿意再付出了。

既然我们很努力地寻求谈判力，那么我们如何才能获得谈判力赋予我们的益处，并避免谈判力悖论带来的挑战呢?

四、明智地运用谈判力

谈判力难以捉摸，还存在矛盾性，因此不会有非常明确的运用指导方针。谈判力是一种不可预测的力量，因此其实并没有在谈判中完美和准确地使用它的方法。

1. 原则和指南

尽管如此，学者们还是提出了一些在谈判中运用谈判力的方针、原则，包括应该形成的习惯以及结合环境要考虑的问题。

约束性：彼得·科勒曼曾经描述过“有效的谈判力”，强调了非常有价值的行为是“抑制习惯性的冲动，评估短期和长期目标……具体场景涉及的谈判力，最佳战略和对方可能反应”（2000，124）。

伯尼·迈耶在他的《与冲突共存》（*Staying with Conflict*）一书中，曾分析过如何在现有的冲突中运用谈判力，他提出了几条谈判者运用谈判力的准则：

均衡性：谈判者运用足以让自己达到目标的谈判力时效率最高；但滥用谈判力、没有必要地把它升级为一场冲突或者招致报复，就不明智了。

渐进主义：迈耶建议谈判者渐进式地运用谈判力更有效，而不是实施大规模的攻击、报复，或采取突然和剧烈的升级行动。

关注点：谈判力较强的人有时会没有重点，胡乱撒网，或者根本指向错误的目标。谈判者应该高度关注谈判力的运用，将其应用于特定的人，以实现特定的目标。

2. 教育观念

除了这些指导原则，威廉·尤里在 *Getting Past No* 一书中，提出一种运用谈判力的有用方法。他提出，谈判者运用谈判力的整体原则，应该是利用它来***教育***对手，而不是***强迫***对手。在你用谈判力的强力让他们难以对你的提案说“不”的同时，你应该告诉他们为什么这对于他们而言是一个很好的选择，从而让他们更容易说“是”。正如他所说：“把劲儿使在改变他们的意识上，而非强迫他们屈膝。”（1991）

3. 运用谈判力的策略

尤里也曾描述过体现这种教育观念的具体策略。他提出你要让你的谈判对手知道不同意你观点的后果，并且不是直接地诉诸强力。例如，他建议：

问一些测试性的问题：比如你可以问，“如果我们没有达成协议，你认为会发生什么？”“如果我们没有达成一致意见，你认为我会做什么？”或“如果我们没有达成协议，你认为你会做什么？”通过问这些问题，你就是试图用现实来教育他们，而不是让你成为他们的胁迫者。

警告，但不要威胁：人们通常在谈判中使用威胁的办法，但威胁常常会招致报复。因此，尤里建议要尽量避免采用威胁的办法，而应将语言重构成警告的方式。他解释了这二者之间的区别，并分析了如何发出警告：

> 乍一看，警告似乎与威胁很类似，因为二者都传达了如果无法达成协议将会出现的负面后果。但在它们二者之间有一个关键的甚至微妙的区别：威胁看似是主观和对抗性的，而警告似乎是客观和怀有尊重的。
>
> 威胁是你宣布将给另一方造成痛苦、伤害或惩罚。这是一个负面行为的承诺。相反，警告是对危险行为的预先通知。威胁准确地说，就是如果他们不同意你的方案，你会怎么做。而警告准确地说，就是如果没有达成协议，会发生什么事。换句话说……警告意味着没有达成协议的客观后果，是客观情形的自然延伸。相对于屈从于一个人，让对手屈从于客观现实会更加容易。
>
> 威胁是对抗性的，但是警告是怀有尊重的。你以中立的语言来表述信息，并让对方来决定。警告说得越严重，你就需要表现出越多的尊重。（1991，137）

尤里提到，你的警告一般就是一种解释，即如果双方不能达成协议，那么你将转而采用备选方案。如果对方不接受警告，尤里认为你就应该真的实施自己的备选方案，让对手感到你并非虚言。

展示你的备选方案：让你的谈判对手看到，你的备选方案是真实的、具体的。如果你的备选方案是在法庭上起诉他们，那么就请你的律师给他们真的发函。

实施你的备选方案：如果你的对手仍然不接受警告，那么你别无选择，只能实施你的备选方案。尤里的建议是，如果你未来仍然有意与对手谈判，或希望把对方对你的单方面行为的报复、反击带来的代价降到最小，那么你就要很小心，要让你实施备选方案的行为看上去是不可避免的，而不是报复。你还要精心设计，运用好你的备选方案，尽可能少地使用强力，避免引起不必要的争执或抵抗。

提醒他们出路在哪儿：尤里建议说，即使你可以运用谈判力，你还是需要不断地帮助对方优化选择，提醒他们，虽然你***可以***单方面完成一些事情，但是你***不喜欢***这样的方式，而对方可以通过改变自己的行为方式来改变你的行为方式。你不大可能做到的是：一方面，给对手造成痛苦；另一方面，还想让他们加入谈判，并屈服于你。你要不断地让他们体会和***对比***一旦达不成协议将会招致的痛苦，和达成协议将带来的好处。

阿德勒和西尔弗斯坦曾经提出过另一套运用谈判力的实际策略，帮助谈判者获得超过对手的谈判力优势：

> 我们向强势的谈判方提三条建议。首先，不要总是将优势利用到极致。要采用亲切的方式和对方打交道，特别是即使有一丝可能性，双方未来还有机会合作，那么就应该让弱势方认识到自己有所收获。我们强烈建议采用符合道德规范的方式审慎地采取行动。我们发现，不仅过度求成是不公平的，而且采用强力迫使对方签约的人，未来几乎找不到支持者，而未来和别人打交道的机会还很多呢。此外，用强力迫使对方签署的这类协议本质上是不稳定的。要在事业上取得成功，人们不仅需要坚韧和精明，还要显得公平。
>
> 第二，当一方在谈判中没有屈从、没有谄媚，做得很好，那么他就应该诚挚地向对方表达这个感觉，告诉对方他们谈得多棒。成为“强大的”谈判者的秘密就是，说服对手在谈判期间信任你，而且明确地告诉他们：他们做得很好。
>
> 最后，我们提醒谈判力较强的人们，要满足较弱的谈判者“爱面子”的关键需求。费舍尔和尤里曾经提出过一个很有说服力的论点，即在谈判中要保持每一方的尊严，这应该是成功互动的主要目标之一。有时候，即使条款还可以接受，当一方明确感到屈辱的时候，他们也会拒绝。因此，最重要的是既帮助另一方接受谈判条件，同时又使其不失颜面。（2000，110—112）

结论

正如我们已经看到的，谈判力一般来说是好的，并且通常情况下大家也都会认为拥有谈判力是件好事。但是，你不会总是拥有很多谈判力。而且，当你真的拥有很多谈判力时，你会发现，运用谈判力经常会招致反击。因此，谈判者还需要掌握一些方法，通过非强制手段来说服对手。这个问题我们下一章讨论。

思考题

1. 思考一种场合，此时你觉得你拥有的谈判力很弱。在等级关系中，很容易想象这样的情形，比如与父母、老师、经理等的互动交流。思考一下本章中讨论的谈判力的不同来源。你是否采用过它们当中的任何一个，来加强你的谈判力？

2. 下面换一种场景，此时你觉得你比别人拥有更多的谈判力优势。对手是否自觉地意识到了这种谈判力的优势，并且你要什么，他们就给什么？如果不是，你认为是什么原因？你会强行运用这份谈判力吗？如果不，为什么不？如果你会强行运用它，那么结果如你所愿吗？

第十四章

谈判中的影响力因素

一、非强制性地影响及劝服他人

如前一章所讨论的，谈判力较强的谈判者可以影响对手的决策。通过运用谈判力，谈判者可以强迫对手同意他们本不同意的事情。如我们所见，强制行为是通过惩罚对方，或剥夺他们依赖之物来发挥作用的。

那么，除强制行为之外还有其他办法可以影响或劝服别人吗？如果***不采取***单方面的措施，或不剥夺对方需要的东西，那么有没有什么办法可以让别人为我做点什么？要回答这些问题，就必须理解劝服和影响力的相关概念及理论。

显然，在谈判中，只要你同意对方提出的任何条件，通常你们就可以轻松地谈成。但是，这里我们面对的问题有点复杂：在谈判中，如果我不满足对方的要求，也不运用谈判力，那么有没有什么方法可以让别人顺从我的愿望呢？谈判中的影响力概念由此而产生。我们有没有办法，在既不强迫，也不付出代价的条件下，让别人给予我们一些有价值的东西，或同意我们的观点。

二、客观标准和合法性的影响

1. 什么是客观标准

费舍尔、尤里和巴顿在《谈判力》（2011）中提出了一种可以劝服别人的影响力因素。他们提出的谈判原则之一就是谈判各方应坚持使用客观标准。谈判可以不变为以谈判力为基础的争斗，或者各方意志的博弈，谈判者完全可以从外部寻找解决问题的思路。但是，这样做时并不一定需要协议，或者仲裁这样的第三方机构来裁定事项。相反，谈判者可以寻求外部的资源或权威的声音来支持他们的要求。三位作者在这部著作的不同版本里，将这样的客观标准称为“合法性来源”或者“标杆”，它们可以是与谈判方无关的任何事或任何人。

2. 客观标准发挥作用的例子

我们可以很容易地通过实例来解释客观标准是如何发挥作用的：

例一，你打算把自己的车卖了，正在和一个打算买你车的人谈判，你要 1 万元，他只出了 8000 元。许多市场都有关于汽车的“指导售价”或“挂牌售价”，是专家根据车辆及该地区的供求趋势给出的价格。当你说：“好吧，我理解你想省钱，但是这种车的指导售价就是 1 万元，你能不能再考虑一下？”此时你就是在影响对手，让他们提高报价。

例二，在买卖公寓的谈判中，你是买方，你和卖方已谈妥基础价格，但卖方坚持你来支付所有和卖房有关的税费。你可以说“不，你付！”或者“我付一半！”，然后接着讨价还价。但是，你还可以说：“嗯，这不是我们两个争论能解决的事情；让我们看看法律是怎么规定的。我们都同意承担法律规定的应缴税额。这意味着我付购房税和登记税，你负责物业销售税。”

例三，你在和对手谈所购货物的运价问题，对手说，你可以随时提货。你可以要求对方支付送货费，或相应降低单位货物的价格。但你还可以说“过去，你总是把货物送上门，运输成本也总是包括在我们谈判的价格里面。我们继续采用这个方法吧”。

3. 客观标准的类型

上面这三个例子展示了三类常用的客观标准：指导价格、法律规定和谈判方之间已有的先例。费舍尔、尤里和巴顿还给出了一些其他类型的客观标准，包括公平性、科学事实、效率、道德标准、平等待遇、专业标准和传统做法等。

当然，并非上面列出的所有客观标准都具有相同的说服力。它们一些是客观的（例如车辆的指导价格），而一些是比较主观的（例如公平性）。一些是双方比较容易获得和了解的（例如你上次与对手的交易条款），而一些需要专业知识（例如在某个具体商业领域确定市场规则）。一些是明确的（例如特定地区的商铺租金），而一些可能会引起争议（许多法律问题属于这一类，因为律师总有能力从对立的两面来解释问题）。一些标准在一种文化中更有影响，而在另一种文化中则影响较小。无论客观标准有多少差别，它们有一个共同点，那就是它们不是由谈判一方或另一方决定的，它们独立于谈判各方及其意愿，而且各方都可以加以证实。

4. 使用客观标准

客观标准可以影响谈判各方，但它不是强制性的。你不能强迫别人遵守客观标准（除非一些极端的情况，例如你的谈判对手违反了法律，你可能会报警……这实际上是在运用强力来惩罚对方，而不是使用影响力要素让对方顺从）。但是，你可以用看似可取的客观标准让人愿意遵守。费舍尔、尤里和巴顿建议道：谈判者可以努力改变谈判的整个气氛，不要试图让别人服从自己的意志，而是共同寻找适当的客观标准。一旦我们找到各方都同意的客观标准，那么各方的收益，无论是什么形式，比如货物的单价、员工的加班时间等问题，都会迎刃而解。因此，谈判者应设法确定有利于他们的客观标准，将其引入谈判，并设法使它成为各方联合决策过程的重要组成部分。

5. 为什么客观标准会影响人们（即使在谈判力无效的情况下）

在决策中使用客观标准就弱化了一种感觉，即谈判是各方意愿的战斗。它使一方更容易服从另一方。如果你告诉对手："这辆车，我要 10 万元，这是我要的价格！"他们很可能会报复你，报一个更低的价格，这就强化了你们争执的感觉；也有可能他们会直接不谈了，本该有成效的一场谈判无疾而终。但是如果你可以引入指导价格这个概念，那么你就是在对对手说："看，这不是你向我屈服，这只是你接受了一个理性的、中立的价格。"这样做就向对手传达了一种普通人都会有的愿望，即合理、理性和公平的愿望。它让你的谈判对手把自我形象和身份与支付给你的价格区别开来。这让大家都保全了面子。

6. 对客观标准做出的反应：差异性

很好地***利用***客观标准同时意味着你还应该清楚，当遵守这些标准会让你付出太大代价时，怎样***应对***客观标准。作为一个谈判者，即使你同意客观标准应该发挥作用，但是你肯定不想在对手每一次提出有利于他们的标准时，都乖乖地服从。如果你牺牲自己来服从某个客观标准，那么有可能是你的对手引入的这个标准完全适用于谈判情形，而且如果你忽略它，你会付出更大的代价（比如，会引来不良的声誉）。

反对应用某些客观标准的关键不是反驳这些标准很重要、很有价值的想法，而是提出这些标准并不适用于你们谈判的具体情况（对方只是为了自己的利益才提出采用它）。此时可以采用的立场就是***差异性***。差异性意味着你需要解释为什么由客观标准引出的规则只是针对别的情况，并不适用于你们现在谈判的情况。例如在上面的出售二手车的例子里，如果买车的人说“当然，这是车况良好的四门车的指导售价；但你的车是两门车型，价值要低一些，并且这边还有两个大凹痕”，此时他们的说法正是提出了客观标准的差异性。在关于运费的那个例子里，如果对方说“过去，我们确实很乐意送货上门，因为那些都属于常规采购，和我们的发货、运输周期吻合。但是这一次，你们要求我们立即供货；单独组织运货需要成本，我们希望你方可以承担这些费用”，此时他们就是在区分先例型客观标准和具体谈判情况。

三、劝服型框架效应

哈佛大学的教授迪帕克·马哈拉和马克斯·巴泽曼（Max Bazerman）在他们的著作《哈佛经典谈判术》中，提出了一系列策略，这些策略的核心是通过不同的方式提供本质上相同的信息，激励你的谈判对手遵从你的提议。我们重点介绍他们的两个建议，它们都与人类对待损失和收益的态度紧密相关。

1. 突出他们的损失，而非他们的收益

谈判中，你可以强调自己的方案好的一面，突出你的产品、价格或者服务的诱人之处，但这并不是最具说服力的方法。有很多研究表明：

> ……与体现潜在收益的信息相比，决策者更加重视那些体现潜在损失的信息，即使收益和损失的幅度相同。因此，当你组织语言的时候，将信息整理为体现损失时，它在谈判中的影响力将大于把它们整理为体现收益的情况。（2007，60）

正是基于这个原则，这两位作者建议谈判者要遵循这样的原则：

> 在谈判中，你应该强调如果拒绝你的想法，对方有可能面对的损失；而不要去告诉他如果接受你的方案，就会获得什么样的收益……
>
> 你不要说“我们的价格包括X，Y和Z”；相反，你应该说“我们的竞

争对手给出的报价不包括X，Y或Z。”（2007，61）

2. 分散收益，聚合损失

只要面对的是收益，人们就会获得欢乐，而且次数越多，欢乐越多。比如说，收到100元的礼物可能会让人快乐；而接受两份50元的礼物将使人感到更快乐。有趣的是，如果面对的是损失，这种倾向则恰恰相反：一个丢了100元的人不高兴；如果他先丢了50元，然后1个小时后发现又丢了50元，他就更不高兴。与前面的快乐相比，不高兴的程度更重。在谈判里，这意味着如果你做出两个小的让步，而不是一个大的让步，你的对手会觉得他们从你身上得到了更多。而当你要求他们做出让步时，请要求他做出所有的让步，而不是让他做出半步、半步的让步。二者相比，要求对方一次让步到位的方式更好。

四、在谈判中应用西奥迪尼的影响力理论

亚利桑那州立大学教授罗伯特·西奥迪尼深入地研究了劝服行为背后的科学原理，他提出一个重要的问题：除了交易涉及的元素以及双方的关系以外，究竟是什么使一个人同意另一个人的要求？在其《影响力：劝服的心理学》一书中，西奥迪尼分析了可以解释劝服行为的六条原则。下面我们来介绍这些原则，并讨论在谈判的背景下它们是如何发挥作用的。

1. 喜欢的原则

如果某人喜欢你，他更有可能顺着你的意愿行事。具体而言，如果一个人喜欢你，他更有可能愿意与你打交道，与你互动，从你那儿买东西，同意你提出的价格，等等。让人喜欢是一种随着时间的推移慢慢积累出来的东西。西奥迪尼指出有两种机制，通过它们，人们可以更加微妙地（快速地）产生喜爱之情。

第一种机制是相似性：人们倾向于喜欢那些和自己拥有相同或相似特征的人。你可能会联想到，基于身份识别的信任也是这样形成的。你与谈判方具有的相似性和他们喜欢你的程度是同步增加的；通过这种喜欢之情，你会发现他们变得更加顺从。听起来很奇怪，谈判一方可能由于另一方10分钟前提到他们戴一样的手表，而做出实质性让步；然而，人就是这么奇怪。

另一种机制是赞美：人们倾向于喜欢那些赞美他们的人。即使完全持不同意见的谈判者也总是可以找到赞美对方的东西：比如努力来参加会议、他们办公室的陈设、他们解读问题的方式、他们讲笑话的方式等。

关于这两个机制，你表现得越真实，就越能真正地找出一些有意义的相似性，并给出你诚挚的赞扬，你就有更多的机会形成影响力。

2. 互惠原则

如果你为别人做了一些事情，那么他往往会以某种方式来回报你。如果你希望某人有某种行为，首先你得亲自展示这种行为。比如说，如果你希望谈判对手相信你，你就首先要展示你信任他。如果你要谈判对手与你合作，你就要首先展示合作的意愿。如果你打算问一个敏感的问题，那么首先你就要询问对方是否合适。如果你打算要求对方针对谈判过程的某个方面让步（例如，加快谈判进程或者中断谈判），那么你就要做出某方面的让步（例如，同意在他们的办公室而不是你的办公室会面）。如果你打算请他们做出一个大的让步，那么首先你就要做出一个小的实质性让步。互惠原则发挥效用的关键并不在于初始行动的规模大小；它取决于行动本身。

3. 社会证据的原则

人们倾向于跟风。如果有人要求你签署一份请愿书，并列出已经签署这份请愿书的人，他们是你的邻居或你的同事，此时你更有可能签署这份请愿书；但是，如果对方说不出谁已经签了，或者说出的人你都不认识，那么你就不大可能签署。这个例子对于谈判有两重意义：第一，要能够影响到你的谈判对手，就要列出真正已经被影响的人。比如，你是房东，把十几套公寓租给房客，在你去与各个房客谈房租之前，你应该按照预期困难程度把各个房客排个顺序。这样，当你面对最难对付的租户时，你就能够列出已经同意涨房租的 11 个其他租户。第二，有时影响力发挥作用是横向，而不是纵向的。如果你的地位比谈判对手高，那么让他的同僚来影响他，比你用自己的身份地位来影响他效果更好。作为老师，对学生说“班上每个人都按时交了作业；我希望你也一样”就比说“你最好在截止日期之前把作业交上，否则我会给你不及格”更好。类似地，如果经理希望下属周末加班，那么，对下属说“张三、李四和王五已经同意加班了”就比说“你也得来加班，否则就得受罚”会产生更好的影响力。

4. 一致性原则

人们有信守承诺的倾向。西奥迪尼曾经讲过这样两个对照的例子：第一个例子是，在海滩上，游客甲将他的垫子铺在游客乙的附近，放下一些贵重物品就下水了。此后一个小偷来了，偷了贵重物品，跑了。在大多数情况下，即使游客乙清楚地了解小偷在偷东西，他也不会做任何事情来阻止小偷。在另一个例子中，情形与上面描述的都相同，只有一点例外，那就是甲问乙："你能帮我看管一下我的东西吗？"乙回答可以，此后当小偷出现时，乙就会干预、追逐，甚至与小偷发生搏斗。这并不是说道德或正义感改变了乙的行为，改变他决策或行为的恰恰是他之前做出的承诺。重要的是，承诺的影响远远超过信守诺言，它会扩展到与诺言相一致的持续行动上，比如，乙不仅仅会"帮甲看管值钱物品"，他还会去追小偷、与之搏斗。

同样，面对为治疗癌症患者的募捐，两类人的反应就会有差别：一类是几天前曾签署过改善针对癌症患者护理请愿书的人，另一类是从未签署过这类文件的人，前者就比后者更可能掏腰包。他们之前做出过的承诺就是要改善癌症患者的生活，这会驱使他们在这之后采取进一步的（或更大的）行动。人们倾向于言行一致，即使在很长时间以后他们也会这样；即使当时他们做出承诺的时候并不完全了解承诺意味着什么，他们也会这样做。西奥迪尼指出，承诺会产生影响的关键在于这些承诺不是一种仅存在于脑海之中的状态，而是积极主动表达出来的，无论是大声说出来，还是写下来，都一样。公开承诺更好（当然，不一定是在某人的微博上留言或在电视上打广告；只要有人知道这份承诺，无论听众有多少，一两个也行，这份承诺就会产生很强的影响力）。

然而，只有主动的承诺会有这种效果；通过胁迫获得的承诺不会有这种效果，并且很可能会导致反击、报复。这个问题让我们想起戴尔·卡耐基（Dale Carnegie，1936）的观点，他曾建议要影响别人，就要帮助他们获得良好的声誉，即使他们并未具备这些美德，你仍然可以通过赞美和欣赏让他们认为自己已经具备，从而慢慢培养。西奥迪尼的观点就是你应该让人们发展***自己的***良好声誉。当然，在谈判中，最终目标是利用承诺的力量，达成谈判对手愿意坚守的持久协议。但是，这种办法应该在谈判的早期使用，以使最终协议对你尽可能有利，并且达成协议的方式也是你喜欢的。在这个意义上讲，你可以让对手自愿地、不受任何强制地说出下面这些话：

“我想让我们有一个良好的对话，彼此可以倾听对方的观点。”

“我希望结束的时候我们可以签署协议。”

“我努力的目的就是找到一种我们可以合作、令双方均可受益的方式。”

“我今天将尽一切力量，帮助我们达成协议。”

“当然，谈判需要互相容忍；你要求的事情，只要合理，我都会做。”

所有这些话，或其他类似的表达方式，只要它超出期望（比如“我想要达成协议”之类的期望），变为承诺（比如“我会尽自己最大努力来获得你的首肯”），就可以在你的对手心中产生一个延迟影响机制；未来的某个时间点，它就会发生作用。

5. 权威的原则

当人们认为你是某一领域的专家时，他们会在这一领域遵从你的意见。如果你有与谈判主题相关的资质证书，你可以在谈判早期提及它们；即使你没有，你仍然可以精心准备，参与谈判，获得源自专门知识的谈判力。你在尝试影响别人之前，要说明你的专业背景。不要想当然地认为别人都知道；要明明白白地让对方了解你的专业知识。你可以在实质性谈判开始之前的寒暄沟通中，委婉提及你的背景、所受训练或经历，这是告知对方你具有专业知识的好方法，并且可能比在谈判过程中长时间地介绍自己效果更好。

6. 稀缺的原则

东西越稀缺，人们就越想要得到它。随着物品或资源变得稀缺，人们认为它们更有价值。并且，只要今天可以得到的某样东西在将来快要得不到了，那么人们就会在当前努力地得到它。这个原理可以解释为什么黄金或钻石价格那么高。实践当中，这一点有更为重要的意义：任何父母都知道，如果他们问孩子“你想要一些沙拉吗？”，孩子会拒绝；但是如果他们说“只剩一点沙拉了，有人想要吗？”，孩子可能马上就来吃沙拉了。即将消失的机会会产生强大效应。西奥迪尼说，如果即将消失的机会被暗示出排他性，那么这种效应就更强了。上面的例子中，父母对孩子小声说：“只剩一点沙拉了，你想在别人注意到之前把它吃了吗？”稀缺性确实具有影响力，它还会影响我们对待信息本身的方式。西奥迪尼说，独家数据比广泛可得的数据更有影响力。如果你一开始便告诉谈判对手，某个消息你还没有告诉过任何人，他是第一个知道这些信息的人，那么这在谈判中会产生非常大的影响。

7. 理由的力量

虽然谈判课程大多没有将西奥迪尼的书列为教材，但是很多谈判者会发现这本书很有价值。除了他提到的影响力产生的六个原则，西奥迪尼还指出了其他一些产生影响力的机制，它们直接影响人的大脑，从而影响决策过程。其中，有一个机制对谈判者特别有价值，那就是“***因为***”这个词的使用。

在谈判中，你会经常向你的对手索要一些东西。有时候你要的是对方让步，有时候是谈判程序的折中方案，有时候可能是信息或别的东西，但无论如何，此时你都是在要求他们给你点什么东西、为你做事，或者移向更有利于你的方向。西奥迪尼解释说，如果在提要求的时候可以附上理由，那么人们往往会更积极地回应。请大家比较下面这两句话：“价格能降 10% 吗？”“因为我们预算真的超了，所以价格能降 10% 吗？”后者就更容易说服谈判对手。然而，此时说服对手的并不是理由本身。你的谈判对手对你的预算根本不感兴趣。相反，你的对手就是受到了这句话的影响，因为这句话用了一个“因为”，加了一个理由。他的研究表明，即使你提供的原因根本不是合适的理由，或者事实上，它根本上不是一个真正的原因，但理由的影响力还是存在的。换句话说，“价格能降 10% 吗，因为 10% 的折扣特别好”——这根本不是一个理由，也不是一种解释——然而它仍然与“真实的”理由具有同样的影响力效果。

五、谈判力、影响力和伦理

从上一章到本章，我们一直在分析一个谈判者需要直面的问题：当我们谈判时，我们就是在试图让别人做我们希望他们做的事。即使我们要做的事可能并不符合他们的初衷，或者我们也不确定是否符合他们的最佳利益，我们还是要这样做。我们这样做的目的是实现自己的利益诉求、满意度、幸福感、财富和成功等。

无论何时，只要我们以自己的名义行事会以牺牲别人为代价，那么就会产生伦理道德的问题。我们将在下一章分析伦理道德问题。

思考题

1. 想想在不久的将来你将和某人进行的谈判。这可能是你和一个朋友讨论去看看哪部电影，也可以是你与经理谈新的工作安排或升职，等等。你在这些谈判中可以运用什么样的客观标准？哪些客观标准对你更有利，你如何在谈话中引入这些客观标准？如果对手提出来，哪些客观标准对你不利？你如何把你们的具体谈判场景与他们确立的标准区分开来？

2. 想想今天发生的事情。它可以是你乘公共汽车或火车、看电视，或在商店购物。你能想出有哪些事情与西奥迪尼提出的原则相吻合？在日常活动中你识别它们的能力越强，在谈判中你识别对手运用它们的能力就越强，最终你自己使用它们的能力也就越强。

第十五章

道　德

一、人之初，性本善（通常情况下）

道德是一个非常复杂的话题，写起来很难。但是，要成为优秀的谈判者，就必须认真探究一下人类本性这一复杂的领域，而且需要坦诚地研究。因此，如果本章中有任何冒犯之处，请各位读者见谅。

首先，我们请大家考虑一个问题：总体而言，你自己是不是道德高尚的人？大家将会看到，虽然探讨伦理、道德问题有许多方法，但是此时我们用一个简洁提问就足够了：你自己的行为是否会受道德判断的影响？或者影响你行为的是自己的欲望、自己的需求等？

毫无疑问，大多数读者都会选择前者。但是，即使大多数人都选了前者，请大家再追问自己一个问题：自己是否曾经违反过这个原则，让一己之利占了上风？回忆一下，是否在某种情况下，你对待伦理道德与需求欲望这两个选择时，会走捷径、图方便地做决定，而非认真加以证实之后再决定？

无论我们怎样定义道德，它都是人类本质的一部分。道德***困境***是人类体验的主要部分。而***违反***道德的行为，即在特定状况下，人们不遵守道德规范行事，也属于人类本性。尽管有些人可能比其他人更遵从道德规范，但是几乎没有人总是完美地遵从道德规范行事。我们当中，谁没有撒过谎呢？——即使是所谓的“善意的”谎言。当经理或老师质问你为何迟交报告或作业时，面对他们你说出真相了吗？有时候人们会给出一个比较容易接受的理由，而不会再解释说，自己是因为与好友出去玩儿，或者因为一本引人入胜的书，再或者是因为新的游戏，而失去自制力，导致耽误了写报告或做作业。当你不喜欢的人邀请你出去时，你是否曾推托说“不好意思，我今晚有许多工作要做”或者“抱歉得很，我现在不太舒服”，而不会直接说出真相:“不，我真的不想和你一起，和你在一起我一点也不开心”。

电影《谎言的诞生》(*The Invention of Lying*，华纳兄弟影业，2009 年出品）描述了一个人人都讲真话的世界，在那个世界中没人说谎，也没有人通过谎话和省略来躲避敏感话题。看这部电影时，观众会下意识地把屏幕上角色的坦率与自己平时的本能反应做对比，从而不断地感到阵阵不适，好奇“那些人怎么能说那种话”以及“他们这样子怎么生存下去的”。观看这部电影让人们认识到，自身在日常交往中其实非常不诚实，而且这种不诚实影响了很多社交模式和行为习惯。

二、谈判中的伦理道德问题

1. 应对伦理道德

经常出现道德困境的社交活动之一就是谈判。显而易见，人们参与谈判就是为了获取所需和达到目标，而只有和他人配合才能达到目标。此时别人的配合以及遵从他人的愿望是达到目标的必要条件。因此很自然的情况是，这种社交活动常常涉及道德伦理问题，表现在谈判者需要判断一些边界，即为了达到目标，哪些事情应该做，哪些事情不该做；或者针对对方，哪些事情可以做，哪些事情不可以做。虽然在任何谈判场景中都有可能出现有悖于道德准则的情况，但相对而言，竞争型谈判中自然而然会多一些。当谈判者发现自己正在使用我们前两章讨论过的工具给对手施加压力和影响时，道德考虑就变得尤其相关。

本书的目的并不在于告诉你如何在谈判过程中分辨对错。但是，要想在任何特定的谈判场合中取得效果，要想谈判生涯成功，要想总体上对自己的行为感到满意，那么重视道德准则在谈判中的实际作用就是至关重要的。谈判中有许多道德困境，有一些是显而易见的，而另一些隐藏得很深。谈判者必须能分辨出这些困境中的道德问题，然后谨慎地在行为方面做出决定。为了实现这个目标，谈判者就需要掌握如何分析谈判困境、如何评价潜在的行动方案。面对道德伦理问题，最重要的是应当意识到自己内心坦诚对话的必要性，而这是本章的目标。

有许多关于谈判的书完全不涉及道德内容，而我们选择这样写是有原因的。关于道德的话题总有一些不够清晰明了，使人觉得道德是非常隐私的问题，著书立说的人在这一问题上常常选择回避，或者他们根本就是***所答非所问***。

马奎特大学的教授凯文·吉布森（Kevin Gibson）曾经写道:

有相当多的文献把谈判描述成无关道德的博弈，即道德问题不应妨碍人们实际的收益……因为许多人这样认为，所以我们觉得有必要好好分析一下谈判所需技巧的本质以及支撑这些技巧的元素。（2017）

在这个意义上，从道德的角度来分析谈判中的行为是毫无意义的；只有从策略角度看谈判中的行为才有意义：怎样使用或者防御诡诈的做法。如果要讨论与交易本身无关的行为，就只会局限于长期的自私的功利主义，而不是伦理道德问题。

很明显，这些伎俩的核心就是在谈判中赋予一方优势条件。然而，这些策略会把一方的信誉置于险境，也降低了双方未来交往的可能性。尽管博弈行为中的咄咄逼人、寸步不让会给强势一方带来短期收益，但这些行为都会损害名誉。很多证据均表明，任何短期利益和未来交易的机会成本都是此消彼长的。（吉布森，资料来源同上）

这些观点会引发另一个问题，即道德是否与对错无关，而与效用有关；换句话说，不道德行为的代价及好处分别是什么？当我们考虑不道德行为时，我们不是想“这种不道德的行为是***错的***吗”，而是想“在这种情况下，这种不道德的行为***值得***吗”。当然，我们还会有其他的考虑，包括：对手支持这场谈判的可能性，他们是否会发现你的不道德行为；在此次交易过后，不道德行为对双方关系的损害；如果大家都知道你采用了不道德行为，对你的总体名誉带来的损害是极大的，因为这个风险会令你失去许多良机，人们会避免与你合作。

除此以外，还有一些关于谈判的研究会将道德主题局限于某些职业，例如律师的行为准则。

因此，我们可以看到，西方关于谈判的研究和文献呈现出一系列不同的态度：有的完全不论及道德本身，有的只涉及某些职业的道德准则，有些涉及道德或不道德行为的实用主义表现，有的则全面探讨基于社会规范的道德准则。

2．种种有道德问题的行为

尽管我们已经注意到撒谎是一种不道德行为，但撒谎远非唯一一种不道德行为。或许撒谎是在谈判过程中最常见的道德困境，也是在文献中被探究最多的行为，但它不是唯一能够且应该放到道德聚光灯下的行为。我们会讨论谈判文献聚焦的许多行为。这些行为不是***绝对***不道德的，只是在谈判文献中经常从道德方面考虑的行为，谈判者也应该透过道德棱镜思考这些行为。

撒谎：莉 · 汤普森（2005）曾列出了一系列人们在谈判中会撒谎的问题：职位、利益、倾向、偏好、最佳替代方案、底线以及与交易相关的关键真相。我们认为还有其他问题，包括截止期限、合同授权甚至签订合同的基本愿望。还可以列出许多问题和更细节的问题。偏离真相，无论是省略还是采纳某些信息，都是谈判文献中最常讨论的一类不道德行为。这是合理的，毕竟谈判者在谈判中往往必须在很短时间内在多个选择中做出抉择。除了这种困难，还有另一重困难，即谈判者事实上无法提前做好准备，无法提前决定谈判时该说什么，因为思考道德问题和说实话都需要时间。我们在谈判中所说的很多话都是回应性质的，都是为了回应对手的提议和问题，这样就会出现谈判现场突发的道德问题。亚利桑那州立大学的阿特 · 欣肖（Art Hinshaw）教授曾经写道：

> 谈判者常常发现，当遇到尖锐问题时，自己会处在一种困境中。他们面临的选择是要么是说实话，要么就是逃避或欺骗对手。虽然大多数人想要说实话，但是说出真相可能会招致人们的探究。逃避能防止说谎，但是逃避的信号可能会使发问者发现说话者隐瞒了事实真相，这样发问者就会继续追问下去。欺骗对方可能有助于谈判者达到短期目标，但是却会招致许多法律和名誉上的麻烦。当面临尖锐问题时，谈判者们必须迅速做出决定，他们通常依据直觉而非道德分析采取行动。（2017）

违背承诺：有时候，谈判双方会想尽一切办法做出承诺，但此时双方尚未签订有法律约束力的合同。当双方握手谈妥之后、合同正式签署之前，如果有哪一方出尔反尔，这样做道德吗？

撤回报价：谈判各方会给对方提供报价，或者提出自己的条件；然而，当对方同意这些条件时，提出方却撤回了，并声明他们自己不再同意此条件。这样做道德吗？

否认对方的公平、权利和公正：这一点既可能发生在谈判程序层面，也可能发生在实质谈判环节。公平方面的不道德做法可以表现为在谈判时不让对方表达他们的想法。权利方面的不道德做法可以表现为逼迫对方迅速做出决定，而非按照常理，给对方思考和商量的时间。公正方面的不道德做法可以表现为所签署的依情况而定的协议剥夺了对方的一切权利（例如一方坚持在合同中加入仲裁条款，规定纠纷由自己选定的仲裁机构来处理）。

利用对方的无知和弱势：除了撒谎和使用逼迫手段这样的小计谋以外，极度的信息不对称和极端的能力不对等也容易招致不道德行为。当一个矿业公司发现一个小镇地下埋藏了某种很有价值的矿物后，它不走漏任何消息，低价收购该镇上的房子，这就是利用了信息的不对等。而使用极端强权的一个例子就是马丁·施克莱利（Martin Shkreli）事件：他曾收购一家制药公司，这家制药公司拥有生产达拉匹林的专利。达拉匹林用于预防和治疗多发于艾滋病患者身上的寄生虫感染。在收购这家公司后，施克莱利将药价提高了 50 多倍—— 一片药从 13 美元涨到 750 美元。因为其他药品都没有这个药的疗效，因此病人就必须在忍受疾病的痛苦（可能会使人虚弱并危及性命）和支付高昂药费之间做出抉择。如果把市场当作买家和卖家之间沉默的谈判，那么这种利用买家极度依赖的行为就可能被视为违反了道德准则。

还有两种值得注意的不道德行为，它们的重点不在于谈判各方相互之间的行为，而在于它们对谈判以外的其他人的影响。

达成的协议会损害第三方：有时候谈判各方会考虑达成牺牲第三方利益的协议。例如，苏联和德国在 1939 年签署了《苏德互不侵犯条约》（*Molotov-Ribbentrop Agreement*），这部条约是用谈判两国的外交部部长的名字命名的，条约无疑对签署国有好处——两国之间达成停战协议，相互承诺保持中立，各自不与对方的敌人结盟。谁会从道德方面反对这项和平条约呢？然而从“受到消极影响的第三方”的角度看，人们能够发现，事实上，两国之间的和解取决于双方达成瓜分波兰的秘密协议——波兰作为第三方、一个主权国家，却没有受邀参与谈判。不到一个月后，德国和苏联先后入侵波兰。这份协议中，还涉及瓜分包括芬兰、罗马尼亚和三个波罗的海国家等主权国家的领土。

达成的协议忽视公共利益：这种做法是前面那一条的延伸，谈判各方达成的协议可能对它们自己有益，而在总体上却有悖于公共准则，甚至有损于整个社会。两个商人协商好在居民住宅区中央开一家夜店，住户们可能拿不出实际受损的证据，然而他们心里会感到不舒服或生活实际上受到了搅扰。再比如，谈判各方谈妥、计划建设一个大型工厂，这家工厂将大量排放废气，虽然法律还没有明令禁止排放这种废气，但是它会对全球变暖带来严重影响。这些外部性问题是不是谈判方应该顾虑的呢？

专栏 15-1 报喜不报忧

“报喜不报忧”出自邓小平《在西南区新闻工作会议上的报告》:“过去报喜不报忧,现在也报忧了,这就可以医治自满和麻痹。”它的意思是指只说好的,不说坏的,实际上是说假话。在谈判中挑好的说,更容易说服对方,与对方进行相互关系以及自我信息披露的交谈,更可能利用互惠原则并且促进相似之处和增进喜欢程度。在实际的谈判应用中,一般是先讨论容易解决的问题,然后再讨论容易引起争论的问题,这样容易收到预期的结果。要先谈好的信息、好的情况;再谈坏的信息、坏的情况,但要注意避免“报喜不报忧”,意思是指要把问题的好坏两面都和盘托出,这远远比只说好的一面更有说服力。

三、道德是什么,它来自何处

我们已经注意到学者们研究谈判中的道德问题时,会采取多种途径,有的根本不提,有的将之局限于某些职业行为中,有的则从道德判断的角度提出符合社会规范的功利主义建议。

研究中采用的多种方法和人们对道德问题的思考完全对应。当人们讨论道德问题时,他们脑海中常常有三种不同的想法。正如欣肖所指出的,道德已经被塑造为社会规范、职业标准和法律条文:

> 道德问题只不过是公平对待他人的问题。然而在谈判中,什么可以表现出公平待人呢?首先我们要看的是内心——我们对是非最基本的理解会演化成一系列社会准则,并指导我们什么行为才是可接受的。比如我是应该与人共享这些信息,还是应该拒绝分享呢?分享信息或拒绝分享,什么才是适当的方式呢?
>
> 另一方面,律师们倾向于正式规定和标准,因此道德的概念总是让他们指向职业行为准则……
>
> 另外还有法律,这是社会中对谈判行为确定的可接受性的最低限度。在谈判领域,法律问题往往指曲解问题,也就是我们通常所说的欺诈。(2017)

接下来我们会用倒序的方法讨论这些问题，从外界施加给谈判者的规范到谈判者自己提出的伦理道德标准。

1. 受到法律约束的谈判行为

总的来说，西方法律体系在很大的程度上赋予谈判各方以契约自由。人们可以在很大的范围内以任何能想象到的方式相互承诺。因此，导向协议签署的谈判过程很少会遇到约束条件。

法律制度通常把合同视为法益本位，一般极少关注谈判过程。在某些西方国家有例外的情况（例如，德国和以色列）；在这些国家，法律规定谈判要“真诚地”进行，并警告各方不许采取那些可能被解读为不真诚的行为。虽然这些模糊的法律条文通常有不同的解释，但是它们确实会束缚各方相互之间的行为，而这与我们谈到的道德的第一来源相关。在很多国家，这种“真诚”的责任并不存在；从一般意义上来说，各方除非互相***承诺***，否则并不需要保证真诚的行为；只有相互承诺后，各方才会负有更为一般的责任，即真诚地制定和执行合同。但是在达成这种协议的谈判过程中，并不存在这种真诚行为的责任。

除了这种“诚实”行为以外，西方法律基本上是采取了一种放任自流的方法来处理谈判，认定各方普遍都有竞争力，足以为自己抉择，并对自己的决定负责。因此，法律制度仅仅干涉那些某方不具竞争力的边缘案件（例如，给广告商施加特定的责任和限制，代表未成年人群或精神病患者展开谈判、签约），或者干预那些没有自主性群体的案件。法律干预的这一类极端案件包括：

盗窃：你不同意我出低价买你的车，那么我就把你的车开跑。法律不会认可单方面取得的所有权。

威胁或强迫：在谈判中你同意了我的报价。然而在整个谈判的过程中，我是用枪对准你的头，威胁你：如果不签合同，就烧掉你的房子。在这样的环境下签署的合同，法律是不认同其合法性的。

误解或欺诈：我们为一座房子的销售进行了一场谈判。双方都同意合同条款，我也支付了商定的价钱。当我试图把房子过户到自己名下时，才发现这房子并不属于你，可是在谈判中你说这房子是自己的。如果是你故意误导了我（即欺诈），那么合同在法律上是无效的；如果是你无意间误导了我（误解，例如出于某种原因你真的认为房子是你自己的），法律一般仍允许我取消合同。

法律能够辨认出并禁止某些极度的不道德行为。当然此时仍需注意，作为一种文化要素，国与国之间的法律并不相同。有时候，法律在国家内部也有不同之处，并且会随着时间而变化。

2. 职业标准对谈判行为的约束

还有另外一种对谈判者的行为约束，来自专业协会或者职业组织对于成员的行为要求，旨在阻止成员发生不当行为。最主要的例子是律师协会对于律师作为专业谈判者的行为约束。

例如，美国律师协会的职业行为规则中包括规则 4.1 (a) 和（b)，其中就探讨了谈判中律师的行为规范：

> 在为客户辩护期间，律师不应向第三人有意地虚假陈述重要事实或法律规定；当有必要向第三人揭露重要事实以避免助长某方的犯罪或欺诈行为时，律师必须向第三人披露真相……

规则规定律师应当避免撒谎，并且主动向谈判对手披露某些信息。而这看似需要很高程度的真诚才能实现。

然而，乔治城大学的教授卡丽·门可–梅多（Carrie Menkle-Meadow）指出，美国律师协会职业行为规则的官方解释就限制了这条规则的有效性，降低了要求律师达到的诚实程度：

> 例如，第二条解释就说明，规则仅适用于“事实陈述”，而“一个特定的陈述是否应当被视为事实，则取决于环境”。“观点”（关于价值、关于对事实的解释或关于判例）在此条款下都不被视为“事实”。最为重要的是，第二条解释还排除了三种谈判陈述的情况：①关于交易物品的价格或价值的预测；②一方对可接受的条件的判断；③存在未披露的原则……因此，解释中的例外情况规定了很多关于谈判如何进行的关键概念……（2002）

结果呢，遵从这个规则的律师们仍然会说一所房子价值 100 万元，尽管他们知房子的市场价只有 50 万元。他们还是能够夸大需求，或者发出最后通牒，根本不透露他们的实际条件。律师还是能够代表匿名客户打官司，对方根本不知对手是比尔·盖茨或马云这样的大人物。

在加拿大，律师协会要求律师的道德标准更高，加拿大律师协会的职业行为规则包括下面的条款：

> 3.2-7 律师不能故意协助或鼓励任何不诚实、欺诈、犯罪或非法行为，也不能教唆客户或任何人怎样犯法并逃避处罚。
>
> 3.2-7.1 律师在得知自己可能被客户利用或被其他人利用来做出或隐藏某些事，以助长不诚实、欺诈、犯罪或非法的行为时，律师不应当做出或隐藏那些事。
>
> 7.2-1 律师在执业过程中应当文明、礼貌并且真诚地对待处理案件时所遇到的每一个人。
>
> 7.2-2 律师不能进行卑鄙的交易，不能利用职权或者故意不警告其他律师的违规行为及错误，不能为一己私利而牺牲客户的权利。

正如国与国之间的法律制度不同一样，各国律师的职业限制也各不相同，或者说核心职业机构对于每个专业谈判者的限制也是不同的。因此，我们会再次看到伦理规范是由文化形成的。

3. 社会规范对谈判行为的约束

有些人认为这种源自社会规范的道德是“真正”的道德，建立在美德之上。宾夕法尼亚大学的教授理查德·谢尔在其著作《沃顿商学院最实用的谈判课》(2006)中全面解释了这种规范。他认为除了法律和法律从业人员身份的约束，谈判中的道德观有三种流派：

扑克流派：这一流派认为实际上根本***不存在***谈判的道德。谈判就是一场游戏，就像打扑克牌一样，是各方依从法律许可的一系列规则开展的博弈。任何不被法律禁止的事情都是允许的——没有任何二级限制条件。只要不构成诈骗，即使是误导、隐瞒或者夸张都不为错，完全可以接受。你可以在备选方案上虚张声势，可以编造客观标准，也可以利用诡诈的伎俩，或者施用各种强力(彻头彻尾的强制除外)。

理想主义流派：这一流派认为谈判不应当被归为“游戏”，它有一套自己的规则，与一般社会生活的规则无异。人们应该坚持所有社会交往中遵守的相同道德标准。总体来说，社会生活需要诚实多和谎言少。社会生活要求人们互相尊重，而不是互相利用。尽管你并不需要想方设法牺牲自己的利益来奉献他人，也不需要给对手分享所有的信息或者知无不言地来帮助他们——但你也不能为了自己的利益，想方设法地欺骗或伤害他们。

谢尔指出了这两个流派之间的关联：

> “理想主义者认为扑克流派的成员都很自私且掠夺成性。而扑克流派认为理想主义者太天真甚至有些傻。当这两个流派的成员在谈判桌上相遇时，双方可能立刻就会发脾气。”（2006，213）

实用主义流派：这一流派认为谈判者们理应克制自己的某些行为，即使在法律上这些行为是合法的。然而，他们应该这样克制，并不是因为撒谎、欺骗、误导或隐瞒在道德上是错误的，而是这样做会让他们最终付出沉重的代价。正如我们在前面所写到的，谈判者的“道德”其实就是在短期利益和长期代价之间进行考量。这一流派认为谈判者必须考虑与当前对手在未来的关系，假如你欺骗了对方或者出尔反尔，一旦消息不胫而走，你整个人的名誉都有可能受到损害。

4. 不道德行为的心理原因

尽管总结一下并且建议“从上面列表中选择一种流派，然后坚持这种流派的做法”是可以的，但事情却没有那么简单。伊利诺伊大学教授杰妮弗·罗本霍特（Jennifer Robbenholt）和内华达大学的教授琼·斯特莱特（Jean Stemlight）就曾提出，即使我们选择了上面某一种道德流派，我们也不会坚持下去。相反，我们有时还会做出不符合自己道德标准的“失误”行为。哈佛大学教授马克斯·巴泽曼曾指出，人类的道德往往有一个“边界”，即我们会对自身设定一个道德期待值，然而我们对待别人的方式却与这个期待值不同。以此为基础，罗本霍特和斯特莱特（2017）曾指出道德失误行为的发生有四种心理原因。

道德意识衰退：各种原因会造成对道德问题的考虑淹没在环境当中，即使是道德标准最高的谈判者，也会丧失道德警觉。而竞争型谈判很容易产生这种效果。与此类似，对方的不道德行为也会引发这种效果，如果对方的行为不道德，谈判者会觉得自己那些（诡诈且令人质疑的）行为更符合道德标准。从商业、法律或财务角度，而不是从道德角度去制定决策，会导向不那么道德的行为。潜在损失的突出性也是一个因素：当未来可能出现损失时，我们倾向于做出更不道德的决定，我们不知道受害者是谁，可能无人知晓谁是受害者，而不道德决定造成的损失也是不可见的。

合理化：即使是道德标准很高的谈判者，也会利用合理化这个原因让自己远离道德诱饵。即使他们做出了不道德行为，他们也会说“是个人都会这么做”，“这又不犯法”或者“我是出于好心才这么做的”，通过这些借口来化解自己内心的道德观和行为之间的错位。为了帮助他们采用不道德的行为，谈判者有时会在行为发生之前做出这种合理化解释。之前我们曾经提到过虚假的认同偏见和证实性偏见，前者指的是我们认定自己的观点是普遍接受的观点，而且我们的行为也是总体正常的行为；后者指的是我们会偏向于寻找并且偏爱能证实自己所持观点的信息。即使我们的行为并不道德，但这两种偏见加在一起，很容易自欺欺人。

专栏 15-2 悖入悖出

“悖入悖出”出自西汉戴圣《礼记·大学》：“是故言悖而出者亦悖而入，货悖而入者亦悖而出。”它指的是用不正当的手段得来的财物，也会被别人用不正当的手段拿去。谈判活动中“悖入悖出”的现象也可能出现，例如当谈判一方采取欺骗策略时，另一方也会采取欺骗性策略。在实际的谈判活动中，一味地采取对抗性或合作型行为都是不切合自身利益需求的，所以人们往往采取“投桃报李，以牙还牙”的谈判策略，即利用谈判对手的行为来进行自己的行为选择，以降低不确定性风险，维护自身利益不受损害。在此种情况下，谈判双方往往会相互猜疑，双方之间信任关系的建立也举步维艰。这往往会使谈判陷入僵局，难以顺利进行或者直接造成谈判破裂。

预言与实用性：将自己置身于未来，想象在不确定的一个时间节点上做出极为道德的决定是比较容易的。但当那个时刻就在眼前时，我们做决定就非常困难了。比如孩子出生前，人们会想象照顾刚出生的孩子会是多么幸福、惬意的事情；但是孩子出生后，自己心力交瘁、时间紧迫、睡眠不足，情况便完全不一样。照顾孩子的现实使他们惊奇地发现预期与现实的差距。与此相似，谈判者在无压力的环境下，会雄心壮志地认为自己会做出很符合伦理道德的决定。然而，当谈判者面对来自对手或自己更大压力时，他们会感到时间紧迫、压力沉重以及精疲力尽，道德困境也由此产生。在这些情况下，我们不会想起自己原先的道德期待。

社会因素：读者们肯定还记得我们在前一章提到的社会证据产生的影响，一个人如果了解到同龄人中有人行为不道德，那么他更有可能也做不道德的事。与被同事的行为感染相比，被上司压迫去做不道德的事，接受起来更容易些。罗本霍特和斯特莱特认为，人们更喜欢让别人代替自己去做不道德的事，而不是自己去做；所以，如果你有老板，这就意味着你做符合道德的决定时，不仅有符合自身利益的需要，还得抗击老板让你放低道德标准的要求。因此，你代表自己老板谈判的使命感（与代表自身正好相反）在某种程度上刺激了不道德行为的发生。我们与对手的关系也有可能刺激欺骗行为的出现：当我们嫉妒对手时，我们就可能撒谎；当我们与对方关系亲近又不想告诉对方坏消息时，我们也会撒谎。

专栏 15–3　　赤子之心

“赤子之心”出自《孟子·离娄下》：“大人者，不失其赤子之心者也。”它的意思是指伟大的人，不偏离他的纯洁、善良的心，常用来形容人心地善良纯洁。谈判中的“赤子之心”策略并非指的是将自己的实际情况和盘托出，而是在谈判过程中向对方透漏 90% 的信息，这样就容易让对方感受到自己合作的诚意、获得对方的信任感并且更容易说服对方。将“赤子之心”策略和“达成协议”的其他技巧结合起来使用能够使谈判双方积极配合，减少合作谈判的阻力。比如有的谈判人员性格特别直爽和坦率，他们除了能够获取对方的信任之外，还能够设身处地地为对方着想，提出建设性意见，从而更有利于合作的达成。

四、谈判者怎样做才能更符合道德标准

罗布霍特和斯特莱特（2017）分析过，熟悉不道德行为的心理原因可以帮助谈判者坚持自己的道德标准，他们提供了几种提升谈判者道德水准的方法。

谈判者可以使道德准则更加醒目，比如说他们可以在办公室挂出包含道德语句的书法作品，也可以在谈判准备的清单中加入检验道德的环节。在准备阶段引入其他人则效果更好，这样他们就不会仅仅依赖于自己的分析来判断对方的行为和动机。他们能预料到可能出现的道德问题——例如，别人可能问到的但自己不想回答，同时又不想撒谎的问题——这样就可以提前准备，决定怎样处理这些问题。

如果谈判者们渴望检验他们谋计划的行动是否符合道德标准，汤普森（2005）建议可以进行下述四种检验。

（1）如果报纸的头版将要刊登你的行为或者你的话，你会感到自在吗？

（2）如果情况扭转，你的对手做了你正想对他做的事，你会仅仅感到不幸或是沮丧，还是会感到十分不公平并且认为做错了？

（3）你会建议别人，例如自己的孩子这样做吗？

（4）征求你尊敬的人的意见，告诉他具体情况，并询问他对谋划中的行动的看法，但不要告诉他这是你的行为还是对手的行为。

五、抵御不道德行为

1. 预防措施

通常你并不知道对手是否会有不道德行为，也不知道其道德水准是何种状况。有时候，你发现自己正在与不信任的人打交道，你觉得此人不可能用符合道德标准的方式行事，然而这项交易对你而言十分重要，以至于即使你个人不喜欢对方，也不能取消双方之间的谈判。

在这种情况下，欣肖（2017）推荐了一些很好的办法，可以帮助你认清对手的欺骗行为，保护好自己。

名誉调查：你可以尽自己所能调查对手，了解他们在道德方面的名誉。在商业环境里，你可以联系他们之前的同事或者之前的谈判对手。在其他情况下，你可以在网上查找关于他们声誉的评价。如果对方有过欺骗的行为，你应该好好考虑一下与他的合作，而且还要小心地查证所谈交易的细枝末节。

识别"常态"：通过与对手建立社交联系，跟他交流与谈判事由无关的问题，这样你就能识别出他们"常态的"说话方式和习惯。熟悉这些基本情况能够使你在谈判中发现他们行为方式的不同。这种不同可能意味着欺骗行为。

不停地追问：人们撒谎的方式不同，比如直接陈述、遮遮掩掩、半真半假、不完全地回答、回避问题等。要求对方不断重复他们的话，就可以逼迫他们暴露自己所说过的谎话。正如我们曾分析的那样，你要仔细聆听，就会发现对方改变了语调，或者脱口说出了一些词句，迅速给出了一个简单、直接的回答。进一步追问下去就能够得到一个完整、直接的答案，或者发现对手做出了什么样的欺骗和推诿行为。

"结束式"问题：问问对方："还有什么我不知道的事情吗？还有什么我需要知道的事情吗？"在谈判结束时，在话题的末尾，询问对手一个清晰明了的结束式问题：

“你还有其他问题吗？”

非语言信息：根据别人的肢体语言来判断他们是否撒谎并不容易，通常，人们并不像自己所想的那么擅长这么做。只有经过大量的训练，人们才能熟练地判断肢体语言是否代表某人在撒谎。然而，欣肖建议人们要特别关注自己的直觉。根据直觉来判断，对方的非语言信息和言语信息是否一致。如果有人在说话时，他们的非语言表达（包括语调、语速、面部表情、身体姿态）与他们所说的话不太一致，那么你就要警觉，继续追问或者调查。尽管你的忧虑可能并不总是真的，但从安全起见，你还是应该多问几句，以免后悔。

哈佛大学的教授马哈拉和巴泽曼在《哈佛经典谈判术》（2007）一书中，又增加了三种防御战略。

看起来准备充分：你看起来准备越充分，对手就越不敢冒着被识破的风险向你撒谎。

暗示对手你能获得更多的信息：如果你不确定对方是否向你撒谎了，你可以提到你能获取信息的其他来源，或者提出你能征询细节的其他专家。

不要撒谎：这条建议不是道德规定，而是抵御对方采用欺骗的方法。正如我们已经看到的那样，人们更有可能在发觉对方出现欺骗行为后，自己也采用欺瞒的办法。如果你让对方确信你是在讲实情，那么对方说谎的概率也会降低。

2. 对策

作为预防措施，上述建议特别有助于降低对手向你撒谎的概率。但是，如果你意识到你的对手真的采取了不道德的做法，那么你该怎么做呢？

威廉·尤里在 *Getting to No*（1991）一书中，推荐了应对任何卑鄙手段（包括欺骗以及其他道德有问题的行为）的方法。尤里提出的应对之策是以重构为主要工具。正如我们之前已经讨论过的，你可以把针对人的攻击转变为针对问题的攻击，可以把威胁转换成解决问题的强烈动机。然而，有时候人们特别执着于使用那些花招，并且不断尝试，那么此时你就不用花力气去纠正了。尤里这样描述应对这些情形的挑战以及他的方法：

> 使用花招的人们通常是在试探自己究竟能否侥幸成功。为了阻止他们，你可能需要让他们明白自己究竟在做什么。把他们的花招摆在阳光下，你可以这样说：“我可不是新手，我知道你正在打什么主意。你的花招可没

用。”如果想要达成协议，他们会抛弃这些花招，因为使用那些花招会让协议更难达成。（2011，98—99）

尤里的方法包含双重含义：

暗示情况：你必须让对方知道：你已经识破了他们正在使用的花招。你或许（有时你应该）直截了当地挑明，例如，直接说“那是谎话！”然而，那样就是不给对方留回旋的余地，他们只能承认自己的不端行为，恶化局面将导致谈判终止。如果不想谈判终止，那么你可能就要考虑***不能***让前面的事情发生，你不需要对方坦白，你只需要他们停止不端行为。如果对方明白了你的暗示，他们或许会停止使用花招，并且会假装他们从未使用过那种手段以挽救形象。有时候，暗示就足以奏效；如果不行，则需要再加上更清晰的一步。

协商谈判规则：清楚地告知对方，现在你不是在说谈判的实质问题，而是在探讨谈判的程序问题。你可以用许多语言来说明这个问题，也可以轻描淡写地说出这个意思，比如你说“在我们继续谈论之前，我想提出一个正在阻碍我们的问题”。然后提出对方的行为问题，可以很坦率（比如“你一直坚持的数据我认为不对”），也可以很委婉（比如“每一次你提到数字，我都有一种感觉，那就是我们之间的信息是矛盾的”）。最后，要和对方协商与此行为相关的谈判规则。例如，你可以说“当任一方把一个数字摆到桌面上时，或许我们应该告知对方这个数字是怎么来的”，或者“或许我们需要谈妥给你百分之几的佣金，但是首先我们需要同意找一个第三方机构来评估产品”，或者“或许我们可以采取一种方法，督促双方都提供更准确的数据：如果任何一方被另一方逮到使用虚假数据的话，这一方要自掏腰包捐 1000 美元给慈善机构”。要时刻准备着，针对这些谈判程序的协商会与谈实质性问题一样耗时。要有耐心，不要吝惜在这上面投入的时间。谈判的程序、细节谈得越完善，就越能阻止对手重复此前的不道德行为。

六、谈判中的伦理道德问题仍需深究

在本章中，我们分析了道德的来源、不道德行为的种类、造成不道德行为的原因，以及提升我们道德行为的方法和应付对手不道德行为的策略。

当然，关于道德还有许多问题值得探讨。其中之一是不同性别的人对道德有不同的定义，我们将会在下一章探讨这个问题。在本章中，我们通过几个例子还说明了一个更广泛的问题：道德问题并不是普遍性的，它们是文化的组成因素，深受文化的影响。稍后当你读到关于文化和谈判的内容时，就会记起这一点。

我们在本章开篇部分承诺过，为了提升大家对道德的思考能力以及决策能力，我们会尽可能地帮助大家理解谈判中的道德问题，而不会站在道德的制高点上告诉大家在谈判中孰对孰错。道德不仅仅属于文化的范畴，在很大程度上也是个人的问题。我们最后希望这样总结它：面对道德问题，仅仅满足于考虑法律是如何规定的，职业操守规则是如何描述的，以及社会环境对人类行为有什么特定看法是远远不够的。最终，道德除了与其他人有关，它还与你自己的行为有关，你必须为自己的行为负责——这不仅是指谈判的结果，更重要的是你在谈判中所说的话和所表现出来的行动。

思考题

艾奥瓦大学教授杰拉尔德·维特劳弗（Gerald Wetlaufer，1990）曾经描述过人们为自己不够诚实所做的多种辩解。我们希望读者们能查找这篇文章，阅读它。下面我们节选了他总结的辩驳理由：

（1）我并不是故意要说谎的。

这个解释有许多版本，大家可以选择自己最中意的那个："我并没有恶意。" / "我的话从字面上来看是真的。" / "我只是想呈现事情最好的一面。" / "在这个问题上并没有唯一的'客观真理'。"

（2）我并不是主动说谎的，我只是隐瞒了一些在法律上并非必须交代的事而已。

（3）我撒谎了——但是那并不犯法。

（4）我撒谎了——但是所有人都***心知肚明***，在这一问题上***没人***会说真话的！

（5）我撒谎了——但是这与我们谈判的过程或者对方的决策没有丝毫关系。

（6）我撒谎了——但是在谈判中***允许***这样（和其他情况不同）。

（7）我撒谎了——但是那是因为我与对手有特殊关系。

（8）我撒谎了——但是是对方先开始撒谎的！

（9）我撒谎了——但是是为了利益最大化，而且最终得到了好结果！

选择上面几种解释，思考一下：你怎样看待这些为撒谎辩驳的说辞？你是否用过上面的说辞解释自己的行为？是否有人用过某种借口来为自己的谎言向你辩护？你又是怎样看待这件事的？在学习本章内容后，你是否觉得你的想法有所改变？

第十六章

性　别

性别在谈判中所扮演的角色是一个富有挑战性的话题，不好写。在这一领域，相对于事实来说，假设更多；相对于证据来说，成见更多。近几年，学者们对这一话题的兴趣和研究日益增长，但是依旧存在一定的模糊性。

从本质上来说，在西方国家，性别差异是让人感到不舒服的一个话题。数百年的歧视和成见制造出一种不平等的氛围，在这种环境下，讨论性别差异很不容易。这个原因和上面说到的模糊性相结合，也许就可以解释为什么很多谈判类专著和教材（尤其是那些由男性写的著作和教材）完全不涉及这一话题。性别很复杂的另一个原因是性别与文化有关。

在这一章，我们将分析西方人如何对待谈判中的性别问题，包括谈判研究文献里是如何解释性别差异的，西方谈判者的行为，以及针对性别的研究文献给谈判者（尤其是女性谈判者）提出的建议。阅读本章的时候，重要的是要始终牢记文化的影响。

因此，本章会关注男性、女性谈判者的性别。"性别"与"性"不同的是，"性"涉及人的生物属性，而"性别"关乎人在社会当中的本质、行为、特征和角色，这些都与具有此类生物属性的人有关。尽管西方的社会学和法学中，已经有越来越多的研究关乎更加细致的性别特性和性别差异，但是研究谈判中的性别问题仍然不多。

很明显，谈判中的性别话题与更广泛的性别平等的话题相联系，因此要将性别差别中仅与谈判有关的元素单列出来并不容易。在许多领域，性别之间都具有明显的差异，某些可能与谈判有关，有些可能有其他原因。例如，在美国的职场，女性的数量多于男性，有一半的中层管理职位都是由女性担任的。然而，金字塔顶端的职务绝大多数却仍由男性担任；《财富》（*Fortune*）500强中的美国公司里，只有3%的首席执行官是女性，约85%的企业高管都由男性担任。而在全球，高管职位的女性所占的比例更低（Kolb, Williams and Frohlinger，2010）。这其中有与谈判相关的差异，但其他原因可能更加显著。虽然可能有其他原因导致西方国家普遍存在性别之间的工资差异，但与谈判相关的差异却很可能会在很大程度上影响这个问题。有一些深入的研究分析了具体的、经常性的谈判问题，它们揭示了性别对谈判的多重清晰影响，有助于人们了解性别对谈判的作用机制。

本章还尝试介绍两种态度：一是中立地讨论谈判中的性别差异和性别影响，这种视角对男性和女性具有同样的兴趣和重要性；二是强调许多性别差异和影响与谈判者个人的价值观和技巧没什么关联，它是一种深刻的、系统化的影响，总体来说对女性谈判者不利，这种态度甚至认为女性应该干脆退出职场。这两种态度反映当今西方学术界对谈判和性别的双重观点。

一、性别差异的来源

研究者们在探索性别影响谈判这一问题时，往往寻找更加普遍性的文献来解释性别差异，并努力辨别那些可能与谈判有关的因素。

1. 生物意义上的差异

犹他州立大学的斯泰西·罗伯茨（Stacy Roberts）描述过，在很小的时候，男性和女性之间就存在各种差异，这很容易在谈判倾向中埋下种子。从行为上来讲，与男婴相比，女婴会有更多的眼神交流、对别人的痛苦有更多同情的反应、专注看别人的脸的时间更长。从心理学上进一步来说，大量的脑扫描结果呈现出男性和女性的大脑在不同阶段的差异。男性的大脑在大脑半球当中有更多的联系；而女性的大脑在大脑半球之间有更多的联系，这样的结构差异是男女思维模式不同的原因。男性更擅长于电机和空间技能，而女性更擅长于直觉和分析相结合的思维方式。女性有更高的语言记忆和社会认知能力。与男性相比，女性更容易正确解读人们面部的变化和声音语调的变化（2016）。所有这些都表明男性和女性在谈判方面，可能有不同的起点，所掌握的技能也不同。

2. 在社会期望和反应上的不同

虽然生物层面的差异是性别差异的基础，但是我们的社会环境和相互交往都不断地教会我们如何行动，包括在我们所有的追求和行动中，如何感知、如何执行任务、如何期望和设想。谈判也不例外。正如我们稍后会讨论的那样，男性、女性在意识和潜意识层面上都会遵循某些行事原则；当他们违反这些原则的时候，就会有遭到强烈反对的危险。

3. 不同的道德观

性别差异还与道德有关，与我们看待世界的方式和同他人交往的方式有关。许多关于谈判的文献都与纽约大学心理学家卡罗尔·吉利根（Carol Gilligan）的理论有关，她的理论区分了基于权利的伦理道德（例如“不管别人怎么想或者需要什么，根据社会规则和公平原则，我值得获得一切我可以得到的东西”）和基于关怀的伦理道德（“我存在于关系网之中，而维系这些关系就需要改变一些规则”）。吉利根教授在她的著作《不同的声音》（*In a Different Voice*，1982）中，证明女性倾向于基于关怀的伦理道德，而男性倾向于基于权利的伦理道德。从谈判的角度来看，这一差异说明，女性更自然的选择是双赢谈判、维系关系、合作策略、关注对方的需求；而男性更自然的选择是竞争型谈判，希望结果是非赢即输、非对即错。这种性别差异也印证了上一章提到的男女之间在伦理问题方面的差别。

专栏 16–1　男女有别

“男女有别”出自《礼记·郊特性》:“男女有别，然后父子亲；父子亲，然后义生；义生，然后礼作；礼作，然后万物安。”它的意思是指男子与女子在生理构造和心理状态上有差别，要遵守的礼法应有所不同，互相交往亦应慎重守礼。当今很多研究已经表明，性别对于谈判存在影响。

这些差异的方方面面都是考虑性别影响谈判的出发点，当然，它们并不能反映两种性别中所有人的情形。阅读本章时，你可能会觉得自己和这些描述既有相同之处，也有所区别。但是，它们可以让我们了解谈判研究是如何呈现性别差异的，而这些研究缺乏普遍适用性也说明性别对谈判的影响并不清晰。

二、女性面临的系统性障碍和挫折

女性谈判者面临系统性的挑战，这些挑战影响她们被感知的方式，以及她们行为被评价和判断的方式。已有研究表明，女性面临着对她们隐含的偏见，这给她们的成功带来障碍。即使她们克服了这样的障碍，对性别的成见依然会影响她们的工作。以下我们来看看这是如何发生的。

1. 隐含的偏见

最近，研究人员已经放弃了通过询问研究对象对于种族、性别等问题的态度来研究偏见，他们开发了一些方法来研究下意识引发的态度和成见，这些东西我们并不了解，也无法控制。即使是观点最自由、最多元化、最包容的人，都有可能会发现他们对其他种族的人有某种无意识的偏见。即使是最坚定的平等主义者，都可能会发现他们有意识地偏向某一性别的成员。有一个研究叫作“配对简历”，它招募了大量的被试，分析应聘者接到面试邀请的可能性，这些应聘者都拥有符合工作任务的资质，而且了解薪酬范围。这个实验在很多学校里开展过，教授们要审查这些应聘者的简历，提出自己的推荐建议。简历里，除了应聘者的姓名以外，其他的内容都是相同的。一半简历里，应聘者的名字一看就是女性，另一半显然是男性。在这些实验中，男性应聘者更容易被认为是胜任的、适合这项工作的，因而应该得到这份工作。而且在这些实验中，给出起薪意见的教授们，给男性应聘者的薪资水平也高于女性。这种隐含的偏见不仅存在于受过良好教育的参与者（大学教授）中，而且也存在于被试（有男有女）中。换句话说，在形成潜意识的初级阶段，男性就比女性享有更明显的优待。还有一些类似的实验，无论变量变成暗示的应聘者的种族、性取向，还是父亲的地位，那种类似的偏见始终存在。所有这些结果都说明，不仅是“配对简历”实验，还有很多实验都证实了隐含的偏见是真实存在的。

2. 性别成见

除了对某种特定性别的人在潜意识层面上的态度以外，还有一系列与性别有关的成见，影响人们对某种性别的人的期望或者行动。乔治·华盛顿大学的教授查尔斯·克拉佛（Charles Craver）曾说过：

> 男性经常被认为是理性、客观的；而女性更注重关系。男性倾向于通过个人成就来定义自己；而女性倾向于通过人际关系和团队努力来定义自己。男性谈判者一般会处于主导地位和公开竞争，而女性相对比较被动和顺从。（2013，352）

这些成见有双重效应：它影响我们对对手的判断，也影响对手对我们的期望和判断。

哈佛大学的教授汉娜·赖利·鲍尔斯（Hannah Riley Bowles，2012）曾经通过一系列实验证明了这些成见的影响。一般来说，谈判者会对男性提出更高的报价；而对女性的报价偏低。成见导致人们认为男性一般不会选择低报价，而女性则会。在十几家汽车销售店里进行的一组实验中，男性和女性在每家店里用同样的话和销售员讨价还价，最终汽车销售员给男性的报价全都低于给女性的报价。还有另一项有趣的研究，表明与面对男性相比，面对女性时人们更容易撒谎，这显然意味着人们认为：对女性对手说谎风险更小。然而，鲍尔斯指出，这些研究结果仍然无法清晰地描绘出性别如何影响谈判。她是这样说的：

> 以男性和女性始终符合固化印象为前提的研究大多失败了。但是，针对大量样本的研究确实证明了一些不太明显的趋势：女性谈判者比男性谈判者更容易开展合作型谈判；而男性谈判者会比女性更具竞争性、要求更大的份额。在当代谈判研究中有一个重要问题，那就是如何解释什么时候和为什么男性和女性在谈判中会因循性别成见。（2012，10）

理解“时间”和“原因”极其重要，只有这样，才能明了如何在谈判者因循性别成见的现实中，更好地谈判。

无论是隐含的偏见还是固化的性别成见，就业市场上男女工资差距是女性面对系统性障碍的有力证据。当然，还会有其他的原因，包括传统、文化与个人倾向等。

专栏 16-2 男尊女卑

“男尊女卑”出自《列子·天瑞》：“男女之别，男尊女卑，故以男为贵。”它是指严格上以女性体力、经济、生理及社会意识上的弱势来体现男子相对的体力、生理及社会意识上的优势，淡化和否定女性的人权、经济、生理、生育的价值，因此男尊女卑、男强女弱。但在商务谈判中，并不存在如此严格的“男尊女卑”现象，反而女性凭借其特有的生理和心理优势，在谈判中发挥着日益重要的作用。一般来说，在谈判团队成员的构成中讲求“男女搭配，干活不累”，意思是说男性是力量型和决策型，女性是智慧型和心细型，因此谈判团队人员的性别搭配合适，就能够起到刚柔并济的功效。这对于谈判来说才会有更好的促进作用，很多的决策与预测也能更加准确。

三、性别、谈判风格和谈判经验之间的联系

男性和女性做出的关于介入谈判、避免谈判的决定不同，他们行事的方式也不同。他们对自己的谈判行为判断不同，同时社会对他们所做选择的反应也不一样。

1. 参与谈判

在2006年出版的那本开创性著作《女性不要问》（*Women Don't Ask*）中，卡内基梅隆大学的教授琳达·巴布科克（Linda Babcock）及其合著者萨拉·拉切赫夫（Sara Lascehever）提出，男性和女性的一个显著区别在于参与谈判这一决定本身。他们研究了非常广泛的领域，其中工资是一个非常重要的领域，但除了工资他们还研究了很多其他的情形。他们发现，在很多男性肯定会用谈判方式解决问题的领域，女性会不太愿意用谈判的方法。他们的发现可以部分解释两性之间的工资差距，如果女性和男性一样，在第一份工作中就会用谈判的方法来提高薪酬，那么他们初始的薪酬差距就会小一些。

在美国，"女性会提问吗？"这个问题代表的其实只是冰山一角，更广泛的问题包括女性在职场取得的成就、她们面临的系统障碍以及她们自己的行为在改善环境中所扮演的角色。另一个例子是"脸书"的首席运营官谢丽尔·桑德伯格（Sheryl Sandberg）和内尔·斯科维尔（Nell Scovell）一起写的《向前一步：女性、工作及领导愿望》（*Lean In: Women, Work, and the Will to Lead*，2013）。书中描写了女性在职场面临的挑战和女性应对这些挑战的方式，她们建议女性采取更加积极、主动的姿态来克服成见和偏见带来的挑战。这些问题吸引了更多人研究性别在谈判中的问题。而且，我们希望未来的几年里这方面的研究会有进一步的突破。对这些问题的关注还产生了另一个积极的结果，那就是一些研究已经开始聚焦于改变企业或机构对于薪酬和谈判的实际做法，而不是关注"改变女性的行为"的传统观点；后一种观点或许能导向积极的个人成就，但它在总体上暗示着工资差距、谈判表现的差距等都是女性的错。这些新的研究思路当中有一个例子，纽约州立大学石溪分校的教授朱莉娅·贝尔（Julia Bear）和琳达·巴布科克（2017）提出应该在组织层面上完全禁止工

资谈判，保证薪酬体系具有更大的透明度，减轻薪金历史在设定当前薪资水平中的作用。

最新的数据表明，在过去的十年中，女性的提问倾向已经发生了改变。美国（McKinsey & Company，2016）和澳大利亚（Artz，Goodall & Oswald，2016）最近的研究表明，女性提出的加薪升职的要求比过去频繁，而且结果与男性谈判出来的结果非常接近。很多女性从更多地提要求当中收益了更多。但同时还有一个差距依然存在，即“接受”差距。它指的是当女性真的要求加薪或者升职的时候，她们更容易遭到拒绝；而且女性往往要为自己提出的要求付出代价（这就是一开始不提问、不要求的原因）。下面我们来看一看女性发起谈判会遇到什么样的反应。

2. 拒绝与戒备

在谈判中，女性遇到的反应无非两种，特别是当她们在谈判中打破性别成见时更是如此。

第一种反应属于对“谈判本身”的反应：拒绝她们的报价，或者还一个低价。拒绝女性的谈判者在面对男性时往往不会这样做，或者不会那么干脆地拒绝。这最终可能影响谈判的效果，这一话题会在后面讨论。至少它表明：女性要更加努力才可能获得和男性一样的待遇。

第二种反应与鲍尔斯所描述的社会“性别成见”有关（2012，13）。她说，特别是在薪酬谈判中，如果女性为加薪谈判，那么这不仅偏离社会对女性就应该牺牲自己、照顾家庭的常规期望，而且女性也侵占了男性主导的“养家糊口”角色的身份。因此，在潜意识以及更明显的层面上，这种谴责就会传承下去。一个女人为自己的薪酬谈判，这一很简单的事实，却会导致很多人认为她不够好、太苛刻、不关心组织等。女性在职场谈判时，必然会承担这种社会风险。

这第二种反应可以被称为“戒备”，即对侵犯社会规范的反应。如贝尔和巴布科克所说：

> ……当女性自我提升的时候，她们会面临戒心，因为她们违背了对女性行为的期望。因此，在谈判桌前，女性有时候会被困在一个典型的两难处境中：当她们谈判时，她们会受到社会的惩罚（人们不喜欢她们）；但是当她们不谈判时，她们就得不到重要的回报。

3. 情感与总体体验

关于男性与女性对谈判的不同感受，朱莉娅·贝尔与琳达·巴布科克（2017）一起梳理了许多发现。

初期的焦虑：对于即将来临的谈判，女性比男性感受到的焦虑更多。

厌恶：在被视为“男性话题”的主题上，女性对谈判表现出更高的总体厌恶感；而在被视为“女性话题”的主题上，男性则比女性表现出更高的厌恶感。

自我效能的感觉：同样，谈判话题的本质更加偏向男性还是更加偏向女性，会影响谈判者关于自我效能的感觉：男性对于偏男性的话题感觉更为胜任；而女性则感觉自己更善于谈偏女性的话题。

安心：与男性相比，当女性在首轮开价被接受时，当谈判规则存在不确定性时，她们表现出更大的安心。

总体而言，在谈判的背景下，女性似乎会表现出更多的消极情绪，尤其是当女性觉得她们谈判的环境岌岌可危时，更是这样。这种感觉可以来自谈判主题（比如“偏男性的话题”），也可能与对谈判的社会容忍度或社会接受度相关。

四、性别和谈判结果

研究文献表明，在许多情况下，当其他条件相同时，上面讨论的这些因素会导致男性在竞争型谈判中获得优于女性的结果。说得更清楚一点，这并不意味着如果男性和女性谈判时，男性肯定可以比女性做得更好。这意味着，在许多情况下，谈判中如果男性可以从对手那里取得成果 X，那么女性从同样的对手那里取得的成果往往比 X 少。

让人庆幸的是，也有很多例外的情况。正如我们下面要讨论的，这些例外的情况表明：女性可以采取有效的步骤帮助自己提高谈判的整体效能。

贝尔和巴布科克（2017）清晰地总结了男性和女性获得同样谈判结果的情况，甚至是女性做得比男性好的情况。

> 研究表明，在下述情况下，性别差异对男性有利的情况会减弱或者消除：谈判中可获得资源数量的确定性较大，为别人谈判，谈判话题偏女性，性别成见突出，男女地位平等。

我们简要分析一下每种情况：

可获得资源的确定性：通常来说，对于谈判是否合适、谈判中资源的可获得性，如果情况模棱两可，那么相对于男性，女性往往不会发起谈判，即使发起谈判，推动的力度也较小。如果谈判显然是规范的做法，且谈判资源是明摆着的，此时女性的谈判成果会与男性相当。

为别人谈判：研究表明：男性和女性代表自己去谈判时，结果是有差别的；但是如果女性是代表别人去谈判，这种差别就消失了。为别人谈判，无论是女律师在谈判中代表客户，还是女性在非专业场合中代表朋友或者亲戚参加谈判，女性谈判者获得的结果与男性谈判者并没有差异。

女性话题：研究发现，女性在谈偏女性话题时，做得比男性更好；男性更擅长于讨论偏男性话题。当然，什么是偏女性话题、什么是偏男性话题，这本身就是一个极具挑战性的问题。有一项实验中，研究人员采用的摩托车零件谈判和项链串珠谈判对应的就是这两类主题。其实，这个话题明显涉及文化维度和个人维度。

明显的性别成见：性别成见是特别强大的，虽然人们并不公开表达，但是它却实实在在地存在于人们的思想之中。如果在谈判之前或者谈判之中这种成见就表现得很突出，那么会对谈判产生什么影响呢？一些研究已经描述出，有两条信息可以改善女性的谈判结果。第一，告知她们人们已经认定的女性特征会让谈判取得成功。女性会受到鼓舞，在谈判桌上表现良好。第二，刚好相反的信息也能产生很好的效果，即告诉女性谈判者“这种类型的谈判中一般男性做得比女性好”。正是要***反驳***这种成见，女性会在随后的谈判中表现更好。

地位：地位带有主观色彩，在这个意义上，它和“权力”很像，而且二者往往是紧密相关的。当谈判中女性和男性地位都不高的时候，他们的表现没有什么差别。

五、提高女性谈判效率

基于上述理论，我们在这里给出一系列方法，帮助女性谈判者克服性别成见，消除戒备带来的后果，改善谈判的结果。大家会看到，其中许多办法遵循的都是在脑海中重构问题，或其他不需要对手同意就可以采取的单边行动。看待这些规范性建议时，我们要强调一点，即女性谈判者要谨慎考虑对它们的运用，因为这些建议与特定的文化背景相联系，而且是由成长于某些特定文化中的研究人员提出的，它们反映的是西方语境下给予女性谈判者的建议。

“要求”而不是“谈判”：当女性代表自己谈判时，通常会感到犹豫，例如在要求加薪时。简单地重构一下问题就可以消除这种犹豫。当只能为自己谈判时，也要调整一下，不要变成为了某件事讨价还价，而要变成要求什么东西或者解决共同的问题。

描绘出更广阔的蓝图：如果你提出某种要求仅仅是为了自己的私利，往往会引发对抗情绪，为了避免这种情绪，你一定要说明你不是为了自己，更是为了集体；与丈夫商讨一件事的时候，一定要说明这个方案是从整个家庭利益考虑的；与老板协商升职，你也要指出这样做有利于实现整个企业的目标。

把成见放到桌面上：提醒你的对手，你意识到了有可能出现的性别成见，这有助于减少成见的影响（Roberts，2016）。你可以说：“我知道这听起来不像是传统女性会说的事情，但是我还是要坚持，希望你能给我更高的工资。”

减少模糊性：女性经常回避谈判，因为她们不确定在某些情况下，谈判从职业和社会的角度看是否合适。除非她们确定谈判是可接受的，否则她们一般不会发起谈判，而是更容易不做任何努力，就接受对方的首轮开价。无论在什么情况下，其实都值得多方打听，看看其他人在同样的情况下是否倾向于用谈判解决问题。了解到别人在这种情况下也会采用谈判的方法，就会消除犹疑。同样，你要尽可能地知晓所有可以获得的资源。例如：如果谈涨薪问题之前，你并不知道老板是否有能力支付高薪，那么女性很可能会提出或接受一个相对较低的涨薪水平。然而，一旦这位女性知道了其他人，无论男性还是女性，只要和她职位相同，报酬待遇都比她高的时候，她就知道公司有能力来给员工涨薪，此时她可能提出更高的涨薪。

把一切变为偏女性的话题：究竟为什么谈判主题会被人认为是偏女性或是偏男性，这还不清楚。虽然这很模糊，但是作为谈判者，你总有机会把话题转变成偏向你自己的性别，从而提高谈判成功的概率。比如说，还是摩托车零件，如果你可以把摩托车零件与女性特质的话题联系起来，那结果可能就会更好。

假想一下自己是在为他人谈判：在谈判准备的过程中，以及在谈判期间，尽可能地在你的脑海里假想自己是在代表他人谈判。你通过代表他们参与谈判，是在照顾他们，改善他们的状况。

回想自己强大时的经验：当你为谈判做准备，以及真正进入谈判之前，你要回想一下你自我感觉强大时和掌控局面时的状态。这可以减少与谈判有关的焦虑感，可以增加自我效能感，或者能让你坚信自己是个合格的谈判者。

训练自我效能感：通过阅读相关书籍或者参加训练课程来学习谈判，可以提高谈判的水平。但是，对女性而言，谈判水平的提升特别需要自我效能感的提高来支撑。女性对自己谈判***能力***的***信心***会严重影响她们的***表现***。这种自信可以通过多种方式获得，比如自我支持、朋友支持、获得指导、进行有针对性的训练等。

回忆过去的果断之举：在走进谈判房间之前，回忆你过去曾经有过的一次果断之举，无论是你坚持己见还是不屈服于对手，或者拒绝对方开出的很差的首轮条件，都可以。

提醒自己注意性别成见：开始谈判前，要根据适用原则，告诉自己注意两件事：（1）“这项谈判女性特别容易谈得成，原因就是她们的女性特征在这种谈判中占优势”；（2）“一般来说，这种类型的谈判男性比女性谈得更好”。不论考虑上面的哪句话都会影响你的思维方式，从而让你发挥得更好。

思考题

大量研究表明，在面对男性或女性的谈判对手时，人们往往会有不同的方式。你是否可以想起什么事情，让你认定刚才这个结论是正确的？你可以对比你与男、女教师或男、女主管之间的沟通交流。本章中讨论的哪些因素影响这些沟通呢？

第十七章
文　化

谈判中的文化主题与性别差异一样，在开始探讨之前要做一些说明。在本章，我们并不想描述一些具体国家的文化，无论是一般性的还是与谈判有关的文化。事实上，正如我们将看到的那样，对这种讨论文化的方式有很多质疑和批评。此外，我们也不会讨论特定国家之间人们的交流，例如我们不会描述美国和中国谈判团队之间的交流。

相反，在本章中，我们会介绍西方学者研究的谈判中的文化主题，以及西方的谈判课程是如何教授这个话题的。我们会给读者提供一系列被认为和文化有关的话题，并简要介绍和每一个话题有关的研究成果。我们这样做的目的是让读者了解西方国家的谈判者所学到的对待文化主题的方式。

我们发现，并非所有谈判者都学习过有关文化的知识。在短期的企业培训中，它不是必修内容；在正规的谈判课上，文化主题也不一定是大纲必须包含的内容。其中的部分原因可能是在瞬息万变的环境中，文化这个概念本身就很不明确；另外对于相关学术文献中研究文化的方式也有很多批判。我们会在本章末讨论这些批判的观点。

一、文化

1. 文化及其与谈判的联系

学者们出于不同的目的，给文化下了很多定义。美国西北大学的珍妮·布雷特（Jeanne Brett）教授在她的论文《文化与谈判》（*Culture and Negotiation*）中分析了文化这个概念的本质以及文化对谈判的影响：

文化是一个社会群体的独特特征。它包含着这个群体里所有成员共有的价值观和规范。它涉及经济、社会、政治、宗教体系，指引和控制着现有群体成员，并促进新成员遵守。所有这些文化因素都会影响诸如谈判这样的社会交往。文化价值观引导群体成员去关注什么是重要的，什么是不重要的。文化规范定义出哪些行为是得体的，哪些行为是不得体的。文化价值观和文化规范是构成社会体系的哲学基础。同时各种文化制度又维护了文化价值观和规范，赋予人们权威，提供社会交往的环境。有许多不同的文化价值观、规范和制度，并非所有的都和谈判有关。然而，许多文化要素确实和谈判有联系，因为它提供了一个基础来解释谈判情形（例如：这是谈判，因此我要表现得……），以及解释他人的行为（例如：他先威胁我的，因此我应该……）。（2000，98）

为了把“高大上”的文化概念转化成可以在广泛领域内探讨和有效应用的概念，学者们努力将文化细分为很多元素或者维度。

2. 文化维度的模型

西方社会对文化的研究始于马斯特里赫特大学的基尔特·霍夫斯蒂德（Geert Hoffstede）教授。霍夫斯蒂德早期在IBM公司通过实地观察，对其员工进行研究，了解来自不同文化的人们的行为方式和合作方式。他的研究成果收录在他的《文化的结果》（*Culture's Consequences*，2001）等著作中，已经成为跨学科文化研究的基础。

他的研究表明，可以从六个维度来评价各国的文化。

（1）**权力差距**：人们赞同权力分配不平等的程度。社会是如何解决不平等的问题呢？权力差距大的社会接受这种等级制度，而在权力距离小的社会，处于等级底端的人会试图摧毁它，要求得到公正平等的对待。

（2）**男性或女性维度**：这个社会偏向和奖赏哪种价值观？男性价值观还是女性价值观？男性价值观包括英雄主义、果断自信、重视成就、追求胜利；女性价值观包括社会公平、关怀照顾、所有人的相互关怀。

（3）**规避不确定性**：社会成员是否倾向于避免不确定性，努力掌控未来？避免不确定性意愿强烈的文化往往会建立严格的制度和行为规范；避免不确定性意愿不强的文化能够容忍各种不同的行为和观念，在这样的社会里，“规则”没有真实的实践重要。

（4）**长远导向和短期导向**：长远导向指数高的社会主张发展现代教育、制定长期规划，而长远导向指数低的社会倾向于维持长期的传统，使事物最大限度地保持原样。

（5）**限制和纵容**：指这个社会允许甚至鼓励个人追求享乐、单纯玩乐的程度。

（6）**个人主义和集体主义**：社会结构与家庭联系的紧密程度。在个人主义程度高的文化中，人们往往会习惯于仅仅照顾好自己和家人；而在集体主义社会里，家庭和其他群体互相照应，作为回报，他们也会获得成员的绝对忠诚。

人类学家爱德华·霍尔（Edward Hall，1976）在他的著作《超越文化》（*Beyond Culture*）中所总结的高语境和低语境文化也是研究文化的一个常用切入点。这个模型与霍夫斯蒂德的模型不同，并未关注大范围的社交行为和偏好，而是仅仅关注一个社会的交流方式。它研究的是在日常交流中社会成员彼此传递信息的方式，比如，他们需要大量的语境（包括原先的社会经验、规范、模式、幽默、微妙关系）才能彼此理解吗？是不是用语言清晰表达出来的信息，外来人才更容易理解？对这个理论的另一种表达就是，对文化语境的理解程度是否会影响外来人对信息的理解。一个社会的沟通方式越需要聆听者靠猜测去理解说话人的意图，它的语境程度越高。按照这个标准，霍尔将澳大利亚、美国、以色列、北欧国家列为低语境国家，而将拉丁美洲国家、中国和法国列为高语境国家。在高语境国家中，精确的措辞极其重要，因为字词当中包含层次丰富的、超越字面含义的意思。

沟通语境的连续性与霍夫斯蒂德的文化维度在某些方面是相似的。例如，高语境文化往往都趋向于集体主义。

二、文化如何影响谈判

1. 将文化维度理论应用到谈判中

上面提到的许多维度在跨文化谈判中都有清晰的运用，本书前面的章节也有讨论。男性和女性维度很清晰地和我们在本书第三章中所谈到的“合作和竞争”有关系；不确定性规避指标强烈地影响着关于信任的各种决策和行动；而限制或纵容维度则影响着建立关系的恰当机制。

珍妮·布雷特（2000）曾指出，有三个维度对谈判的三个关键领域影响巨大。

（1）**个人主义和集体主义维度会影响谈判的目标和策略选择**：个人主义文化中的

人们更关心自己的利益，因此他们倾向于在谈判中树立更高的目标。这些更高的目标会导致他们拒绝对手开出的尚可接受但不能完全实现谈判预期的条件。另外，他们注重自己的利益会导致他们不愿尽力根据对方的角色而调整竞争或合作策略。相比而言，集体主义文化中的人们确实会调整其谈判策略。他们倾向于和群体内成员合作、与对手成员竞争。从更普遍的意义上讲，他们往往会遇合作则合作、遇竞争则竞争。

（2）**权力差距影响谈判开始的状态、相互交流的模式以及权力的应用**：在等级文化明显的地方，冲突被视为对社会结构的威胁。社会地位不同的人群中出现冲突的概率较低，因为社会地位低的成员会服从地位高的成员。当社会地位相等的人们之间出现冲突的时候，他们通常会要求上一级的裁定，而非直接谈判。而在等级文化不明显的平等社会中，人们会鼓励那些发生冲突的成员采用谈判的方式自行解决问题。谈判力此时大多来源于谈判当中的因素（比如存在一个很好的备选方案），而非社会结构的因素（比如社会地位更高）。

（3）**高、低语境文化中的交流会影响信息交换，进而影响双赢的潜力**：信息共享——关于谈判各方的优先选择、偏好方案、利益诉求、根本需求——都是双赢谈判的核心。共享信息在低语境环境中更常见的表现形式可能是直接问答；而高语境文化中，间接的试错式提问则非常典型（比如当你拒绝我的出价，还了一个价，此时我就可以站在你的角度，猜想我的报价出了什么问题，猜想你真正想要的条件是什么）。虽然每种方式都有可能引向双赢谈判，但是对话方式的不同确实是跨文化合作必须面对的一种挑战。

高、低语境文化影响谈判的另一种机制是通过劝服方法来表现的。布雷特曾和滑铁卢大学教授温迪·阿黛尔（Wendy Adair）提到过：

> 关于谈判过程的一些研究证实了东西方高、低语境沟通的差别。在低语境文化中，劝服往往采用理性的方法；而在高语境文化中，劝服借助的往往是情感的影响。（2004，168）

2. 针对文化影响谈判的一些其他建议

还有一些研究谈判的学者曾描述过文化影响谈判的其他方式，以及哪些谈判因素会受文化的影响。

在一篇名为“以文化为基础的谈判风格”的论文中，加拿大的不列颠哥伦比亚大学教授米歇尔·勒巴龙（Michelle LeBaron,2003）梳理了以文化为基础的谈判风格，并分析了文化因素是如何影响谈判的：

时间：勒巴龙区分了两种与时间有关的导向，作为时间文化要素。一种是***单一型时间***文化，这种文化中的人们倾向于直线型思维方式，喜欢连续地、一个接一个地解决问题。另一种是***多元型时间***文化，这种文化中的人们倾向于同时做很多事情，允许很多人参与其中。在这样的文化中，时间更为灵活，不必拘泥于遵守时间安排。在谈判中，不同的文化会影响人们对待时间的态度，比如按时到场的重要性和迟到的影响、休息的频率或持续时间、传递信息的速度、打断对话和接走话头的行为规范等。

空间：空间承载的文化差异表现在很多方面，例如：领土、人与人之间的肢体距离，对肢体接触的期望值和舒适感，对眼神交流这样的非肢体接触的期望值和舒适感，等等。在谈判中，这些差异会影响谈判地点的选择，例如，是在一方的办公室或家里谈，还是在诸如饭店这样的中立地点谈。它还会影响座位的安排，他们是坐一起还是面对面地坐？他们之间隔多远？隔开的空间是空的还是摆上家具？空间文化还会影响谈判中肢体或非肢体接触的类型、频率和持续时间。最后，空间文化还会影响眼神交流的频率、眼神交流的含义，以及人们对眼神交流的判断，包括对手是否诚实，是否在推诿，是否尊重自己，是否蔑视自己，等等。

美国塔夫茨大学教授杰斯沃尔德·萨拉丘斯（Jeswald Salacuse，1998）的研究表明，文化会通过影响以下 10 个因素来影响谈判风格。

目标：谈判各方的目标是为了签订合同还是建立一种关系？

态度：谈判方是努力获得双赢的结果，还是非赢即输的结果？

个人风格：谈判方表现得是否正式？

沟通交流：谈判方之间的交流属于直接性质还是间接性质？

时间敏感度：谈判方对遵守时间、迟到以及谈判持续时间的敏感度如何？

感情主义：谈判方倾向于表达自己的感情还是隐藏起来？

协议形式：谈判方起草的协议是非常详细的协议还是框架性协议？

协议签署：谈判方签署协议的流程是自上而下的还是自下而上的？

团队组织：谈判团队中有明确的领导还是大家共同决策？

风险承担：谈判方属于偏好冒险的还是规避风险的类型？

三、讲授谈判中的文化问题

1. 跨文化谈判的积极态度

总体而言，西方国家对于跨文化谈判的研究有一个基调，那就是跨文化谈判是可以取得成功的，这也是西方谈判课程中讲授文化主题的基本观点。谈判的成功取决于双方的动机、毅力和灵活性。虽然跨文化谈判时会有许多障碍，比如：无意识的冒犯，用错了地方的幽默，等等，但是，只要双方意识到信息交流可以克服文化差异，只要他们愿意继续努力，那么他们就有可能克服障碍，最终达成协议。

2. 工欲善其事，必先利其器

谈判者要学习，不仅要了解影响谈判的一般文化因素，还要了解这些普遍性背后的特殊性。例如，可以从上面讨论的维度出发了解不同地区和国家的独特性，但是还要知道这些维度的划分和描述也只是普遍性的描述而已；因为地区不同还会有很多文化差异，而且人与人之间也会有明显的不同。他们遇到的任何一个谈判者都有可能跟自己了解到的某种文化不符。

3. 尊重文化的重要性显而易见，适应文化则不然

通常，在西方的谈判课上，老师会教学生密切关注不同的文化，而且要尊重谈判对手的文化。然而这仅仅是对其文化规则表示尊重，并非要求完全遵从。一般而言，老师不会教学生，应该何时遵循他人的规则，何时坚持自己的原则。原因之一是，除了尊重对手的文化以外，让自己适应别人的原则或者让他们屈服于你，这些都非常不易，而且目前也没有完美的方法能做到。布雷特曾描述过这些谈判标准的难解之处：

> 究竟是什么让谈判者在谈判伊始就选择了某种策略，这方面的研究并不多，而关于文化差异所导致的谈判策略差异的研究更是少之又少。通常在有关谈判的研究文献中，更多的是理论研究，而并非实证研究。理论研究的一般结论是，如果谈判双方要达成共识，那么谈判双方必须互相适应，共同开发一个通用的谈判“框架”，或者叫谈判方式……这里相互适应的度如何把握又成为一大难题……这个适应的范围是否包括可能引发文化差异的各个领域？信息分享策略是否比施用强力策略更容易适应？这种适应对

方仅仅只针对某次谈判的短期行为，还是长期策略调整？谈判者是否认识到他们在适应对方？（2000，102）

专栏 17-1　　入乡随俗

“入乡随俗”出自《庄子·山木》：“入其俗，从其令。”它的意思是指到一个地方，就顺从当地的习俗，通常用来形容外乡人尊重、适应和主动融入当地风俗文化。西方社会有一句俗语，“在罗马，就要做罗马人”（In Rome，be Romans），其意思也就是中国的“入乡随俗”。在跨文化商务谈判中，谈判者对文化差异要有足够的敏感性，要尊重对方的文化习惯和习俗，除了“把自己的脚放在别人的鞋子里”之外，还要善于从对方的角度看问题，要善于理解对方看问题的思维方式和逻辑，真正做到“入乡随俗”。任何一个跨文化谈判活动中的谈判人员都必须认识到，文化是没有优劣的，必须尽量避免模式化地看待另一种文化的思维定式。

四、文化和谈判的研究与实践：局限性及解决途径

实际上，还没有一种公认有效的学习文化、讲授文化及其对谈判的影响的方法。然而，在本章中我们简要描述了一些常见的理论。其实这些理论的有效性和适用性都曾受到过质疑。

1. 高估了文化的国别特征及谈判风格

乔治梅森大学的教授凯文·阿夫鲁赫（Kevin Avruch，2000）曾指出，大多数关于谈判和文化的研究中的文化概念是有问题的。这些研究将国家特征延伸到了这个国家的人们的谈判风格。他指出这种延伸有几个问题。我们在此梳理这套理论，也是希望读者们在学习谈判和文化相关内容时，一定要警觉这些问题，特别是在阅读一些指导谈判风格的图书时，一定要重视谈判风格中的文化问题。

（1）**异质性**：文化不是同质的；文化内部充满了各种冲突、矛盾和异议。

（2）**具有个人特性**：文化不是自我存在的“事物”，不能离开人这个本体。文化也不是均匀地传播给群体中的每一个成员，无法成为所有成员的共同标签；跨文化差异是正常的，不是异常的。

（3）**从自身来讲，我们都是多文化的**：许多人，或者可以说绝大多数人都是兼属多种文化的，例如民族团体、专业团体或组织等都有属于自己的文化。

（4）**文化根深蒂固**：文化不是一群人的风俗习惯的简单加总，从某种意义上说，如果你遵循某种行为规范，那么你就是尊重这种文化，甚至融入其中了。文化中包含着更为深层的历史和意义。

（5）**非静态**：文化会随着时间的推移而发生改变。

2. 实质性和方法论的挑战

丹麦哥本哈根商学院的安妮·玛丽·布洛（Anne Marie Bulow）教授以及奥胡斯大学商学院的拉杰什·库马尔（Rajesh Kumar）教授（2011）曾经分析说，当今西方学术界对谈判中的文化因素的研究方法面临四个挑战。

（1）**国家文化焦点**：关于谈判与文化的研究，大多默认的是国家的文化，比如“法国是一个高语境国家”或“摩洛哥是一个集体主义文化国家”。这种方法必然会忽略国家内部的差异，实际上，每个国家因为地域、民族和其他因素存在很多内部差异。然而对于文化的研究并不是拿起放大镜、近距离观察这些差异，研究国家文化必定发生抽象的现象，从而研究文化就变成了研究地区（例如“东方”和“西方”）或研究更大的文化群体，这种更大的文化群体肯定会包括多个国家（例如关于“拉丁文化”和“阿拉伯文化”的讨论）。而且，在特定的谈判中，职业特有的文化、企业文化可能和国家文化同样重要，甚至比国家文化更为显著。最后一点，要帮助谈判者，即使是这种聚焦于国家文化的方法也需要不断改进；任何文化都需要进行两重探索：第一重是探究人们在群体内部的交流行为；第二重是探究人们与群体以外的人们相处时的行为。

（2）**相互矛盾的研究结果**：研究文献中有许多普遍性的理论总结，但是大家会发现即使是那些非常严密的研究，其结果也有冲突的地方。例如，一些研究证明：美国人注重“公平”的谈判结果，因此美国人更倾向于采用竞争型谈判的方法；另外又有一些研究表明，因为美国文化的基础是平等主义，因此美国人易于进行创造性的、合作型谈判。那么，美国人究竟是上面哪一种呢？布洛和库马尔遗憾地说：

> 其实我们并不知道。关键是，即使这些观点存在矛盾，但是这些普遍性的研究结果都有很有力的证据来支撑。因此我们应该进一步探索每项针对文化因素的研究当中包含的准确问题。（2011，353）

（3）**术语不严密**：研究文化及其对社会现象的影响时，采用的关键术语不一致。这就产生了概念模糊的问题，不利于研究结果之间的对比分析。

（4）**本质主义**：人们平时的行为方式各不相同，我们该如何找出产生这些差异的根源？如果有人在你走进房间时从椅子上站起来，你可能会认为他站起来是为了欢迎你，这是文化常理。当然，这也可能只是他们的个人习惯。或者，这压根就不是什么规则，仅仅就是因为对方感到背痛，或是坐在钉子上了。为了把行为方式的差异归根于文化差异，你就必须证明引起这一行为的本质原因是文化因素。在研究谈判与文化时，这一点不容易做到。

专栏 17-2　　不看僧面看佛面

“不看僧面看佛面”出自明代吴承恩《西游记》第三十一回：“古人云：‘不看僧面看佛面。’兄长既是到此，万望救他一救。”和第四十二回：“菩萨，你却也多疑。正是‘不看僧面看佛面’。千万救我师父一难罢！”它比喻看第三者的情面帮助或宽恕某一个人。《沃顿商学院最受欢迎的谈判课》中指出：“几乎在任何一场谈判中都至少会有三个人——即使有时只有两个人在场。第三个人或者第三方通常指的就是这样的人，无论是真实存在或想象中的，即谈判者认为自己必须以某种方式遵从的人。这些人也许是鬼魂和精灵，也有可能是老板，也许是谈判者告之以谈判的对象——配偶、同事、朋友，在这些人面前，谈判者需要保全面子。问题的关键是，要想实现你的目标并获得更多，你必须对这个人负责。”因此，在实际的谈判中，当谈判陷入僵局时，往往通过引入第三方来打破僵局，从而使谈判继续进行。

3. 从了解文化模式到熟悉文化表现

这类批评意见对激发研究者进行更为精确的探究十分重要。同时它也能提醒教谈判的老师告诫学生：应该慎重地对待自己所学的关于谈判与文化的知识。学生们所学的任何知识本质上都是普遍化的概况；也可能是错的，因为凡事必定存在例外情况。

另一方面，正如本章前面所讲到的，在某种程度上，西方学生和谈判者接受的培训让他们认识到在谈判中的某些领域文化问题很重要，在这些领域应用文化透镜能帮助他们理解正在发生的事。我们认为这种观点或者说这种方法是正确的，它有利于提升谈判者与人的交往能力。

除了识别出一些不相关联的场景与行为，如果谈判者不是将文化看作一个静态的、需要了解的东西，而是将文化意识、文化认知和文化素养看成一个不断发展的动态过程，那么无论是从普通人的角度还是从谈判者的角度，人们都会成长。米歇尔·勒巴龙曾经在《变化的炼金术：冲突解决中的文化熟识》（*The Alchemy of change: Cultural Fluency in Conflict Resolution*，2014）一书中，建议采用文化熟识这种方法。这种方法就是要培养谈判者的文化世界观意识，既包括他们自己的也包括谈判对手的，让他们明确文化是如何影响谈判的。

她在描述这一概念时说：

> 文化熟识指的是在解决冲突时，愿意去预测、内化、表达，并在文化敏感的背景下正确地解读。这一过程在相互依存的社会环境下动态发展，能增强我们的以下能力：
>
> • 预测出多种可能的方式，让我们可以在陌生或多元的文化语境下与人交流，并发展关系；
>
> • 意识到并始终警惕文化对于我们诠释问题的影响；
>
> • 向不熟悉特定文化含义的人清楚地表达与文化相关的含义；
>
> • 调节时而混乱的跨文化状态，从而与他人一起构建出具有建设性的解决问题的程序、体制，并持续参与。

把理解文化视为一场没有终点的旅行，而不是一张清单，这对讲授谈判的教师和谈判者本身都是巨大的挑战。然而，必须承认理解文化是提升跨文化交际能力的最佳途径。

思考题

1. 在学习了本章之后，选择一次你与他人的互动过程，看看是否可以从文化的角度解读出什么新的内容。

2. 针对国家特征 / 文化的重要性，你有什么看法？在你看来，你自己和身边的人的行为方式是否符合你们国家的一般规范？或者你觉得是否普遍存在与规范偏离的现象？

第十八章

网上谈判

无论你是看这本书，还是看任何与谈判相关的书，你都很容易认为谈判就是一种谈判者们坐下来，面对面相互交谈的情形。实际上，谈判远不止如此。

在当今世界，很多时候人和人之间的交往并不是这样面对面进行的。我们长久以来已经习以为常的购物、理财、听音乐、看新闻的方式都变了，同样，我们谈判的方式也发生了变化。如今，谈判者常常是在网上通过一系列电子沟通的渠道与对方交流。

年龄略大的谈判者也许还要努力学习如何把网络工具用到他们的工作中。而那些出生在数字时代的人们虽然没有这方面的问题，却需要学习网络工具会给他们的谈判带来怎样的影响。

在本章中，我们会解释各种互动方式之间的差异，便于读者理解面对面交流与通过电子邮件交流有什么不同，以及二者与视频会议和短信交流这样的媒介交流又有什么不同。在解释了各种渠道之间的基本差异以及它们对谈判可能产生的影响之后，本章会详细介绍谈判常用的几种特殊媒介，分析它们的优势、劣势并且探讨如何最好地利用它们。因为对于电子邮件的研究最为深入，所以我们会讨论得详细一些，视频会议和短信就简略一些。

最后，我们还会介绍一些用于谈判的技术支持，它们已经超越了提供渠道这个功能。这些系统很多都仍在开发当中，它们被称为“谈判支持系统”，能够让谈判者认清谈判的结构，并提出建议和解决方案。本章还会介绍将智能技术引入谈判过程的情况和影响。

一、媒介影响和媒介选择

1. 媒介影响

沟通理论当中有非常重要的一条，即沟通从来都不会发生在真空中；交流沟通总是通过某个渠道发生的——因此渠道会显著影响沟通效果。本书的作者之一埃布纳曾经写道：

谈判中各方沟通所使用的渠道既不是被动的，也不是中性的；它会影响到谈判者分享的信息内容，以及信息传递、接收和解读的方式。

我们的直觉告诉我们，有些信息面对面交流更容易，而某些信息在面对面的传播中反而会受到阻碍，它们最好通过电子邮件的方式来传播。与此类似，作为信息的接收方时，我们对面对面的沟通以及电子邮件的感觉可能完全不同。（2017）

这种本能选择的深层原因是什么？为什么不同渠道对沟通的影响不同？埃布纳曾分析过，产生这种差异的原因有两个方面。第一个方面是媒介的***丰富程度***，他解释道：

媒介的丰富程度指的是媒介传递“语境线索”的能力。人的肢体语言、面部表情和语音语调等在很大程度上都会影响信息的意义。而支撑它们的是面对面交流，于是面对面交流就成了一种“丰富的”媒介。相比之下，电子邮件是一种“单调”媒介，因为它并不能传递视觉线索，也不能传递语音线索。因此，电子邮件无法让人看到他人的姿势和面部表情，也听不到别人的语调。

除了这些语境线索以外，这些媒介中，谈判者发出和接受信息的方式都不同。对于信息发出方来说，媒介会影响信息传递的风格和内容。例如，发电子邮件时，人们更加注重逻辑论证和呈现事实，而非情绪感染或个人魅力。因此电子邮件多是任务导向型的沟通方式，缺乏个性化。而面对面的方式截然不同，它可以传递视觉、声音和语音等丰富的线索，同时面对面沟通时双方还可以立即提供一些反馈，使得信息的传递沟通更有个人特征。

媒介的丰富程度也会影响信息的接收。比起面对面的信息交流，通过电子邮件交换信息时产生细微误解的情况更少。因为通过单调媒介沟通时，谈判者更关注信息的实际***内容***，此时就突显了措辞和对这些措辞如何诠释的重要性。”（2017）

第二个方面是媒介的***交互性***。埃布纳是这样解释的：

> 媒介的交互性指的是媒介在两个或两个以上谈判者之间无缝传递信息的潜力。交互性有两个维度。第一个维度是交流的***同步性***。面对面的交流是同步的，双方立即接收到对方的话语，双方的对话连续地进行下去。而电子邮件的交流通常是***异时的***：谈判者阅读和回复信息什么时候都可以——而双方的交流也不必是连续进行的。从谈判者发送信息到对方阅读信息，这之间可能相隔几分钟、几小时甚至几周，而双方产生误解的原因通常是因为这种交流不是连续进行的。
>
> 第二个维度涉及的问题是并行处理，即媒介可以同步传递信息的能力。面对面的交流包括谈判方公开地并行处理信息；在激烈辩论或者创意涌现时，他们很有可能一起说。而电子邮件呢，虽然它也给信息的同步传递提供了条件，但是在信息同步传递的时候，谈判者未必能够明确地***知道***，这就常常造成“信息交叉”的现象，难免产生误解。（2017）

尽管有许多其他方法可以分析媒介之间的差异，然而上面所说的这些维度能明确地呈现媒介对信息的影响。在熟悉了这些维度之后，你就可以分析任何媒介——从烟幕弹信号到符号信号，再到电话谈话等，你还可以分析出：这种媒介的特征是什么？是丰富的还是单调的？它是同步的还是异时的？这个媒介是否允许各方同时处理信息？我们将看到，正是这些问题决定着不同媒介对谈判的影响。

2. 媒介的选择

在继续深入探讨单个媒介之前，我们先要提醒大家注意两件事：

（1）**选择你的媒介**：我们选择媒介往往带有随机性，经常会选择最方便的媒介。谈判要取得成功，谈判者就必须十分谨慎地选择。马奎特大学的教授安德里亚·库普弗·施耐德和肖恩·麦卡锡（2017）提出，选择的过程可能包括两个阶段：在第一阶段，你要考虑自己默认的媒介方式，比如你更倾向于在电话中与人交流还是面对面与人交流？你是不是每时每刻都在发信息？电子邮件是不是你与人联系的首选方式，还是在微信上留言？认真想一下，据你对对手的了解，他偏爱哪种媒介？你们是否都喜欢使用相同的沟通方式？这些默认的媒介在特定的谈判环境中是否适用？在第二阶段，根据即将发生的谈判，分析不同媒介的效果，还要考虑在你的处境下使用某种媒介的优势和劣势。从这种“默认”的角度和“媒介影响”的角度考虑了媒介选择之后，你就能列出可选的媒介方式，进而为接下来的谈判选出最好的媒介。

（2）**几种媒介可能均会涉及**：在谈判中你越关注自己的媒介，就会越成功——能够成功地分析出在谈判的具体过程中哪种媒介最佳，能够针对你的对手做出正确的选择。试想一下这个例子：你们公司的一个买家通过电子邮件联系你，你们在电话中进行了初步交流，并且同意面谈。你们通过电子邮件确定会谈安排的细节。在去办公室的路上，你发短信告诉他，你在你们公司的停车场中为他预留好了车位。在你的办公室面谈过后，他发短信说和你谈得十分愉快，期待与你合作。一个小时过后，你用电子邮件给他发送了详细的方案。在所有这些交流环节当中，都有可能包含谈判的重要元素。谈判者应该在谈判过程中不断地做出关于媒介的最佳选择，而不是把媒介选择作为一种一劳永逸的决定。

二、通过电子邮件进行谈判

电子邮件是新经济时代最突出的科技成果之一，如今大多数人都会利用电子邮件进行谈判；至少在正式谈判中电子邮件的方式应用广泛。

1. 理解电子邮件这种媒介

电子邮件本质上是文本，因此，大多数研究认为电子邮件属于比较单调的媒介。电子邮件缺乏由语音和非语言线索提供的语境。有时候，电子邮件通过附件的方式，可以传递照片、视频或者其他形式的材料，此时这个媒介就会变得丰富起来。使用电子邮件方式的时候，需要注意的一个问题就是信息的“交叉”，它指的是一方给对方发送邮件时，自己可能并不知道对方刚刚给自己发送了邮件。也就是说，电子邮件常常被视为异时性媒介，埃布纳曾指出，随着智能手机的出现，电子邮件也将变成同步性媒介：

> ……在我看来，智能手机带来的一个最显著变化就是电子邮件这种媒介不能被归为异时性的沟通方式了。即使是在智能手机流行之前的年代里，人们也可以用一种近乎同步性的方式使用电子邮件。两个人同时坐在桌前，不断地相互发送电子邮件。然而，这种情况可能属于特例而不普遍，所以，研究文献中一般还是将电子邮件归为一种异时性的沟通方式。但是，随着

越来越多的人使用智能手机上的电子邮箱，一有来信他们就能得到提醒，这种情况下，把电子邮件归为“半共时性”的沟通媒介可能更合适一些。虽然某些特定的交流方式可能被归为同步性的或异时性的，但对于媒介的理解和预期必定更为复杂。（2014，416—417）

2. 挑战

埃布纳（2014）曾列举了谈判者通过电子邮件交流时会遇到的8种问题。

（1）**扩大分歧**：远距离沟通比当面对话更有可能造成分歧。在人们使用电子邮件交流时更是如此：人们会比面对面沟通时表现得更有攻击性，并且也认为对方的信息更有攻击性。

（2）**双方之间的合作减少**：电子邮件的单调属性不仅会影响语气，还会影响到信息的焦点和内容。我们用电子邮件传递的信息大多比较刻板，存在局限性。根据这些信息，谈判者并不能很好地理解对方的利益诉求，也妨碍了他们准确评估双方偏好方面的差异以及辨别共赢潜力的能力，因此，这会在一开始就打消他们展开合作的积极性。当谈判者们通过电子邮件沟通时，双方会在沟通时更关注自己的利益。当谈判者们只关注自己时，他们就会表现得更有竞争性。

（3）**共赢结果减少**：与前一条有些关联，电子邮件谈判使双方达成双赢协议的概率降低，更有可能造成僵局。

（4）**减少隐私**：保护谈判过程的私密性并非易事。在面对面谈判中，各方可以，也经常会把信息共享给自己的朋友、家人和同事，有时还会分享给更广泛的受众，但是至少谈判方可以选择在私密的环境下见面。而用电子邮件谈判就没有私密的环境了；你永远不知道谁在“关注”着你。对方可能把你的邮件转发给自己的老板或你的老板、他的同事或者你的竞争对手。你的信息会被人永久记录、存档，存在你无法掌控的地方。你所分享的敏感信息可能会被曝光，这里面的原因可能是对方的恶意行为，或者仅仅是技术失误而已。我们很多人在回复邮件的时候，都干过把“回复”键错按成了“回复全部”，然后把私人信息发送到公众面前的糗事。

（5）**降低信誉度**：正如我们在本书前几章所讲过的那样，信任非常微妙，要想用远距离沟通方式保持最高的信任度具有很高的挑战性。尤其是用电子邮件进行谈判时更是如此，埃布纳曾这样解释：

与面对面的谈判相比，通过电子邮件谈判的人彼此之间的信任度更

> 低——在整个谈判过程中都是如此。在谈判开始之前，采用电子邮件的谈判者们对其对手的信任度就比较低，这种较低的信任度存在于整个谈判的过程中，从而减少了双方的合作意向和信息共享。即使双方签订了合同，采用电子邮件方式的谈判者们仍然不像面对面谈判那样信任自己的对手，表现在与对方继续合作的意愿会降低……（2014，426）

（6）**扩大认知偏见和消极因素的影响**：人类大脑在辨别信息、分析环境时，会走一些捷径，简单做出一些判断，而电子邮件这种方式会扩大这些简单判断的影响。正如我们在第十一章所述，如果认为对方的信息有误或者有害，那么我们就会对对方传递出来的信息、对方的品质和他们对我们的意图都产生负面的判断。媒介越单调，信息就越模糊。媒介快速、简短、清晰地澄清问题的机会越少，那么这种模糊性就越重。情况越模糊，认知偏见的影响就越大。这就解释了为何我们常常在读别人的邮件时，惊奇地发现对方会这么生气，或者竟然采用了很不客气的语气。其实真实情况通常是，他们往往根本没有生气，也没有咄咄逼人，只是我们的意识中是这样解读信息的。

（7）**双方的承诺和投入减少**：通过电子邮件谈判的双方可能没有面对面谈判的双方积极。他们所投入的精力可能还达不到面对面谈判的最低标准，即穿戴正式、离开家门。因为沉没成本较低，所以采用电子邮件谈判的人很容易很快就宣布谈判进行不下去了，而不是撸起袖子加油干；他们会轻易就放弃沟通，然后不了了之。

（8）**关注点的迷失**：通过电子邮件进行谈判时，即使是非常尽责、非常专注的谈判者，都有可能会发生注意力不集中、记忆力消退以及心绪被打乱的情况。这是由电子邮件的异时性造成的。例如，你上次发送邮件已经是一个星期前的事情，而我现在回复你的邮件、继续我们的谈话，其实已经有了一个星期的间隔。我会自然而然地忘了一些细节。除此之外，我们不可能把所有的注意力都放在电子邮件上，因为除了读写邮件以外，我们还必须同时处理很多事情。比如我们一边上网，一边查收邮件、回复邮件，或许与此同时我们还在做着其他事（例如，和朋友喝着咖啡）。尽管同时处理多项任务是现代工作的典型模式，也是值得炫耀的能力，然而研究表明我们并不像自己所想的那么擅长处理多重任务。当我们同时处理多项任务时，效率是很低的。

3. 最佳做法

即使存在上述各种问题，谈判者仍能高效地使用电子邮件来开展谈判。了解这些挑战和问题，对帮助谈判者克服它们大有裨益。电子邮件仍然是一种便于谈判的工具，因为它能消除谈判方之间的距离，使你能够在自己选定的时刻，和另一座城市甚至世界另一端的某人交流沟通，而这些都是这种媒介半同步性的优势。学者们已经提出过许多方法来解决前文提到的各种问题（比如 Ebner，2014）；这里重点强调有助于解决问题的五种做法。

（1）**建立融洽关系**：面对面的交流常常自然而然地让人们在寒暄中就建立了融洽的关系。谈判方可能会在一起走向会议室的途中，聊聊关于交通、天气的话题。谈判过程中，或者中场休息的时候也会有这种寒暄。电子邮件的沟通不会创造这种自然的寒暄机会，但是用电子邮件沟通也不会使打破僵局或者闲聊废话变得多余。因此在采用电子邮件方式谈判的开始阶段和整个过程中，应该识别或者制造一些寒暄的时刻。你可以谈一谈自己。如果你在旅途中，你就可以告诉对方你是在哪个地方给他写邮件的。如果听到他们那边发生了什么事，可以提一下这件事。如果对方提到了一些私人的事情，比如他们曾经去过的一个地方，或者一件与他们家庭有关的事情，那么在回信中，你就应该回应这类信息。这样做就会使你在对方的眼中更通人情，减少对方对你的猜疑，你们双方就可以产生基于身份识别的信任感。

（2）**使用沟通工具**：第十章我们分析过的所有沟通工具，网上沟通时都同样适用，也同样重要。事实上，正是因为网络环境本身容易***妨碍***建设性的沟通交流，所以这些工具对于网上沟通就越发重要了。具体做法包括想方设法表现出你在倾听（例如，你可以在邮件里写“我仔细通读了你的来信，我注意到你说……”），然后做出有针对性的回复（例如，“如果我理解正确的话，你认为交易中十分重要的部分包括……”）。你可以重构对手使用的欠妥的句子，而不是与对方展开争辩。使用“我”类信息清晰地交代自己的观点，并用问题促使对手提供你需要的信息。

（3）**如果你想要与对方合作，就清晰地表达出来**：如果你希望你们在一种合作的氛围中谈判，那么你就应该通过相关的表达构建那种氛围（例如，“我希望我们能通力合作”，或者“我期望有一个建设性的谈判过程”）。如果你期望展开双赢的谈判，那么你也应该准确地表达这种愿望（例如，“我希望我们能够谈出双赢的结果”，或者“我很希望了解，如果我们齐心协力，那会创造出多少价值”）。

（4）**迅速回复**：电子邮件的半同步性的性质使得人们总是期待对方能够快速回

复。当一方不迅速回复邮件时，对方总会产生猜忌和焦虑。如果你不能立即回复，或者知道做出完整的回复之前还需要一些时间（例如，你需要从第三方那里获得进一步的信息，才能针对对方的报价还盘），那么你应该及时给对方写一封短信，告知对方你已经收到他们的邮件，会尽快回复他们。

（5）**最重要的是信息清晰明了**：在发送邮件之前，一定要把邮件通读至少一遍，问问自己是否他人也能读懂你的意图。邮件里是否包含模棱两可的语言？如果你不能确定，那么就在发送邮件之前，请一位朋友或同事读一下。在任何重要信息后面，都应该附上一句“如果有哪些问题我写得不清楚，望告知，我很乐意进一步澄清”。

三、通过视频会议进行谈判

尽管视频会议这种技术已经存在了近一个世纪，但是直到21世纪第一个十年末，它才真正得以广泛使用。因此，关于通过视频会议谈判的研究还比较少，尤其是针对Skype、腾讯QQ等如今常用的视频会议平台的研究。在这种情况下，我们这里仅介绍视频会议作为沟通媒介的性质，及其可能带来的机遇和挑战。

1. 了解这一媒介

视频会议属于“丰富程度很高”的媒介，它包括音频和视频输入，提供语言和非语言的各种线索。使用视频时，沟通是同步性的（尽管有些平台也使用异时性视频信息），在很大程度上这种沟通是一种平行的过程，例如，一个谈判者可以在对方说话时点点头，这两种信息能够同时传递和接收。但另一方面，视频会议这种媒介仍然存在信息传递的延迟问题，即使延迟时间不长，也会妨碍双方同时说出或听到信息。

2. 优势

在以文本为基础的沟通成为唯一或最便利的渠道很长一段时间之后，视频会议这种媒介被奉为能将“人的因素”导入网上沟通的最方便的渠道。采用视频会议时，双方可以实时地看到对方，保持联系，并增强彼此的信任和理解。通常，视频会议能够在很高程度上还原“自然的”谈判的场景，使得谈判人员感到犹如身临其境——双方面对面在桌边坐下来进行谈判。这种双方同时参与其中的同步沟通不需要花费较多时间来回发送信息，因此，往往通过一次会议，谈判者就能解决问题。最后，视频会议使谈判者们能够把对方限定在一个问题上，相比而言，如果用电子邮件谈判，那么对方很容易逃避对一些问题的直接回答。视频会议在几乎所有方面，都具有超过电子邮件的优势，同时还能克服很多地理方面的困难，使得谈判者不费吹灰之力就能在全球各地展开联系。

3. 挑战

与电子邮件不同，视频会议对硬件和网络带宽等技术都有极高的要求。尽管在西方许多国家，这二者都不是什么问题——许多电脑硬件没问题，也有足够快的网络——但这些技术条件在世界上其他地方就未必都能实现了。视频会议要求同步性，这在某些方面是好事；但是另一方面它也很麻烦，尤其是当谈判者相隔好几个时区时。视频会议对背景环境也有限制：比如，如果你发邮件，那么你可以在床上发或者度假时在泳池边发；然而在正式谈判过程中，你肯定不愿这类环境背景出现在你与对方的视频会议中。虽然准备和参与视频会议并不会要求很高的技术水平，但与电子邮件相比，所要求的技术还是很高的。而且隐私从来都无法确保。任何视频会议都有可能被一方录制下来，采用抓屏软件或隐藏的摄像头时，另一方根本看不出来。

或许，视频会议的最大挑战恰恰来自其看起来最重要的优势：与面对面谈判的相似性。例如，正因为我们能够看到对方，感知到对方的真实存在，所以我们就会忽视隐私问题。我们忘了，在视频会议里，我们看到的其实只是一小部分（只是对方摄像头所拍下的区域）。或许房间里还有其他人，只是我们没有察觉。这一假象所造成的另一个更大的挑战就是我们会假设自己，就像面对面谈判中一样，能够读取到非言语的交流线索。而实际上，我们所看到的这些线索和我们所听到的语调都有赖于对方网络摄像头和麦克风的质量，以及他们和我们自己网络连接的速度。我们根本不能接收到嗅觉和触觉线索。比如我们可以看到对方的面部表情，但是我们无法看到摄像头之外的其他线索，例如对方非常紧张地握着笔，或者脚在桌子底下不耐烦地晃动。实际上，我们只会解读自己所获得的信息，而且会误认为自己获得了完整信息。

4. 最佳做法

我们给电子邮件媒介所提的建议同样也适用于视频谈判，只需要做一小点变动

（即不需要“立即回复”，因为这在同步沟通中不算是个问题）。

有两个问题需要特别注意，它们涉及如何更好地使用摄像头和屏幕。当你在谈判时：要注视对方的眼睛，并注意摄像头的位置。

要注意目光接触的问题：如果在视频谈判中缺少视觉接触，即使是一丝视觉接触的感觉，都会给人造成虚假不实之感。埃布纳（2017）曾解释过这个问题，也给出过克服它的方法：

> 在社交场合中证明存在感，以及在视频会议中保持融洽关系，一个挑战是目光接触。如果你在屏幕上直视对手的眼睛，摄像头可能显示的是你正在看着别处。例如，在笔记本电脑中，摄像头总是安装在屏幕上端的中央，这就导致了任何直视屏幕的人，在对方看来都像是在向下看。尽管人们不断努力用各种科技手段解决这一难题，例如：“目光矫正”和加强“目光接触感知度”——包括把设备摄像头放置在屏幕中央来升级硬件设备，或者升级软件使其能够：“矫正”图像，用摄像头捕捉到真实图像，再传递一种你正在直视对方的感觉——然而这一问题到现在还未圆满解决。有一个缓解问题的方法，那就是直视摄像头，仿佛你正盯着对方的眼睛。这一方法的缺点就是你看不到对手，也无法通过视觉信息与他们进行非语言交流。另一个解决问题的方法则是重设屏幕的布局，有些平台允许你这么做。把对手的视频框尽可能移到摄像头旁边，这样当你看摄像头时，就像正在看着对方的眼睛……（2017）

注意摄像头的位置：摄像头的位置也影响到谈判者在对手屏幕上的影像。埃布纳解释说，虽然人们并不太了解会有什么具体影响，但是稍微注意一下这个问题，就能使你改善对手看到你时的影像。

> 有一项实验发现：把摄像头调低对准自己，会使对方感到你比他们高——结果会造成某种盛气凌人的感觉。当然，我们还需要更多地了解关于摄像头位置的影响。另一个位置问题与你和摄像头之间的最佳距离相关——因为这会影响对方可以看到的你身体的比例、影像的分辨率和交流的自然程度。这里建议你使用一个刚刚好的办法：不要离得太近，让对方只能看到你的脸；也不要离得太远，让他们难以看到你的表情和肢体语言，而你周围的环境比你自己吸引了更多的关注。要选择一个适当的距离，使

摄像头既能捕捉到你的脸，又能充分捕捉到你上半身的动作，包括手势、姿态和身体的倾向；背景要预先设想一些线索，既符合你的初衷，但又不会把别人的注意力从你身上转移开。大多数视频会议平台能够同时显示你和对方的即时影像，使你能够即时调整；另外，大多数平台允许你在开始连接对方之前测验摄像头，使你能够把自己和摄像头调整到最佳位置。（2017）

四、通过短信谈判

有些读者可能觉得通过短信来谈判实在是难以想象，但是有很多人明白他们早已开始每天都这么做了。人们使用短信的频率不断上升（包括使用手机发送短信，以及 WhatsApp、微信和其他一些通过 App 发送的短信），而且我们在本书开篇就对谈判下了非常广泛的定义，因此，我们大多数人都可能会发现自己天天都在使用短信谈判。当然，许多专业人士会认为短信从来不可能用于正式的谈判中。然而，还不到十年前，他们也是这样看待电子邮件的，可是现在他们却频繁地使用电子邮件。我们认为，使用短信谈判也会这样发展。

1. 理解这种媒介

短信之所以成为如此奇妙的谈判媒介，原因之一就在于短信支持的沟通类型与人们实际使用它进行沟通的类型之间有区别。

埃布纳 2017 年曾分析了短信作为媒介的丰富性和交互性：

从媒介丰富程度来看，短信跟电子邮件非常相似，常被归为比较单调的媒介种类。短信在媒介丰富程度上仿佛不如电子邮件，然而它的某些优势又胜过了电子邮件。短信方式会失去电子邮件一般具有的非言语线索，比如采用加粗字体、下划线或者斜体文本、不同的字体或者字号、编号、数字或者分段符等。使用短信沟通时，双方能用的就是普通文字，最多只能使用大写字母和表情符号来强调。有些形式的短信还有 160 个字的字数限制，这就进一步降低了短信媒介的丰富性，也导致许多人倾向于使用非正式的语言；事实上，要让短信语言更正规又不受字数限制，还真得花些功夫。短信适用于简短、快捷、灵活的沟通交流，交互性程度较高，有时

> 还有平行处理信息的情况。然而真实情况并非总是如此，短信也常常是异时性的，互动之间有可能有长时间的间隔。前文中，我曾讨论了智能手机的普及已经使我们能够随时查看电子邮箱，从而使得电子邮件具有了同步性；我曾说过电子邮件如今已经变成了一种半同步性的媒介。同样短信也是一种半同步性的媒介了。二者在同步性上的差异可能就是人们的感知和预期问题，大多数人还是会认为短信比电子邮件的同步性更高。
>
> 应用媒介的丰富性理论，人们很容易得出结论：短信是一种相对单调的媒介，很难使用短信进行清晰明了的沟通、开放的谈话、清楚细致的交流，很难用其来构建相互信任的关系。或者，简而言之，短信不是一种适合谈判的媒介。（2017）

然而，埃布纳指出，研究表明实际的短信使用者们发现：短信足以支撑开放、坦诚的对话。人们通过短信交流他们认为最重要的信息，例如维持家庭关系和爱人之间的对话等。他解释说，如果一种媒介的使用者主观上认为它是一种丰富的媒介，而且也会那样使用它，那么沟通理论就会支持这种媒介的丰富性。许多发短信的人，尤其是那些年轻人，他们把短信当作与社会和家庭沟通的主要方式，他们绝对会这样来使用短信。表情符号已经从单调呆板的标点符号发展成为数量庞大、引人注目、表达充分的语言符号，给信息的接收者提供了一系列语境线索。发送短信的人常常把图像、外来词或者链接编辑到自己的短信中，极大地丰富了他们的短信。即使这种做法可能与关于职业礼仪的传统观念并不相符，然而，所有这些因素都使得短信成了一种能够支持重要的、有意义的对话的媒介。

2. 最佳做法

因为这一领域的研究还比较少，所以，现在就确定下来一些通过短信进行谈判的最佳做法还为时过早。不过，我们还是要建议你把前文提出的关于电子邮件的最佳方案调整一下，就可以用在短信沟通上。另外，下面这些建议也能使你做得更好。

使用阴暗面：调查表明通过短信来表达愤怒可能会产生一种独特的效果：给对方的行为和报价回复一种表明愤怒的信息，结果可能会让对方做出很大的让步。例如："我不相信你居然敢再要求折扣——我们之前已经说过这件事了，而且我已经告诉你我不能再给你折扣了！！！我得回绝你多少次？？？"或者"一开始你消失了整整一个月，现在你又冒出来，并且给出这么羞辱人的报价！！！这样做可没门！！！"

标点符号问题，比如句号：使用单调的媒介时，我们常常试图从所有的线索中推测出信息。最近一项研究表明，使用句号结尾的信息总是让接收者们觉得不够真诚。除非你刻意在使用一种非常正式的模式，否则就别再使用句号了。要永远牢记这一点。（大家注意，英文版这里省略了句号。——作者注）

用同步性来构建融洽的关系：因为缺少视觉线索，基于文本的短信媒介会影响到对方看待你的方式。社交距离感会导致人们之间的猜忌和恶意判断。这些都有可能阻碍人们构建融洽和睦的关系，阻碍人们互相信任。近乎同步性的交流在减少这种距离感上大有帮助。你不需要总是一收到短信就马上回复；大多数情况下，你需要考虑一下，或者等待适当的回复时机。然而，即刻回复，通常可能是双方都“在线”等待回复时立刻回复（在一些平台上你可以看到“对方正在输入”字样，即使你还看不到回复的内容），就能产生一种社会存在感，这有助于构建融洽的关系。

仔细检查拼写检查程序：虽然采用短信沟通时使用拼写检查功能是一个不错的做法，但是那些拼写检查程序，尤其是那些安装在手机上的应用程序，有可能让你在错误的时间输入错误的信息。例如，你在向对方发送报价时，总不希望自动纠错功能给你的报价多加一个零吧！拼写检查程序会识别你的语言特点，并将你的词汇加入字典中，这样就有可能在短信中出现某些不合适、不恰当，甚至带有侮辱含义的词语，其实当你打字时，你输入的是对的，只是程序自动嵌入了一些首选词……

也许我们为自己考虑太多了：使用单调的媒介，我们总是会误解一些含义，得出错误的理解。例如，如果我们看到对方已经阅读了我们的信息，可能会奇怪他们为何到现在都没有回复。随着时间的流逝，我们可能会感到焦虑，并且推测他们为什么不回复。当然，实际上他们可能并没注意到我们的信息，或者他们可能更愿意在精力集中的时候再来回复我们，或者他们可能在***开车***时读到了信息，但是要理智地等到停了车再回复。另一个例子就是，我们会比较介意对方只回复一两个字，我们可能会认为这些人无礼、粗暴或者是生气了。实际上，他们可能只是用了别的手机，而这手机不方便打字；或者他们可能更想快速给我们答复而不是用长时间来回复一大段话；又或许他们可能是在开会时偷偷打字，为了避免被发现，所以得尽量少打字。在使用短信时要记住一个有用的原理，那就是：***我们猜测的可能比别人意图的更多***。

他们猜测的情况超出了我们意图的范畴：你要帮助你的对手，避免让他想太多。如果你收到短信后知道自己不能立即充分答复，那么就应该用短信告诉对方你的情况“收到你的短信了，今天晚上会坐下来好好想一想这件事”。如果你正在和别人一来一往地进行短信同步交流，你突然有事，必须离开，那么不要直接消失，而应解释一下你要离开了，例如“现在得去和老板开会了；我会询问她对你们方案的意见，稍后我们继续聊”。（Ebner, 2017）

然而，在提出这些建议之后，我们还要再次强调一下：因为这一领域还没有充分的研究，所以总体上来说，是不是采用短信的形式、短信信息适合于什么样的谈判、效果如何，所有这些都没有定论。因此，相比较而言，大家应该通过自己的实践、评估和思考来找到适合自己的方法，而不是依赖我们推荐的任何最佳做法。

五、谈判支持系统

在本章前面部分，我们讨论了通过各种技术手段开展谈判的情况，大家已经能够看到科技为交流提供了各种渠道。这些科技支持着我们每天进行的谈判活动，从数量来看，这些内容吸引了我们注意力的绝大部分。

在本节，我们会简短地探讨一下支持谈判的其他平台，那些不仅仅是为谈判者提供沟通渠道的平台。具有这种功能的平台有的已被开发出来，有的还在开发当中。我们还可以预见到，未来人们在谈判中会更依赖科技。这些平台被统称为谈判支持系统（Negotiation Support Systems，简称 NSS）。这种系统有比较简单的（例如允许谈判者输入信息的网页），也有极度复杂的（例如使用人工智能系统，提出谈判双方疏忽的双赢方案）。下面，我们来详细介绍谈判支持系统的三种用途或者形式；当然，不同的系统可以整合多种方法来帮助谈判者。

1. 谈判结构

正如本书各章所述，谈判是一个非常复杂的交流过程，随时随地都有可能发生新的状况。人们可以用许多不同的方式参与其中，而且我们的脑海里也常常会思考“接下来该说什么”的问题。如果缺少能将双方连接起来的第三方斡旋者或调解方，那么谈判的走向就无法预料，通常情况下这种谈判发展下去都不会具有什么建设性的意义。

有些谈判支持系统通过介入谈判过程来帮助双方谈下去。大家可以把这个系统想象为一个网站，你在这个网站上注册并提供一个谈判对手的邮箱地址。然后这个系统会联系你的谈判对手，告知他们你想和他们谈判。如果他们同意谈判，你会收到通知；此时你会被引入另一个网页，在这个网页上你要描述自己想要谈判的问题。换句话说，谈判支持系统是在邀请你来组织问题。对手会收到这一信息，系统会问他们是否要做任何调整，即进行谈判主题的重构。然后系统会让你就第一个问题提出条件或报价。一旦你输入了条件或报价，系统紧接着会追问其背后的原因——或者，换句话说，你的条件背后是什么样的利益诉求。然后系统会给对手提供一个网页界面，让对手回复。这个过程会一直持续下去，最后系统会问你们双方是否愿意达成协议或者终止谈判。

大家要注意：这类系统并不复杂。此时，谈判支持系统是根据一个预先确定好的程序来运行的。它会向各方提出问题，并给出具体信息的输入位置。有时候它恰恰是所有参与谈判的人为了有效合作都需要的结构。

2. 投盲标

投盲标系统是一种高度结构化的过程，除了数字报价以外，它会删去双方之间所有的对话。投盲标的过程仅仅适用于讨价还价的竞争型谈判（不支持合作型谈判），其删掉了在议价过程中的糊弄、搪塞和耍手腕的内容。它们只用在解决单一事项的谈判中，而且这些事项都可以被归结为单纯的数字问题：比如一辆车的价格，解决诉讼案件所需支付的费用，一份合同的有效期时长。投盲标让双方明确定义有待解决的具体事项（例如，收购一个公司需要支付的价格），然后让对方给出自己的报价。双方都输入自己的报价，但又看不到对方的报价。一旦双方都输入了，系统会对比它们。如果双方输入的价格吻合（例如，我提出愿意出 100 万美元来收购你的公司，而你也同意将公司 100 万美元卖给我），系统就会通知双方他们已经达成了协议。如果价格有重叠部分（例如，我出 200 万美元，而你 100 万美元就卖），系统会通知双方已经达成协议，并且会用预先确定的原则计算出最终价格（例如，重叠部分双方平分）。如果双方出价不吻合（例如，我出 100 万美元，而你要 200 万美元），那么系统会提醒双方没有达成协议，并且询问双方是希望终止谈判，还是进入新一轮的报价流程。这类系统中的程序可以设定为在无法达成协议的情况下自动提醒双方；当一方报价超过对方的幅度低于 10%，那么系统就会鼓励双方再考虑给出一个调整的报价。

3. 最优化

有一些谈判支持系统会使用更加复杂的软件来帮助谈判者。比如有的系统平台会让谈判者输入自己的多个利益诉求，然后根据优先顺序来排列它们。这使得双方能够遵循一个结构化的谈判过程，双方各自给出自己的报价和还价，然后系统能够帮助双方权衡这些方案和条件是否能够满足自己的利益诉求。系统会提醒和建议谈判方，确保双方专注于自己的利益诉求。如果最终双方能够达成协议，系统还能够帮助双方微调协议，使得双方可以获得的益处都更多。

六、对技术的熟练程度

在本章即将结束的时候，我们想跟大家说的是：应该提高自己运用交流技术平台的熟练程度。这里有一个提醒和一条建议：

本章分析了多种不同的媒介，对待每一种媒介时，都有一个前提，那就是存在一个共享的、普遍的格式，所有人都曾经用过。其实，电子邮件平台有很多种，使用者的体验也会因为平台或者设计方面的差异而有所不同。因此，一方面，我们在书中所讲的内容比较宽泛；另一方面，大家在实际应用中肯定会对所用的平台有更清晰、明确的体会。所以，我们建议大家要努力观察并了解你所使用的各种媒介，包括电子邮件的服务提供方、你喜欢的短信应用程序等，而且敏感地关注这些媒介的特点怎样影响你作为谈判者的经验。另外，我们还建议大家针对每种媒介去熟悉、了解更多的媒介平台，帮助大家掌握更丰富的媒介。

总体而言，我们认为要想借助各种科技手段来进行高效谈判，你能做的最简单的准备就是在与家人和朋友沟通时，不断尝试各种沟通媒介，根据自己的需求来使用这些媒介。你对这些沟通平台掌握得越熟练，你利用这些媒介在谈判中表现得就越出色。

思考题

1. 你能想出自己在网上进行的一场谈判吗？你认为其与面对面谈判相比，有何不同？

2. 选择一个你最近参与过的谈判，想一下：如果你通过电子邮件进行谈判，会有什么不同？你能想象如果通过短信进行谈判，会有什么不同吗？这些媒介会怎样影响谈判的过程？

第十九章

为谈判做好准备

阅读本书或许会使你觉得，在参与任何谈判之前，你都需要筹划周密并且思考很多问题。正如同运动员要为接下来的比赛而细心准备，老师为要上课而认真备课一样，谈判者在开始谈判前要认真准备，才能表现良好。

通常情况下，人们为谈判所做的准备并不充分。想一想，你是否对自己说过这样的话："我要去参加一场谈判，去听听对方说什么，然后再决定怎样进行下去。"其实这句话显示的恰恰是人们很容易对谈判准备不充分。当你产生希望随机应变的想法时，你实际做的却是去应付对手，这些都不是有备而来的做法。也就是说，你都不是在执行制定好的策略，一步步走向自己的目标。即使你是那种习惯于"临场发挥"的谈判者，你也一定会受益于在谈判前所做的各种准备。

好消息是，读过这本书，你在很大程度上已经进入准备过程了。事实上，你已经开始为自己定制谈判的准备过程。而且，你现在所做的一切准备，在这轮谈判结束的时候，都将回报于你。你会在这个过程中汲取经验，而这些经验将会在未来的谈判中助你一臂之力。

在本章中，我们将会探讨三种类型的谈判前准备——分析型、心理型和实验型；我们还会分析这些准备工作如何积累，帮助谈判者不断成长。

一、分析型准备

在为谈判做准备时，人们大多专注于分析型行为，这些因素我们已经在本书前面的章节中详细讨论了。下面这个清单列出了为谈判进行的各种分析型准备工作。你可以依此清单进行准备，当然你也可以根据自己的谈判经验加以调整，并从中不断实践和进步。

清 单

1. 一般性的准备工作

（1）关于谈判方

参加谈判的人是谁?

他们代表自己还是别人?

在这场谈判中，谁是间接的参与者或谈判者? 有没有谈判各方以外的个人或组织，会因谈判的成功或失败而获利?

（2）关于目标

如果要用一句话写出谈判中我要实现的目标，这句话是什么？

如果我要猜测并用一句话写出***对方***在谈判中的目标，这句话是什么?

（3）关于方法

根据我对此次谈判情况、我和对手对此次谈判的感觉等的判断，这更有可能是一场***合作型***谈判还是***竞争型***谈判? （二选一）

（4）总体战略

在下面五种战略中，我会选择哪一种作为我的谈判总体战略（圈出你的选择）:

合作　竞争　妥协　折中　逃避

如果我最初选定的战略不起作用，那么我会在谈判桌上收到一些指示信号，其中两个清晰的指示信号是什么?

如果在谈判过程中出现以上信号，那么我会把战略调整为（圈出你的选择）:

合作　竞争　妥协　折中　逃避

2. 竞争型谈判

我是否可以料定这场谈判将会是一场竞争型谈判? 如果确实如此，那么:

我谈判的目标条件是什么?

我的最佳替代方案是什么?

如果谈判不成，会发生什么后果?

我的谈判底线是什么?

我会第一个出价吗？

我提出的首轮报价（或者回应对方首轮开价）条件是什么？

假设另一方提出要我方让步，那么我会做出的第一次让步是什么？

在第一次让步之后，我还会做出什么让步呢？

关于我的首轮报价条件，我给出的客观准则以及合法性和标准方面的解释是什么？关于我每次做出的让步，为了使对方容易接受，我又给出了什么样的解释？

3. 合作型谈判

我能料定这场谈判会包含或者属于合作型谈判吗？如果确实如此：

（1）关于利益诉求

我在这场谈判中的利益诉求是什么？

如果我必须给我的利益诉求按优先顺序排序，那会是怎样的顺序？

谈判对手的利益诉求是什么？

对手会怎样排列自己的利益诉求？

我怎样才能更加了解对手的利益诉求？

我会在谈判中要求对方考虑把什么资源摆到桌面上，以保证从我的角度看，我们可以把蛋糕做大？

我会在谈判中把什么资源摆到桌面上，以保证从对手的角度看，我们可以把蛋糕做大？

（2）谈判的各种备选方案

还有哪些备选方案，可以满足谈判双方或各方的利益诉求？

我最中意的备选方案是哪个？为什么？

我怎样让那些备选方案听起来符合我所了解到的对方的利益诉求？

（3）客观准则、合法性和标准

支持我方获得利益诉求的客观准则、合法性和标准的解释总体有哪些？

支持我方偏好的备选方案的客观准则、合法性和标准的具体解释有哪些？

（4）将人和事分开

我在这场谈判中，尝试把人和事分开时，可能会遇到什么挑战？

在谈判中，我怎样做，才能使对方更加容易地把人和事分开？

（5）备选方案

对我方而言，谈判协议的最佳备选方案是什么？

如果我不谈了，会发生什么后果？

（6）关系和信任

我和对方过去的关系如何？

目前我和对方的关系怎么样？

如果与对方的关系有所改善，在未来会有什么好处？

如果与对方关系恶化或者决裂，在未来会有什么代价？

走入这场谈判时，我是否对对方有信任感？为什么有，或为什么没有？

对方对我的信任感如何？

在谈判时，我会采取什么具体行动，来提升对方对我的信任？

（7）认知和情感

在即将参与的这场谈判中，我有没有什么认知偏见？

考虑到对手和双方接下来的会谈，双方会产生什么样的情绪？

对手会把什么样的情感带到这场谈判中来？

我是否可以预料到谈判中会发生任何事情，导致我受到情感胁迫？可以做些什么来防止这种情况的发生？

（8）谈判力

在进行谈判之前，我如何看待谈判力的均衡？

对方会如何看待谈判力的均衡？

在我方看来，怎样做可以增强谈判力？

在对方看来，怎样做可以增强谈判力？

（9）影响力

在这次谈判中，是否存在非强迫形式的劝服因素，它们是什么？

列出我希望在谈判某些时点采用的、旨在影响对手的三个句子。

（10）道德

在这场谈判中，我是否可以预料到会出现有关伦理、道德的问题？如果确实如此，什么东西能帮助我识别出它们？

如果确实有伦理、道德问题发生，我将依照自己的伦理标准，做出何种回应？

（11）性别

根据我自己和对手的性别，以及我对其的熟悉程度，我能预料到谈判中会出现什么与性别相关的问题吗？如果确实产生了跟性别相关的问题，我将怎样应对？

（12）文化

根据我自己和对手的文化背景，以及我对其的熟悉程度，我能预料到谈判中会出现什么与文化相关的问题吗？如果确实产生了跟文化相关的问题，我将怎样应对？

根据对谈判双方之间的文化差异的了解，谈判中我们应该谨慎涉及或避免涉及怎样的主题或语言？我应该谈怎样的主题，采用怎样的语言，来表示对对方的尊重或使沟通得以持续下去？

（13）沟通媒介

即将开始的谈判会使用面对面的形式，还是网上沟通的方式？可能涉及何种技术？

如果采用网上交流的方式，我们应该如何调整，才能提高沟通效率？

（14）交流沟通

我料定对手可能会告诉我些什么，其中哪些是我不愿意听到的？

为了使双方的沟通更具建设性，我应该怎样重塑沟通框架？

为了让对方理解我的主要观点，我会怎样组织“我”式信息？

我想要询问对方哪些问题？

要为谈判做全面的准备，大家一定要记住：谈判对手和你一样，是一个复杂的人，他有着自己的利益诉求，有自己的需求、目标和愿望，有自己的强项和弱点，以及自信和疑虑，非常复杂。你难道不想了解一下他们在与你谈判之前列出的清单？尽管你做不到这一点，但是你可以帮自己一个小忙，即回顾一下上述清单问题——这一次，尽可能地站在对方的立场上回答每个问题，这样也许有所帮助。

全面的分析仅仅是成功准备的一个方面。现在我们将话题转移到另一个领域：确保我们用最佳的心理状态进行分析，投入谈判。

专栏 19-1　　暗箭难防

“暗箭难防”出自宋代刘炎《迩言》卷六：“暗箭中人，其深次骨，人之怨之，亦必次骨，以其掩人所不备也。”它的意思是指冷箭最难防范，比喻阴谋诡计难以预防。2009 年哥本哈根气候会议之前，一名电脑黑客攻击英国东英吉利大学的电子邮件服务器，窃取英国气候学家之间交流的上千封电子邮件内容并将其公之于众，还声称从邮件中可以看出，这些气象专家的研究并不严肃，他们甚至操纵数据和伪造科学流程以证明人类活动对气候变化起到巨大作用。这一事件在整个世界引起讨论和争论，并被媒体称为“气候门”，而此时距离联合国哥本哈根气候峰会（12 月 7 日）仅有一周时间。英国独立调查人员前后用了 6 个月彻底调查外泄的电子邮件后证实，科学家是清白的，这些电子邮件并没有任何证据可以显示他们操纵数据。会议召开之前散布这样的不实信息往往会混淆视听，对会议的举办等产生一定的影响。在气候谈判中，各方代表在谈判桌上的言辞往来都是无可厚非的“明枪”，而气候变化问题的反对者又在背后挑选时机放“暗箭”，破坏气候谈判的进程，可谓“明枪易躲，暗箭难防”。

二、心理准备

在谈判过程中，有两个关键时刻要进行心理准备：一是在谈判前进行分析的准备阶段，二是步入谈判现场之前。

1. 分析型准备阶段

在准备阶段进行分析时（见前文），把自己的感觉记下来。在准备这场谈判时，自己的情绪反应是怎样的？你担忧吗？恐惧吗？还是充满自信？尝试精确指出这种情绪的来源：它与你对双方握有的谈判力的判断有关吗？你是否担心对方会骗你？你是否不关心对方会采取任何行动，因为你有不错的备选方案？你是否担忧因为自己没有任何备选方案，所以无论对方提出任何条件，你都必须接受？

如果你现在的情绪属于积极、正面的，那么了解这种情绪的来源将会把你引向重要的谈判力之源，你在谈判中可以加以利用。如果你现在的情绪基本上属于消极、负面的，那么了解这种情绪的来源有助于你应对它们，而不是屈服于有可能转化为悲观主义或失败主义的负面情感。

在许多情况下，你会发现自己的消极情绪与下面这两个因素相关：

谈判对手或者你们之间的关系：在这种情况下，你需要考虑这个人对你而言意味着什么，与他们的关系究竟有多重要。

谈判的结果：在考虑一场谈判时，我们通常会在脑海中想象可能真会发生的最坏结果。在谈判前，你是否经常会有这种想法："如果解决不了的话，***一切将付之东流***？"这些想法在具体情况下，可能表现得不一样，比如：

- "如果不能给老板找到解决方案，那么我就会被炒鱿鱼，我将失去一切。"
- "如果不能再凑出几千元，那么最终我还是买不起这辆车，我将***永远***不能拥有自己想要的车了（全完了！）。"
- "如果他们不买这幢房子，那么我就得再等***好多年***，才有机会了（全完了！）。"

这些想法会将我们置于极度悲观的思想状态中。如果我们放任它们，这些想法就会相当持久！那么，我们很可能会用妥协的方式来应对谈判。然而，如果我们能够花些时间来探究一下这种心态背后的假定，我们就能使自己身心放松。坦白地问自己："可能发生的最坏的结果是什么？"然后设想一下它们在真实生活中会如何表现出来。有时候你会发现，最坏的情形也不会像你想得那么糟糕。接下来，问一下自己，最坏的情况出现的***概率***有多大？通常情况下，我们会预见一场失败的谈判带来很糟糕的结果，同时对这种情形感到恐惧或焦虑，但其实我们并没有意识到，出现这种最差结果的***概率***是很小的。一旦你把思维焦点从"会发生的最差结果是什么？"转移到"最***有可能***发生的最差结果是什么？"，你就很容易改变自己对结果的预测，尽管结果不会是最理想的，但也没有那么可怕。

2. 步入谈判前一刻

就在谈判开始之前，要给自己留出一些时间，做进一步的心理准备。

在进行谈判之前，我们看待和感受问题的方式会影响谈判中发生的一切。无论何时，我们在谈判时总会带着情感包袱，这些情感和我们当天产生的各种想法以及经历的各种人际交往密切地联系在一起。可以想象一下，当你步入谈判之前，刚刚与配偶或父母大吵了一架，所以你的心中还会残留怒气、愧疚、伤感或羞愧，所有这些情感都会影响你在谈判中的行为。相反地，想象一下，就在来谈判之前，你得知自己获得了升职或加薪的机会，或者听闻好友刚从重病中苏醒过来。这类好消息会使你变得更强大，会赋予你一种自尊、自信、感激、坚强的情感，所有这些感觉会有助于你在谈判桌前的表现。

因此，在步入谈判之前要做的一件重要事情就是，尽量在思想上摆脱谈判之前遭遇的一切消极之事（例如，与朋友打了一架，或在路上和别的司机大吵了一场）。要告诉自己，我已经将那些乱七八糟的事情抛至脑后；或者现在不想，以后再去想如何解决那些问题；把自己的所有精力投入当前谈判中。这种思想状态就会使你集中精力专注于当前的谈判。保持专注力、沉着镇静的另一种简单方法就是呼吸。深吸气或者花几分钟做呼吸练习，会让你的专注力显著提高。当你深呼吸时，你可以让自己冷静下来，将重重压力和紧张情绪抛到一边。这样做就有可能减少情感绑架。确保自己提前到达谈判地点，给自己留点时间来做谈判前的准备，避免由于迟到或迷路产生额外的压力和不适。

三、实验型准备

为谈判做准备的一种非常有用的方法就是，找一个朋友或同事进行角色扮演。在简短介绍完谈判背景和问题后，让他们扮成你的谈判对手，尽可能还原你的对手在现实中的表现。如果你有时间，你朋友也愿意花时间，那么你们可以进行二次角色扮演，此时你们把角色对调一下，再来模拟一次。

实验型准备赋予了我们一个安全的环境，来模拟与对手的谈判；如果没有这种准备，我们就不得不一见面便展开艰难的周旋。这种准备让我们有机会练习一下把那些难以启齿的事情说出来，而且让我们有机会体验一下，如果那些话说出来，对方会不会按我们的预料做出回应。

实验型准备还有另一个作用，即赋予我们一些灵活性。在进行分析型准备和心理准备的过程中，我们都是在脑海中预想即将开始的谈判，往往会把谈判看成是以特定的方式发生的。不论我们如何设想，实际发生的谈判都有其自己的轨迹。当然，在谈判中，双方的交流不会像是按照“剧本”设定的那样发展，因此，预想的和实际发生的谈判之间存在差距。与朋友模拟谈判会打破陈规，而交换角色扮演对手会让我们了解对手的行动究竟有多少可能的方式。我们应当怎样准备去应对各种不同的情况？我们不可能想尽所有的情况，我们能预料到的和能准备的都有限，因此，应对***始料未及***情况的能力就很有价值了。通过打破我们的思想陈规，采用角色扮演的方式能使我们在谈判过程中灵活应对。

专栏 19-2　　比而不周

“比而不周”出自《论语·为政》，子曰：“君子周而不比，小人比而不周”，意思是指君子大公无私，小人结党营私。谈判对手出现“比而不周”的情况往往发生在一对多的谈判中，例如在大型的政府采购项目中，往往会出现多家供应商的情况，且这些供应商之间是竞争关系。但必须意识到，政府与这些供应商进行谈判的时候，往往会遇到供应商相互勾结哄抬价格的情况。为了避免这种情况的发生，除了要做好必要的保密工作外，还要对谈判方式进行调整。比如在谈判中可以采取分别谈判的方式，即逐次与各家供应商分别进行谈判，由此确保各供应商之间价格是非互通的。

四、做好自己的准备

本章为进行谈判前的准备提供了指引，每位谈判者都应该为自己设计一套准备方案。你可以参考本书及其他关于谈判的书，根据对自己所用方式的了解，列出自己的准备清单。你还可以加入心理准备的其他有益要素，把它们整合到谈判准备工作中去。

本书在开篇对谈判的定义很宽泛，有些谈判我们可以做准备，但是还有很多谈判，我们根本没有时间来做准备。谈判不经意之间就开始了，比如在工作中、大街上、家里，或其他任何地方。即使是最正式的谈判，我们都可能遇到没有时间做准备的情形。例如，你的上司可能叫你去办公室讨论你的薪水问题；其他公司的代表可能不进行正式的“会谈”，就要求你当场报价。在这些时刻，你可能处于劣势，因为你的对手有时间准备，而你却没时间做任何准备。因此，创建自己的日常谈判准备程序非常重要，你可以按照我们这一章所探讨的内容来进行梳理。为自己设计一套完整的准备程序，然后实践，即使现场出现各种“状况”，你也始终清楚什么对你才是***最重要的***。然后，你就可以在短暂的谈判时间内，专注于这些要素（例如，当你走向上司的办公室时，在脑海中列出自己的利益诉求），或者在短时间之内为自己清理头绪（例如，对方给你打了一通电话，说的事情令你吃惊，这时候你可以告诉他："稍等一下，让我把门关上。"然后用这 10 秒钟，做几次深呼吸）。

专栏 19-3　兵不厌诈

"兵不厌诈"出自《韩非子·难一》："臣闻之，繁礼君子，不厌忠信；战阵之间，不厌诈伪，君其诈之而已矣。"它指用兵作战不排斥运用诡变、欺诈的策略或手段克敌制胜，也指用巧妙的手段骗人。"兵不厌诈"通常也被作为一种谈判策略应用于实际的谈判活动中，含义是指以人造的假象代替真实存在，让对方相信退步是与该存在相应的合理反应。

五、总结每一次的谈判

在每场谈判之后，都值得花些时间来总结，明确自己做得好的方面，梳理自己有待于提升的地方。总结会赋予谈判者一个对比的机会，让你可以将自己的谈判目标、谈判知识与实际情况进行对比，明确还可以在哪些方面有所提高，自己在哪些方面有优势，等等。

因此，总结上一次谈判，是你能为下一场谈判做出的最佳准备，即便你无法预料下一次谈判会在何时发生，会是什么主题，总结仍然非常有用。此时，你或许首先要问的问题就是："我从上一次谈判中获得了哪些经验？在这次谈判中我还能利用那些经验吗？"除此以外，将谈判经历用书面总结的方式记录下来，十分有用，因为它能让你看到随着时间的变化，你的谈判技巧有没有提高，以及能不能挖掘出更深层的谈判模式。

下面列举了一些你可以在谈判之后问自己的问题。你可以依据自己希望进一步成长的领域，调整这个问题清单，逐步形成自己总结谈判的习惯。

（1）我在这次谈判中是否达到了自己预定的目标？

（2）我是否放弃了自己承诺过不会放弃的条件？我是否让步太多，超过了底线？如果确实如此，是什么原因导致的？未来我怎样才能避免这种情况再次发生？

（3）我是否有意外的收获？如果确实如此，是由什么因素促成的？我应当怎样做才能使这种情况再次发生？

（4）我与对方的沟通方式是否保证了对方如我所愿地理解我？

（5）在谈判过程中，有没有什么时刻让我感觉非常喜欢谈判的氛围？同样，有没有什么时刻让我感觉对手也很享受谈判的过程？我怎样才能让这种情形再次出现？

（6）谈判中是否存在某些特殊的机制，对谈判产生的影响看起来与我对谈判的了解不一致？我怎样才能更好地了解这种机制？

（7）我在这次谈判中表现最突出的是什么？我怎样才能在以后的谈判中也这样表现出色？

（8）在这场谈判中，最具挑战性的谈判技巧是什么？我怎样才能辨别或创造出机会来运用这种技巧，并提升自己？

NEGOTIATION

Noam Ebner
Rong Kang

Chapter 1

Introduction to Negotiation

Opening a discussion on any topic, authors – particularly academic authors – tend to begin with definitions. This lays helpful groundwork for discussing a topic; it allows the authors to clarify to their readers just what it is that they will be discussing, and what will not be included in the discussion.

Regarding the topic of this book, though, this presents a huge challenge. Like an animal in the wild that does not easily take to being tamed, negotiation does not take easily to being fit into neat little categorizing boxes. It is easy to *describe* negotiation, but hard to *define* it.

Why is this so? Given that negotiation is studied as a science in an ever-expanding number of universities and governmental programs, might we not expect that the experts involved would know what they were putting under the microscope for examination?

The answer lies in the nature of negotiation. It is not a physical phenomenon such as an eclipse, the rising of the tide or the expansion of water as temperatures drop, all of which can be measured, defined, and predicted. It is, instead, a *social* phenomenon, one that takes many forms, is highly situational and contextual, and is experienced subjectively by its participants. In addition, as we shall see, there are many situations in which we negotiate, yet use other words to describe what we are doing: The very fact that we are engaging in negotiation at all is hidden at first glance.

Perhaps in order to overcome this challenge of defining negotiation precisely, many researchers and authors have chosen an easier and, ultimately, more helpful and practical path, by offering a very broad definition of negotiation. This definition aims at capturing as much negotiation-like behavior as possible in its net, rather than precisely defining negotiation's boundaries. Let us look at the obstacles to definition, the definitional efforts that have been made, and the many types of interaction categorized as negotiation.

1. Negotiation: A Tool for Navigating Our Way through Life

Like it or not, you are a negotiator.

This opening line of the introduction to *Getting to Yes* – Harvard University professors Roger Fisher, William Ury and Bruce Patton's best-selling book on negotiation (2011, first published in 1982) – aims to bridge a sharp divide between our *associations* with the term negotiation, and our own actual *engagement* in this interaction.

Many of us picture negotiations as having a diplomatic or a business context, focusing on matters such as ending armed conflict or sealing multi-million dollar deals. In our minds, "negotiations" might denote people in suits discuss weighty things.

What then, of all our other interactions, on the job or at home? Are they not substantial enough to be considered negotiation? Does it depend on the topic, or on the monetary value? Are our interactions with colleagues and friends, employers and employees, family and strangers on the bus, not negotiation?

Not all of them, of course. Sometimes our conversations and interactions have nothing to do with negotiation. Telling a joke to a colleague, or sharing your day with your spouse, are not negotiation interactions.

However, when our interactions involve elements of trying to obtain something from the other; of trying to convince or persuade the other; of exchanging something other than conversation with the other – there is, indeed, an element of negotiation in the interaction. While it is hard to draw a clear line, it is easy to apply this rule of thumb: *The more central these elements are to the interaction, the simpler it is to say "Yes, this is a negotiation."*

One reason we don't readily identify many situations as negotiation interactions is because we have *different names* for them. Here are a few examples:

•We don't negotiate with our spouse; we "get along", or "work things out" with him or her.

•We don't negotiate with our child; we "parent" or "educate" or "raise" or even "discipline" him or her.

•We don't negotiate with our co-workers; we "collaborate" with them when things go well; or, we must "smooth things over" with them when they don't.

•We don't negotiate with our friends; we "decide" or "argue" or "discuss" or "disagree" with them.

•We don't negotiate with our students; we "teach" or "educate" them.

•We don't negotiate with our employees; we "manage" them.

Having different names for these interactions ready on the tip of our tongues, however, doesn't mean they are not, in essence, negotiation. So, setting our first impressions of the word aside, *what is negotiation?*

2. What Is Negotiation

2.1 Definitions of Negotiation

In *Getting to Yes*, Fisher, Ury & Patton suggest this definition of negotiation:

"Negotiation is a basic means of getting what you want from others. It is back-and-forth communication designed to reach an agreement when you and the other side have some interests that are shared and others that are opposed (as well as some that might simply be different)." (2011, xxvii)

Northwestern University professor Leigh Thompson's *The Mind and Heart of the Negotiator* is a comprehensive text on negotiation. Here is how she defines the core subject of her book:

> "Negotiation is an interpersonal decision-making process necessary when we cannot achieve our objectives single-handedly." (2005, 2)

In previous editions of the book and in other writing (e.g., Thompson and Nadler, 2002, at 110) Thompson has offered a different working definition for negotiation:

> "Negotiation is an interpersonal decision-making process by which two or more people make mutual decisions concerning the allocation of scarce resources."

University of Pennsylvania professor G. Richard Shell, in his book *Bargaining for Advantage*, suggests this definition for negotiation:

> "A negotiation is an interactive communication process that may take place whenever we want something from someone else or another person wants something from us." (2006, 6)

Whichever of these definitions you prefer for your working definition of negotiation (of course, you may choose to adopt, or to merge, several of these, or create one of your own), one thing is clear: All of these definitions are expansive and inclusive; applying any of them to the range of interactions in which you participate in your day-to-day life, you will discover that many of these interactions – across settings, contexts and people – are, in fact, negotiation interactions. We will discuss the advantages of identifying such a wide range of interactions as negotiation later on in this chapter. But before we do so, let's take a moment to dive just a little bit deeper into the definitions we've read, and spotlight some core elements they share.

2.2 Core Elements of Negotiation

Reading these definitions, we can identify several core elements that seem common to most or all of them, and even underlying those definitions that do not mention them specifically. We will lay out each element briefly; each will be explored, at length, later on in this book.

Parties: Negotiation takes place between two or more parties. While many of our internal, personal deliberations and our conversations with ourselves might sound very similar to negotiation, these are generally left outside of the realm of negotiation analysis. A negotiation frame is brought to bear on any interaction with external others. Negotiation is not limited to two parties; often three parties or more engage in the process together (such multiparty processes will be discussed in Chapter 9). Parties might engage in negotiation on their own behalf or be represented by a representative (e.g., when a purchasing director negotiates on behalf of her company, or an attorney negotiates on behalf of his client).

Object: Negotiations are about *something*. They are not general conversations aiming to pass time; they are not general efforts to learn the other's viewpoint, to no end. Parties come to negotiation to achieve something, to gain something they need. At the least, one party needs something, and attempts to engage the other party in negotiation – by offering them something they need, or by trying to create this need even if the other was not previously aware of it. While negotiating, parties focus, at least part of the time, on the object of the negotiation – the service to be provided, the goods to be exchanged, the price of the commodity, and so on. How to define the object, and to have the other see the object of the negotiation as you do, will be discussed in Chapters 4, 10 and 19.

Interdependence: Negotiation involves situations in which neither party can achieve their objective on their own, in a fully optimal sense. If they could do so on their own, they would spare themselves the conversation. Engaging in negotiation is something parties would only do, from an economic viewpoint, if they have a chance of achieving an outcome through negotiated agreement that is better than what they could achieve on their own. So, whether parties simply cannot function without the other, or cannot achieve optimal results without each other, they are in a state of dependence on one another; negotiation transpires within that web of interdependence.

As the previous paragraph hints, sometimes one party depends on the other, whereas the other does not (or, does not yet feel that dependence). To draw the other party into negotiation, the more dependent party must work to impart to the other a corresponding sense of dependence, or get nowhere.

To illustrate this point: If I need a car, and the car salesperson must sell a car to meet a monthly sales quota, we are both likely to sense this mutual interdependence the moment I walk onto the car lot. However, if the salesperson must meet a sales quota, but I do not need to buy a car, the car salesperson must spark the desire for a car in me in order that we have a shared object to engage over with a sense of interdependence. When you want to negotiate over something the other does not want to sell or buy in the first place, it is an uphill battle. However, car salespeople do this all the time, so, it is certainly possible.

Interdependence presents a tricky landscape to navigate, particularly when you consider the fact that each party is generally working to maximize its own benefits, and the fact that many negotiations take place against a backdrop of an ongoing conflict between parties; this will be discussed in Chapters 2 and 12. We will discuss the different forces that affect this balance of mutual dependence and self-interest in Chapters 4 and 5.

Process: Negotiation is not a single action, a momentary event. It is a process. There is "back and forth" and "interactivity" as the definitions above describe; there is a series of moves and countermoves, taking place over time. That doesn't mean that negotiation processes cannot be completed in short time spans of several seconds or a few minutes – they certainly can, and often are. Nonetheless, however brief the time period, a process has taken place in which a need was expressed, an opportunity for agreement was offered, and agreement was reached (or rejected). The process involved in a quick negotiation is surprisingly comparable to other, much lengthier, negotiation processes. While in more protracted negotiations the "process" element is more overt, it is ever-present in negotiation. We will learn specific stages of this process, and its typical dynamics, throughout the book.

Communication: It should come as no surprise, even at this early point in the book, that many of the "moves and countermoves" of the negotiation process are, at their core, communicative actions. We share our ideas and desires, proposals and demands, through communication. Sometimes this communication is structured and well thought-out, such as when a manager submits a request for budget approval from her CEO in the form of a ten-page document, replete with reasoning and background data. Other times it is spontaneous and chaotic, such as when a child demands his parents buy him *that toy, right now* – and then bursts into a temper tantrum when he doesn't get what he wants. Both scenarios involve communicative moves aimed at persuading a negotiation counterpart to satisfy the communicator's desires regarding a particular object.

We communicate with our negotiation counterparts from the very beginning of a negotiation's preliminary stages (for example, by emailing to request a meeting), and continue to do so right up to the moment of its culmination (for example, expressing ourselves either through the firmness of our handshake upon reaching agreement, or through the even firmer slamming of the door behind us as we storm out, upon reaching impasse). Communication covers a wide spectrum of interactions. It can be written or vocalized, verbal or non-verbal. We might be in the same room when communicating, or on opposite sides of the world.

With communication playing such a key role in negotiation, we will naturally relate to it at numerous points throughout this book. We will explore the dynamics of negotiation communication, and discuss how to master constructive communication, in Chapter 10. However, communication poses as many challenges as it does opportunities. Flawed communication often leads to misunderstanding and conflict, as we shall discuss in Chapter 2; it can also hinder exploring opportunities for mutual gain, as we shall discuss in Chapter 7. Cultural differences between parties often pose communication obstacles; we will explore this in Chapter 17. Information and communication technology have opened up the world to global communication interactions, and the opportunity – and the challenges – inherent in this will be discussed in Chapter 18.

Agreement: The notion of agreement is a core element of negotiation. Parties seek agreement in order to define the balance of their interdependence. They do so as they see reaching agreement as a way to achieve their goals and decide the future of the object of the negotiation, in a way that is better than independent, unilateral action. The very act of negotiation, therefore, involves an exploration of whether agreement is possible on a particular issue or set of issues. Of course, the very defining of a particular interaction as a negotiation should not be determined by the outcome. There are many negotiation processes in which no agreement is reached, with parties remaining at impasse. In fact, one would do well to remember that *agreement* is not, *in its own self*, the primary goal of negotiation. Usually, one would be well advised to *avoid* a possible agreement if such an agreement is not beneficial to them. Generally speaking, *no* deal is better than a *bad* deal! Of course, the question of "What makes for a good deal?" receives different answers across cultures, as we shall discuss in Chapter 17. At any rate, negotiation processes always involve joint exploration of possible agreements, and unilateral assessment of the value of each potential agreement by each side—leading to acceptance, rejection, or attempts to improve.

3. Contexts and Applications of Negotiation

3.1 Negotiation Is Defined Inclusively

Keeping these core elements in mind, and applying the broad definitions provided for negotiation in the literature we've noted, it is clear that negotiation is a very common human activity. Indeed, the notion that negotiation is a central form of human interaction is a basic point most negotiation books spotlight – even celebrate. Besides suggesting wide definitions such as those noted above, most books on negotiation stress that the theory and practice they discuss are applicable across many types of interactions. Here are some examples of this:

In *Getting to Yes*, Fisher, Ury & Patton write:

> "You discuss a raise with your boss. You try to agree with a stranger on a price for his house. Two lawyers try to settle a lawsuit arising from a car accident. A group of oil companies plan a joint venture exploring for offshore oil. A city official meets with union leaders to avert a transit strike.All these are negotiations.
>
> Everyone negotiates something every day... people negotiate even when they don't think of themselves as doing so. A person negotiates with his spouse about where to go for dinner and with his child about when the lights go out. Negotiation is a basic means of getting what you want from others." (2011, xxvii)

In *The Mind and Heart of the Negotiator,* Thompson laid out this spectrum:

> "Negotiations not only include the one-on-one business meeting, but also multiparty, multicompany, and multimillion-dollar deals. Whether simple or complex, negotiations boil down to people, communication and influence. Even the most complex of business deals can be broken down to a system of one-on-

> one relationships.
>
> People negotiate in their personal life (e.g., with their spouses, children, school teachers, neighbors) as well as in their business life. Thus, the scope of negotiation ranges from one-on-one to highly complex multiparty and multination interactions". (2005, 2-3)

In *Bargaining for Advantage*, Shell takes us all right back to our beginnings:

> "All of us negotiate many times a day. We negotiated as children for things we wanted – attention, special treats, and raises to our weekly allowance of spending money. We negotiate as adults for much more complex sets of desires that, when you examine them closely, often come down to the same things we negotiated for as children. Negotiation is a basic, special form of human communication, but we are not always aware we are doing it... We negotiate at kitchen tables as often as we negotiate at bargaining tables." (2006, 6)

Perhaps Herb Cohen summarized this best, in the very first sentence of his well-known book *You Can Negotiate Anything*:

> "Your real world is a giant negotiating table, and like it or not, you're a participant." (1980, 15)

This broad approach to negotiation, including a wide range of interactions under the umbrella frame of negotiation, is characteristic to most books on negotiation, whether they were written for the general public, MBA students, managers, lawyers, etc.

In adopting such a wide approach, these authors have communally weighed in on, and voted in favor of, a very simple suggestion: *All* of these interactions include strong elements of negotiation, and therefore all are similar in many important ways.

3.2 Inclusive Definition and Specific Contexts

Does this mean there are no differences between these contexts? Should we negotiate for our salary as children interact over whose turn it is to play on a computer?

Obviously not. There are many, many contextual elements to be considered before we decide how to act in a negotiation. To name just a few: Our relationship history with the other, and its importance to us; the structure in which we negotiate (flat, hierarchal, etc.); our alternatives; our degree of interpersonal trust; cultural norms; industry norms; organizational practices; ethical issues; the importance of the negotiated issue to us; our assessment of the other's negotiating capacity and many, many more. These will be discussed at length in this book.

However, the "broad-approach" consensus indicates that there are basic negotiation phenomena which are the same, regardless of context or participants. Some of negotiation's most basic elements can be named and mapped out, to prepare for an upcoming negotiation, or to salvage a negotiation gone sour. These names and mapping strategies can be applied across a wide range of situations; in fact, lines drawn by context are often artificial.

The opportunity inherent in this approach is that the world is full of negotiation, and it is, therefore, a playground for negotiators. While doing well in any given situation requires specific and contextual planning, strategizing and performing, some of the basics of negotiation, are encountered across most of your interpersonal interactions. This means that as you go about life, you are constantly offered chances to apply your negotiation skills. As you practice them, and experiment with new tools, you will constantly improve.

Another ramification of the broad-definition approach is that the skills you develop as a negotiator in one context will serve you well across all contexts. Imagine that — improving your basic negotiation skills could, at once, help you get a better deal on your next car, receive a higher raise from your employer and have your child in bed on time! While this might sound too good to be true, it is the way many experts in the negotiation field relate to this skill set.

Food for Thought

1. Can you identify one situation/interaction in your own life (or, one type of situation) which you have never previously categorized as negotiation, yet now, after reading this introductory chapter, identify as negotiation?

2. Don't let the broad-definition authors do your thinking for you. After reading this chapter and reflecting on your own interactions, consider: Do you negotiate often? Or, fairly rarely? Do most of your negotiation interactions take place in a particular context (e.g., work, family, friends), whereas other contexts do not give rise to as much negotiation activity?

3. Consider the words Fisher, Ury & Patton chose: "Like it or not, you are a negotiator." Compare this sentence with Cohen's declaration that "Your real world is a giant negotiating table, and like it or not, you're a participant."

Both these quotes raise the possibility that *you may not like to negotiate at all*. Even if this is not true across the board, it may be that you do not like to negotiate in certain contexts, with certain people or about certain things. What are your thoughts on this possibility? Take a moment to look inwards, and consider:

(a) Do you *enjoy* negotiation? Do you experience it as something that comes easily to you (engaging in negotiation at all, not achieving a "good" outcome), or must you push yourself to engage in it, and experience it as a *stressful* interaction?

(b) Might you think of specific *contexts* you dislike negotiating in, or specific *people* whom you dislike negotiating with?

People differ on this issue. It might be very interesting to ask a colleague or a friend these questions, and see if their answer is similar to, or different from, your own. We will shed light on the reasons for these tendencies and these differences, in Chapter 3.

References

Cohen H. (1980). You can negotiate anything. New York: Bantam Books.

Fisher R, Ury W & Patton B. (2011). Getting to yes. 3rd ed. New York: Penguin Books.

Shell R. (2006).Bargaining for advantage: Negotiation strategies for reasonable people. 2nd ed. New York: Penguin Books.

Thompson L. (2005). The mind and heart of the negotiator. 3rd ed. Upper Saddle River, N. J. : Prentice Hall.

Thompson L & Nadler J. (2002). Negotiating via information technology: Theory and application. Journal of Social Issues, 58(1): 109-124.

Chapter 2

Conflict and Negotiation

Before proceeding to discuss how we do, can, or should behave while negotiating, many textbooks on negotiation take a step back, and begin at another starting point: Conflict.

We will first explore the relationship between negotiation and conflict. Then we will explain several basic elements of conflict theory which affect negotiation.

1. Conflict and Negotiation: Preliminary Similarities and Differences

1.1 Similarities

Conflict and negotiation are closely connected. In fact, on many key issues, negotiation theory has developed by extending conflict theory. Conflict and negotiation both involve people and groups managing their differences, trying to affect the other, and trying to satisfy their own desires. Conflict might have a negative connotation that negotiation might not possess – yet this reflects a personal or cultural association, rather than a substantive difference.

1.2 Differences

Of course, there are also some stark differences between conflict and negotiation: People in conflict focus on satisfying their own interests at the other's expense; indeed, they might view absolutely *vanquishing* the other as one of their interests. Parties might not be speaking to each other, but rather exerting force, and only force. Negotiation, on the other hand – even the more aggressive or self-interested forms of negotiation to be discussed below – involves some degree of recognizing the other, engaging in communication, and obtaining the other's agreement. People in conflict might seek to defeat the other, whereas in negotiation they might seek to benefit from the other. Conflict can be initiated unilaterally: One country does not ask the other's permission to go to war against it. Negotiation, by contrast, is a process requiring mutual engagement, oriented at achieving agreement. I cannot negotiate and reach agreement on my own; it takes two to tango.

2. Separating Negotiation from Conflict

Before examining connections between negotiation and conflict, we should first note that these connections have clear limitations: Not all negotiations involve conflict, and not all conflict involves negotiation.

2.1 Not All Negotiations Involve Conflict

One basic distinction suggested in the literature between different types of negotiation, is between deal-making negotiation and conflict-resolving negotiation. Each is a form of negotiation. To make deals, we negotiate with counterparts, and to resolve existing conflicts we negotiate with opponents. However, clearly, these two types of negotiation have different natures. In deal-making negotiations, parties with no previous relationship, or with a previous relationship that is not primarily based on conflict, jointly explore the possibility of each side improving its own situation. They have no pre-existing conflict. Conflict might develop, in each parties' mind, on the perceptual level; as they come closer to the negotiation, and after it begins, parties' views of the other as the means to satisfying their needs might give way to viewing the other as an *obstacle* to satisfying their needs. However, generally speaking, parties come together to discuss a deal in order to advance one or both of them—and *not* to solve a pre-existing conflict that has generated antagonism between them, or has already caused losses to one or both parties.

Contrast this with a negotiation aimed at resolving a pre-existing dispute. The same tools might be employed, but the entire context is different. Parties engage with each other, surrounded by the smoke of their battlefield – the suspicion, disappointment, lack of trust, and hostility that have developed during their conflict.

To illustrate this, consider Company A seeking to replace the computer monitors it provides to its workers with a top-of-the-line model. Company A's procurer manager meets with a sales representative from Company B, which specializes in providing computer equipment and on-site service to corporate clients. After verifying that the monitors under discussion are suitable, and that Company B can provide the quantity of monitors and quality of service necessary, the two representatives negotiate the elements of the deal: The number of monitors to be provided, the delivery timeline, the nature and timely delivery of the support services, the price for all elements of the deal, the timeline for payment, and so on.

We will discuss, later on, different approaches to conducting such negotiations. However, even at this point, you can imagine how this negotiation will proceed. What types of things will the two negotiators say to each other? What kind of language will they use, and what kind might they try to avoid? What tones of voice do you expect to hear? Will the focus of the conversation be on the past, or on the future? Will it be linear and systematic, or jumble multiple topics together at once?

Having played a simulated video of that deal-making negotiation through your mind, freeze the picture on what seems to be the final scene – representatives of the two companies signing a contract to seal their deal. Now, let us jump ahead one year into the future.

The two companies have filed lawsuits against each other. Company A claims that it was provided with only 95% of the monitors it was promised by Company B. These new monitors provided were low-quality factory rejects that Company B had patched up and presented as top-of-the-line merchandise. In addition, the monitors were delivered in small batches, whereas total and rapid delivery had been promised. They had only been delivered at all, after the procurement manager called the sales representative and others in Company B dozens of times, and made three trips down to their offices. Further, Company B's support team rarely responds to calls, and Company A has had to contract with a *different* company to field its staff's support calls. Company A demands that the contract be canceled, that Company B return everything they have been paid, and that Company B pay Company A for a list of further damages.

Company B claims that Company A did not meet its payment schedule, and has made up these claims to avoid paying Company B for the quality products and services that had been provided. It demands that the contract be respected, and that Company A pay the full contract amount immediately, in addition to further damages resulting from the tarnish to Company B's reputation caused by Company A's allegations.

Company A and Company B no longer communicate with each other, save through court proceedings. There is no negotiation between the two. The conflict is at its peak.

In court, the judge recommends that Company A and Company B negotiate a settlement. The procurement manager and the sales representative, along with their respective CEOs and lawyers, sit down together. Once again: Intuitively, how do you picture *this* conversation? What tone will it take, what language will be used, what will the focus be, and what will be discussed?

While both deal-making and conflict-resolving are both negotiation conversations, they are clearly of a *very* different nature. Having a conflict in the background significantly changes the nature of negotiation.

2.2 Not All Conflict Involves Negotiation

Conflict often emerges or escalates without negotiation playing any role at all. Parties may attempt to achieve their goals at the other's expense, without asking them for it at all. One country might declare war on another without issuing demands or engaging in talks. A terrorist organization might try to advance its cause by planting a bomb in a location where pedestrians gather. A shopper might casually push his way into a checkout line rather than stand at the back. A driver might ignore a stop sign and cut ahead of you abruptly, even though you have the right-of-way. A family member might break off contact with another who mistreated her, and not speak to her for years. In all of these situations, conflict emerges, escalates, or persists without negotiation playing a role. Some of these situations might be addressed at a later point through negotiation. Other times, negotiation will never be pursued; the conflict might persist (for example, the family members might continue to ignore each other at family reunions), or might be resolved unilaterally (for example, by one country conquering the other).

3. Ties between Negotiation and Conflict

While separating between conflict and negotiation is important, acknowledging the ties between these two phenomena is important for understanding each. We will note three such ties:

3.1 Negotiation Breeds Conflict

Something about the negotiation process provides a fertile breeding ground for conflict behavior, emotions and thinking to develop. This manifests even in the most professionally managed deal-making negotiations, to say nothing of negotiations focused on conflict resolution.

Some of the basic dynamics of negotiation, even when enacted through polite or courteous interaction, trigger conflict-related responses in our minds. You want something, and your counterpart asks for a sum you can't pay, or for more than you consider fair. You might experience this as an aggressive or unfair act, denying you something you need and posing an obstacle in your path. In turn, when we make what we feel to be a reasonable request, the other party might feel we are trying to deprive them of something. As we try to make a convincing and forceful case for why our request should be granted, we might be unaware of our voice shifting to a demanding tone. Our counterpart may perceive this request as a demand, or even as a threat, and turn us down, perhaps raising their own voice in return. In general, the other party will often – nearly *always*, in some contexts of negotiation – say "no" to our initial request. Any "no" carries conflict-potential. In negotiation, the word "no" completes a cycle of "I need this" and "I won't give it to you"; this cycle is often at the heart of conflict-formation. Experiencing our offer's rejection as our counterpart denying us that very thing we so badly need, we translate this into "They are trying to… harm me". Some of this may happen cognitively; more often, these messages, interpretations and responses are processed subconsciously and intuitively. In even the most cooperative of negotiations we will often see the other, on some level, as being *in our way* rather than being *on our team*. What begins as a limited divergence of interests can easily be experienced as a full-blown live-or-die conflict between the parties.

3.2 Negotiation Deteriorates into Conflict

As negotiation unravels towards impasse, conflict interpretation and conflict responses are even more likely. Our very efforts to reorient the process' path towards agreement may sometimes be read by the other as conflict-style moves. We increase pressure on the other to agree to a deal. We warn them of what we will do if there is no deal. We remind them that their alternatives to a deal are weak and unprofitable. Even as we might be trying to salvage the chances for a deal, we are also engaging in other things: Casting blame on the other for the deal not materializing, questioning their trustworthiness or professionalism, and trying to come out of the interaction, in some way, "the winner". While we might explain that all we are doing is trying to reach a deal – all of these can be experienced by our counterpart as conflict-related moves. We have similar reactions to their attempts to promote agreement, and these responses, emotional and behavioral, can keep the interactional ball rolling towards conflict.

3.3 Negotiation Resolves Conflict

As discussed above, one context of negotiation is conflict resolution interactions. Parties to a conflict often attempt to work things out by negotiating with one another, with the hope of laying the conflict to rest. In these negotiations, parties might attempt to resolve the original conflict, or set it aside completely and focus on planning the future. However, the very existence of the background conflict affects the current negotiation. In one sense, such negotiations often involve a continuation of the conflict, only through dialog; in another, all dialog takes place in the shadow of the conflict, as resuming the conflict is the clear and present alternative to working things out through negotiation.

While the precise delineation of where negotiation ends and conflict begins, or vice versa, might have only academic importance, one thing is clear: These two modes of human interaction juxtapose and overlap, in human experience. On a theoretical level, there is a strong connection between conflict theory and negotiation theory; on a practical level, understanding conflict is important for becoming a better negotiator.

We address this by laying out some of the foundational elements of conflict theory. We will return to some of these notions once again later on in the book, to add a negotiation-specific perspective.

4. The Basics of Conflict Theory

To understand how conflict emerges and escalates, and how it can be analyzed and understood, we will introduce several models and concepts.

4.1 Conflict Formation

People have many interactions with each other that involve negative dynamics. What makes one of these into a "conflict" as opposed to an unsuccessful interaction?

In an article exploring conflict emergence and transformation, William Felstiner,

Richard Able and Austin Sarat (1980) offer a three-step model of conflict formation. The first involves *naming* an incident as a perceived injurious experience. The second involves *blaming* – attributing that injury of another person, or another entity. The third step involves transforming this development from an internal conversation to an external demand, by *claiming* something from the other. For example: If I see that my car door is dented, I might figure that I caused the damage myself, so no conflict happens beyond my annoyance with myself. Alternatively, I might connect it with the loud noise I heard outside earlier — and *name* the incident as an injurious experience in which someone harmed me: "Someone banged into my car and damaged it." If I saw a suspicious dent on my neighbor's rear fender, I might deduce that she banged into my car, and *blame* her for the damage caused. At this point, I choose whether to walk over, ring her doorbell and make a *claim* on her by demanding payment, or not. According to this model, conflict fully develops when I confront my counterpart and demand recompense for the perceived injurious experience — and my counterpart rejects my claim.

This model was developed within the context of legal disputes, which only materialize if there is a claim made based on a legal right. Of course, some of us may feel that a conflict exists even if we don't walk over and make a demand. The moment we've blamed the other for what has occurred, we perceive ourselves to be in conflict with the other. Even when we don't actually engage with the other, the conflicts we avoid are very real in our minds, and in our subjective experience of the relationship.

4.2 Conflict Engagement and Avoidance

In *The Dynamics of Conflict*, Bernie Mayer discusses how we often choose between engaging in conflict, or avoiding such engagement.

> "Both avoidance and engagement are key parts of the conflict process, but they involve very different stances towards it. When we are avoiding conflict, our efforts are focused on preventing a conflict from surfacing, denying a conflict's existence, or staying out of an ongoing conflict. In general, we are limiting our investment of emotion and energy in a conflict. When engaging, our energy is directed toward participating in a conflict, asserting our needs, expressing our feelings, putting forward our ideas, and promoting particular outcomes. We sometimes go back and forth between avoidance and engagement many times during the course of a conflict, particularly when long-term relationships are involved."(2012, 42)

In a later book, *The Conflict Paradox,* Mayer identifies the engagement/avoidance choices we all face on a day-to-day basis as one of toughest dilemmas posed to us by conflict:

> "Although we may see this as a straightforward choice — I will either raise a conflict or ignore it — it is far more complicated than that. As with other paradoxes, we have to understand that avoidance and engagement are essential to each other. When we avoid one conflict, we may be setting up the next. When we choose to engage in one conflict, we are likely avoiding another. We all pick our battles in both our personal and professional relationships... If we raise every possible issue we might have with someone, we risk obscuring our most important concerns and making genuine communication impossible. So to engage effectively, we also have to avoid. How we approach conflict always involves an element of both avoidance and engagement." (2015, 96)

Some of our action on the avoidance/engagement continuum results from strategic thinking. We consciously deliberate how to best achieve our goals, and intentionally choose strategies involving action or avoidance. We will discuss such strategic thinking in Chapter 4. Other forces affecting us, however, are personality-driven. On a basic level, some people are more conflict averse than others, and seek to avoid conflict engagement or to limit its duration. Others seem always ready — even eager — to fight. In addition to this binary engagement/avoidance perspective, more specific categorizations of how people engage with conflict are also related to personality. In Chapter 3, we will discuss the Thomas-Kilmann Conflict Mode instrument used for such personality assessments, and discuss its applications and implications for negotiation.

All this combines to suggest that in conflict, it is not always clear whether our reactions result from a rational, cognitive, thought process, or are an emotional, knee-jerk action. What is clear, though, is that people experience conflict on cognitive, emotional and behavioral levels. In *The Dynamics of Conflict*, Bernie Mayer describes these three levels:

> "We usually describe conflict primarily in behavioral terms, but this can oversimplify the nature of the experience...
>
> As a set of perceptions, conflict is our belief or understanding that our own needs, interests, wants or values are incompatible with someone else's...
>
> Conflict is also experienced as an emotional reaction to a situation or interaction. We often describe conflict in terms of how we are feeling — angry, upset, hurt, bitter, hopeless, determined, or even excited. Sometimes a conflict does not manifest itself behaviorally but nevertheless generates considerable emotional intensity... Often a conflict exists because one person feels... in emotional conflict with another, even though those feelings are not reciprocated by or even known to the other person...
>
> Conflict is also understood and experienced as the actions that people take to express their feelings, articulate their perceptions, and get their needs met,

particularly When doing so has the potential for interfering with another person's needs... Whatever its tone, the purpose of conflict behavior is either to express the conflict, or to get one's needs met..." (2012, 4-6)

When we are in conflict, then, we feel anger, make escalatory decisions and act them out in the real world. In *resolving* conflict, we must therefore take steps that enact resolution at these same level.

Beyond the general tendency to engage in conflict or avoid it, we can engage with it in different *ways*. We will discuss these ways at greater length in Chapter 4 as they pertain to strategic choice in negotiation. They exist, in a more general sense, regarding conflict as well, and we choose between them in many of our interactions. For example, one of the authors grew up in New York City. As a child, he was taught to *avoid* conflict, by avoiding all contact with strangers and walking away from potential conflicts. He was taught that if he could not *avoid* a conflict, such as where a person confronted him with a knife and demanded his money, he should *yield* by handing it over without a struggle. Later, as an attorney, he was taught to *compete* and *contend* in his efforts to try and gain the utmost benefit for his client, no matter what the cost to the other party. Working as a mediator, helping people to resolve their disputes, he learned that, often the hardest tack to take in conflict is to *cooperate* with the other party, working together for mutual gain. The more intense the conflict, the more difficult it is to adopt this approach effectively. Of course, it is nearly impossible to act cooperatively on your own, in a unilateral manner; this approach to dealing with conflict is the one that most obviously requires coordination – usually attained through negotiation. This highlights, once again, the connection between negotiation and conflict.

4.3 Organizing Conflict: The Wheel of Conflict

Conflict, to put it simply, is a very messy condition. When you are engaged in it, it is hard to pin down just why it is happening, what your goals are, and where you think it is likely to lead you. Actions are often taken based on limited information and in a state of emotional upheaval. When planning on negotiating your way *out* of a conflict condition, you must be able to understand the conflict in a structured manner.

Bernie Mayer's (2012) Wheel of Conflict offers one such tool for conflict analysis.

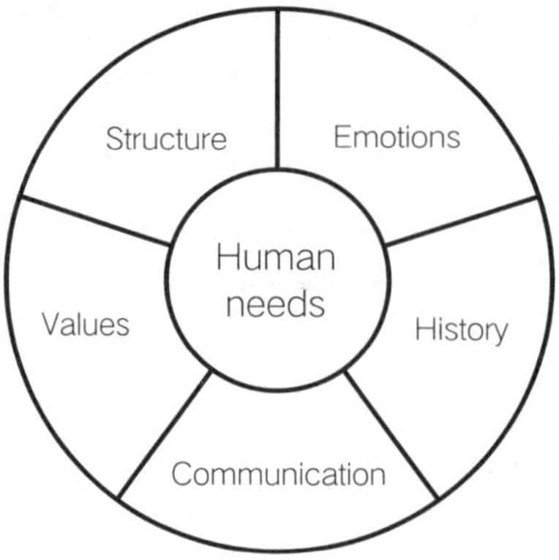

Figure 2.1 Wheel of Conflict

He suggests that to understand conflict we must first map out the needs that are at its core. People engage in conflict because of these needs, and it cannot be resolved unless they are addressed. Human needs that drive conflict may be ranked hierarchically or categorized in other ways. They include survival needs (food, shelter, clothing, security – all of which can sometimes be translated into money or other "currency"), identity needs (meaning, community, intimacy, or independence), and other types of interests (such as an interest in being treated with respect or with fairness).

These needs, Mayer suggests, are at the core of a web of sources that generate and define the conflict. Picture a wheel, with human needs at its center, and five spokes connecting the center with the outer rim. Each spoke is a source of conflict:

Communication: Humans are imperfect communicators, and this often creates conflict as meaning and intention give way to inference, assumptions, and interpretations.

Emotions: As the energy which fuels conflict, emotions have played an important role in conflict's development and escalation. Parties experience internal struggles between their rational and emotional sides, and find it difficult to express and work on their emotions in constructive ways.

Values: These are the beliefs we each hold about right and wrong, good and bad. They are the very principles governing our lives. When a conflict is perceived to be about values, it is often seen to be perceived as impossible to resolve. When we believe our values are under attack, we experience ourselves to be under attack. Moreover, it is more difficult to find a middle ground when dealing with principles, as any compromise is seen as compromising our very integrity.

Structure: Conflicts do not develop in a vacuum. They develop within a structure of relationships, norms, resources, time constraints, decision making procedures, legal requirements, etc. Conflicts between two children in a kindergarten, two co-workers in an office, or two bordering nations each exist in their own unique structure. The structure affects communication dynamics, the likelihood of escalation, and more.

History: Conflict cannot be understood without exploring its historical context. Parties themselves, the system in which the conflict takes place, and the issues usually have historical roots, which provide the conflict with developmental momentum.

Mayer's model identifies four other variables that cut across all five sources of conflict, giving insight in how to explore them while analyzing any conflict: Culture, power, personality, and data. How these relate to negotiation will be explored throughout this book.

4.4 Conflict Transformation

Conflict rarely remains static. It is constantly changing, and many of its shifts are of an escalatory nature. In their book *Social Conflict: Escalation, Stalemate and Settlement* (2004), Jeffrey Rubin, Dean Pruitt and Sung Hee Kim discuss five such transformations:

Light to Heavy: Parties shift from using light influence tactics (e.g., ingratiating gestures or persuasive arguments) to heavier, more aggressive moves (e.g., threats, ultimata).

Small to Large: If a conflict has originally been over one issue, more issues are added, to the point that it appears as if parties are fighting over *everything*. Additionally, parties who initially invested limited resources in the conflict increase and redouble the resources dedicated to it.

Specific to General: Once focusing on specific issues, escalating conflicts seem to spread to more general issues and the overall relationship between the parties, and parties shift to exhibiting a sweeping intolerance towards the other side.

Doing Well to Winning to Hurting the Other: Parties' orientations shift as the conflict escalates. If at first, each party simply sought a good outcome for itself, escalation causes parties to shift this self-focus to an external one, and attempt to "win" the situation by achieving an outcome that is better than the other's. As escalation continues, parties no longer focus on good outcomes for themselves, or even on doing better than the other – *harming* the other now becomes a core goal, and a guiding principle for their behavior.

Few to Many: As a conflict continues, the number of participants often grows. A party that hasn't been able to get the other to do as they want seeks allies, bonding together with others to achieve their own goals. What began as a conflict between two countries could turn into a regional war; what began as a dispute between two individuals can eventually polarize an entire community.

5. Resolving Conflict

Conflicts are not always resolved. Those that are ultimately resolved can reach resolution through a number of paths or processes. While some conflicts end with one party overwhelming the other (e.g., one country dominates another; one company drives the other bankrupt), many do not. Lacking such a clear-cut ending imposed by one party, unless both parties unilaterally abandon the conflict and walk away, some resolution method is needed. Rubin, Pruitt and Kim (2004) suggest that conflict de-escalates when parties perceive themselves to be at a stalemate, even, a "hurting stalemate" — a condition in which they realize they will not reach their goals through their current approach, that the costs associated with further escalation are beyond their capacities to bear, and that maintaining the struggle or the status quo is not in their best interests. Even when this situation has developed, they suggest, it takes parties a while to recognize it; they are so used to justifying the conflict's continuation, that they find it hard to recognize (far less, to admit) this is no longer the best path. Sometimes, only a disruption of sorts — a catastrophe, or a shift in leadership – can enable such recognition to emerge. Once the stalemate is recognized, they suggest, parties can work on de-escalation — usually, through turning to negotiation to settle their conflict. Before discussing negotiation, however, we will discuss other processes parties can turn to for resolving their conflict.

5.1 Litigation

Taking a counterpart to court can be viewed as either a resolution method, or a constrained form of conflict. Most people partaking in litigation are likely to view it as the latter. It is an adversarial, win/lose process in which parties fight each other tooth and nail, with legal constraints and through legal procedures, in a state-organized system. Litigation often imposes high costs in terms of time, money and effort; on the other hand, it offers each party the hope of vindication and of finality. Of course, only one party wins in the end. The loser has gained neither vindication nor material profit; however, they have had their day in court, and so they may at least have the sense that they were treated fairly. This is truer in theory than in practice.

5.2 Arbitration

One alternative to court litigation is arbitration. In essence, the arbitration process involves parties retaining, by agreement, a private individual (or a panel of private individuals) to pass judgement on the case. Parties choose arbitration when they prefer to conduct their adversarial process with a third-party decision maker, yet have no need for this decision maker to be a representative of the state. In fact, one benefit parties see in arbitration is its privacy. Parties can select a subject-matter expert to decide their case, rather than being assigned a judge by the state. They can choose the norms that the arbitrator will apply to their case (e.g., local law, the law of a different country, customary or traditional norms, or just plain common sense) and the procedural rules of the process itself. The arbitrator makes the final decision; usually, there is no right to appeal this decision. In most countries, arbitration decisions are recognized as legally binding between parties; in many jurisdictions they are respected as if they were court verdicts given by official state judges.

5.3 Mediation

Mediation is a special form of negotiation, which parties sometimes prefer to litigation or to arbitration. Mediation is distinct from "regular" negotiation in that it involves a third-party neutral figure, whose role is to help the parties conduct their negotiation, overcome obstacles and work out their differences. It is distinct from arbitration or litigation, in that the third party neutral does not have the decision making powers vested in the neutral in those adversarial processes. The mediator can help parties to figure out a mutually acceptable outcome, but has no authority to decide the case *for* them. We will discuss mediation more extensively in Chapter 9.

5.4 Negotiation

The rest of this book will focus on using negotiation, whether for resolving differences or for jointly planning out an improved future. It is important to remember that conflict is not always an inherent part of negotiation; certainly, it is not a *necessary* part of negotiation. However, conflict's shadow is usually, if not always, present in negotiation — as past conflict, potential for future conflict, or instinctive reactions to conflict-like behavior constantly affect parties' emotions, decisions and actions. In this chapter, we've attempted to demystify the nature of conflict by providing names for its core dynamics as well as tools for mapping it out, once encountered. This familiarity with conflict will serve negotiators well.

Food for Thought

1. Can you think of a conflict going on in your life right now that you are avoiding, or doing your best to avoid? Can you think of another conflict you are engaging in, actively and wholeheartedly? For each conflict, why did you choose that path? Why do you think you made very different decisions regarding how to engage in each conflict?

2. Think of a conflict going on around you right now — in your workplace, family, or community. Alternatively, think of a conflict you regularly hear discussed in the news. Thinking about this conflict in light of what you learned in this chapter: Which of the frameworks and concepts introduced in the chapter can you apply in discussing it?

References

Felstiner W L, Able R L & Sarat A. (1980). The emergence and transformation of disputes: Naming, blaming, claiming. Law & Society Review, 15(3/4): 631-654.

Mayer B. (2012). The dynamics of conflict. 2nd ed. San Francisco: Jossey Bass.

Mayer B. (2015). The conflict paradox. San Francisco: Jossey Bass.

Rubin J, Pruitt D, Kim S H. (2004). Social conflict: Escalation, stalemate and settlement. 3rd ed. New York: McGraw-Hill.

Chapter 3

Negotiator's Orientation and Style

Now that we have a basic understanding of what negotiation is, how often we engage in it, and its relationship to other processes transpiring in our lives, it would seem that the time has come to begin learning how to do it better. Right? Not quite.

You see, in order to do better in the future, we must look to the past for insight. To fully understand how to improve our own abilities as negotiators, we need to reflect on the vast experience we've gathered as negotiators so far, and understand some of our starting points. We must identify just what we have been doing so far, while working on autopilot, in order to understand what our primary modes of operation have been. Which types of behavior do we default to? Which types of action have served us well, and which others have not? What are our negotiation strengths, and where do we face challenges? The more we learn about negotiation, the more questions we can pose ourselves, for considering the past and deciding for the future. At this early stage, as we are just starting to gain a vocabulary for discussing negotiation, we begin by addressing one important issue: Our personal orientation to negotiation.

1. Personal Orientation

The notion that people have an individual negotiation "set-point", "style", "mode", or "orientation" is well accepted in the negotiation literature. These styles are sometimes portrayed as instinctive orientations to dealing with conflict, and other times as orientations to dealing with negotiation situations. Given the connections we've drawn in the previous chapter between conflict and negotiation, and the overlap between the literatures of these two fields, this is not surprising. Our instinctive orientation to conflict is strongly related to our instinctive orientation towards coping with it through negotiation. Additionally, as we will see in the next chapter, the list of possible orientations is very similar to the list of available strategies we can choose between more mindfully. However, we will discuss these two separately. Our intuitive tendency towards acting in a particular way is one thing we must recognize and understand; our ability to choose *different* modes of behavior based on situational analysis is another. The ability to differentiate between your intuitive behavior and your strategic behavior is key for becoming a successful negotiator.

1.1 Models of Orientations

What is meant by "intuitive orientation" is described in different ways by different authors, but it boils down to this: Each one of us is guided not only by our rational strategizing mind, but by subconscious "wiring" or "programming" which has guided us for many years and has developed over the course of our negotiation experience since a very young age. This wiring has a powerful influence on many of our actions and responses in negotiation, as well as on our fundamental attitude towards negotiation. Given that we have all had different experiences, we are all wired differently. However, our intuitive orientations to negotiation fall into several well-accepted categories.

The most commonly encountered framework for understanding people's intuitive approach to negotiation was originally designed as a framework for understanding, more generally, their orientations towards conflict. In 1974, Kenneth Thomas and Ralph Kilmann developed their "conflict modes" instrument – a list of sets of statements that people choose between, and a formula for tabulating the answers. Based on the results, people are categorized regarding their intuitive tendency towards employing five "modes" of conflict behavior, and their primary tendency is identified. The primary distinctions between these modes relate to the degrees of cooperativeness and assertiveness the respondent expressed. This framework is often applied in the negotiation literature and in negotiation classrooms to explain intuitive orientations to negotiation. [1] The five categories are:

- Accommodating (unassertive, cooperative)
- Avoiding (unassertive, uncooperative)
- Competing (assertive, uncooperative)
- Compromising (somewhat assertive, somewhat cooperative)
- Collaborating (assertive, cooperative)

University of Pennsylvania professor G. Richard Shell (2006) has taken a similar approach to creating a framework focused more directly on negotiation orientations (as opposed to conflict in a more general sense). His Bargaining Styles Assessment Tool helps negotiators quantify their inclination to use each of the same five approaches that the Thomas-Kilmann instrument mapped out.

1.2 Understanding Orientations

Describing these orientations poses a semantic challenge — using words from the cognitive realm to describe the untapped, unverbalized, realm of deep human programming. Still, we shall attempt to present a typical internal worldview held by someone showing an inclination towards each of these orientations:

Accommodation: People with a tendency to accommodate in negotiation might find negotiation an unpleasant situation. They might experience discomfort in situations in which they are called to exert assertiveness and make demands of another. They might feel it is unsuitable to impose on another in order to satisfy their own needs. They are likely to be concerned about the other party's feelings and goals, and worry that making demands on them, or getting in their way, will harm their relationship. They will seek to end negotiations early by yielding to the other party, accommodating themselves to the other's needs, or withdrawing their own demands after a short time.

Avoidance: People with a tendency towards avoidance are uncomfortable with negotiation interactions; perhaps, they severely dislike them. They may frame this, externally, in terms of culture ("We don't do that around here") or economic worldview (e.g., "If the other party has priced her services at $150 an hour, who am I to suggest to her this is extravagant?"). They will prefer to avoid negotiation, and they might seek others to negotiate on their behalf. Finding themselves in a negotiation situation, they will seek to end it quickly, by accommodating the other or by progressing quickly to impasse and disengagement. An avoidance orientation in negotiation can be uncovered by reflecting on a simple question: Do you prefer going shopping in a mall, where the prices are fixed, or in an outside market, a yard sale, or some other venue where prices are not fixed and people tend to negotiate? Of course, you might prefer to shop in a mall because it is air conditioned and has a food court. But it is worth exploring whether this decision has anything to do with a preference towards negotiating or towards avoiding the act of negotiation.

Competition: People with a competitive orientation view interactions with their counterparts as a zero-sum game, in which any party's gain must come as a loss to the other party. Determined not to come out on the losing side of such a competition, they will focus on satisfying their own needs. If they are concerned with the other at all, it is only to make sure that they come out ahead of them, "winning" the competition.

Compromise: People with a compromise orientation tend to approach any negotiation interaction as an exercise in dividing up resources. They quantify whatever value is under discussion, and seek a way to split the value with the other side – either evenly, or at some ratio acceptable to both parties. Or, in other words: Go in, look for a way to split things up, take a chunk for yourself, and get out.

Collaboration: People with a collaborative orientation — also called a cooperative or problem-solving orientation — view negotiation as a joint exercise in figuring out solutions to situations. They view their counterpart as a potential partner, the problem as something they face together, and the solution as something that must satisfy both of their needs. While the other is seen as a potential partner, they do not feel required to accommodate the other at their own expense (scoring high on both cooperativeness and assertiveness, in Thomas and Kilmann's parlance).

1.3 Tendencies Underlying Our Orientation

Drilling down even deeper, into the core of these five behaviors, uncovers two underlying tendencies that differentiate between them — tendencies we will discuss throughout this book, from many angles. The first is our fundamental tendency either to engage with others or to avoid confrontations; the second is our fundamental tendency either to cooperate with others or to compete with them.

Reviewing the five negotiation orientations listed above, the role played by our underlying tendency to engage or avoid confrontation is clear. Both competing and cooperating orientations are premised on an underlying tendency to *engage* with others when differences exist; the avoiding and, often, the accommodating orientations stem from an underlying tendency to *avoid* engaging in confrontation with others. A compromise orientation could be related to an underlying tendency to engage — but it might also flow from an underlying tendency to avoid confrontation and seek a relatively quick, easy solution that brings the interaction to an end.

Cooperation and competition are negotiation orientations in their own right, but they are also forces that underlie the other orientations. An accommodating orientation is built on a more fundamental aversion to competition, and avoidance might be as well. Some might suggest that compromise is built on some tendency towards cooperation, or at the very least, on a tendency to avoid all-out competition.

2. Identifying Your Orientation

2.1 Intuitive Identification, Differentiation, and Resistance

It may be, that as you have read through this chapter you have identified with one of the categories discussed in the models. Alternatively, you may not subscribe to the notion that you have one primary operating system, and view yourself as operating more contextually. Examples of this would be "I'm one way at work, but another when I'm with friends", or "I tend to be very competitive on personal matters, but cooperative on professional matters".

Of course, you may resist the notion of categorizing yourself at all — a very normal human reaction. We'll clarify, that both the Thomas-Kilmann and the Shell approaches suggest that people do not utilize *only* one mode of behavior, rather, they uncover which behaviors people are more *inclined* to use. They do not suggest that someone who tends to a competitive orientation will *never* act collaboratively. However, they suggest that she will do so infrequently, and, perhaps, be less naturally adept when employing this behavior. These and other models suggest that, speaking broadly, people can be categorized, and that while any situation has its unique features, each of us has one dominant mode of behavior that we are more likely to employ than others. We will not settle this question; rather, we will make two suggestions:

First, is that while you might sense resistance to applying such categorizing to yourself, you might find that you can apply it, quite easily, to other people. Think of your friends or co-workers, and see if you are able to say "Oh, he is *obviously* an avoider" or "She *definitely* has a competitive orientation". If you can do so, that might indicate that such categorization is possible and of value, and you might begin to curiously consider your own categorization.

Second, is that truly understanding your own intuitive behavior in negotiation requires not just a simple exploration of "What do I tend to do in negotiation situations" but a deeper investigation of *why* you have acted that way, and which forces underlie this behavior.

You might discover that even if you initially felt your intuitive behavior in negotiation to be complex and not simple to categorize, a deeper look at yourself, your behavior and your emotions enable you to recognize that you indeed have a dominant, discernible, orientation that manifests itself in different ways – sometimes visible, sometimes hidden, but always there.

2.2 Exercises for Uncovering Your Orientation

One of the author's (Ebner) work with negotiators has led him to develop a far less scientific process aiming to help people identify their own style. This is not done through a validated instrument with a mathematic formula (e.g., "If your score on this questionnaire is an 83, your natural style is competition"), but rather through a self-reflective process involving consideration of a number of questions, and reflection on what the answers might indicate with regards to personal orientation. After conducting such self-reflection, negotiators usually categorize themselves – either into one of the categories listed above, or into a new category they create and name. You are invited to your own self-exploration, by conducting the following five exercises.

2.2.1 Exercise #1

The first part of the process involves answering two questions. We will pose them first, and we recommend that you consider your own answers, before moving on to read our explanation of *why* the questions are used:

(1) Do you *enjoy* negotiation, when you participate in it?

(2) Anticipating a negotiation situation, do you view it as a threatening, hazardous situation, or as a beneficial opportunity?

The first question, "Do you enjoy negotiation?" often surprises negotiators. Negotiation is something we do as a necessity – we do it as part of our job, or we use it to profit or benefit, or to avoid loss. It is not something we do for pleasure or for entertainment, as going to a movie or a park.

However, some people can identify that they enjoy the process of negotiation. Some experience it as a game or a sport at which they enjoy competing, and others find it a form of social interaction in which they enjoy engaging. A third group points to the rush of energy or adrenaline they experience when negotiating.

Overall, though, this question is far more useful for helping people who do *not enjoy* negotiation recognize this tendency. When posed this question, their answers tend to be definitive, resounding and clear. People who do not enjoy negotiating identify this aversion clearly, and are often relieved to be asked; they may have held an aversion to the process that they have never voiced out loud before (particularly, this holds true for people expected to negotiate as part of their job). People with a strong aversion to negotiation will often go beyond a simple "No" and answer with a stronger statement (e.g., "*I* absolutely *hate* negotiating").

The second question drills down through the first and explores the way we look ahead at an upcoming negotiation, to complement the way we describe the actual experience. We might tell ourselves all sorts of stories about how we act in a negotiation, whether we came out a winner or loser, and whether we were skillful or not. This might also affect the way we treat the question of "Did you enjoy it?" for any particular negotiation. However, deep down inside, we know the truths that underlie the stories we tell ourselves and the attitudes and emotions that we experience. Our sense of anticipation, or of dread, excitement, or trepidation, while looking ahead at an upcoming negotiation, speaks volumes about our intuitive orientation.

2.2.2 Exercise #2

Consider your reactions to these two scenarios. Writing your answers down, in a few sentences, can be very helpful for developing full reflections rather than one-word answers.

(1) *Outside the Door*

Picture yourself in the following scenario:

After working at your job for a year, you feel it is time for a salary raise. You've had little interaction with your boss on such issues, but he is not known for his generosity, and you don't know how he will react. Deciding to bring up the issue with your boss, you've emailed him asking if you can talk. A minute ago, he replied to your email, telling you to come to his office. You walk down the hall and are right outside his door. Before you knock, ask yourself: *How do you feel?* What thoughts are in your mind – and what physical reactions are you feeling (good starting points would be to consider your stomach, and your pulse)?

(2) *The Night Before*

Picture yourself in this scenario:

Your car has broken down again. You know that there's no way around it this time – you must buy a new one. Going over your finances tonight, you calculate that while you have a little money set aside for this, it is not much. You know that with your budget, the difference between getting a decent car and a car that will only bring you grief will depend upon your ability to negotiate well with the salesperson at the used car lot you will go to tomorrow morning. You are now lying in bed, picturing tomorrow's interaction.

Ask yourself: What pictures are going through your mind? How do they make you feel? Try to name any emotions you are experiencing: Stress? Anticipation? Enthusiasm? Antagonism? A desire to curl up even deeper under the blanket? If you, or the car salesperson, have said anything to each other in the exchanges you've envisioned in your mind, what was the nature of your tone? Of your words? Friendly banter? Fighting words?

Again, write your answer down in a few sentences.

Now, revisit your answers to the original two questions posed in Exercise #1 and consider whether you might want to change, revise, or expand your answer, after having connected to your internal response to an upcoming negotiation. You might find, at this point, that the entire notion of each of us having an individual orientation beginning to seem more valid. In fact, you may already have a pretty good idea of what category your own orientation falls into.

2.2.3 Exercise #3

Consider the following sentences, trying to connect to them on an instinctive, or gut, level. Do not rate them on a cognitive "I think this is right" or "I think this is wrong" scale, but rather according to the degree of your identification with its content. The scale runs from 1 ("I don't identify with this sentence at all") to 10 ("That's *exactly* how I *always* feel"). You are rating your identification with each sentence, so there is no need to rate them against each other; you can assign the same number-evaluation to as many sentences as you like. The numbers are just a tool to help you assess your degree of identification.

(1)	I don't like to confront others.	1······2······3······4······5······6······7······8······9······10
(2)	While negotiating, I tend to focus on my own views and needs.	1······2······3······4······5······6······7······8······9······10
(3)	It's important to gain more than the other party in a negotiation.	1······2······3······4······5······6······7······8······9······10
(4)	I like to feel that I and the other party are working together on something shared.	1······2······3······4······5······6······7······8······9······10
(5)	I don't want the other party to think I'm a sucker.	1······2······3······4······5······6······7······8······9······10
(6)	I'm willing to make concessions in order to save my relationship with the other party.	1······2······3······4······5······6······7······8······9······10
(7)	I want the other party to feel satisfied with the negotiation's outcome.	1······2······3······4······5······6······7······8······9······10
(8)	I try to negotiate without giving in on anything.	1······2······3······4······5······6······7······8······9······10
(9)	Whenever I can, I ask someone else — a spouse, a friend, a family member, an employee — to negotiate on my behalf.	1······2······3······4······5······6······7······8······9······10
(10)	I often feel that I make concessions in negotiations, while the other party makes none.	1······2······3······4······5······6······7······8······9······10
(11)	When money is on the table, I try to find a quick way to split it with the other.	1······2······3······4······5······6······7······8······9······10
(12)	I enjoy turning opponents into partners.	1······2······3······4······5······6······7······8······9······10

These statements open windows into different aspects of a variety of orientations. Considering your degree of identification with each statement will cast light onto your overall orientation.

2.2.4 Exercise #4

Revisit exercises #1-3, two days after you originally conducted them. Having spent the past couple of days with these notions in mind, and having encountered several real-world negotiation interactions during this same period, is there anything you wish to revise?

2.2.5 Exercise #5

Read, once again, the descriptions of the five orientations listed above. Can you identify one of these, as your own primary negotiation orientation? If not, can you identify the one you feel your orientation is closest to? If so, what might you tweak, in terms of the orientation's description, in order to better express your own orientation?

3. Implications of Negotiation Orientations

People have different intuitive orientations towards negotiation. Now that we understand that, what does it portend, practically speaking, regarding the way we view ourselves, others, and the negotiation process? We suggest several such implications:

No one "right" orientation: First and foremost, the thing to remember about orientations is that none of them are "right", or indeed, any better than any of the others. They are all likely to serve their owners well in some situations, and trip them up in others. So, whichever orientation you think you have, do not be concerned that you are starting off with a deficiency; conversely, do not consider yourself ahead of the game.

You are not alone: It may be a relief to you to discover that there are a relatively limited number of orientations, and that everybody has a primary, default mode of interacting in negotiation with others. You may have thought that it is only you who accommodates others at every opportunity, or who competes even when this is not necessarily constructive. Many people are concerned there is something "wrong" with them, owing to their avoidance orientation. All of these are very, very common orientations; having learned the language of negotiation orientations, you can discuss this with friends and colleagues and will surely discover others sharing your own orientation.

And yet, not everyone is like you: Understanding that people have fundamentally different wiring regarding negotiation might clear up a lot of confusion, and help avoid a lot of unconstructive conflict. People often enter negotiation processes with unspoken assumptions about the "rules" of the interaction — how we should relate to each other, how we should communicate, what we are here to do. Upon discovering that the other is acting differently, they feel affronted by their counterpart, who seems to be ignoring the rules. Understanding that in negotiation there are very few widely accepted rules of behavior and protocol, and that more often than not there are differences rather than similarities between people's intuitive orientations, will allow you to appreciate that even if your counterpart is not dancing the same dance you are, they are not doing so to annoy you or out of a disregard for widely accepted norms. They are simply acting out their own orientation. It is quite possible that they are bewildered, and perhaps offended, by your own behavior, well-intended as it may be.

Your orientation is a source of strength: You are likely to be more skilled at negotiating in congruence with your natural orientation. Identify contexts suitable to that orientation, and bring your skills to bear.

*Your orientation leaves you vulnerabl*e: As the old saying goes, "When all you have is a hammer, everything looks like a nail." We negotiate using our dominant negotiation orientation even where this approach is contextually unsuitable. By remaining on autopilot, rather than steering in an adaptive manner, we take the risk of having a rough and perhaps unsuccessful journey.

Understanding your style is the source of your new flexibility: Having recognized your own orientation, and realizing it might serve you well in some cases but not in others, you may be wondering whether everything is somewhat predetermined. Is my success at negotiation always to be decided by my personality-based programming? Am I hard-wired to act in a certain pattern, repeatedly, in every negotiation interaction I will ever engage in? Am I predestined to fail at certain negotiations, owing to my orientation? The answer to all these questions is that your orientation only determines the intuitive approach you are often likely to take – but it does not control you. You have the power to disengage from autopilot, unhook yourself from your orientation, and choose to act in other ways. The key to unhooking from your orientation-related habits, is your awareness of their existence and persistence. Once you recognize the power of negotiation orientations and identify your own, you are no longer bound by it, or controlled by it, to the extent you used to be. Moreover, understanding that your counterpart also has an ingrained style of their own, you might be able to help them unhook themselves from their orientation, and dance a different dance.

Moving from orientation to choice: In the next chapter, we will discuss the method for capitalizing on this newfound freedom – decreasing our reliance on intuitive orientation and replacing it with informed, intentional, strategic choice.

Food for Thought

1.Try to identify the negotiation orientation of the following people: Your parents, your boss, your best friend, and your spouse.

Next, make a list of five friends or co-workers. Are you able to identify their primary negotiation orientation?

Did you find it easier to categorize the people closer to you, as opposed to people with whom you are less intimate?

2. Think of a recent negotiation you conducted. Try to identify three specific actions you took — sentences you said, or things you did — that you feel are directly related to your negotiation orientation.

References

Shell R. (2006). Bargaining for advantage: Negotiation strategies for reasonable people. 2nd ed. New York: Penguin Books.

Thomas K W & Kilmann R H. (1974).Thomas-Kilmann conflict mode Instrument[1]. Mountain View, C. A. : Xicom.

Notes

[1] This instrument can be taken online for a fee, at http://www.kilmanndiagnostics.com/. Another instrument that aims to explore conflict styles takes cultural variation into account. *Style Matters,* developed by Ron Kraybill, can be taken online for a fee at http://www.riverhouseepress.com/.

Chapter 4

Setting Goals, and Choosing Strategy

1. The Importance of Choice

Having understood the degree to which we operate in negotiation according to our intuitive orientation, we can now free ourselves to operate more flexibly and mindfully, by utilizing our capacity for choice.

Negotiators have many opportunities to exercise choice, during negotiation. They can choose whether and how to approach their counterpart, how to frame every question they pose or answer they provide, and what tone of voice to speak in. There are dozens, or even hundreds, of decision points in negotiation, beginning with the moment at which a party chooses to engage in negotiation (or not), and continuing all the way through the process until the choice to agree to a proposal (or not). Each choice presents negotiators with an opportunity to exercise their skills as analysts, strategists, tacticians and communicators. The more negotiators are mindful regarding each of these opportunities for choice, the better they will do.

As negotiators, we do not recognize every single choice we are posed with. Much is going on in negotiation; often, at a fast pace. Some of our actions and responses will be generated without a conscious decision making process. Our intuitive orientation is one mechanism that fills in those blanks for us; other internal processes will be discussed later on in this book. However, with practice and intentionality, we get better at recognizing and utilizing moments of choice. Many chapters in this book provide suggestions aimed at helping negotiators recognize and capitalize on these moments.

In this chapter, we discuss two major choices that negotiators make in every negotiation – or, more prescriptively, two major choices that negotiators *should* make. Negotiators must set their goals for the interaction, and they must choose a strategy for achieving those goals.

2. Choosing Your Goal

2.1 The Value of Goal-setting

Your goal is the objective of your engagement in negotiation. It is the reason you got out of bed in the morning and came to the negotiation table. Defining and clearly framing your goal before engaging in negotiation is critical to achieving it. The value of goal-setting seems obvious, and yet, we do not do it nearly as often as we should; even if we have set a goal, we often do not use it as a guiding light throughout the negotiation processes. As University of Pennsylvania professor Stuart Diamond put it, in his book *Getting More*:

> "Much has been written about defining goals. Studies show that goal-setting is one of the most important things someone can do for themselves. The mere act of setting a goal has been shown to increase performance by more than 25 percent.
>
> What's invisible is not that no one knows they need to identify and meet their goals. What's invisible is that they don't do it! They don't do it, because they don't focus on it. They don't do it because they get distracted. And then, if they finally start doing it, they don't complete it — they lost their way in the middle." (2010, 16)

Preparation for negotiation will be discussed later in this book. At this point, though, let's ask one simple question regarding your real-life negotiation preparation. Think about a significant negotiation you've conducted. Did you decide, clearly and explicitly, what your goal was before walking into the room? You may have prepared well for this negotiation, perhaps making up lists of thoughts and ideas. Did your list have one line at the top stating "My goal, in this negotiation is to __________________________________". If your answer is yes, you are already practiced at exercising mindful choice regarding your negotiation goal. However, even if you have done this – you can probably recall an equally important negotiation in which you'd have to answer no.

Lack of goal-setting is, as Diamond says, surprising. We set goals in so many other areas of life. We often invest time in doing so, writing goals down carefully. For example, when you go to the supermarket, you might write down a list of items you wish to purchase. You do so in order not to forget anything (in other words, in order to achieve your goals fully), as well as to avoid impulse-buying (in other words, in order to avoid distraction from your goals). Not only do you prepare a written list, you consult it often as you shop, crossing items off as you put them in your cart, celebrating the milestones of having secured them, and making it easier for you to identify what goals on your list remain to be achieved.

When we get into our car and drive, we do so after deciding where we are headed. More times than not, we decide our destination before leaving the house. We not only set this goal before embarking on the journey, but many of us check in with this goal as we go along. We check the road signs or a map and make calculations, or we use a GPS system that constantly keeps our goal in mind, measures our progress, and adjusts in real-time for achieving our goal optimally.

2.2 Setting Goals Effectively

Here are several important things to remember about goal setting:

Never assume your goal is clear to you: Even in a situation in which the goal seems obvious, it is worth thinking it through and spelling it out. For example, if you have received a job offer and are negotiating salary, you might feel that your goal is simply to earn as much money as possible. However, there are many other possible goals you can achieve at this salary negotiation, and considering them mindfully through some of the methods discussed below will help you decide on the goal-framing that suits you best.

Never assume you share goals with your team: If you are working jointly with others as a team of negotiators (such as a team of lawyers and managers of Company A discussing a merger with the team representing Company B, or a husband and wife meeting a potential buyer for their apartment), never assume that you all have the same goal in mind unless this has been discussed explicitly. We will discuss other issues related to team negotiation in Chapter 8.

Frame a sentence: Do not set a goal that is so wordy and complex that it takes a whole page to express. Capture and frame it in one sentence; two, at most. Just about any goal can be captured so concisely. This will require you to clarify and simplify your goal, which improves your odds of achieving it. It will make it easier to remember, allowing you to check in with it as the negotiation proceeds.

Be specific: Don't suffice with general formulations, such as "To get a high salary" or "Selling the car for a lot of money". Specify what a high salary would be, or how much money you consider to be a lot.

Ask yourself "Anything else?":It may be that your goal has several components. Include them all, in sufficient detail. For example, Company A's negotiator, negotiating with Company B's representative for the purchase of a thousand tires that Company B manufactures, might originally set her goal as "Obtaining 1000 tires for a good price, and fast." After remembering to be specific, and to ask "Anything else?", she set her goals as "Obtaining 1000 tires at under $20 per unit, with delivery in under two weeks, and with a rock-solid quality guarantee obligating Company B to replace any tires that I reject upon delivery".

Write it down: Even if we remember to frame a goal, we often think about this issue a bit and then our thoughts move on to anticipating the interaction itself. Making a habit of *writing down your goal* will nudge you to frame it according to the advice in this section. It will also provide you a visual record to consult during the negotiation and at its conclusion.

Be proactive, not reactive: Your goal is something you decide on for yourself. It is independent of the other party's goals. Never tell yourself "I'll go in, hear the other party out, and then decide what my goal is". You negotiate to *achieve* your goal, not to *decide* it! Decide your goal before reaching the table, and negotiate for it at the table.

Learning is not your goal: Sometimes, negotiators frame their goals in terms of learning; for example, "My goal is to learn what party is willing to pay for my share in the company." Negotiation does involve a great deal of learning, and good negotiators learn a lot over the course of a negotiation. However, that is not their *goal*. It is a *means* to their goal. "To learn what the other can do for me" might be the *purpose of a first meeting*, but not the *goal of the negotiation*.

Be firm, yet flexible by avoiding process-traps: What you learn during a negotiation may cause you to reassess many things. One thing you might reassess is whether your goal is realistic, or whether it can be achieved in this negotiation. Sometimes, this kind of reassessment is triggered by information the other party has shared, or by their reaction to our own information or requests. While new information of this kind might sometimes be a valid cause to reconsider our goals, it often will not be. Dynamics of the negotiation process often cause such information to appear more important than it is, more urgent than it is, and to have more to do with us than it actually has. Hence, this advice: Try not to change your negotiation goal at the negotiation table. If you learn new information you feel affects your goal, take a break. Away from the table, its dynamics and pressures, think clearly about whether anything has developed that should affect your goal.

*What is **not** your goal*: As already noted, "learning" is not your goal. There are other things that negotiators sometimes mistakenly portray as their goal. One such issue is the relationship with the other party. If you find yourself framing your goal as "To build a good relationship with the other party", consider whether this is actually your goal, or whether it is a means to achieve your goal. Often, you will discover that it is actually the latter. For example, your goal might be "To convince the other party to award my company the contract for providing security services for their events", and "building a good relationship" is the means through which you intend to achieve this. If so, then framing your goal as "building a good relationship" is mistaken and could be costly. You could actually wind up building a good relationship with the other party and not being awarded the security services contract, because building the relationship distracted your focus on the contract. Similarly, your *strategy* is not your goal. Strategy will be discussed below, at length. It is the *method* through which you hope to achieve your goal. Negotiators might mistakenly frame their goal in terms like "To cooperate with the other party, so as to receive the security services contract". This is an example of framing a strategy (cooperation) as if it were a goal in itself. If you find you've used one of the names of the strategies discussed below in your goal-framing sentence, make absolutely sure that you are not confusing your strategy with your goal.

The other party's goal may be important in negotiation, but it is not your goal: Understanding the other's goals matters because it gives you insight into their motivations, and allows you to develop ways in which you might work together. However, "learning what their goal is" is not your goal in negotiation. It is a means to an end.

3. Strategic Choice

Once you have framed your goal, the next choice you face is that of strategy. In the context of negotiation, your strategy is your overall game plan: The top-level approach you choose which will guide your selection of tactics. The distinction between strategy and tactics in negotiation is simple: Strategy is your overall approach; Tactics are the actual individual actions you take in reality: The words you say and the things you do. For instance, a negotiator choosing a cooperative strategy, is likely to employ a range of tactics suited to such a strategy; for example, extending a hand to shake at the beginning of the meeting, acting courteously, sharing information, and listening to one's counterpart without interrupting.

3.1 A Menu of Strategic Choices

When considering the range of strategic approaches negotiators can choose from, the literature returns us to a familiar list, including accommodation, avoidance, compromise, competition and cooperation. We have previously encountered this list in the form of intuitive orientations to negotiation; now it is presented as a range of approaches offering negotiators the opportunity for strategic choice. That one word – choice – encapsulates the substantial difference between the two uses of this list. To approach a situation based on our own personality is one thing. It is quite another to *choose* an approach suitable for giving us the best chance of achieving our goals, based on various features of the situation, the specific context of the encounter, and the particular counterpart whom we face.

Here, we summarize the five approaches, when viewed as *strategies* that negotiators must *choose* from:

Accommodation: Sometimes, the best approach to a negotiation interaction is to accommodate the other's needs, and yield to them – even if this comes at cost to yourself. Having chosen this strategy, you will approach the negotiation as an exercise in figuring out an effective and efficient way to provide your counterpart with what they need.

Avoidance: Sometimes, your best overall choice is to avoid a negotiation altogether. If this is the path you have chosen, you will attempt to end the interaction as soon as possible, if you can't prevent it happening in the first place. Your efforts might go towards persuading your counterpart that you are not the right counterpart for them, minimizing contact and communication, and ending the interaction.

Competition: In some negotiations, you may decide that the best way to achieve your needs is to pursue your goals full-out, without concern for the costs this imposes on your counterpart or for the effects of such behavior on the relationship you share. Having chosen this strategy, you will seek to maximize your profit, focusing only on your own bottom line, and doing everything you can to avoid making concessions to your counterpart.

Cooperation: In some negotiation situations, the best thing you can do to achieve your own goals is to work cooperatively with the other party. If this is the strategy you have chosen, you will approach the negotiation as an exercise in joint exploration and planning, in which you and your counterpart seek to satisfy the needs that brought both of you to the table.

Compromise: Sometimes, you might figure you would be better off, on the whole, achieving a certain portion of your goal, rather than paying the costs involved in an effort to achieve it in its totality. In such a situation, you might choose a compromise strategy. Choosing compromise as a strategy (as opposed to a compromise outcome more generally) means that your overall view of the negotiation is that of an effort to identify issues that you and your counterpart can measure and quantify, and an attempt to find a way to split them between you in a manner that both of you can agree to live with.

These strategies can all be described in terms of the degree to which each advances two key issues: Your own goals, and your counterpart's goals.

Adopting an *accommodating* strategy, you do not seek to advance your own goals, but only the other's.

Choosing an *avoiding* strategy, you do not seek to advance your own goals through negotiation, and you do not seek to help the other advance his or her goals either.

Selecting a *competition* strategy shows your desire to advance your own goals vigorously, without helping the other party achieve their goals.

A strategy of *cooperation* pursues your own goals, while at the same time it helps your counterpart achieve their goals.

A *compromise* strategy aims to partially achieve your own goals; the price you pay for this is a willingness to abandon totally achieving your goals. This enables your counterpart to achieve enough of their goals in order to be willing to abandon achievement of the rest.

3.2 Choosing from the Menu: The Dual Concerns Model

Conveniently, this description of the nature of these strategies also provides insight into the types of cases in which you might choose to adopt them. The literature on negotiation and conflict often portrays this in the form of a chart. One of the most commonly encountered models is the Dual Concerns Model, which suggests that the strategy you should choose is primarily dictated by the importance of these two sets of concerns — your concern with achieving your own goals, and your concern with the other achieving his or her goals.

This model suggests that if your concern with your own goals is low, you should explore your attitude towards the other's concerns. If you have little interest in advancing the other's goals, you might consider to avoiding the negotiation altogether.

If you wish to advance the other's goals — as might be the case, if you have an ongoing relationship with them you wish to foster — you might accommodate their concerns at the expense of your own.

If your concern with your own goals is high, and you care little for the other's goals, this is a situation in which to consider competition; if, on the other hand, you are concerned with the other's goals in addition to your own, you might work together to advance them both through cooperation.

If your concern with both your own goals and with the other's is not exceedingly high, compromise would be a strategy to consider; you might achieve your reduced goals by finding a mutually agreeable split of the available resources with your counterpart.

This model provides a very initial set of recommendations for choosing between strategies. It provides a starting point for your strategic thinking. Of course, there are other considerations that have to do not only with your motivation for achieving your goals, but with the context, the resources at your disposal, and your assessment of the character and motivation of your counterpart.

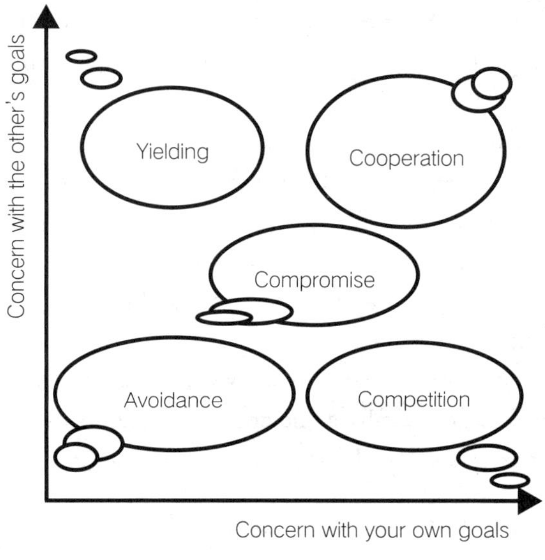

Figure 4.1 The Dual Concerns Model

3.3 Further Considerations for Strategic Choice

Below is a list of issues to consider, beyond those presented by the Dual Concerns Model, when choosing a strategy for your negotiation. It is not a list in which you will find your specific situation described in detail, with the correct strategy noted at the end — no such list can, or does, exist. However, if you consider your situation while reflecting on all of the questions the list poses, the right answer is likely to emerge. If it turns out your strategy is not working, take a break, reconsider, choose again, and resume. This list is an adaptation into practical terms of a number of theoretical frameworks and research findings laid out by Jeffrey Rubin, Dean Pruitt and Sung Hee Kim, in their book *Social Conflict: Escalation, Stalemate and Settlement* (2004), in which the Dual Concerns Model itself is also explained.

How concerned are you about your own outcome? The more motivated you are to achieve a good outcome for yourself in this negotiation, the less you are advised to choose one of the strategies on the left hand side of the chart — accommodation and avoidance — as these cannot help you achieve such an outcome.

How motivated are you about your own outcome, with relation to other issues you have going on simultaneously? While, in the abstract, an issue in negotiation might be very important to you, you might have other things going on — in life in general, or in another negotiation occurring concurrently — that limit your capacity to focus and devote resources to achieving your goals in this negotiation. You would be wiser to consider this ahead of time, planning your strategy in this negotiation accordingly, rather than having to run up against it later on.

How concerned are you about your counterpart's outcome? Sometimes, we negotiate with people without having much interest in their having a good outcome. Other times, we care about the other achieving an outcome they are satisfied with. This may be due to an ongoing relationship with the other — for example, a business partner, a family member, or the person in the next cubicle at your office. The more motivated you are to achieve a good outcome for the other, the less you are advised to choose strict competition, as it won't help you achieve such an outcome. Strategies towards the top of the chart are better suited to this.

Do you perceive common ground between you and your counterpart? "Common ground" means an option that could satisfy both of your aspirations. The more likely it seems that such an option could be found, the more the strategy of cooperation is suitable. If you cannot perceive any common ground, then even though you care about the other's outcome, cooperation might not be suitable. Perceived common ground can be mapped out by asking yourself these three questions:

(1) How high are your own aspirations?

(2) How high do you think the other's aspirations are?

(3) Do there seem to be mutually beneficial options you and the other can adopt?

Do you consider the other party to be open to accepting a reasonable solution? The more you consider the other to be open and flexible, the more likely that a cooperative approach is suitable. The more you anticipate that the other will continue to insist on their initial high demands, the less suitable cooperation is; instead, you might gauge your capacity for competition, or seek to cut your losses through compromise or accommodation.

What are your capabilities, in terms of engaging in competitive behavior? Conducting a realistic assessment of your own capacity to engage in contentious behavior, as well as your counterpart's capacity, is necessary before choosing to enact a competitive strategy. Otherwise, you might be starting a fight you will lose. Do you have good arguments for your position? Are you skilled at putting forward such arguments? Do you have clout and deterrence over your counterpart? In Chapter 13, we will discover how to consider use of power.

How do you rate your counterpart's capabilities to engage in competitive behavior? Can the other punish you for competing? Or will your competing be met by a weak counteroffer, and, ultimately, by accommodation? Does your counterpart seem to have weak determination, or low self-concern? Are they lacking for alternatives, or do they have other people from whom they can get a better deal than what you are offering them? The more your capabilities seem higher and the other's seem to be lower, the more you might be advised to engage in competitive behavior.

Are you under severe time pressure? If you are, yielding or compromising might be beneficial strategies to pursue, as they allow you to wrap up the negotiation quickly. However, if this is not a one-shot deal, or if others may hear about your yielding, perhaps such movement towards the upper left corner of the grid is counterproductive in a long term perspective – as your counterpart, or others who have heard about your behavior, might expect you to repeat it in the future.

3.4 Strategic Flexibility

Strategy is not set in stone. Having set your goal in negotiation, you then make an initial choice of the strategy you view as most suitable, given all the considerations above, your knowledge of your own needs and resources, and what you know about your counterpart. Of course, you can change your strategy as the negotiation goes along, to another of the five strategies. If it turns out your strategy is not working, take a break, reconsider, choose again, and resume. The key thing is to change strategies intentionally through *choice*, rather than reverting to your intuitive orientation or changing your strategy unconsciously as a reactive response to your counterpart's actions or approach. We strongly recommend deciding on strategy-changing during a break, rather than at the table.

The more you know about your counterpart and the context ahead of time, the better you can foresee a need arising for strategic flexibility. You can choose, as part of your preparation, your strategy, a backup strategy and a set of circumstances that will cause you to abandon one for the other. For example, you might set your strategy as follows: "Owing to my high concern for achieving my goals, as well as my concern for maintaining a good relationship with John, I will adopt a cooperative approach. I will be friendly and open, ask him about his concerns and then offer him a number of suggestions for resolving the issue. However, if I get the sense that he is repeatedly rejecting my offers without giving them the thought they merit, or if he repeatedly makes personal attacks on me in order to get me to make concessions, I will call for a break, and use it to consider switching to a competitive strategy."

4. The Negotiator's Challenge: Keeping Choice in the Driver's Seat

In this chapter, we have discussed what might be described as the optimal flow of decision making and action in negotiation: You set your goals, you decide what strategy is most likely to help you achieve your goals, and you carefully and intentionally choose and carry out tactical moves implementing that strategy (many of these tactics will be discussed later on in this book). This figure illustrates this structure:

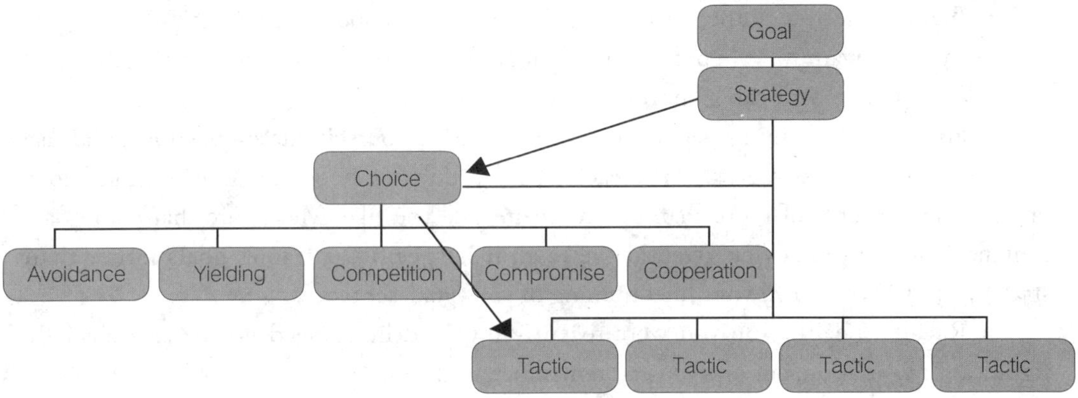

Figure 4.2 Choice-based Negotiation: Goal, Strategies, Tactics

In practice, things do not always work out so neatly. In fact, negotiation is often quite a messy interaction. While negotiating, we humans often lose sight of our goals, act out a strategy different than the one we had intended to, and resort to knee-jerk reactions rather than mindful tactics. One reason is that although we may learn to recognize and control our intuitive orientation, it never goes away, and its power to regain control of us is always lying in wait just beneath the surface. In addition, other issues that will be discussed in this book affect our capacity for setting clear goals, deciding clear courses of action, and performing intentionally.

Negotiating is a human activity, and humans bring their humanity with them to the negotiation table. On the one hand, they can bring a great deal of rationality, intellect and analysis to bear on complex problems. On the other, they are often driven by emotion; they perceive the world — and particularly, their counterpart — through a mixed set of frames, and they react to one another in unpredictable ways. Negotiation will forever include a mix of the states-of-minds recommended throughout this book — choice, mindfulness and intentionality — and conditions involving reflexive behavior, disrupted and confused thinking processes, and emotion-laden actions. This is not a "problem" which will be solved by implanting processers inside people's minds; this is a fact of negotiation life which negotiators must take into account as they pursue their goals.

Food for Thought

1. There are a variety of questions you can ask yourself, as lead-ins to framing your goal. Differences between them will become more apparent as you continue to read this book. However, at this stage, consider them as different mental pathways through which you can encourage yourself to set a goal:

•What is my motivation for coming to the table?

•What do I need the other party to give me, which I cannot give myself?

•What do I want to walk out of this negotiation possessing, that I do not already have?

•What is the most I can gain from this encounter?

Consider an upcoming negotiation you face. Ask yourself these questions, and use them to frame goal sentences. Write each of them down. Choose the one you like most, or combine elements of more than one to create one you like. Make sure that your goal-sentence follows the advice given above (e.g., it is specific, it frames goals rather than strategy, etc.). Write down your final framing of your goal-sentence.

2. Recall a negotiation you were recently involved in. It need not be an especially significant negotiation, but one you can remember, in detail.

Did you set a goal before entering the negotiation? If so, how would you define it? If not, do you have any thoughts about why you skipped over this step?

Did you choose an overall game-plan – what we've called a "strategy" in this chapter? If so, which of the five strategies we've described was it most aligned with? If not, do you have any thoughts about why you skipped this step?

What were some of the actions you took that implemented this strategy on a tactical level?

Thinking back, are you able to identify your counterpart's goal, and the strategy they chose? Do you think they had a specific goal in mind, and chose their strategy intentionally?

Do you feel, overall, that the interaction as a whole was a meeting between your strategy and your counterpart's as you implemented tactics in order to achieve your goal? Or was it, perhaps, a meeting dominated by an unconscious interaction between your two intuitive orientations to negotiation?

References

Diamond S. (2010). Getting more. New York: Three Rivers Press.

Rubin J, Pruitt D & Kim SH. (2004). Social conflict: Escalation, stalemate and settlement. 3rd ed. New York: McGraw-Hill.

Chapter 5

The Negotiators' Dilemma — Cooperation and Competition in Negotiation

As we have discussed, at the very core of our negotiation orientations lie our more primary, subconscious inclinations towards competition and cooperation.

1. Cooperation and Competition — beyond Negotiation

The tension between cooperation and competition is a core aspect of our human life. To fulfill our needs, on emotional and material levels, we interact with others at varying levels of demand and acquiescence, offering and withholding. This ties in closely with another tension inherent in the human condition: Our desire for autonomy, on the one hand and our desire for community.

At the strategic level, we have noted in the previous chapter how each of the five primary strategies tends towards emphasizing either cooperation or competition.

This dichotomy of competition and cooperation, or the spectrum between them, is deeply interwoven into all human interactions, especially, as we have seen, into negotiation. The choice, as such, is considered fundamental in much of the literature on negotiation. In particular, it has strongly affected the literature proponing or advocating particular approaches to or detailed models of negotiation. Indeed, even a brief skim through many books on negotiation would be enough to allow the skimmer to categorize them as being more in line with a competitive approach, or a cooperative one, to negotiation. Many authors aiming to operationalize negotiation theory forbid overlap: A negotiation can either be cooperative, or it can be competitive. Parties are either partners in a joint search for mutually beneficial solutions or they are opponents, out to get the largest possible chunk of whatever item or issue is being contested. Other authors suggest that not only is there no need to categorize things in such either/or terms, but that, in fact, it is impossible to identify such a sharp divide in practice; all negotiations, by necessity, will include competitive and cooperative elements.

2. Game Theory and the Prisoners' Dilemma

2.1 Serious Games, Tough Dilemmas

To fully understand the tendency to divide sharply between cooperation and competition, we must return to a topic we've already introduced: The strong nexus of conflict theory and negotiation theory. Separating cooperation and competition is fundamental to conflict theory. This owes, in part, to conflict theory having partially developed out of an area of study called game theory in the post-World War II era. Game theory explores how two (or more) actors might conduct themselves in a variety of situations in which their own outcomes were affected by their counterparts' choices and actions, and vice-versa. In many of these interactions (dubbed "games") parties' choices boil down to "cooperating" and working with the other, or "defecting" – aligning one's self against the other. Essentially, this is the choice between cooperation and competition. Understanding how players made their choices in such situations was deemed necessary for predicting how actual decision-makers on the world stage would act in a nuclear arms race, or in deciding whether to launch a nuclear first-strike against an opponent.

2.2 The Prisoners' Dilemma

The most famous, and most widely-studied, area of game theory is a "game" dubbed the Prisoners' Dilemma. Consider this scenario:

You and John have been arrested by the police, on suspicion of bank robbery. The police have enough evidence to convict either of you on a minor charge (let's say, parking illegally on the sidewalk outside the bank, in a parking space reserved for handicapped people) but they cannot prove the more serious charges of robbery and threatening the teller with a dangerous weapon, as neither of your faces was sufficiently identifiable on the footage from the bank's security cameras. The police separate the two of you immediately, placing you in separate interrogation rooms, where you are unable to communicate with each other. Your interrogator gives you two options: You can either confess to the two of you committing the burglary, or you can remain silent. The policeman tells you that all the police need is for *one* of you to confess . The police interrogator offers you an incentive: If you confess and John does not, your confession will be especially valuable to the police (as it will allow them to convict you both of the crime). They will be so grateful, that they will let you off with no jail time, and send John to jail for a significant chunk of time — five years. If you and John both confess, your confession is appreciated but they could have jailed you without it, so you will both receive only somewhat reduced sentences of three years each. If neither of you confesses, you will both only be punished for the offense of illegal parking, and serve one year in prison. John, the interrogator tells you, is receiving exactly the same explanation and offer in the other room.

Below, is the chart of outcomes (in terms of years spent in prison) for each action: Cooperation (with John) by staying silent or defecting, aligning yourself with the police against John by confessing.

Table 5.1 The Prisoners' Dilemma

	John's Behavior and Outcome		
Your Behavior and Outcome		Cooperate	Defect
	Cooperate	1 1	0 5
	Defect	5 0	3 3

Before you read on, take a moment to review the chart, and ask yourself a simple question: What would you do?

Much research has been conducted around this very question. For a good introduction to it, we recommend reading Robert Axelrod's (1981) book *The Evolution of Cooperation,* which explores different strategies for dealing with variations of this dilemma.

This basic version of the Prisoners' Dilemma is not, in itself, a negotiation; after all parties have no way to communicate with each other, influence each other, commit to one another or choose to keep their word or break it. However, even just thinking about this basic version brings up issues very pertinent to negotiation. For example, relationship: Would your answer to the "What would you do?" question posed above be any different, were John and you competing for promotion in your criminal organization? Would it change if John were your brother? This ties into another issue — trust: What do you think John will do? Will he cooperate with you or defect? Much of your assessment of John's actions will boil down to the essential question of whether or not you trust him.

2.3 Mixing Cooperation and Competition

In this version of the Prisoners' Dilemma, there is a clear choice between cooperation and competition: There is no middle action. It is only when the notion of an iterated Prisoners' Dilemma — a Prisoners' Dilemma involving *multiple rounds*, each offering the same choice between competition and cooperation, was explored, that the notion of an approach involving a mix of competition and cooperation arose. Without posing an elaborate scoring chart, picture yourself and John sharing a prison cell for three years. Over the course of that time, you have multiple points at which prison guards arrive to search your cell for contraband material. During each of these searches, either you or John can tell the guards about the contraband material you are each hiding in the cell and be rewarded, while the other is punished; or, you can cooperate with your cellmate by remaining silent.

In this type of situation, whereas some strategists recommend an all-cooperation or an all-competition approach, other strategists suggest approaches mixing both. Axelrod's own findings suggested that the best approach, over time, was one he called Tit for Tat: Always do to the other as they have done to you. In the prison cell example, Axelrod would recommend beginning with cooperation the first time, by not divulging John's contraband to the guards. If John also cooperates and does not divulge your contraband, then the next time guards come in to search you will cooperate again. If he ever defects by pointing guards towards your stash of contraband, then the *next* time they show up you will show them his. If, this time, John refrains from defecting, you will similarly stay silent the *next* time the guards show up. Or, in a nutshell: Begin cooperatively, and in every round do precisely what your counterpart did in the previous round.

Even such an integrated strategy preserves the dichotomy of cooperation and competition: I may choose one in one round and in the other the next, but I never mix them together. This is the view of competition and cooperation that, having emerged from game theory, went on to affect conflict theory and then trickled down into negotiation theory, resulting in many authors adopting an either/or approach to competition and cooperation.

However, as noted above, others have suggested there will be cooperative and competitive elements mixed in to every negotiation; no process will be purely one or the other. One example of this approach is proponed by David Lax & James Sebenius, in their book *The Manager as Negotiator* (1986). They stress that far from being separate approaches, these two elements are present at every moment of a negotiation – in the negotiators' minds. According to them, people adopting one or the other as an overall mindset, or as an approach, are ignoring the realities of negotiation practice:

> "… a deeper analysis shows that competitive and cooperative elements are intertwined. In practice, they cannot be separated. This bonding is fundamentally important to the analysis, structuring and conduct of negotiation. There is a central, inescapable tension between cooperative moves to create value jointly and competitive moves to gain individual advantage. This tension affects virtually all tactical and strategic choice. Analysts must come to grips with it; negotiators must manage it. Neither denial nor discomfort will make it disappear..." (Lax & Sebenius, 1986, 30)

3. From the Prisoners' Dilemma to the Negotiators' Dilemma

Having united these two paradoxical elements of negotiation into an axiom of the negotiation process, Lax & Sebenius dubbed the tension between the two "The Negotiators' Dilemma". The tension between cooperative value-creating strategies and competitive value-claiming strategies results in an ever-present, ongoing dilemma for the negotiator, which presents itself at each stage in the negotiation. Trying to advance one element opens you up to risk vis-à-vis the other. The competitive tactics used to claim value – such as attacking, concealing information, and so on – undermine the cooperative tactics required to create value. Conversely, adopting an open, sharing, and cooperative approach in order to create value leaves one vulnerable to the hard bargaining tactics a competitive negotiation counterpart might adopt.

The Negotiators' Dilemma is, of course, evocative of the Prisoners' Dilemma. Indeed, in order to explain how it affects a negotiator's deciding between cooperative actions and competitive moves, Lax and Sebenius framed the dilemma in story and chart form.

Imagine that you are negotiating with John. At any turn in the negotiation process, you can choose to compete with John or cooperate with him. For example, you might compete by making threats or by lying; you might cooperate by sharing information and answering questions truthfully. If both parties compete, explain Lax and Sebenius, you will each reach a *mediocre* outcome; if you both *cooperate*, you will each reach a *good* outcome. However, in this complex situation, should one of you compete and the other cooperate, the one who competed will have a *great* outcome, at the expense of the cooperating party who will suffer a *poor* outcome.

Below is the chart of outcomes (in terms of negotiation outcome) for each pair of decisions – your own, and John's:

Table 5.2 The Negotiators' Dilemma

		John's Behavior and Outcome	
		Cooperate	Compete
Your Behavior and Outcome	Cooperate	Good Good	Great Poor
	Compete	Poor Great	Mediocre Mediocre

In the chapters to follow, we will explore different behaviors that suit the "compete" and the "cooperate" approaches. We will also suggest that negotiators not only choose their own moves wisely, but that they seek to affect the other's moves as well, making it more likely that they will act cooperatively. However, for now, learning about the link leading from game theory to conflict theory to negotiation theory gives us the background we need in order to get to work.

4. Negotiation: Different Terms, Same Divide

As we move on from top-level understanding of negotiation to exploring particular models — frameworks for negotiation that apply particular approaches and break them down into operational components — we see the dichotomy of "competitive" and "cooperative" translated into new pairs of terms, as the literature on negotiation compares distributive with integrative negotiation, adversarial with collaborative negotiation, interest-based negotiation with positional bargaining and more.

4.1 Naming the Divide

University of Oregon professor Michael Moffitt and Marquette University professor Andrea Kupfer Schneider, in their text *Dispute Resolution*, map out this dichotomy:

> "Some have suggested that there are two basic models of negotiation advice. On the one hand, there is a set of advice to help negotiators figure out how to explore their interests, how to make sure that communication is clear and efficient, how to maintain relationships, how to persuade based on objective criteria, and how to solve problems creatively. Advice along these lines has taken on many different labels, although the most common are'principled negotiation', 'integrative negotiation' ,'mutual gains negotiation' ,and 'win-win negotiation'. On the other hand, a different set of advice focuses on how to secure advantage over the other side, how to get a bigger slice of the pie, how to claim value that has been created and how to manipulate the other negotiator's decision. Advice along these lines has been called 'competitive bargaining', 'distributive negotiation', or 'hard-bargaining'." (2011, 10)

While each of these terminological pairs have their own particular nuances and foci, at their core, one type of negotiation favors a more competitive approach and the other adopts a more cooperative approach.

We will give each type separate attention, devoting one of the next two chapters to each. For the purpose of distinguishing between them, we will dub the more competitive approach a "distributive" approach, and use the term "integrative" to describe the more cooperative approach. A brief introduction to each will set the stage for that discussion, and show how these approaches, and the choice between them, is rooted in the competition/cooperation tension inherent in human nature and history.

In an integrative approach to negotiation, negotiation is a search for agreement that integrates, or considers, both parties' needs. A party approaching negotiation with an integrative strategy or mindset will seek to engage in a process that will result in everybody's needs being satisfied.

A distributive approach to negotiation views all negotiation interactions as situations in which there is value to be divided: Distributed to one party or the other. Negotiation is an exercise in distributing a scarce resource, in which each party should focus on getting as much of the resource as he or she can. A party approaching negotiation with a distributive strategy or mindset will seek to engage in a process that will result in the party achieving maximum satisfaction of its own needs.

Once introduced as distinct basic approaches, this dichotomy affects many core issues in negotiation and is central to negotiators' decision-making processes, choice of tactics and relational interactions. For example:

•How do we view negotiation: As a joint venture or as a war?

•What do we do in negotiation: Attempt to solve problems (ours, as well as the other's) or attempt to solve our own problems (including, perhaps, by creating problems for the other)?

•How do we view the other: As our partner or as our enemy?

4.2 The Terminology of the Competition/Cooperation Divide

The focus on the distinction separating competition from cooperation, or integrative from distributive, as a fundamental divide in negotiation has produced a rich variety of phrases and metaphors attempting to capture the difference between the two approaches. Each captures some of the essence of the dichotomy:

Fixed pie/expanding the pie: Distributive negotiators have a "fixed pie perception". They believe that the item being claimed by both parties — the value under discussion or in dispute — is a constant that cannot be changed. When you really want an apple pie to go with your coffee, and you sense that across the table from you is someone equally determined to get that pie for himself or herself, you feel you are engaging in what game theorists call a zero-sum game: Nobody can gain without the other party suffering loss. The size of the pie is visible, known, pre-determined, and cannot be changed; every bite of the pie that the other gets is a bite you miss out on. This mindset leads a negotiator to make a grab for the entire pie, or as much of it as possible.

Integrative negotiators seek to expand the pie rather than divide it. Instead of taking an instinctive leap across the table to distribute the pie in their favor by grabbing it all, they will explore if there is any way that both they and their negotiation opposite can get everything they need, either from the pie sitting on the table or by adding other resources into the equation.

Back to cooperative/competitive: Integrative negotiation will be associated with intuitive orientations, strategies, and mindsets such as "cooperative", "problem solving", or "collaboration"; distributive negotiation will be associated with "competitive", "adversarial" or "contentious" behavior.

Claiming/creating value: Another line of terminology describes distributive behavior in negotiation as focusing on "claiming value" (focusing on: "That pie is mine!") as opposed to "creating value" (addressing "How can we both get as much pie as we need?" and exploring "Perhaps we can find other pies, or other ways to make pie, or things we might like as much as we like pie?").

Winning and losing: A very popular trend in negotiation training and literature is to describe approaches or strategies in terms of the outcomes they seek for each negotiating party. Distributive bargaining is portrayed as an effort to achieve a win/lose solution ("I win, you lose"), which reflects a zero-sum game outlook. Integrative negotiation is shown as an attempt to achieve a win/win outcome ("We each won, by getting what we need").

5. Carry Both Toolboxes — All the Time

At this point we should clarify that while it would seem as if these two overall approaches to negotiation, name them what you will, are offered to negotiators to choose between in a values-laden sense, based on their worldviews, that is not our intention in this book. If you are trying to decide between them, such as by hearing voices in your mind saying "Integrative is good, and distributive is not" or, conversely "Integrative is weak, and distributive is strong", let us nip that thinking in the bud. In our view, negotiators certainly must choose between them, as a matter of strategic choice, given the context and counterpart of each negotiation (as discussed above, in Chapter 4). However, practically speaking, negotiators must be adept with the skills required to succeed at either of these forms of negotiation. While dancing, one does not always get to choose the music being played or the shape of the room; in some dancing contexts one does not always get to choose their counterpart's skill level, or even their partner's identity at all! In negotiation, we do not always choose the context or our counterpart, and we cannot control their intuitive orientation to negotiation, the strategy they've chosen or the tactics they use. We must be able to deal with the situation, the issue under discussion, and our counterparts, using a wide range of tools. While these tools can be discussed separately, with some seeming more distributive and others more integrative, a good negotiator will never separate them into two toolboxes, and take one to the negotiation table, leaving the other one at home.

We've noted how Lax and Sebenius argue that competition and cooperation exist in all negotiation and that viewing a negotiation as one or the other is a mistaken, partial analysis. The same can be said when these elements are set in play in the framework of negotiation models; adopting a model that seems to run in line with one side of the dichotomy does not eliminate elements of the other side from manifesting. As Moffitt and Schneider write, these two pathways aren't as separate as they seem:

> "We are not convinced that the lines between these two models of negotiation are as clear as the labels suggest. Principled negotiators who create an enormously efficient and creative agreement must still eventually figure out how to allocate costs or benefits — an activity that involves dividing the figurative pie. And even the most steadfastly competitive bargaining would not be so foolish as to forgo a potentially beneficial trade merely because it somehow also benefits the other side. Negotiators may come into negotiation with a particular default or instinct about how best to persuade the other part. But negotiation is a dynamic,

evolving process, and the most skilled negotiators would never limit themselves to merely one approach." (2011, 11)

Or, in other words, another way of viewing the integrative/distributive divide is that they are not separate *approaches* – they are two *aspects* of the reality of negotiation. The concepts of integrative and distributive in negotiation pose more of a duality than a dichotomy. Negotiation *always* includes the possibility for integrative activity (we might explore pie-expanding, or we might try to settle things quickly to save on costs), and it *always* includes a distributive element (at the end of every negotiation, as collaborative as it may be, some act of distribution must occur: You satisfy your needs by taking this, and I'll satisfy mine by taking that).

Having reminded you to keep both sets of tools in your toolbox, the next two chapters will once again separate these two overall approaches down into two separate discussions. The challenge for negotiators is therefore twofold: First, we must learn how to conduct negotiations which primarily fit into one of the categories or the other. Next, we must be able to utilize skills from one category, even in a negotiation dominated by the other. The next two chapters will help you master the first challenge; your reflective practice of negotiation, one encounter after another, will allow you to master the second.

Food for Thought

Imagine you are in the interrogation room, in a Prisoners' Dilemma scenario. Choose one of your friends, and imagine that he or she is your co-criminal, being offered the same set of incentives to defect that you are. Would you cooperate, or defect? Why?

No matter what you answered to the previous question, is there anything the interrogator might offer you, in terms of your own outcome, which would change your answer? What is it, and why would it change your answer?

Now, imagine that the co-criminal is not a friend of yours. Does this change your decisions?

Can you think of a recent negotiation experience in which you feel you acted in ways that included both cooperative and competitive behavior? Or, is that difficult, and do you find it much easier to remember negotiation situations that were either wholly cooperative or wholly competitive?

References

Axelrod R. (1981). The evolution of cooperation. New York: Basic Books.

Lax D & Sebenius J. (1986). The manager as negotiator. New York: Free Press.

Moffitt M & Schneider AK. (2011). Dispute resolution. 2nd ed. New York: Wolters Kluwer.

Chapter 6

Distributive Bargaining

As discussed in the previous chapter, one main approach to negotiation sets parties on a competitive path. Given this mindset, negotiators see their counterpart as their opposition and the issue under discussion as the prize. This, naturally, generates a desire to be the winner who takes all, if this is possible. If it is not, it sparks desire to be the one to win the most, or to lose the least. Each party tries to gain as large a portion of the value under discussion as they can, and to concede as little of it as possible to their counterpart.

There are many ways to act competitively with a negotiation counterpart. Competitive moves can range from subtle mind-games to overtly aggressive actions. The common elements shared by these tactics is that the party employing them is attempting to advance their own goals through affecting their counterpart's decision making process, with little or no regard for their counterpart's outcome. Often, these moves involve the use of power; additionally, they often involve the manipulation of information.

We will discuss some such moves and tactics later on in this chapter. However, tactics should not be used in a vacuum. They should be part of an intentionally chosen, and well thought out, overall approach. They should be used in ways, and to extents, that support this approach. Our first task, therefore, is to understand the overall approach that best puts a competitive, distributive approach to negotiation into practice: Bargaining. We will learn the terminology of the bargaining process, helpful ways for thinking about it, and a structured approach to conducting bargaining in practice.

1. Understanding Bargaining

1.1 What Is Bargaining

Bargaining is often seen as just another word for negotiation. However, reading this book (and the previous chapter in particular), you will have gained appreciation for the fact that there is more than one type of negotiation. Bargaining (as we will use the term in this book and as it appears in much of the negotiation literature) is used to connote a very particular type of negotiation.

Bargaining is a process of back and forth communication in which parties attempt to divide a resource between them. Party A and Party B begin by stating to each other the portion of the resource they expect, or demand, to receive. Party A then tries to cause Party B to move its offer to one closer to Party A's. Party B, meanwhile, is also trying to get Party A to change its offer more favorable to Party B. Through the bargaining process, parties change their offers and come closer to one another in a dance of offer and counteroffer. The dance continues until they reach one of two conclusions. Parties might find a number they can both accept, in which case a deal is concluded. Alternatively, they recognize that they are at an impasse — a point at which neither party will agree to the other's offer, or make a new one of their own, and the negotiation terminates without agreement.

To demonstrate the basic dynamics of a bargaining process, we present two situations.

1.2 Two Bargaining Scenarios

Bargaining at the Bazaar: John is visiting an outdoor market. As he makes his way through the bazaar, he sees a stand offering watches for sale. He browses through them for a minute. The stall owner approaches him, and shows him several watches she thinks he might like. Finally, he picks up a watch. "How much for this one?" he asks. "That's a great choice," the stall owner answers, "These are very popular watches, and sell for $120 in some stores. I'll give it to you for $80." John puts the watch down. "That's a lot of money," he says, "more than I want to spend. Maybe I should just stay with my old watch." "Well, what did you want to spend on a watch?" asks the stall owner. John shrugs. "I was thinking perhaps thirty to forty dollars." The stall owner laughs. "Well, maybe you need to look for a different watch," she says, "I couldn't let this go for less than $70." John takes out his wallet, and peers at the bills inside. "Well," he says regretfully, "I can't pay that much. Could you give it to me for $50?"

Requesting a Raise: Rachel has been working as a marketing team leader for the past eight years. She received a raise two years after she was hired, but her salary has not changed since then. One day, she got around to discussing salaries with a friend of hers, who worked at a different firm. Upon hearing what Rachel was earning, he told her that his company paid 20% more for the same job, and that she could earn more than she was currently making by doing the same job at just about any company in the city. He asked her if she would like him to talk to his company's human resources department about finding her a job. She asked him to hold off for a few days; after all, she enjoys working at her own company and would like to give it a chance to retain her by paying her a higher salary. Rachel is excited by the notion of making 20% more for her efforts, and she set up an appointment for a conversation with her manager.

At the meeting, Rachel told her manager she had come to ask for a raise. "I've been paid $40,000 a year for the past 5-6 years, and that's just not enough. I think we both know that I deserve to be making more." Her manager heard her out, and then said, "Look, Rachel, you're a great, hard-working employee. I want you to be happy here. Still, you know that the company isn't in great shape, and I don't think that anyone will be getting a raise this year. How much did you want?" Rachel was discouraged by her manager's words, but was glad he had not turned her down outright. "I want a 15% raise," she said, "$6,000 more." Her manager looked up at the ceiling, in exasperation. "Rachel, I just told you, there's not nearly enough money to go giving out raises, and you come in here and ask for $6,000 more per year? You can't be serious. I want to help you, but you've got to give me something I can work with!" Rachel realized this might not work, and that she might need to look for another job. "OK," she said, "I'll settle for a $4,500 raise — $44,500 a year. Everybody in my position at other companies is making that much, or more." Her manager listened, considered, and then responded. "Listen, I can't give you that, but I do want to help you out. I can give you a $1,500 raise. I know it's not what you wanted, but it is something, and it is a symbol of how valuable we consider you to be. It would definitely be the biggest raise anyone gets around here this year." Rachel felt deflated, but gave it one last try. "How about $43,000?" she asked. Her manager was silent for a moment, appearing to do some mental math. He sighed. "Look," he said, "I've already given you a lot of money, and our offers are only $1,500 apart. Let's split the difference. $42,250. What do you say, do we have a deal?"

Sound familiar? Most of us have experienced one, or perhaps both, of these situations in our own lives. Although the scenarios are from different contexts, reading them together offers a window into the underlying dynamics of bargaining. Roger Fisher, William Ury and Bruce Patton call this type of negotiation "positional bargaining", pointing out an important characteristic of the interactional dynamic. Each party takes a position — what they demand, or what they are willing to give — and communicates it to his or her counterpart. For example, the watch seller asks $80 for the watch, and John states willingness to pay $30-40. Next, each party tries to get the other to shift off that position, as John did when he hinted that if the stall owner remained with the $80 demand, he would forego the transaction. At some point, each party shifts off their previous position, and adopts a new one. In the salary negotiation, Rachel shifted off her position of $46,000, and adopted a new position of $43,000. Her manager shifted off his position of $41,500, and presented his new position of $42,250. Once parties having shifted their positions, the dynamic recurs. Rachel's manager hopes she will now give up her position of $43,000, and accept his offer of $42,250. In both of these stories we can clearly see Fisher, Ury & Patton's in-a-nutshell description of the positional bargaining process:

> "Each side takes a position, argues for it, and makes concessions to reach a compromise."(2011, 3)

1.3 What Can We Bargain Over

Based on Chapter 1, in which we adopted an expansive definition of negotiation and described the wide variety of situations that might constitute negotiation processes, the answer would seem to be "just about anything". However, as noted above, bargaining is not synonymous with negotiation — it is only a subset of negotiation.

The bargaining process is used to decide how two parties (or more, but we will keep it simple in this chapter) divide up a known resource. For that resource to be dividable, it must be quantifiable — something we can count up, assign numbers to, and split up. As a result, the thing most often bargained for is money. Money is quantifiable and divisible, making it a subject ripe for bargaining. Whether the number under discussion is the sum of a raise, the price of a watch, the price per machine, or the cost per hour of machinery — we are discussing sums of money: Quantifiable, divisible and therefore bargainable.

A close second to money, in terms of issues often subjected to bargaining processes, is time. When will the merchandise be delivered? What will be the duration of a non-compete clause in a contract? When you set aside context, you recognize that the underlying dynamics of many bargaining-over-time interactions are similar. Consider a parent and a teenager bargaining over the time at which the youngster will return from hanging out with friends. At first, the parent might insist on 10 p.m., and the teenager on 1:00 a.m.. After a while, the distance between them may have narrowed to the point of the parent allowing the teenager to return at 11 p.m., and the teenager attempting to persuade the parent to accept an 11:30 p.m. return. The fundamental dynamics of this conversation are similar to a conversation in which a supplier demands payment within thirty days of delivery, and the purchaser insists that the supplier wait ninety days.

Territory is another issue that can be quantified and divided, and therefore companies contesting oil rights, salespeople negotiating the area they are to operate in exclusively, and countries disputing sovereignty over a region might bargain over numbers of square miles or kilometers.

While these are common categories of quantifiable issues, there are many others. Sometimes the numbers under discussion are tangible items, as when two sisters bargain to divide up a bag of thirty seven jelly beans. Other times, the numbers are more abstract, such as when two CEOs bargain over the percentage of a company's stock to be transferred in a merger.

What can we *not* bargain over? Things that cannot be broken down into numbers, or which lose their nature when divided up, cannot be bargained over. They can be *negotiated* for – but not through *bargaining*. An example of things that cannot be broken down into numbers, might be emotional attachment. People often negotiate over love, but they cannot bargain for it ("I'll love you 60, you love me 40"); it just doesn't fit. An example of things that lose their nature or essence when divided up might be a book. Imagine two children fighting over a book looking for a way to split it between them ("you take the top half of each page, and I'll take the bottom"); it just doesn't fit. Two thirsty people can bargain over a glass of water ("I'll drink 75% and you drink 25%") but using the same mechanism to decide ownership of the glass ("you take the top and I'll take the bottom") just doesn't fit.

The reason that bargaining remains applicable to so many issues in our lives, is because it applies not only to inherently quantifiable objects, but also to anything we can *translate* into a quantifiable value. A couple cannot bargain over their love for one another, but feasibly they can bargain over the number of activities they do together each week. A divorcing couple with one child, contesting custody rights, cannot bargain over the child—a child is inherently indivisible. However, they can (and often do) translate this into "time each parent will spend with the child", or "number of nights each week she will sleep at my house". Through translating some elements of "custody" or "child" into "time" or "number of nights", we have changed an indivisible object into a quantifiable, dividable value. When the same couple negotiates division of their shared property, they engage in further translating. Bargaining over what percent of the refrigerator each will get does not make sense; if, however, they shift focus from the refrigerator itself to the monetary value of the refrigerator, the separating couple have a numerically-expressed issue to bargain over. As a result of such translation, the spectrum of quantifiable and dividable issues — the realm of things we can bargain for — is expanded.

1.4 What Do We Bargain Over

We *can* bargain over *any* quantifiable and dividable value that presents itself; however, most of us do not. Two main considerations affect our decision of whether to bargain or not:

Cultural Considerations: Some cultures are bargaining cultures, in which every number used — a price named, a timeframe specified — is perceived as an opening offer in a bargaining process. Other cultures are non-bargaining cultures, in which numbers are final statements of intent or requirement and not opening moves. While some cultures are fairly easy to pinpoint as being one or the other in a broad sense, often one must examine practices in a particular region or locale. Understanding your own cultural approach to bargaining is very important, so that you can contrast it with the cultural setting in which you are negotiating, and adjust it to the particular context.

Contextual Considerations: Within the broader cultural settings, one is likely to find that bargaining is more or less acceptable in particular contexts. For example, it is acceptable — and even expected — to bargain the price of an item at a bazaar in Beijing or Istanbul. Using the same bargaining moves at a store in one of those cities' high-end shopping malls, however, would be inappropriate. The appropriate protocol might not only regard the locale and the setting, but to the goods or services under discussion as well. For example, in the United States, it is generally acceptable to bargain over the cost of a car; however, attitudes towards bargaining over the price of a refrigerator in an appliance shop might differ from region to region. It may be acceptable, in some locales, to bargain over the price of items offered at a yard sale; in those same locales it might be inappropriate to bargain the price of a treatment with your dentist. Other contextual considerations include market practice and specific norms. For example, a counterperson at McDonald's might be unable to bargain to raise his salary, whereas an executive much higher up McDonald's corporate ladder will feel comfortable bargaining to raise her own salary. A final contextual consideration affecting the suitability of bargaining is the relationship between parties. One might identify relationships in which bargaining seems to be a perfectly suitable interactional pattern, and others in which it feels out of place.

Considering cultural and contextual suitability of bargaining is important in deciding whether this form of negotiation is appropriate for any particular interaction. Of course, you can choose to bargain, or not to, as you wish. However, when bargaining processes are attempted across any of the cultural and contextual divides noted above, with one party deeming bargaining to be appropriate while the other views it as out of place, the likelihood of effective negotiation processes increases. A non-bargainers might take their counterpart's original offer at face value, and either accept it (paying more than they had to) or leave the table completely (causing both to miss out on a potential deal). Bargaining in a context which one party views as a non-bargaining context can cause the non-bargaining locals to look down on, or even be insulted by, the bargaining outsider, challenging the odds of a deal forming. And – just to make all this really challenging – there are rarely *externally* imposed laws that state whether bargaining is allowed or not, or signs saying it is. Instead, we are left with each party's perception of how the negotiation game should play out in this particular setting.

1.5 Do We Have to Bargain

Are there instances where we absolutely *must* bargain? The answer to that, generally, is no. As we've discussed above, avoidance and accommodation are negotiation strategies we can choose. When negotiating with a supplier over the first price per unit, you can choose to pay the price he asks, accommodating him without bargaining. When you ask your boss for a raise, you could accept the first amount she offers without further discussion. Not bargaining, like bargaining, is a choice.

While you never *must* bargain, you often stand to benefit by engaging in this activity. It could be that the very question of "must I?" reflects an underlying truth inside yourself: You may not enjoy bargaining. In fact, you might actually suffer a great deal of inner discomfort as you engage in the process or even just *think about* engaging in it. We've mentioned one's intuitive orientation towards negotiation, and the bargaining process brings that issue to a point. Many people dislike it, and would do anything to avoid it. Conversely, there are those who enjoy it a great deal, and get a charge from engaging in it.

Whatever your intuitive inclination towards bargaining is, it pays to build knowledge and skills in this type of negotiation, for three simple reasons:

Sometimes, you really should bargain: Even if you are inclined to avoid bargaining, there will be situations in which such avoidance comes with a hefty price tag. While you might not mind paying an extra few dollars to avoid the hassle of bargaining for a knickknack at a tourist market, life may present you with weightier transactions. Reducing the price per unit of the material your company needs by a single cent might have huge financial ramifications for your company over time. Bargaining to increase your yearly salary by a thousand dollars is very significant when you calculate the overall increase in pay over the duration of a career. When selling or buying an asset like a house, bargaining skills can be worth thousands of dollars in a more immediate timeframe.

Often, you will bargain against repeat-players: Often, when we bargain, we are involved in a situation that we rarely find ourselves in negotiating with someone who does this regularly. Rachel, as we've seen, has not asked for a raise in years, but her manager may have had similar bargaining interactions with a dozen of his employees this month. John may never have bargained for a watch in his life; the stall owner he interacted with may bargain over watches with a hundred people a day. The same goes for the salesperson from whom you are buying a car, or the chief procurement officer at a company you are selling your product to. Such counterparts are likely to have vast experience conducting the bargaining process you are about to engage in. Additionally, their understanding of the bargaining process coupled with their repeated practice of it may have led them to structure the interaction in ways that are favorable to them. Your understanding of bargaining will allow you to do much better in these situations.

You might be a repeat player yourself: Bargaining might be a part of your job. Perhaps you work for your company's procurement or HR units, and find yourself conducting similar bargaining processes over and over. Perhaps you lease an apartment to tenants, and discuss the rent with them once a year. Perhaps you rent out a room to tourists, and have such discussions once a week. In any of these cases, improving your bargaining might be the best investment in your success you can choose.

Fortunately, bargaining is an area where even a little extra knowledge can go a long way. Heightened awareness of the dynamics of the process can help you do better. Familiarity with just a few tactics will allow you to use them to your advantage, or to counter them when you recognize your counterpart using them.

2. The Language of Bargaining

We will now learn some of the basic terminology of bargaining, and demonstrate it in the context of a process in which Company A is attempting to acquire Company B.

2.1 Offers, Rejections and Counteroffers

Offer: In bargaining, an offer is a statement you make to your counterpart, telling them what they must accept if they wish to reach a deal. Note, that it is called an offer whether you are buying or selling, aiming to get as much as possible or pay as little as possible. The nature of an offer is that it is concrete enough so that if your counterpart were to say "OK", you would have a deal. For example, Company A says, "We're willing to pay $20,000,000 in return for fifty-one percent of the stock in your company." As we've seen, an offer in a bargaining session is also called a "position" in the negotiation literature.

Rejection: Turning down an offer, without making a counteroffer. For example, Company B says, "No, that's not nearly enough money."

Counteroffer: An offer of your own, including or implying a rejection of your counterpart's offer, which is more favorable to you than that offer was. For example, Company B says, "No, that's not nearly enough. If you want half of the stock and control of the company, it will cost you $40,000,000."

2.2 Concession

The value of a party's movement between one offer they have made, and the next offer they make. For example, Company A says, "Well, we can raise our offer from $20,000,000 to $24,000,000." Company A has made a $4,000,000 concession. If Company B then makes a counteroffer of $37,000,000, they have made a $3,000,000 concession from their previous position of $40,000,000.

2.3 Reservation Point and ZOPA

Reservation Point: A party's "bottom line" or "walk-away point". This is the absolute lowest number a party would accept, or the absolute highest number they would offer. For example, Company A has decided that under no circumstances would they pay more than $32,000,000 for the stock they wish to purchase. $32,000,000 is therefore Company A's reservation point.

Zone of Potential Agreement (also known as ZOA, ZOPA, or the "bargaining zone"): The overlap – or, lack thereof – between both parties' reservation points. Comparing the two reservation points allows us to know if there is any chance at all for agreement or not. For example, if Company A has decided not to pay more than $32,000,000 for the stock, and Company B has decided it would not sell the stock for less than $28,000,000, there is an overlap of $4,000,000 between the two reservation points. The ZOPA is therefore the range between $28,000,000 and $32,000,000. This is also called a *positive bargaining range.*

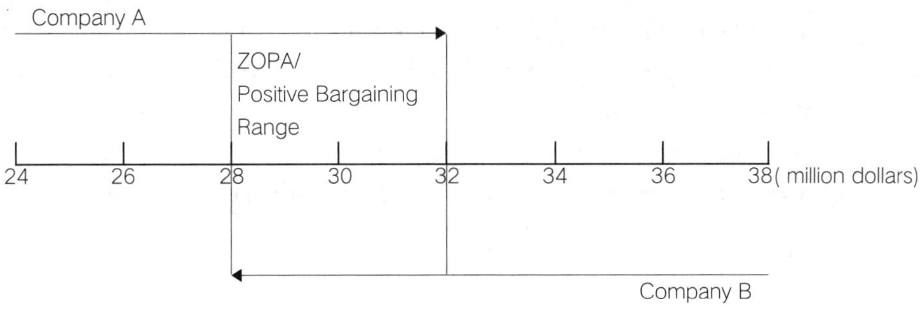

Figure 6.1 Positive Bargaining Range

If, on the other hand, Company B has decided it would not sell the stock for less than $34,000,000, and Company A has decided not to pay more than $32,000,000 for the stock, there is no overlap between the two reservation points. Here, there is no ZOPA; a no-overlap situation is also called *a negative bargaining range*.

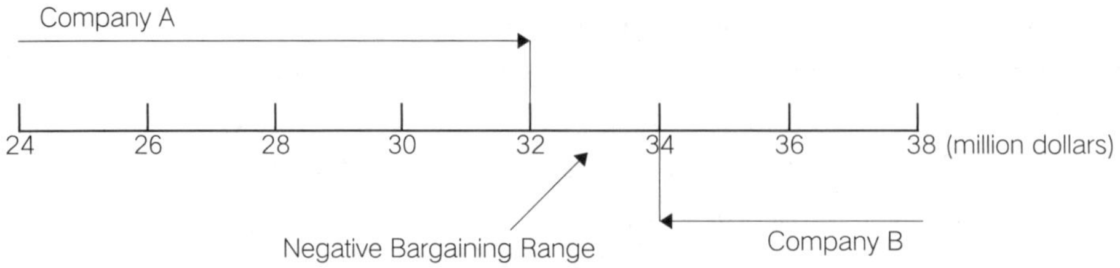

Figure 6.2 Negative Bargaining Range

As we will see below, parties might know their own reservation point but they rarely know their counterpart's. Therefore, when walking into a negotiation one rarely knows if a ZOPA exists at all.

2.4 Alternatives and BATNA

Alternatives: Actions that each party to the negotiation can choose to do which do not involve the other party. Your alternatives are the various things that you can do to satisfy your needs if the negotiation you are involved in does not end in agreement. For example, Company A may know that it can develop an internal department that can provide all the benefits it had hoped to gain from purchasing control of Company B. Developing this department is one alternative it has, in the event of no agreement with Company B. An alternative is something that each party can choose to do on its own — it does not require the other party's agreement in order for it to be actualized.

Best Alternative to Negotiated Agreement (BATNA): Often, we have multiple alternatives in any negotiation. For example, in addition to the alternative of developing an internal department, Company B might have another alternative — purchasing Company C, a different company in the same industry. Another alternative is taking the money earmarked for developing Company A through investment in Company B, and using it to develop Company A in some completely different manner (e.g., training, or updating the company's IT infrastructure). When approaching a negotiation situation, know all of these alternatives, calculate their value and appeal, and choose the one you will *actually* use, should this current negotiation end with no deal. Out of all your possible courses of action in the event of no agreement – which one is best for you, and is the course you will actually take if you reach that point? That course of action is your best alternative to negotiated agreement (Fisher, Ury & Patton, 2011).

3. Bargaining for Advantage

There is quite a bit of research on how to act in bargaining — and a million "tips" on the internet on moves and countermoves to one can make. These are often presented with the words "always" and "never", which suggests that you should take them with a grain of salt. Having laid the groundwork above, we will now learn a more structured, research-based approach for preparing for and conducting the bargaining processes.

Leigh Thompson offers such an approach in *The Mind and Heart of the Negotiator*, framing ten principles to guide a negotiator's actions:

(1) Assess your BATNA, and improve it

(2) Determine your reservation point, but don't reveal it

(3) Research the other party's BATNA, estimate their reservation point

(4) Set high aspirations

(5) Make the first offer

(6) Immediately re-anchor, if the other party makes the first offer

(7) Plan your concessions

(8) Support your offers with an objective-appearing rationale

(9) Appeal to norms of fairness

(10) Do not fall for the "even split" ploy

We will elaborate on each of these using the terminology introduced in this chapter, mix our own commentary and others' research in with Thompson's, and demonstrate each principles' use in the bargaining situations we've described.

3.1 Assess Your BATNA,and Improve It

Before negotiating, map out the multiple alternatives you have to this negotiation. If this negotiation does not work out, what will you do? The alternative you choose as your best — your default course of action if impasse occurs — is your BATNA.

Your BATNA plays a dual role in negotiation: It protects you from accepting a bad offer. If John has an offer from another stall owner to buy a similar watch for $60, he will not agree to pay $70 in this negotiation. It also gives you leverage which you may be able to use in the current negotiation. If John thinks it might help, he might tell the stall owner: "I certainly won't pay you $70. You see that guy, three stalls down? He offered me the same watch for $60. If you can beat that price, I'll buy it from you."

However, your pre-negotiation work on your BATNA does not end when you *identify* it. The higher the value of the negotiation, the more it is worth your while to *improve* the BATNA you have identified before walking into this negotiation. For example, John could try to bargain the offer of $60 he received from the other stall owner down to $55, so that when he arrives back at the original stall, he would have a lower price to use as leverage. Rachel, about to negotiate with her manager for a raise, could request her that her friend set up an interview for her at his company, so that she has another offer in her pocket when she goes in to talk to her manager. In addition, she should put effort into bargaining with the *other* company, in order to have the best backup alternative possible.

3.2 Determine Your Reservation Point, but Don't Reveal It

Always walk into a distributive bargaining interaction with a pre-set number that is your walk-away point — and walk away if you don't get it. If you do not have that number prepared, at-the-table dynamics are likely to cause you to end up paying more than you wanted to.

Do not tell your counterparty party what that number is — or they will have absolutely no incentive to give you a penny more than that! Thompson suggests that revealing your reservation point is suitable in only two cases:

(1)When time is limited, you have time for one last offer and you sense the zone of potential agreement (ZOPA) is narrow (or even negative). Offering your reservation point, and saying that is the bottom line, might allow you to salvage a deal you can live with.

(2)When you have a great BATNA, and have set your reservation price to a number you could not only live with — but live with happily. Imagine that John is very happy with his watch he is wearing, and only wants to buy a new watch if he can get it at a great price, which he estimates as $55. As a last resort, he might share this information about his walk-away point; there is a chance that his offer will be accepted, and if not, he is happy to carry on his life without the watch.

Thompson recommends that in all other cases — and counter to all other advice on information sharing, trust-building, relationship-building etc. (topics we will discuss in the next few chapters) — the one thing you should *never* divulge is your reservation price. On the other hand, she also recommends against lying about your reservation price. Beyond the ethical dimensions (see our discussion of ethics in negotiation in Chapter 15), lying about your reservation point can backfire. Such a lie can create the illusion that no bargaining zone exists, even if one does — which might lead both parties to back away from the negotiation. If Company A has stated "our shareholders have only authorized us to spend $27,000,000 on the acquisition, so that's the top price you can hope to get", they would find it difficult to retract that statement later in order to reestablish that there is a ZOPA. The potential loss of face involved in admitting that they lied previously could cause Company A's negotiators to dig in at $27,000,000 and forego a deal of $30,000,000, even though it could be a profitable one for them. Also, if Company B takes Company A at face value, and knows that its own reservation price is $32,000,000, they might abandon the negotiation altogether in order to avoid sinking effort into what appears to be a lost cause.

3.3 Research the Other Party's BATNA, Estimate Their Reservation Point

Knowing what the other party's BATNA is can allow you to guess their reservation point. This will inform you on whether a ZOPA exists in the first place, and guide you on how far the other party might be pushed for concessions. Remember that you can never be sure that you know the other's BATNA or reservation point; still, research these, as best as you can. John can look around the marketplace — an environment teeming with people would indicate that the stall owner has many alternative clients; an empty street might indicate a weaker BATNA. Company A would do well to learn about previous offers Company B has received for its stock. While one source of such information is your counterpart, Thompson recommends trying to learn about BATNA and reservation point from other sources – as research has demonstrated that learning about them from your counterpart makes you settle for less.

3.4 Set High Aspirations

Some negotiators fall into a pattern of setting moderate goals before a negotiation, in terms of what they hope to achieve. While this might prevent you from experiencing disappointment at the outcome of a negotiation, it might also serve you adversely. In fact, research indicates that having high goals is more likely to lead you to high gains, than having low goals which you hope the other will see as "reasonable". Many negotiators, concerned about what their counterpart will think of them based on their first offer, lower that number in order to seem "more reasonable". However, to a large extent, this is doing your counterpart's work for them! Generally speaking, you'd do better to decide your own goal, and not lower it due to hearing the other's voice in your mind. If they want to lower your price, let them ask for it themselves! Of course, you need to not only aspire high — but let the other know of your aspiration. Consider Rachel, who walked in to the negotiation room to ask for a raise of 20% — but in fact, only voiced a request for 15%. She would have done well to remember a simple rule of thumb: You will never get what you don't ask for. It is hard to put precise numerical values on this but, generally speaking, do not lower your aspiration for reasons of "reasonability" unless they are very clearly and objectively wildly unreasonable.

On the other hand — take caution not get lost in your own aspirations! If you fall in love with your own high number, you are likely to wind up in a no-deal situation, even though a deal could have been made. Another way to put this: Avoid treating your aspiration as if it were your reservation point.

3.5 Make the First Offer

Having high aspirations is a good start, but not enough; you must let the other know what you aspire to in order for it to be meaningful in a negotiation! Should we state our aspirational offer first, or let the other make the first offer? In more cases than not, make an effort to be the one to put your offer on the table first. This, as the first number on the table, has a distinctive power known as the *anchoring effect.* Like a ship at sea is chained to the anchor its sailors have lowered — the ship can circle the anchor, but it can never get too far away from it — the numbers in bargaining gravitate towards the first number put on the table.

Note how Rachel's manager used anchoring subtly, to great effect. Before she could state her demand, he told her: "You know that the company isn't in great shape, and I don't think that anyone will be getting a raise this year." Essentially, he anchored with an offer of 0%! This explains why Rachel did not ask for the 20% raise she had aspired to, but rather counteroffered at 15%. By using the power of anchoring, he got Rachel to make a concession of 5% before the bargaining even seemed to begin.

There is no hard and fast science to determine exactly how high your opening offer should be, compared to your aspiration or to your reservation point. However, Thompson advises that your first offer never give away any part of the ZOPA (if you can estimate what this is). She also suggests that negotiators worry less about "insulting" the other party with an initial high offer. The best way to eliminate this effect (and allow you to speak a high number with confidence) is to add on some logical reason explaining why you are asking for this number (we will discuss how to present such reasoning in Chapter 14).

Negotiators often make their first offer, in particular, in the form of a range; John did this, when he said he was seeking to spend $30 — $40 on a watch. Many people do the same at job interviews, when asked what their salary expectations are. The fact is, that the moment you state a range, your counterpart will ignore all numbers along that range, except the one that is favorable to them. If the stall owner is a skilled bargainer, she will *not* say "OK, let's split that in the middle at $35". Instead, she has heard John say he would spend $40 for the watch — and treats that as an offer of $40, which is open to a higher counteroffer.

3.6 Immediately Re-anchor, If the Other Party Makes the First Offer

If your counterpart has made the first offer, respond with a counteroffer that is *exactly what you would have asked for, had you opened first.* In other words — do your best to ignore the anchoring effect of your counterparty's offer, and to re-anchor with your own counteroffer. Having figured these out before walking into the room, do not adjust your target, BATNA or reservation price after having heard the other's opening offer. Apart from this being an effort to overcome the anchoring effect, it is also an effort to separate factual information from demands. If our counterpart has made us an offer, doesn't it teach us something about their capabilities or intentions? Why ignore it, and just do what we had planned? The simple explanation is that in hearing your counterpart's opening offer, you have learned nothing new, *factually*. You have only heard something the other party wanted you to hear, in order to achieve what he or she wants. Do not relate to this as new factual information that you have learned and need to adjust around.

3.7 Plan Your Concessions

If you go into a negotiation which will entail bargaining, don't assume that you will not make concessions. Rather, assume that you *will* make any concessions, because that is how the bargaining dance usually plays out. Always create a concession plan ahead of time; otherwise, your concessions *will* be random, intuitive, ineffective and perhaps counterproductive. Five good rules to follow are:

(1) Always ask for more than your aspirations. Assuming that you will make concessions, you want to leave yourself a bit of leeway for achieving your aspirations even after making a concession.

(2) Refrain from make two consecutive concessions — always wait for your counterpart to make a concession before making another one yourself. In his book *The Art and Science of Negotiation* (1982), Howard Raiffa of Harvard University laid out research on bargaining showing that if one negotiator was able to shake up the traditional "you concede, then I'll concede" pattern even once, and cause their counterpart to make a new offer twice in a row, the twice-conceding party's overall bargaining outcome suffers. Review the concession pattern in the interaction between Rachel and her manager, and you'll notice how he caused her to make two consecutive offers — of $46,000, and then of $44,500, before making her a counteroffer.

(3) Make concessions gradually — take your time, and make the other party work for them. In this way, they have the greatest effect.

(4) The degree of your concessions (in other words, the sum of value, or percentage of value, you agree to give your counterpart) should not be consistently higher than those your counterpart is making. Note how John, in bargaining for the watch, matched his counterpart's concessions.

(5) Raiffa (1982) recommends that concessions always be made in *decreasing increments*: If you agreed to lower the price of a car you are selling by $1,000, and your counterparty then raised their offer by a similar amount, and you are now about to make another concession - that concession should be *lower* than one thousand dollars. If you have previously lowered your price from $10,000 to $9,000, you might now set it at $8,500. In this way, you are covertly signaling to your counterpart that your flexibility is limited, and reaching its end-point. Note how Rachel did not stick to this rule, and made two consecutive concessions of $1,500.

3.8 Support Your Offers with an Objective-appearing Rationale

Supporting your numerical offer with a rationale is always better than just stating a number. The more objective the rationale seems, the more effective it is likely to be; your counterpart is more likely to accept an objective reason for doing something, than to do something just because you say so. For example, Company A could support an offer of $30,000,000 by saying "$30,000,000 is the value of 51% of the company's stock as of the closing value yesterday" or "$30,000,000 represents the average value of 51% of your stock measured over the past three months".

3.9 Appeal to Norms of Fairness

Another suggestion (perhaps a subcategory of the previous suggestion) is to construct a way to connect your offer to an appeal to norms of fairness. Most negotiators view themselves as wanting to be fair, and your counterpart does not want to appear to be unfair. While this isn't guaranteed to work (fairness is very subjective), it is worthwhile preparing a fairness-based appeal for all the numbers you intend to present, before you walk into the negotiation room. For example, Rachel could say："It's not that I'm being greedy; everyone in the market working in my position is making over $45,000, and I just want a fair salary."

3.10 Do Not Fall for the "Even Split" Ploy

A common tactic used by experienced bargainers, particularly in situations where they are repeat players, is saying "Let's split the difference between our last two offers." This is a powerful tactic, as it is forming an offer that is very easy to say yes to. It enjoys an underlying aura of fairness (as parties are splitting the difference evenly), and offers the opportunity to immediately end the negotiation with an agreement. This was Rachel's manager's last offer to her. Imagine that as he offered it, he held out his hand for Rachel to shake. How likely is she to refuse the offer? Note, however, that this offer only *seems* like an even split, but it really is not. It may have been an even split of the final surplus, but since Rachel has made more and larger concessions all along, the overall division of resources is clearly in the manager's favor. She wanted $8,000, requested $6,000, and in the end received $2,250. An overall even split would have seen Rachel achieve at least $3,000 (or perhaps even $4,000, had she voiced her aspiration of an $8,000 raise); this endgame "even-split" got her only $2,250.

4. Bargaining, and Beyond

Clearly, power plays a huge role in bargaining, and we will discuss the nature of this element of negotiation at length in Chapter 13. With parties attempting to exert power on each other, it should come as no surprise that the bargaining processes — perhaps more so than any type of negotiation — often involves behavior that might be considered unethical. We will discuss negotiation ethics in Chapter 15.

Bargaining has always been a form of transactional human interaction. In recent years, however, the benefits of using bargaining as a primary approach to negotiation has been critiqued. Fisher, Ury & Patton (2011) suggest that bargaining entails risk and cost.

Bargaining, they warn, is ineffective because it produces unwise outcomes — outcomes born in the heat of combat between sets of numbers rather than rational efforts to figure out what it is that both parties actually need. It is inefficient because it causes parties to engage in a protracted series of moves and countermoves, each requiring time, effort and decision making. Finally, the adversarial mindset bargaining inevitably generates always poses a threat to the relationship between the two negotiators. There must be a better way to do things, they suggest, that does not suffer from these downsides.

The next chapter will introduce a fundamentally different approach to negotiation, which sets the distributive mindset aside, and focuses on cooperation for mutual benefit. Fisher, Ury, and Patton believe, alongside many other negotiation experts, that this poses that "better way" to negotiate.

Be that as it may, possessing bargaining skills and knowledge is vital for all negotiators. Negotiators might find themselves operating in cultures or contexts where bargaining is the dominant method of interaction. They might engage in a highly cooperative negotiation, at the end of which, parties must divide a surplus between them. In any of these situations, negotiators skilled at bargaining will walk home with more in their pockets than they would have without this knowledge.

Food for Thought

1.Setting aside issues of convenience (e.g., air-conditioning), do you prefer to do your shopping at a store in a shopping mall where there is a price tag affixed to everything and there is no bargaining over price? Or, at a market stall where there are no price tags and price is determined through a conversation with the stall owner? Answering this question should give you an insight into your own predilection towards bargaining.

2.Can you recall a bargaining situation you engaged in? Try to remember the back and forth of the concession patterns. Did they follow the advice given in this chapter? How does this relate to the outcome of the bargaining process?

References

Thompson L. (2005). The Mind and Heart of the Negotiator. 3rd ed. Upper Saddle River, N. J. : Prentice Hall.

Fisher R, Ury W & Patton B. (2011). Getting to Yes. 3rd ed. New York: Penguin Books.

Raiffa H. (1982). The Art and Science of Negotiation. Cambridge: Harvard University Press.

Chapter 7

Integrative Negotiation

Western movies and pop-culture depictions of negotiation, for the most part, focus on competitive negotiation, often following the bargaining dance we discussed in the previous chapter. While this approach to negotiation has been pervasive throughout human history, the past few decades have seen the rise of another approach. This approach views any negotiation encounter as a joint opportunity, as encounter that could yield mutual gain. Rather than a process with a winner and a loser, both parties can come out winners. In fact, this approach suggests replacing the whole notion of "win" with a focus on "gain". The negotiation literature has suggested several overlapping names for this type of negotiation, and we will use the most common of these: Integrative negotiation.

1. What Is Integrative Negotiation

1.1 The Conceptual Difference

Integrative negotiation strives to identify *all* of the potential value that exists in an interaction between the parties, and integrate it into the deal. Considering integrative negotiation requires us to step back from the mindset of negotiation as something that takes place in a competitive manner, with a narrow focus and a grab-as-much-as-you-can mentality. Manner, focus and attitude can be altered, sometimes to great benefit. What if parties approached a negotiation in a cooperative manner? What if they expanded the focus from a narrow to a broader consideration of the resources at their disposal? What if they replaced efforts to grab everything indiscriminately with efforts to receive that which is of most value to them? If you can picture such a process playing out, you are envisioning integrative negotiation.

1.2 Process Cooperation and Subjective Valuation

At the heart of integrative negotiation lies a combination of spirit and mind. The spirit, in the sense that engaging in integrative negotiation necessitates ongoing dedication to the notion that working together with others can produce better results for both than working against each other can. The mind, in the sense that integrative negotiation relies on a simple economic principle (which tends to get lost in the heat of the moment, when you are in a winner-take-all situation): People attach different value to the same object.

Even setting aside integrative negotiation, this principle lies at the heart of every transaction and all commerce. All transactions are made possible by focusing on the subjective difference in valuation. For example, when you go to the store to buy a bar of chocolate, you want the chocolate but do not want to pay too much for it; the shopkeeper wants your money but does not want to give the chocolate away in return for too little of it. By asking you for two dollars, the shopkeeper hopes to find a point at which you value the chocolate more than you value your two dollars; the shopkeeper values your two dollars more than she does the chocolate.

Integrative negotiation builds on this principle and takes it further. Instead of trying to find an agreement point that is a little more advantageous to you (imagine yourself offering the shopkeeper $1.90, hoping that she will value this sum more than she does the chocolate, resulting in a $0.10 gain for you), it involves learning more about the situation, and seeking out further differences in valuation. By jointly exploiting all sources of difference, there are joint gains to be found. David Lax and James Sebenius point out how counter-intuitive this approach is, and how integrative negotiation essentially *relies* on differences, rather than seeking to overcome them or looking for similarity:

> "Gain from negotiation often exists because negotiators *differ* from one another. Since they are not identical — in tastes, forecasts, endowments, capabilities or in other ways — they each have something to offer that is relatively less valuable to them… than to those with whom they are negotiating…
>
> In part, we focus on differences because they are often thought to cause bargaining friction, especially when compared to common ground… the frequent diplomatic admonition about negotiation — first to reach a 'common ground' of facts, assumptions, and forecasts, and then to bargain hard over this agreed terrain — may lead the process in the wrong direction. Indeed, the observation that the set of *differences* among the negotiators is often the engine that drives their joint action may point them towards potential gains… Since joint gains often derive from such differences, a primary focus… should be towards discovering and dovetailing them…" (1986, 90-91)

Translating the general economic principle of subjective valuation into negotiation theory finds a natural home in integrative negotiation: By agreeing on multiple issues based on parties' individual preferences, more than one party can be satisfied at once. In that sense, integrative negotiation doesn't only "manage" differences — it celebrates them! Consider this example, often attributed to Mary Parker Follet, an early pioneer of management theory:

Mary and Lizzie are sisters. They get along just like any other sisters; some days are better than others. Today, is one of those others; they have been arguing over who would get the last orange they found in the kitchen. Mary demanded it, but Lizzie wouldn't give in.

Lizzie tried to persuade Mary to concede the orange, but Mary was insistent on getting it.

Finally, the two girls took a knife, and split the orange right down the middle. They each took half and stalked off.

Mary squeezed her half of the orange, tossed the peel into the garbage, added a little sugar, and drank the orange juice. Lizzie peeled her half of the orange, threw out the fruit, and ground the peel down into little slivers — which she added to the chocolate cake she was making.

Analyzing this story from a bargaining perspective, we might say that each wound up with half of their initial demands, which might be measured as a gain of sorts. Let's call that, loosely, a gain of 50 on a satisfaction scale of 0-100. In reality, the gains might be viewed as smaller, particularly if they are absolutely insufficient. If Mary is very thirsty, and remains thirsty after drinking the juice of her half-orange, she might rater her satisfaction as 30 or even lower. If Lizzie's cake is large, the small amount of peel might get overwhelmed by the chocolate batter and the orange-flavor effect she had desired will not manifest; she might rate her satisfaction at 25, or even as 0.

From an integrative perspective, this story demonstrates the limitations of fixed-pie interactions. Each sister-negotiator focused on a fixed pie — seeing only the single orange on the table as value to be gained. As a result, they each viewed the interaction as a zero-sum game: From Lizzie's perspective, every bit of the orange she did not get went to Mary, and every bit that Mary got was denied to her. In this mindset, the best they could see themselves doing was the compromise they reached — dividing the pie without seeking to expand it. However, in doing so, they left a lot of value on the table — or, in this case, in the garbage can — benefiting no one.

Looking at Mary and Lizzie's dilemma, it's easy to ask: How were they to cope, given they only had one orange? How many oranges did they actually have, though? Even now, you may say (and probably do) — one! However, Mary and Lizzie actually have two oranges: An orange of peel, and an orange of fruit/juice. They could each have received an *entire* orange of satisfaction — a 100 on our scale of 0-100.

The challenge is, that it is *very* difficult to look at something and see it as more than it appears to be. It is *particularly* challenging to do that, when facing another person who seems to desire the same object.

Essentially, Mary and Lizzie engaged in a very human interaction, and fell into a very human trap: We only know what we know, and we only see what we see. The fixed-pie assumption feeds on this.

Creating two oranges out of one involves a nuanced understanding of each sister's valuation of the orange. Not only must they ask "How much is the orange worth to you?" but "Why do you need the orange?" and "What are you going to do with the orange?" and other questions which might lead to the question of "Are any parts of the orange more valuable to you than others?". Such a line of joint exploration — which is at the heart of integrative negotiation — would have uncovered that Mary values the pulp at 100 and the peel at 0, whereas Lizzie values the peel at 100 and the juice at 0. Had they known this, they might have reached a solution in which both sisters have a satisfaction score of 100!

However, this is only one solution. Perhaps the sisters can improve on it, by seeking out further differences and further resources. For example, perhaps Mary would also like a small piece of cake. If Lizzie accommodated her (perhaps in return for a few sips of juice), perhaps they might each rate their satisfaction at 105. Perhaps, through further discussion, they might figure out something to do with the remaining unexploited resources of seeds and pulp, raising their satisfaction level even higher.

As we have all been in Lizzie and Mary's position, we know just how hard a situation this is to overcome as a negotiator. The urge to grab a knife and divide the pie is a powerful one! And yet, sometimes, integrative negotiation has far more value to offer than we might hope to gain by premature pie-dividing.

Let's return to the shopkeeper selling you a bar of chocolate for another example: Imagine, that you purchase a bar of chocolate every day or two. If you bargained the initial price of $2.00 down by $0.10 every time you walked in, you might earn yourself $1 over the course of ten bars of chocolate. The shopkeeper buys the chocolate from her own supplier at $1.50 a bar, and might be satisfied with profiting $0.40 instead of $0.50 for each bar.

It may be, however, that just before you walked in the shop, the shopkeeper's supplier has offered her a 20% discount (or $0.30 off of each bar), if she buys an entire box of fifty chocolate bars today. As she still has ten bars left in stock, she is hesitant to make this purchase. If each of you knew the other's situation, however, she might offer you to buy the remaining ten bars in bulk, today, for $1.75. You will gain $2.50 on the transaction, and while she will gain only $2.50 instead of her normal total of $5, she will be making an additional premium of $0.30 off each of her next ten chocolate purchasing customers – leaving her with an additional $3, for a total of $5.50. In addition, she has another 40 bars to sell at with increased profit margin (a $12 marginal value) — which she would not have had, had she told her supplier, regretfully, that she would pass up his offer.

2. Integrative Negotiation: A Roadmap

At this stage, it is important to clarify: Integrative negotiation is not just simply about cooperating. It is not about playing nice, being polite, or being less greedy. It is a strategic mindset one can adopt, and set in motion, through a defined set of phases. As you go through these phases with your counterparts, you can use a set of tools in order to focus you and your counterpart on your goals and on creating value rather than focusing on each other and on grabbing a larger portion of a limited value.

We will introduce a general roadmap to navigate the phases integrative negotiation goes through, before moving on to specific tools. Important texts discussing how to implement this approach are Roy Lewicki (Ohio State University), Bruce Barry (Vanderbilt University) and David Saunders' (Queen's University) textbook on *Negotiation* (2015), Leigh Thompson's *The Mind and Heart of the Negotiator* (2005), David Lax and James Sebenius' *The Manager as Negotiator* (1986), as well a book chapter on *Achieving Integrative Agreements* (1983) authored by professor Dean Pruitt of the State University of New York at Buffalo. The following discussion incorporates suggestions made in these texts along with some others.

Lax and Sebenius set the highest-level agenda for integrative negotiators with two broad prescriptions:

> "(1) When contemplating the potential gains from agreement, begin with a careful inventory of all the ways that the parties differ from one another – not how they are alike.
>
> (2) The basic principle underlying the realization of joint gains from differences is to match what the one side finds or expects to be relatively costless with what the other side finds or expects to be most valuable, and vice versa." (1986, 91)

Lewicki, Barry and Saunders (2015) add structure to these prescriptions, by suggesting that an integrative negotiation process should go through four stages:

Identify the problem: Rather than looking at the situation as "one trying to get something from the other", a mindset of "solving a problem together" is conducive for integrative solutions. This requires reaching a shared understanding of just what the problem at hand is.

Understand the problem: This step involves going deeper than an "I want this, and you want that" gasp of the problem, and understanding parties' underlying needs and interests. What is important to each party, and what do they have to gain or lose in this negotiation?

Generate alternative solutions: While there might be only one key for any given lock, negotiation situations always have room for more than one solution. Generating multiple solutions is crucial for integrative negotiation. It allows parties to explore the other's preferences and to understand and prioritize their own preferences.

Select a solution: In the closing phase, parties might jointly set criteria for what constitutes a "good" solution. Individually, they can prefer or eliminate solutions, according to their own preferences. They can find a solution that brings value to each of them. Finally, they can verify that they have left no value on the table by trying to improve the solution they've reached to be of even greater value.

3. An Integrative Negotiator's Toolbox

As a general roadmap, the stages above provide a constructive path. Below is a list of specific tools or tactics one can use to travel the roadmap. While some of these tactics seems naturally suited to particular stages listed above, they all apply at any stage of the process.

3.1 Build Trust and Share Information

Negotiators who share a trusting relationship share more information with each other; this increases the probability for a mutually beneficial outcome.

Of course, as an individual negotiator, you cannot decide whether the other will trust you, and you can't force the other to be trustworthy. You can, however, do your best to cause the other to trust you, and you can make an intentional, careful, and discerning examination regarding the other's trustworthiness. Both of these aspects of trust will be discussed later on in this book.

Why do negotiators who trust each other stand a better chance for joint gains? For one thing, they are more likely to remain engaged in the negotiation interaction, see it through its rough patches and reach success on the other side, whereas negotiators who assume the other party is trying to harm them might easily walk away from the deal. Another reason goes back to the Negotiators, Dilemma. Negotiators who trust each other are more likely to engage in the type of cooperative behavior that will lead to good joint outcomes. A key element of this cooperation is information sharing.

While much of the literature notes that "sharing information" in general is a boon to integrative negotiation, Thompson (2005) correctly suggests that not all information is of equal value in this regard. She differentiates between six types of information that parties can share:

(1)BATNA
(2)Stated Positions
(3)Substantiation (arguments supporting positions)
(4)Underlying interests
(5)Priorities
(6)Key facts

Sharing the first three types of information does not affect integrative negotiating in a positive way, it can even harm it. For example, sharing information about BATNAs tends to constrain thinking and is often conveyed (or construed) as a threat — a highly distributive move. The last three types, however, and especially (4) and (5), are crucial for integrative negotiation. These are not always shared outright, of course. Sometimes you must work hard to uncover them.

3.2 Ask Diagnostic Questions

Diagnostic questions aim to uncover these two important types of information — underlying interests, and priorities. Thompson's research shows that parties to negotiation rarely ask these questions; this suggests that we must mindfully do so. Examples might be: "Which of these do you prefer?" "Why is this issue so important to you?" "Is X more important to you than Y?" or "It sounds as if X doesn't bother you as much as Y does." Asking these questions allows negotiators to understand where value resides on the table and to work with it. They also do not tempt the opposite party to lie or misrepresent as much as questions about the first three types do.

3.3 Provide Information

While we've already recommended taking a good hard look at the other party's trustworthiness, this was not to suggest that negotiators hunker down and remain non-communicative. Negotiators should strategically consider sharing information. While many of us often intuitively play our cards close to our chest, sharing information triggers reciprocity. Perhaps for this reason, research has shown that negotiators who share their own information achieve more integrative agreements than information withholders — and (in case you were worried) do not gain fewer resources than their counterparts when they do so. If you have chosen to share a piece of information — do so clearly, and help the other party to understand it fully. Negotiators tend to think they divulge more than they actually do. Additionally, as messages are not interpreted on the other side precisely as you intended, take care: If you have decided to share information — carefully walk the other party through it, for clarity's sake.

3.4 Unbundle Issues

Single-issue negotiations present negotiators with a fixed-pie appearance, and therefore tend to be distributive. Unbundling an issue to discuss two different aspects of it can transform a fixed-pie negotiation into an integrative, multi-issue negotiation with integrative potential. Integrative negotiation processes generally require two issues or more to work with. Once you can break a negotiation down into two issues, you can work out integrative potential. For example, consider how a negotiation over the price of a used car seems to be a one-issue negotiation. Throw in the topic of how many payments the seller will accept, and now you are negotiating two issues: Time and money. If the seller values money more than she does time, and the buyer values time more than he does money, the buyer paying the seller a higher price in an installment plan would increase both sides' gains.

3.5 Create New Issues

Do not limit yourself to only exploring what is on the table; seek to expand the pie beyond the original issue under discussion. Ask yourself, whether there is anything you need that your counterpart might be able to provide you with. And, conversely, ask your counterpart whether there is anything else you might be able to do for them.

3.6 Eliminate Loss

Often, the simplest way to find joint gains is to eliminate losses that currently exist in the status quo situation. For example, parties negotiating to solve a problem which led to a lawsuit between them can factor the saved legal costs in as a benefit of any agreement. Of course, these might not be equal; for example, one party may have a more expensive lawyer and therefore might save more.

3.7 Expand the Pie Directly: Add Resources to Add Benefit

In some cases, each party adding resources to the deal allows for greater benefit. A large deal might cost each party more than a small deal, but the profit margin might go up. The example of buying your chocolate in bulk is an example of this tactic.

3.8 Cut Costs: Offer Specific Compensation

If a solution on the table is advantageous to Party A but disadvantages Party B, explore whether there is some way that Party A can ease the pain or disadvantage caused by this. Pruitt clarifies that this exploration aims to compensate one party in a specific manner for another party's gains — rubbing the spot that hurts, so to speak. For example, consider Company A buying a majority stake in Company B. Company A might feel it is gaining a good asset at a good price; Company B might be happy with the price but be unhappy with the attending loss of decision-making autonomy that results from the stock transfer. Company A might offer to shore up Company B's internal autonomy by changing the company's by-laws to grant the minority shareholder rights to appoint a disproportionate number of representatives to the board of directors.

3.9 Offer Non-specific Compensation

Pruitt defines this method as Party A paying Party B off in order to give in on an issue. The payoff, though, is not direct and monetary, but has more to do with keeping Party B generally happy about the deal, even though Party A's offer on *this* issue is not what Party B would prefer. Such a case might be when Party A refuses to reduce his selling price any further, but notes that he will clean the car thoroughly before handing it over to Party B and fix a dent in the rear fender.

3.10 Make Package Deals, Rather than Single-issue Offers

Instead of dealing with each issue separately (which leads to a series of fixed-pie, distributive negotiation), talk about all the issues and then make offers that take all issues into account. This has four benefits:

Trading off issues: Parties' different levels of preference on each issue allows them to make tradeoffs between them — "I'll take more on item 1, and you take less on item 2."

Logrolling: Taking this further, it allows parties to engage in what Pruitt and others call "logrolling": One party absolutely accommodating the other on issue #1, in return for the other absolutely accommodating them on issue # 2.

Less chance of impasse: Impasse is less likely, as tradeoffs help avoid the narrow zone of potential agreement that each individual issue might provide.

Avoiding the compromise trap: Single-issue discussions, by their very nature, often steer parties into seeking *compromise* — which is a solution, but a relatively inefficient and pie-decreasing type of solution.

3.11 Make Multiple Offers Simultaneously

Parents of toddlers know that when they ask their child "Do you want a banana?" or "Do you want an apple?" their child is likely to say no to both offers. However, if they ask "Which would you like — an apple, or a banana?" the child will often choose one of them. This tactic has worked even when negotiating with the most uncooperative of (adult) negotiators. When making the other party an offer, offer them at least two alternative proposals — each of which is of equal value to you. You might stress, of course, that you are not inviting them to pick-and-choose individual elements from your separate offers (as this would throw your "of equal value" out of balance). Offering multiple offers has been shown to deliver more profitable outcomes. Additionally, negotiators using this tactic are perceived better by their counterparts, who appreciate their flexibility, and are more satisfied with their own outcomes.

3.12 Identify and Capitalize on Fundamental Differences

As we've discussed, negotiators should seek out areas of difference, and capitalize on them. Thompson (2005), and Lax and Sebenius (1986), identify some basic categories of differences negotiators might have, and the value that can be created as a result:

Differences in valuation: I might have a strong preference for gains on one issue, more so than my counterpart. If the other has a strong preference for gains on another issue, which I value less, we might agree to logroll, each giving the other the "win" on the issue they strongly prefer. We've already noted how paying full price for a car, on an installment plan, logrolls issues of money and time based on subjective valuation.

Differences in expectations, differences in risk-attitudes: Many negotiations involve different opinions of what the future will look like. Will the value of the company I'm negotiating for rise, or drop? Will the company itself perform well, yielding high dividends, or fail to do so? People have higher or lower expectations of the future. A related, although different, difference is that of parties' risk-attitudes. Briefly, some people are more comfortable taking risks than others. Putting both of these two types of differences together, one negotiator might be happy with a no-risk but low payoff now, rather than the possibility of a higher payoff in the future. Instead of being the basis for an argument over whose estimation of the future is correct, this could be the basis for an integrative deal.

Difference in time preferences: People might value the same event differently, depending on when it occurs. For example: A couple divorces and agrees to sell their house. They quickly suggest splitting the income from the sale down the middle — but then realize they have different views on *when* to sell the house. The wife, who has assets, a job or a living space in her parents' basement, would prefer to wait a year or so, to make the transition easier. The husband, who has none of these, would like a quick sale so he can rent a new apartment and purchase the appliances he needs. Even setting aside real-estate speculations, risk attitudes and other issues discussed above — there might be a simple difference in time-preference: The husband, in this case, might perceive receiving 40% of the proceeds now, as opposed to 50% in a year, to be of much greater value than waiting and gaining the extra 10%. The car sales payment plan example, provided above, also relates to this type of difference. As the buyer, I value the price of each payment to be less costly (and therefore – more advantageous) to me, the further away it is in the future.

Differences in capabilities: People differ not only in their preferences, attitudes towards risk, time preferences, etc. — but also in who they themselves are, and what they can do: Their capabilities, skills and resources. Integrative negotiators should probe these aspects in exploring how putting them together, in relationship with the resources being negotiated for, can expand the pie.

3.13 Search for Post-settlement Settlements

Negotiators often reach agreement, shake hands, and then disengage quickly. Perhaps, they worry that the deal they have reached will deteriorate if anybody returns to question an aspect of it. In integrative negotiation, negotiators would do well to overcome this tendency. Having reached a deal, they should celebrate the sense of accomplishment and enjoy the mutual confidence that the agreement has added to their interaction – and leverage this back into improving the deal by expanding the pie further. One strategy for expanding the pie is as simple as it is valuable: Once negotiators reach agreement, they agree to it and set it aside. Next, they continue to work together, to explore whether they may have left value on the table, undeveloped and unclaimed. They strive to figure out if they might come up with an agreement that brings one or both of them even more value than the previous agreement. If they do not agree to a new deal – the first agreement will be the final and binding one.

Note how through this move the first agreement has become *both* parties' BATNA in the second negotiation! Given that parties now know they have a good agreement to fall back upon, and now that they have learned that they can reach agreement with each other, they may be more open to sharing their preferences and being open about their interests. This increases the likelihood of reaching a higher-value deal.

Another variation on post-agreement agreements is the service offered by Smartsettle.com. Parties, after having negotiated a deal over Smartsettle's online e-negotiation platform, finalize their agreement. They are then asked by the system if they would like a computer algorithm to analyze their deal and suggest a post-agreement deal that is of *higher* value to parties, based on preferences that parties have previously entered into the system. If they do not want to hear the computer's suggestion, and re-open the discussion, their agreed-upon deal is the final word. If they agree to view the system's suggestion it sends them a new package deal which contains changes to their agreement, optimizing it. At this point, parties can either agree to the new deal or the previous one remains in force. We will discuss online negotiation further, in Chapter 18.

4. Principled or Interest-based Negotiation

One particular model of integrative negotiation deserves mention of its own, given the impact it has had on the field of negotiation practice.

4.1 Background and Impact

In 1981, Roger Fisher and William Ury published *Getting to Yes*. In future editions, they were joined by Harvard professor Bruce Patton. This book, translated into two dozen languages, is assigned, often in its entirety, in most courses on negotiation in the United States, Europe and elsewhere around the world. Negotiators all over the world, whether they adhere to the model it propones or not, are familiar with this model; as a result, specific familiarity with it is not only worthwhile for the model's own merits, but also for having a shared language with the general population of professional negotiators.

Fisher, Ury and Patton developed a four-principled model which they called "principled negotiation"; it has become known as "interest-based negotiation" owing to the centrality of the element of interests, as we will see below. Working with this model, negotiators seek to explore their own motivations, needs and interests as well as those of the other, anticipating that by working together on satisfying both parties' underlying needs, a solution can be reached that satisfies both parties more than any arbitrary division of value.

Fisher, Ury and Patton, as we have seen, advocated setting bargaining aside as the default method of negotiation because it is inefficient, damages ongoing relationships and produces unwise outcomes. However, they didn't advise setting aside tough behavior in favor of being nice as a simplistic dichotomy. Being nice, they recognized, was no solution. While it may, at times, maintain a better relationship, it will not necessarily result in wiser outcomes. Additionally, the relationship it preserves is a relationship in which you act nicely, and give in. This happens because when we focus on relationship and acting nice, we are drawn (and pressured) to make substantive concessions in order to preserve the relationship. A relationship in which we are constantly the "givers" is not the "better" relationship we were hoping to obtain!

This insight drives the first principle of Fisher, Ury and Patton's method:

4.2 Separate the People from the Problem

Negotiators are people. They have interests they seek to satisfy through the negotiation, but they are also people with identities, personalities, fears, pride, and empathy. They have sets of thinking patterns, perceptions and emotions that might not be the same as your own, and these are not necessarily "wrong"; you certainly can't dismiss them as being "their problem" if you need their agreement to reach a deal. Instead, dealing with people problems is a core part of negotiation, one that is advisedly done before approaching the substance of the negotiation. Identifying which aspects of a negotiation interactions are "people"-related, and which aspects are substance or "problem"-related, will allow you to deal with the former without needing to make concessions regarding the latter. It will allow you to be an empathic human and an effective negotiator all at the same time, being soft on the people while working hard on resolving the problem.

Positional bargaining draws us into battles of wills, as we essentially tell our counterparts "Accept my position, because I say so". Egos get drawn into this battle, and we vie to come out on top of this competition over a larger slice of a limited pie. With this in mind, Fisher, Ury and Patton framed their second principle:

4.3 Focus on Interests, not Positions

Instead of presenting your counterpart with a position and a yes-or-no choice, and then facing that same yes-or-no choice upon receiving a counter position, play a different game. Seek to understand the interests that underlie the other's position. Interests are the concerns, needs and motivations that underlie negotiators' stated positions. Sometimes these needs are just beneath the surface. Such was the case, when Mary and Lizzie each demanded the orange, but Mary needed the juice and Lizzie needed the peel. Sometimes, the interests run much deeper. To exemplify this, we can continue exploring Mary's and Lizzie's interests beyond the juice/peel split. Mary's position was "give me the orange", whereas her interest might have been satisfying an acute thirst. Lizzie's position was "give me the orange", whereas her interest might have been her social standing, as she had promised her friends that if they would come over she was going to treat them to an outstanding cake she had baked. Generally speaking, people negotiate to satisfy their interests, not their positions. When Rachel, in the previous chapter, negotiated for a $6,000 salary raise, she did so not out of any love for the number $6,000, but for the interests that achieving that number would satisfy: Status, material comfort, and identity. Those forces drove her to confront her manager and it is on those interests, say Fisher, Ury and Patton, that negotiators must focus. While positional bargaining will usually produce one winner and one loser (and often, two negotiators who subjectively feel they have lost) interests are often compatible. Oranges can be used differently, and salary and other forms of treatment and compensation can be restructured, leaving both parties feeling satisfied.

Once parties understand each other's interests, they can seek a mutually satisfactory solution. The path to succeeding at this is framed by Fisher, Ury and Patton's third principle:

4.4 Invent Options for Mutual Gain

Looking for one "yessable" solution quickly often leads parties back into bargaining. Parties should dedicate time to understanding just what the spectrum of possible solutions looks like after they move away from bargaining. Bargaining limits the range of solutions to the potential number of pie-divisions that are available. To simplify this point, if Rachel requests a \$6,000 raise, then there are 6,001 options for solution – any sum between \$0 (her manager's preference) and \$6,000. Focusing on interests widens the range of interests to include those 6,001 solutions and *other* interest-satisfying options. Perhaps a new title could satisfy an interest in status. Perhaps a new phone or a company car can satisfy an interest in material comfort. Perhaps allowing Rachel to leave fifteen minutes early to catch an earlier bus might change her leisure time significantly. Only a deep exploration of interests can lead to identifying such potential options, and only a deliberate process of raising multiple options for consideration will lead to solutions that satisfy those interests in an optimal way.

Fisher, Ury and Patton recognize that even when people will cooperate in such a process and look for solutions in a joint manner, they are not necessarily going to agree to the options the other party voices. The fourth and final principle of their method attempts to avoid such processes deteriorating into a power-based arm-wrestling match.

4.5 Insist on Using Objective Criteria

Rather than sufficing with "Here is what I need, give it to me" statements, Fisher, Ury and Patton suggest that negotiators support their requests with objective criteria or standards – support for what they are suggesting that comes from an external source, not either of the parties. Instead of presenting an offer as your opinion or preference, present it as something that naturally flows from some objective source. Rachel might support her request as being in line with market practice, by saying "Everyone in my position is paid this much". Mary might support her demand for the orange as justified because she's the older sister (in some cultures) or the younger one (in others). Negotiating a sale of stock, one party might point to the average price over the past week or month, or a system of valuation that is accepted market-wide. Negotiating the price of a car, a seller might look to the book value of her vehicle to support the price she's asking. By using objective criteria, negotiators can attempt to turn an arbitrary process of assessing solutions into one that is less contentious, and more grounded in reason. We will elaborate further on the use of objective criteria in Chapter 14.

Conclusion

Negotiating with an integrative approach, including interest-based negotiation, is no simple task. The toughest challenge is to get the other party to adopt the same mindset, even though they may have come to the negotiation with a *very* different game plan in mind. When two people dance, and they have not agreed on a dance style, they are both likely to get confused or even hurt when one begins a foxtrot and the other starts to salsa. If one takes the lead and the other agrees to follow, though, they might wind up doing well. Your challenge as an integrative negotiator will be to get the other party to follow your lead and participate in an integrative process. As you attempt to implement the approach laid out in this chapter, your main tools for engaging the other in the process will be the knowledge you will gain regarding relationship, trust, emotions and communication, in later chapters of this book.

Food for Thought

1.Dean Pruitt (1983) poses a simple example for applying different tactics associated with the integrative approach to negotiation. Picture a husband and a wife discussing where to go for a two-week vacation. He wants to spend their time in the mountains, fishing, hiking and resting. She wants to go to a beach resort to spend time in the sun, swim and enjoy the nightlife. Splitting the time down the middle, they've decided, will not give either the time require to gain what they need out of this vacation. How might they approach one another, applying the integrative toolbox, and what integrative solutions might you come up with for them?

2.Consider a bargaining-type negotiation you have held. What would the negotiation have looked like, if both parties participated in it using an interest-based approach? What underlying interests might you and your counterpart have had? Can you come up with creative ways for satisfying them both? What objective criteria might apply to this situation?

References

Pruitt D. (1983). Achieving Integrative Agreements. In Bazerman M and Lewicki R. (eds.). Negotiating in Organizations. Beverly Hills, C. A.: Sage.

Fisher R, Ury W & Patton B. (2011). Getting to Yes. 3rd ed. New York: Penguin Books.

Lax D & Sebenius J. (1986). The Manager as Negotiator. New York: Free Press.

Lewicki R, Barry B & Saunders D. (2015). Negotiation: Readings, Exercises and Cases. 7th ed. New York: McGraw Hill.

Thompson L. (2005). The Mind and Heart of the Negotiator. 3rd ed. Upper Saddle River, N.J. : Prentice Hall.

Chapter 8

Parties, Roles and Actors in Negotiation

Most of our discussion has centered, thus far, on relatively simplified portrayals of negotiation. This has certainly been the case regarding the parties to the negotiations we've been discussing. Our examples have all been one-on-one negotiations, in which one party interacts with a single other counterpart.

In this chapter we will take a more nuanced look at the different actors in negotiation, the different types of parties involved, and the different roles played by parties and non-parties.

1. Parties: Principals and Constituents

While some negotiation parties work absolutely on their own, many work through a system of principals and constituents. The principals are the negotiators directly engaging at the table. Their constituents are the people that a principal represents, reports to, owes duties to, and is influenced by. For example, consider Company A that sells trucks, and Company B, a transportation company seeking to replace its entire fleet of vehicles. When a sales representative of Company A meets Company B's procurement manager, they are both regarded as principals in the negotiation. The sales representative's constituents might include her manager, members of her sales team, and others in Company A's organizational chart. The procurement manager's constituency might include Company B's CEO and, perhaps, given that this purchase will affect Company B's overall performance significantly, Company B's shareholders. When members of a university's student council meet with the university's Dean of Student Affairs, the student council's constituents include the university's students. The dean might see her constituents as the university (as an organization), the university's president, the faculty and staff, and so on. When a man goes shopping for a car for his family's use, his wife and children might be his constituents. He, as principal, meets with his counterpart principal, the car salesman, whose constituents might include his sales team, his manager, and his own wife (who has been suggesting he keep his prices high to earn higher commissions).

This distinction between principals and constituents is expressed by principals sitting at the first, or primary, table and creates a conceptual "second table" for each party where each principal negotiates with their constituents.

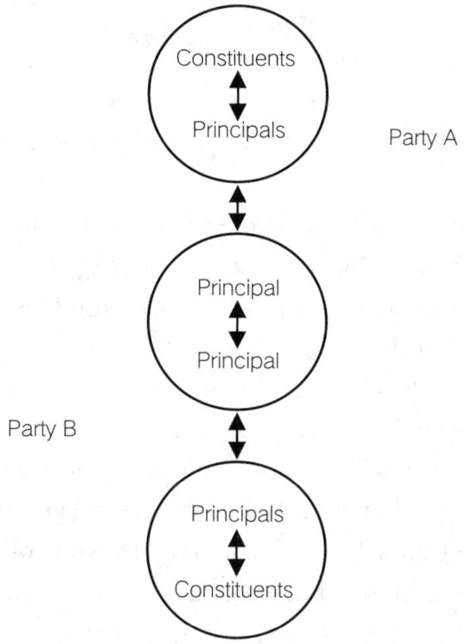

Figure 8.1 Principals, Constituents, and Their "Tables"

Leigh Thompson (2005, at 228) summarizes the research that builds on this constituent-party distinction, presenting some interesting findings: When negotiators are accountable to constituents, they make higher demands, compared to negotiators who are not. Those accountable to constituencies are less prone to compromise. In other words, being accountable to constituents makes negotiators more rigid. On the other hand, they also consider information and alternatives more carefully, rather than jumping to conclusions. This might improve the quality of their negotiated agreements.

This model is helpful for understanding the double set of negotiation dynamics you face, negotiating as a principal, or that your principal faces for you, as he or she negotiates on your behalf. It also allows you to understand what might be happening behind-the-scenes on your counterpart's side.

2. In Higher Definition: Parties, Roles, Actors and "Affecteds"

When negotiating, we often focus primarily on the person across the table from us. It is human nature to grant meaning and importance to the here-and-now. But by looking at our own experiences on our own side of the table, we also know just how influential other people, groups and voices can be with regards to our actions and choices at the table and away from it. For this reason, we need to map out all these different players and audiences in a more detailed and nuanced manner, beyond the principal/constituent divide. This will better prepare us to understand these players' influence on us and how to deal with them sensibly. We will also get a better sense of their role on the other side of the table, which will help us engage with our counterpart more effectively.

To begin with, let us introduce three terms helpful for discussing the people involved in negotiation: Parties, roles and actors. Afterwards, we will elaborate on several issues pertaining to each, and introduce yet another type of player in negotiation, which we call "affecteds".

Parties: Parties to a negotiation are, generally, the individuals, groups, organizations or entities *who stand to gain or to lose as a result of granting their commitment to a negotiated agreement*. Parties comprising more than one individual may set one of their own to the front as a representative; that does not mean they are not all a party, but rather that not every member of the party is directly engaging with the other party.

Roles: A party may include, or retain, people playing a variety of roles in service to the party. A role means taking on and fulfilling specific, ongoing tasks related to the negotiation. Such roles might be performed by a party member, as when one member is tapped to be the principal, negotiating at the table with counterpart, while other party members remain behind the scenes.They might also be performed by a person who is not organically a member of the party, but has been retained to augment the party's capacity for conducting the negotiation. Examples of such roles are agents, lawyers, negotiation representatives, strategy consultants and coaches.

Actors: In many negotiations, there are people or entities who are not parties, in the sense that they are not involved in interdependent decision making with others, nor are they being asked for commitment, offering commitment or requesting commitment from anyone else. These actors seek to affect the course of the negotiation for their own purposes. We will detail each of these, in order.

3. Parties

3.1 Parties

As we've explained, parties are those who are engaged with one another, interdependent regarding their future, affected by their joint decision and deliberating their decision on commitment. Parties can be two private individuals, such as the seller of a used car and someone who has come to test-drive it. They can be two legal entities engaging through representatives, as when personnel from Company A and Company B deliberate the deal regarding the fleet of trucks. They can be countries, represented at the table by diplomats.

3.2 Counterparts

Your counterpart is the party with whom you are negotiating. Your counterpart might be entirely at the table with you (as when you purchase a car from an individual), or might send a representative (as when you purchase a car from a salesperson at a car dealership).

Often, it is beneficial to clarify, up front, whether the person sitting with you at the table is working on his or her own behalf, or on behalf of some wider constituency. If someone is a principal or representative of a party, clarify their mandate, their autonomy for decision making and commitment. Often, negotiators at the table have full authority to commit to any deal they reach. However, this is not always the case and, in fact, limiting the degree of a representative's mandate could be a strategic or tactical move by your counterpart. For example, many companies limit the mandate for concessions that their consumer care representatives have. When customers call with complaints, they encounter a representative with a certain amount of willingness for concessions and then with a brick wall of "I can't do that for you". The company is hoping that many consumers will forgo their demand for further concessions, as it seems these are impossible to obtain. Of course, the representative's manager (or, her manager's manager) does have a mandate for making such concessions; by not putting someone with such authority at the front of all negotiations, the company hopes (often, successfully) to avoid having to make such concessions. In other situations, you may find you have negotiated with someone and at the end of your discussion, your counterpart says "Well, I'll check this with my superiors and get back to you" when you had thought all along that your counterpart had a mandate to commit. This move is often followed by your counterpart notifying you that their superior would only approve the deal if you make some further concession. This is a common tactic that could be avoided with preliminary discussion of whether each party has the power to commit.

There is also a cultural dimension to the commitment issue. In some business cultures, it is assumed that anyone sitting at the table speaking on behalf of his or her company has the authority to commit in its name to the offers being made. In others, it is common for unmandated spokespeople to work out parameters for a potential deal, yet leave the deal's final formulation, and each party's commitment to it, to their superiors. When negotiating across cultures, this issue is important to clarify up front.

What if you don't get along with your counterpart? In many negotiations, the interaction is broken off as parties do not communicate well, annoy each other or distrust one another. Of course, you can always choose another counterpart by terms of finding a different party to negotiate with. For example, Company B can break off its negotiations with Company A, and instead pursue a deal to purchase trucks from Company C. However, a different question to consider before doing this is whether changes in the people actually at the table, or in the people with the authority to approve a deal, might allow the original negotiation to go forward. On your end of the process, you might change the people involved, by taking over from a representative you'd sent to the table or sending a representative in your place, etc. A more challenging question is whether you can effect change on the other side of the table, such as by demanding they change negotiators. If there is an extreme power differential in your favor, this might succeed; however, if there is not (and sometimes, even if there is), it may just as easily cause the other party to dig in and rally round their negotiator, and declare them the only person who may speak on their behalf. A subtler approach would probably have a better chance of success. One rare example of a successful attempt to replace a counterpart's representative relates to the eternal Israeli-Palestinian negotiations. By the early 2000s, the shaky improvements in relationship effected by the Oslo agreements had all but disappeared. Israel became convinced that Yasser Arafat, Chairman of the Palestinian Authority, was no longer a partner in the peace process but was instead using his office to promote and organize violence against Israel. Israel announced that it would no longer deal with Arafat as a representative of the Palestinians. The Palestinians, naturally, rallied around their popular leader. All contact between the Palestinian Authority and Israel stopped; relations between the two entities and the situation on the ground continued to deteriorate. By 2003, the United States came to agree with Israel's stance on Mr. Arafat, and also boycotted him. The United States urged its allies and partners to adopt a similar line, denying the Palestinians under Mr. Arafat the means to engage effectively in diplomacy, commerce and aid. Under this pressure, Mr. Arafat created a new executive role of prime minister, and appointed Mahmoud Abbas, a seasoned Palestinian leader, to the post. Mr. Abbas effectively became the point of contact for Israel, the U.S. and the rest of the world, and Mr. Arafat's leadership in Palestinian diplomacy was somewhat diminished.

3.3 Coalitions

Parties are not always formed of individuals, or their organizations, operating in their own interests on their own, opposite their counterpart. Sometimes, separate groups of people or other entities form together into a coalition for the purpose of engaging with a counterpart (who might also comprise a coalition). Coalitions come together to pool their individual resources to advance a shared interest. A contemporary example is the Association of Small Island States, a coalition of island states and states with low-lying coastal regions. With the shared interest of reducing the potential of damage caused by rising sea levels, these states work together – including negotiating with a single voice on key issues – on topics related to climate change. Most of these states are small entities on the global stage; combined, though, they comprise 20% of the U.N.'s membership. Bringing their shared clout to bear on votes and resolutions improves their ability to negotiate.

3.4 Teams

As we've mentioned, it is one thing to define who is a party to a negotiation and another to identify who is actually sitting at the table. The person at the table might be a member of the party, or might be an external in a representative role. When we say "person", though, that does not mean that negotiations must be conducted between point-people, one for each party. In fact, many negotiations, including high-value commercial negotiation or high-level diplomatic negotiations, are conducted by teams of people representing each side. Negotiating with teams, Leigh Thompson (2005, 231) explains, has several benefits: It heightens the odds for integrative agreements, it improves information sharing, and it allows use of a wider range of strategies.

While working with a team may have benefits over negotiating solo, it also presents challenges. Working with a team of negotiators adds layers of complexity to the negotiation. Besides interparty interactions, we now must recognize and cope with intraparty interactions, both on our side and on our counterpart's. When negotiating with a team, there are seven things worth exploring before the negotiation, and keeping an eye on as you go along:

(1) Make sure everybody has the same goal, and same interests, in mind. This might sound simple and obvious, but rarely is. When more than one negotiator is being used, it is usually because the issue under discussion is a complex issue requiring more than one line of thinking and one set of expertise. When teammates sit down to figure out just what it is they aim to achieve through negotiation, and to frame and prioritize their interests, they are often surprised to discover that their assumptions of having been on the same page were misconceived. Realizing this early, through joint preparation, will allow the team to align itself around shared goals and priorities.

(2) Identify any interpersonal conflicts between team members that go beyond disagreement over a particular element of the goal or of the plan. Left unaddressed, such conflicts will disrupt your team's work at the table and will be exploited by the other side.

(3) Share information between team members. Often, negotiators coming from different departments in the same company, or different ministries in the same government, have access to different data. While it may not be feasible for everyone to share everything they know — after all, they may have been chosen to bring this very expertise to the table, which cannot be condensed to a one-page briefing document handed to a single negotiator — they each can identify key points that everyone should be aware of. Negotiators on the same team clashing over their own data is self-crippling, and invites exploitation by counterparts to the negotiations.

(4) Decide, jointly, on the team's overall strategic approach to the negotiation. It is hard enough to remain disciplined and on track in carrying out your strategy when you negotiate on your own; it will be much tougher if different team members set off on their own tack in an uncoordinated manner. Even if you decide on different approaches, such as when you decide on a good cop/bad cop approach in which one team member plays the role of an approachable and cooperative negotiator and another plays the role of a tough, aggressive and unpredictable negotiator, this should be done in a coordinated manner.

(5) Decide on negotiation roles to be enacted at the table. Team members can agree that they will all participate flexibly, or they can decide on specific tasks. These might include lead speaker, summarizer, question-asker, time-keeper and others.

(6) Decide on effective methods for intra-team communication ahead of time. Teams can use signals, touch, text messages, impromptu breaks or other methods to coordinate with each other, bring errant negotiators back to the pre-agreed line, or consult on the next steps. Having a communication plan in place ahead of time is vital for ensuring this communication will stream smoothly in real-time.

(7) Decide the mechanism for internal decision making regarding commitment ahead of time. It may be that one team member is clearly the lead decider by virtue of his or her position; if not, the team can appoint someone to be this person. Alternatively, the team can agree that no commitments will be made before taking a break for deliberation and joint decision making; in which case, they should determine mechanisms for making such quick joint decisions ahead of time.

3.5 Monolithic and Polylithic Parties

Any time your counterpart is anything but an individual — whether it is a group of constituents, a team or a coalition — you would do well to discern whether your counterpart is monolithic or polylithic. A monolithic party is one in which everyone is on the same page, speaks in the same voice, and has the same goals and interests in mind. A polylithic party is one in which cracks between members and groups are visible. When you can identify such disunities, you might strategically utilize them. Of course, similar attention should be paid to your own party; consider, how do you appear to the other side? Might they be seeing cracks in your party structure that they can utilize? Good information-flow and group discussions of goals and purposes, might lead to these cracks disappearing, or at least fading.

4. Roles

Speaking more broadly about engaging in conflict, Creighton University professor Bernie Mayer (2004) has identified several functions which he calls "ally roles", roles which someone external to a conflict can assume in order to support one party to the conflict. These roles include functioning as advocates, strategists, and coaches. These roles all translate, with little adaptation required, to roles commonly encountered in negotiation practice.

4.1 Advocates

Parties to negotiation can be represented at the table by a member of the party, but often an external expert is hired to fill this role. This is called negotiation representation or *advocacy*. Thompson (2005, 222) lists multiple advantages of retaining such external help: Subject-matter expertise, negotiation skills and experience, emotional detachment, and more. Advocates come in many forms. Divorcing spouses and businesses often hire lawyers to negotiate on their behalf. Home sellers and athletes hire agents. People needing help in engaging with government agencies and bureaucratic systems might engage the help of other types of representatives. All these are different forms of the function of advocacy: Speaking on another's behalf.

If one or both parties has an external helper filling the negotiator function through one of these forms of advocacy, the negotiation is altered. On the one hand, the external representative's expertise, network and knowledge might improve the overall quality of the negotiation for both parties, and the gains of his or her own party in particular. On the other hand, such representation adds another set of interests into the room: The advocate's interests. These interests might relate to self-image and success or to compensation. Some differentiations between types of representation have to do with their compensation scheme. Lawyers might be on retainer (being paid a certain amount a month or a year for their services, regardless of the number of hours they put in). They might be paid by the hour. Or, they might be paid one lump sum if an issue is settled through negotiation, and a different lump sum if an issue is resolved through the courts rather than through negotiation. Each payment system affects the lawyer's own interests. Sometimes, those interests run counter to the interest of the party themselves. Real estate agents often take a commission, a percentage of the final price of the property. This gives them an interest in a high sales price even when they represent the buyer, who would prefer a low sales price. A sports agent, who earns a commission on her player's salary might want to hold out for an impossibly high salary; the player might prefer a lower salary, if it means his benefiting by being on a high-profile team or having more time on the court and less on the bench. If you are facing such advocate representation in a negotiation, try to discern any such personal interests they might have regarding the negotiation, and deal with them just as you deal with your counterpart's more general issues, rather than pretending they don't exist.

4.2 Strategists

Even a party who is generally competent at representing themself at a negotiation table – in terms of confidence, eloquence, and standing up for themself – might occasionally benefit from the assistance of an external consultant playing the role of strategist. This role is pertinent in many contexts, but particularly so in the business world. Many managers are experts at their jobs but have no formal training in negotiation; lacking a structured approach, they may not perform optimally. The strategist might have understanding of the particular market or context in which the negotiation is taking place, and an understanding of negotiation dynamics. She can help the party conduct a situational analysis, identify and consider their alternatives and BATNA, choose a strategy, and develop some initial tactics to employ. The party then goes to the table and negotiates on their own. The strategist's role might be ongoing: At various points during the negotiation, the party and the strategist can convene to assess the situation, consider strategic shifts, and decide on tactics to implement in the next round of the negotiation.

4.3 Coaches

Just as athletes use trainers or coaches to improve their athletic performance, negotiators can utilize negotiation coaches to improve their negotiation skills. Whereas a strategist focuses on helping a negotiator function well in a specific negotiation, a coach's role is to focus on the negotiator in a more general sense, to improve their performance and gains over time. Besides ongoing skills development, the coach provides motivation, coaxing, chastising and reality testing. Mayer explains that pointing out a dozen things people need to work on is usually not very helpful; a good coach will identify the one or two main things impeding a negotiator's performance, help her to understand them, encourage her to practice them and help her measure improvement. Managers and team leaders often serve as informal negotiation coaches to their subordinates; they, themselves, might avail themselves of coaching for their own negotiation skills development.

5. Actors

Not everybody involved in a negotiation is sitting at the table, or has a representative sitting at the table. There are often people involved in a negotiation, who are unseen, but are attempting to influence the way things develop, due to some interest that they have. Reasons for their exerting influence from the outside vary: They may not be able to secure a seat at the table, they may want to remain invisible, or they may not want to appear aligned with any or all of the parties at the table. Their interest might be in seeing an agreement reached, or in the terms of that agreement; it may be in preventing an agreement from being reached at all.

Let's briefly name and spotlight two general categories of these actors:

5.1 External Spoilers

In many negotiations — in particular, but not only, negotiations aimed at resolving conflicts — one can find actors aiming to disrupt the process, diminish the chance of agreement, and exacerbate existing conflict. Such actors are called "spoilers".

In some cases, these spoilers act by addressing their concerns to one or both parties and urging against a deal. At other times, spoilers act by affecting the environment in which the negotiation is taking place, trying to change it so the likelihood of agreement lessens. For example, in the talks leading up to the Good Friday agreement in Northern Ireland in the 1990s, splinter groups on both sides, opposed to the forming agreement, often engaged in violence, hoping to trigger a spiral that would derail the talks. Sometimes, spoilers take care not to expose their actions. For example, in commercial negotiations, spoilers might be companies hoping to benefit from a derailed negotiation between two other negotiating companies. In our trucking example, Company C might hope that if no deal is reached in the negotiation between Company B and Company A, Company B will turn to Company C to purchase its new fleet. Company C might actively seek to derail the negotiation, such as by spreading rumors about Company A's vehicles or Company B's credit.

5.2 External Fixers

Fixers play the opposite role of spoilers. They are interested in an agreement being reached in negotiations to which they are not a party. Spoilers tend to be those who benefit from a state of conflict; fixers tend to be those experiencing loss because of a conflict's existence. To save themselves that loss, they act to improve the odds of a negotiation succeeding. This can be done overtly, as when an external actor takes hold of two parties, figuratively or literally, and sits down with them to help them work things out. We will discuss this type of fixing more in the next chapter. It can be done in subtler ways, simply by saying positive things to one party about the other party. A fixer's actions can be focused on diminishing the problem, or improving the negotiation process. Consider a husband and wife who have discovered they must repair their home at great cost. The strain caused by the financial burden is affecting both of them; rather than coming together to plan how they will overcome this challenge, they take their frustration out on each other, each questioning the other's spending, and blaming the other for the predicament they are in. The husband's mother, who observes this happening, might act as a fixer in more than one way: She can directly alleviate the problem, by offering to bear some of the costs of the repairs. She can directly improve the couple's decision making process, by sitting one or both of them down and giving them advice on how to work together on the problem. Finally, she can indirectly improve the process, simply by offering to watch the kids for the night, so the couple can go out for dinner and talk.

6. Beyond Parties, Roles and External Actors: "Affecteds"

On the outskirts of most negotiations are people who are not directly parties to the negotiation, but they are *affected* by it. Some of these "affecteds" ignore the negotiation and its effect on them, or even go so far as to actively *avoid* the negotiation and its outcomes, hoping that as a result they will no longer be affected by it. Other "affecteds" try to shift from their outsider, non-influential standing, and seek to get closer to the decision making process by transitioning to being an *actor*, as this role has been discussed above. Still other "affecteds" might go even further, seeking to influence the negotiation by becoming a *party*. This can be done either by infiltrating an existing party, or by receiving, through request or coercion, an independent seat at the negotiation table.

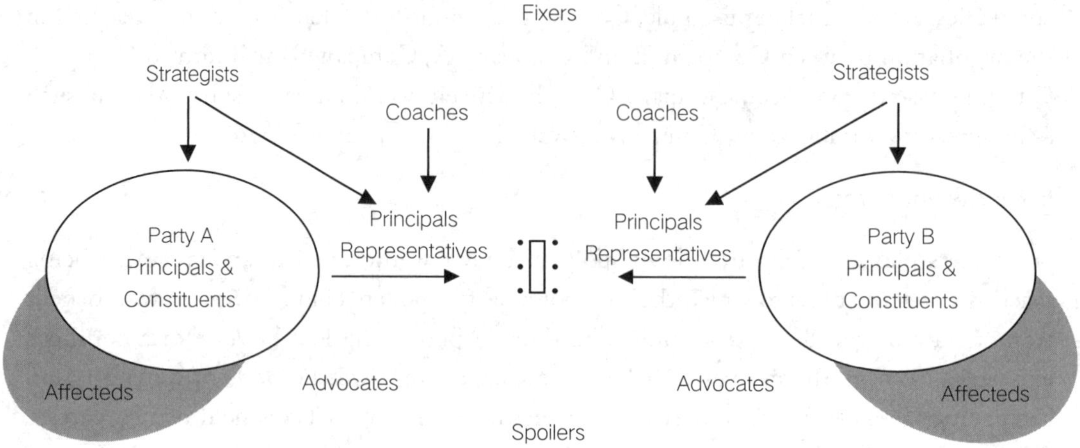

Figure 8.2 Parties, Roles and Actors

Food for Thought

Consider a negotiation between a municipality and a company interested in establishing a factory in the city. The negotiation focuses on the location of the factory, the level of taxes the factory is to pay, and the number of local employees it commits to hiring. The company is willing to pay the higher taxes and commit to a higher number of hires if the municipality allows it to build the factory on site A — a central location which is close to the city's main transportation hubs and other facilities. If the municipality will not let them construct it there, and requires them to build it on site B, on the outskirts of the city, the company demands lower taxes and will only commit to hiring a lower number of local residents. This negotiation has important ramifications for the city's future, so it is being led by the mayor and the company's CEO.

Map out this situation, with regards to parties, roles, actors, and affecteds, using the terminology we've gained in this chapter. Flesh out some of the details of this story with your imagination and assumptions if you feel that information is missing, in order to practice application of the terms. Try to put yourself into the shoes of each role or actor you identify. What steps might you take to improve your capacity to influence this negotiation, given your analysis of the different players involved?

References

Mayer B. (2004). Beyond Neutrality. San Francisco: Jossey Bass.

Thompson L. (2005). The Mind and Heart of the Negotiator. 3rd ed. Upper Saddle River, N.J. : Prentice Hall.

Chapter 9

Complex Negotiation: Multiparty and Mediated Negotiation

While the discussion thus far is pertinent to just about any negotiation, the underlying assumption has been that we are examining interaction between two parties. This, owing to two reasons: First, most of the negotiations we engage in our day-to-day are two-party interactions. Second, this is the basic, simple, level of analysis; adding additional interactants adds complexity. In the previous chapter, we illustrated this by unpacking the term "party" and demonstrating how a party can often be a complex unit rather than an individual. We also discussed how even a two-party negotiation can have additional people involved in different roles and actors working to affect the negotiation from the sidelines.

In this chapter, we will continue to explore elements adding complexity to negotiation. First, by expanding the two-party focus to a multiparty focus. Next, we will explain how negotiation can be made more complex in a manner that is actually conducive to reaching agreement, by adding in an external neutral mediator.

1. Multiparty Negotiation

As we discussed in the previous chapter, a party to negotiation is one who stands to gain or to lose as a result of granting their commitment to a negotiated agreement or not. A multiparty negotiation is, therefore, a situation in which three or more parties (individuals or larger entities, as discussed in the previous chapter) engage with one another, develop proposals for outcomes, and decide whether to commit to them. One example of such a negotiation was the one between Mexico, Canada and the United States in the early 1990s, leading to their signing of the North American Free Trade Agreement. On the table in that negotiation were trade and investments, intellectual property, the environment and more. Another example is three students tasked with submitting a group project in a course they are taking together. Their negotiation might focus on issues of division of research and writing, contact with the teacher, timetable, and quality aspirations. In both of these examples, three parties are involved, each with their own set of interests, resources and aspirations. Each has their own prior relationship with the other two parties, and if they have not worked as a triad before, they need to consider how a three-way relationship will serve them.

2. Challenges of Multiparty Negotiation

Northwestern University professor Leigh Thompson (2005) lists four major challenges of multiparty negotiation, which we will expand on below:

2.1 Coalitions

In multiparty negotiations, parties tend to seek alliances between them to enhance their negotiating power. In a three-party negotiation, this takes the form of two parties deciding to work together to promote their shared interests, gaining an advantage over the single party who may have opposing views or needs regarding these interests. Working in coalitions is in itself a challenge, with regards to the mix of cooperation and competition we've discussed in previous chapters. Forming a coalition is generally a power-shifting move, aimed at enhancing the two parties' ability to compete with the other party. It requires a good degree of cooperation between coalition members regarding this external competition; at the same time, parties to coalitions recognize that they will ultimately compete against each other to distribute the benefits they've gained between them. The book and movie series *The Hunger Games*, depicting people placed in an arena from which only one survivor can emerge, demonstrates well how tensions of cooperation and competition underlie the formation of coalitions. Thompson recommends that as a negotiator in a multiparty situation, you should reach out to other parties to form coalitions as early as possible, so as not to be left without available coalition partners and also because people tend to develop loyalty towards the first coalition they've joined. Instead of sufficing with general conversation, try to elicit a firm verbal commitment from your coalition partner, as people feel more bound to follow through on their explicit word. Finally, try to identify, and share with your coalition partners, an unbiased mechanism for fair division of the pie you hope to gain through your cooperation. The more comfortable your partners are with the division of the pie, the less they can be tempted to defect and break away from the coalition.

2.2 Trade-offs

In two-party negotiation, integrative agreements are enabled by parties making trade-offs — receiving things they value highly, and giving the other things *they* value highly. Figuring out, and carrying out, such trade-offs, in bilateral negotiation; in multiparty negotiation they are even more challenging. Often, the key to good solutions in multiparty negotiations is through circular tradeoffs: Party A gives Party B something of value to them, Party B gives Party C something that they value, and Party C satisfies Party A by giving them something they value. Or, in other words, Party A gives something to Party B — in return for Party C giving something to Party A. This is challenging enough to follow on paper; in reality it is even more of a challenge. It requires a great deal of creative thinking to identify pathways for such cooperation — and a great deal of trust, to commit to such a plan and to rely on all players to deliver on their promises. Remember, also, that there may be more than three parties involved, and the challenges increase with each additional party.

2.3 Decision Making Mechanism

In two-party negotiation, the mechanism for deciding an outcome is clear: Mutual agreement on outcome. When three or more parties negotiate, they have more than one option for decision making. They can choose between unanimity — full agreement by all parties — and a voting mechanism. In a voting mechanism, a certain percentage of votes (usually, the majority of votes, but any percentage can be decided amongst parties) leads to a decision that binds everyone. Unanimous decisions are more likely to involve creativity, pie expanding, and mutual gains. However, they require greater effort and more time, a higher degree of trust and better communication — and these challenges are compounded by the number of parties involved. Voting and majority rules are more efficient in terms of time, but tend to be less integrative and beneficial in terms of outcome.

Another challenge related with voting is that it is often more affected by structure rather than by actual preference. Thompson calls these challenges "voting paradoxes" — situations in which parties vote to express their will but the outcome does not reflect their will, *even if they win*. Take the case of our three students deciding the topic of their group paper. John wants topic A, Jane wants topic B, and Jill wants topic C. In a three-way vote, each would vote for their own paper and no majority would be achieved. John suggests a vote between A and B — and B wins. Jane is ecstatic, until Jill says that as her proposal (C) was not considered in that vote, they should now vote between B and C. In that vote, C is chosen. Jane is furious at having her victory stolen, Jill is happy that her topic was chosen, and John is left with the vague sense that his topic didn't receive a fair chance at winning. As a result, the three are left with poor grounds for further cooperation — and they are still only at the phase of deciding the topic! The mathematical structure of such sequential voting gives an advantage to alternatives suggested and voted on later, rather than earlier; as a negotiator, if you find yourself in such a situation, hold back your preferred outcome rather than seeking to have it promoted in a first round of decision making.

One commonly encountered dynamic is that parties begin to hold negotiation conversations without discussing how decisions will be made. As a negotiator involved in such a multiparty negotiation, you might wait to see how the winds are blowing, and then be the one to raise the need for a decision making mechanism, and propose the one you feel will serve you best.

2.4 Communication

In the next chapter, we will discuss interparty communication in negotiation. As we will see, effecting good, constructive communication between *two* parties is a very, very challenging thing to do under the best of circumstances. Adding in a third party or more to the conversation exacerbates this. Good communication is key to cooperation, to creative processes, and to integrative agreements — and such communication is increasingly challenged by each additional party added to the negotiation. As you read through the next chapter, consider, now and then, how the principles and dynamics discussed would play out in a three or four-way conversation.

Whereas two-party negotiation only involves one forum for joint work (parties are either in communication with each other, or they are off on their own), multiparty negotiation offers the opportunity for engaging in multiple types of forums. There are joint sessions in which everyone partakes, and caucuses — more private meetings, to which not all parties are invited. Coalitions make use of caucuses to form and to develop ideas and proposals. Full negotiation tends to happen in joint sessions, but can also take place through parties engaging in shuttle diplomacy trying to build up agreement or expand existing coalitions to include all of the parties.

Adding to Thompson's list of challenges, we note two others: Trust and relationship.

2.5 Trust

As we will discuss later on in this book, trust lies at the heart of our interactions with others. It affects our motivation to work with the other and our willingness to share information, and as a result is a key factor in the Negotiators' Dilemma. Beyond process cooperation, of course, our degree of trust in our counterpart affects our ultimate willingness to commit to any agreement. A sense of trust, as we will discuss, is a very challenging thing to build and support, even between two people; much more so, when more parties are added into the mix.

2.6 Relationship

Also to be discussed later on, is the notion of negotiation being situated within an existing relationship, which often involves elements of past and future, and which always involves elements of here-and-now, right-at-the-table, relational dynamics. Forming, conducting, and maintaining relationships that serve us well in the negotiation and beyond is a challenge when only two parties are involved; this is compounded, as more parties are added in to form a web of relationships.

3. Adding Complexity to Facilitate Agreement: The Mediator

In the previous chapter, we mentioned external actors who play a constructive role in helping parties reach agreement. Our discussion there focused on actors who did so to promote or achieve some goal of their own, which was best served by parties reaching agreement.

In this section, we will introduce another type of actor, who seeks to bring the parties together. This actor, however, is not working to advance his or her own agenda, but rather only to assist the parties in reaching agreement for their own purposes.

3.1 The Changing Nature of the Mediator Role

The function of "the person in the middle trying to help parties work things out" exists in every society, religious community and social group. Sometimes, it is an informal role. In every group of school friends, there is one who the others tend to come to when they are at odds with each other. The same goes for many professional groups, guilds or communities. Some people simply get along well with everyone and are skilled at helping people work things out. Other times, the role is more formal, and is ancillary to a person's primary role. For example, village elders, religious leaders, teachers, and family matriarch or patriarch figures, are all sought out by disputing parties, and sometimes – proactively seek to resolve disputes before parties come to them.

Similar roles – involving compensation for the go-between – have always existed in commercial contexts. Agents, brokers, fixers and all sorts of other roles all share the same basic purpose of connecting two parties after identifying compatible needs or capabilities on either side. Sometimes their work goes beyond introductions, and involves helping parties work out the actual deal. These go-betweens, of course, generally charge a fee, or request a minor percentage of the deal's value, for their services in connecting parties.

3.2 Principles of Mediation

The mediator role we discuss in this section shares some of the qualities of all these functions, and has its own unique characteristics. Over the past few decades, mediation has developed as an independent profession in the United States, Europe, and other places around the world. In many of these locales, what typifies professional mediators is not only that they charge for their services (separating them from the traditional or otherwise voluntary roles discussed above), but that they adhere to a certain set of principles guiding them in their work. In the United States, these principles generally include:

Impartiality: The mediator has no connection to either of the parties, and has no conflict of interest between their role as mediator and any other role. Often, the mediator does not know either of the parties at all, prior to the mediation. Thus, the mediator has no preference for either of the parties benefiting at the other's detriment, and can profess to being equally well-intended towards both.

Neutrality: The mediator has no particular opinion of their own, regarding how issues such as those the parties have between them should be resolved. In a custody negotiation between a husband and wife over their three-year-old son, the mediator usually has no hard-and-fast opinions about whether a child should be with their mother or with their father. In a negotiation between a couple and the contractor they bought their home from over the quality of the construction work, the mediator is not someone who generally implements a "the customer is always right" outlook.

Party decision making: One reason that neutrality is so important is because ultimately, the mediator's outlook on how such issues "ought" to be settled really should not matter. The mediator is there to help parties reach agreement — but the content of that agreement is up to the parties themselves.

Voluntary process: Mediators are careful to clarify that the process will only go on as long as the parties wish it to. Parties' agreement to participate is not a one-shot act; the process depends upon their ongoing willingness to partake in it. Should either party chose to leave and end the process, there is nothing to stop them from doing so.

Voluntary agreement: Mediated negotiation, like any other negotiation, can end in agreement or impasse. Parties' agreement to engage a mediator to assist them in their negotiation does not, in any way, limit their autonomy and capacity for saying "no" to whatever deal is put on the table.

Binding decision: Mediation depends on parties' good will towards one another regarding participation in the process — just as in any negotiation. This *should not* be taken, however, to imply that agreement reached with the assistance of a mediator is not binding. Mediated agreements are at least as binding as their unfacilitated counterparts. All negotiations culminating in agreement are binding, to the extent that parties intended to bind themselves. Sometimes, negotiations end with a general expression of mutual good will but with no specific commitments between parties. Other times, they end with detailed agreements that can be written up in the form of contracts. Mediated agreements run this gamut of options as well, and as a result, their outcomes are often legally binding. Additionally, in some cases and jurisdictions, agreements reached through mediated negotiations can be presented to a judge for approval as a court verdict; in these situations parties have essentially written their own court decision, and the court's approval lends this outcome a binding power even greater than that of a "regular" contract.

Privacy: Mediators, as a rule, respect the privacy of their clients' affairs. They are not prone to discuss these with others, any more than lawyers or psychologists talk about their clients. In some cases and jurisdictions, mediated conversations are also protected by a form of legal privilege and confidentiality by rules dictating that their content cannot be introduced as evidence in court, nor can the mediator be called to testify. This combination of privacy and confidentiality aims to shift the balance in the parties' Negotiators' Dilemma, by creating a safe environment for the negotiation to take place in.

While either party might be the first to suggest engaging one, mediators (as opposed to agents, attorneys, etc.) do not work in the service of either party. Parties engage them together, and they owe their loyalty to both parties equally.

3.3 Mediation Approaches and Tools

As with any professionals, mediators take different approaches in helping parties. Some are more likely to focus on communication, helping parties conduct their conversation constructively. Others are more likely to focus on the solution to the problem that has been presented pushing parties to come up with creative ideas or suggesting others themselves. Whatever their professional orientation, mediators share a basic toolbox which they use to help parties come together:

Communication tools: As we will see in the next section, negotiation often breaks down because of poor communication. Mediators are experts at assisting parties to communicate with one another.

Agenda setting: Negotiation conversations are often unstructured and cluttered. For example, parties might not agree on the order in which to discuss the issues they have put on the table. This can be a source of conflict, with parties fighting over the agenda or trying to discuss all the issues at once. Additionally, parties sometimes seem to be discussing the same issue when they actually are not. They talk across one another and wind up feeling unheard and frustrated. Mediators can help by identifying topics requiring conversation, obtaining parties agreement to a shared list of topics, and asking parties to agree on an order in which the topics will be tackled, before moving on to the negotiation itself.

Caucusing: Mediators can meet with each party separately, to assess their engagement in the process and to verify their satisfaction with how things are developing. Such private meetings are called "caucuses". In a caucus, mediators can ask probing questions to uncover a party's interests – information they feel parties might not want to share in a joint session. They can suggest preliminary ideas for solutions to parties individually, if they feel that raising something in a joint session would be rejected out-of-hand. Mediators are careful to remind parties that nothing said in a private caucus will be repeated in the other party's presence without permission.

Mediator proposals: Mediators can suggest solutions for parties to consider. Parties might be happy with the proposed idea and accept it. Each party may reject it, of course. Even if a suggestion was rejected, mediators and parties can gain insight into underlying interests by exploring why a party chose to reject an offer.

3.4 Mediators for Deal-making

Mostly, mediators are sought out for their assistance in negotiation focusing on resolution of existing disputes. However, they can play a helpful and beneficial role in deal-making negotiation as well. Experts at seeking ways for expanding the pie, mediators can be helpful in any situation in which an integrative solution might be preferable to a distributive result. Their focus on structured and constructive communication can be particularly helpful in situations in which there are known challenges to communication – such as in multiparty negotiations, or negotiations between two parties with a history of poor relations between them.

3.5 Mediators Add Complexity

Bringing in a mediator to support a negotiation is certainly not intended to make things more difficult. On the contrary, the mediator's role is to facilitate — literally, to "make easier" — the negotiation. However, introducing another player into the negotiation interaction — as professional and benevolent as that player might be — adds to it another layer of complexity. Most of the challenges listed above regarding multiparty negotiation — especially, those related to communication, relationship and trust — are similarly intensified.

Research has consistently shown parties' trust in the mediator to be the mediator's primary asset in working with parties. Such trust is not easily won, particularly, when mutual distrust permeates the atmosphere between the two parties. The mediator must form instant relationships with the parties, often with no history of past interactions to support a positive relationship taking place. Mediators work through communicative tools, such as by summarizing, reframing, or asking questions. Even when all this works well, it takes up air-time and attention, which can be annoying to parties wishing to express themselves. Moreover, parties might feel unlistened to or misunderstood by the mediator. As we shall see, any communication loop has the potential for flaws and distortion, and the mediator-party loop is no different. Parties might misinterpret something a mediator said, intending to be helpful, and attribute negative intentions to the mediator. Such emotions, including frustration, annoyance, betrayal, or feeling marginalized do not remain limited to the relationship between the mediator and the party; they spill over, affecting the party's attitude towards the process and the other party. As a party to a mediated negotiation, you would be wise to separate your attitude towards the mediator and your attitude towards your counterpart. Additionally, be mindful of your counterpart's interactions with the mediator, and be prepared to engage with the other constructively at opportunities opened up by the effects of the mediator's interventions.

Food for Thought

1.Have you ever been involved in a negotiation with more than two sides? Consider how often this happens, in your interactions.

Which elements of this chapter can you identify as having played out in those negotiations?

2. Think of a situation in which you and a counterpart had a conflict and required the assistance of a third party to help you work things out – and the third party essentially (even if informally) mediated between you rather than telling you what to do?

Which elements of this chapter can you identify as having played out in this mediated situation?

3.Next, consider a case in which you found yourself playing the mediator role, whether formally or informally (such as between friends or family members).

Which elements of this chapter can you identify as having played out in your efforts?

References

Thompson L. (2005). The Mind and Heart of the Negotiator. 3rd ed. Upper Saddle River, N.J. : Prentice Hall.

Chapter 10

Communication in Negotiation

1. Negotiation and Communication

1.1 Negotiation Relies on Communication

At its very heart, negotiation is a communication-driven process. It can be discussed, to a surprising extent, through a communication-focused frame. As Fisher, Ury & Patton put it in *Getting to Yes*:

> "Without communication, there is no negotiation. Negotiation is a process of communicating back and forth for the purpose of reaching a joint decision. Communication is never an easy thing..." (2011, 35)

It really isn't. Communication is a distinctly human activity, and conducting communication poorly is at the heart of innumerable conflicts and failed negotiation. "We are very imperfect communicators," explains Bernie Mayer in *The Dynamics of Conflict* (2012, 11). He goes on to discuss why this is a huge challenge, and also a source of hope:

> "Many factors may contribute to communication problems. Culture, gender, age, class, cognitive capacity, and environment significantly affect individuals'ability to communicate effectively. We frequently rely on inaccurate or incomplete perceptions, form stereotypes, and carry into our communication conclusions drawn from former interactions or experiences. Often, we are inclined to try to solve problems before we understand them. The greater the duress we person is under, the harder it is for us to communicate effectively (and often the more important it is as well). Sometimes communication takes more energy and focus than we are able or willing to give at a critical point, and it is easy to become discouraged or hopeless about communicating effectively in serious conflicts...
>
> Despite all these problems, we can and do find a way to communicate, and we can work on improving our communication, even in very intense conflicts. Communication is one of the greatest sources of both difficulty and hope in dealing with serious conflicts." (2012, 12-13)

If we could get what we needed without interacting with others, there would be no need for communication. We would reach out and take what we need — likely, in silence. However, we often need other's permission, acquiescence, or agreement, to achieve what we need, and the act of negotiating with them is a communicative act. Negotiators, therefore, must be *master communicators*, able to overcome the challenges to communication that frequently occur in negotiation.

1.2 Verbal and Nonverbal, Tacit and Expressed

Not all communication is verbally expressed. When you signal a left turn to switch lanes on the road, you are communicating with other drivers through a nonverbal signal that conveys a specific, commonly-understood, meaning. Additionally, not all communication is directly conveyed to your counterparty; you might take unilateral action that sends a clear message to your counterpart. The U.S. deploying missiles in Poland sends a clear message to Russia, about the U.S.' commitment to securing its allies' borders. These messages are conveyed tacitly rather than directly.

Tacit messages run the risks of going unseen or being misinterpreted. However, even when parties are communicating directly and verbally to one another, many messages go unheard, and many others are misinterpreted. Sometimes, significant differences between the two parties cause meaning to be lost; such is the case in communication across genders and across cultures, as we shall discuss later on in this book. In other cases, miscommunication in negotiation occurs due to challenges that the dynamics of negotiation pose to the communication process. In this chapter, we focus on direct, verbal, communication, understanding how interpersonal communication works and spotlighting elements of communication that break down owing to the negotiation environment. We will discuss five key tools negotiators can use for improving negotiation communication, and suggest a structure for carrying out negotiation conversations.

2. The Communication Loop

2.1 The Ideal Communication Process

Picture the most commonplace of communication interactions: Two people face one another. One of them says something, transmitting a message. The other hears what is being said, receiving a message.

In a perfect world, from a communication standpoint, the receiver would take in the transmitter's message in a precise and unaltered form, and interpret it exactly as the transmitter had intended it to be understood. There would be no alteration or loss of meaning between the transmitter's mind and the receiver's mind. The two then switch roles: The receiver responds with a transmission and the transmitter shifts into receiving mode;

once again, a message is immaculately conveyed between the two.

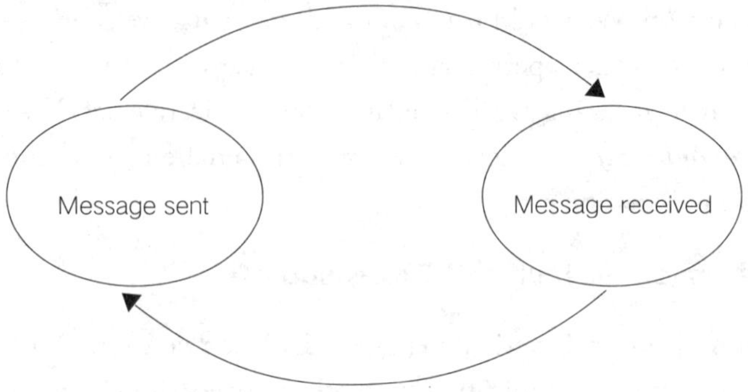

Figure 10.1 Message Transmitted/Message Received

2.2 Mind the Gap: The Communication Loop in Reality

While it might be pleasing to imagine ourselves engaging in such a conversation, this is not a full nor accurate portrayal of how messages are conveyed between human communicators, in reality. To understand how interpersonal communication works, it might help to picture any two interlocutors as standing on opposite cliffs across a wide river, shouting messages across the chasm between them over the noise of the rushing waters below. Only parts of the original message make it across the gap; those parts are now somewhat unclear and need reinterpreting in the receiver's mind. Understanding the nature of that gap, and what happens to messages crossing it, is invaluable for negotiators seeking to bridge it through deliberate and skilled communication. Such understanding requires appreciation for elements of complexity inherent in real-world communication loops.

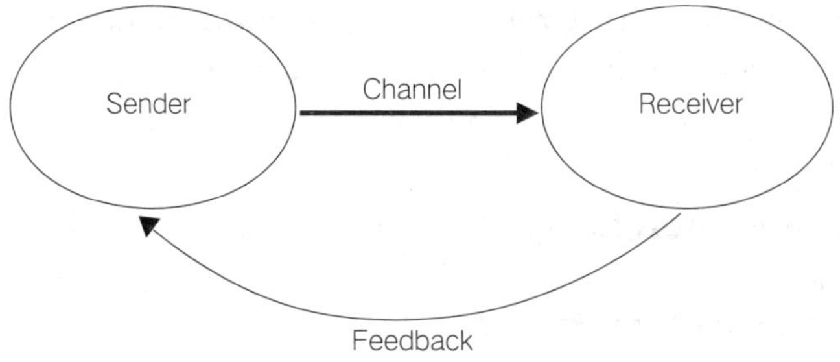

Figure 10.2 Basic Communication Loop

Humans do not connect with each other telepathically, sending signals of meaning that are instantly and accurately interpreted by the other. We communicate through rougher channels, which affect the way messages are received and understood. In much of our communication, the "channel" through which messages are being sent would seem to be the words actually voiced by one party, aimed towards the other. We should remember, though, that nonverbal communication also forms part of that channel. We should also keep in mind that to keep this issue basic and simple, we are focusing on the communication loop typical to a face-to-face; as we discuss in Chapter 18, many of our interactions now take place through an online channel and the characteristics of the media being used also affects communication.

Besides noting the effect on interactions of the channel itself, the figure above also depicts another direction of interaction that takes place in communication. Even as the sender is transmitting and the listener is receiving, the listener/receiver is sending a message back through a parallel channel, in real-time. The message might be "I'm listening" or "I'm not listening". It might be "I don't understand", "That's interesting" or "I can't wait for you to stop talking". These messages are conveyed back to the transmitter, even as he or she is talking, through feedback received from the listener; this feedback is usually conveyed through nonverbal communication.

3. Encoding, Decoding and Noise

One final set of terms required to flesh out our understanding of communication are: Encoding, decoding, and noise.

When the transmitter prepares to send a message, the idea they intend to convey needs to be packaged into words, tone, music of speech, facial expressions, and body language. A negotiator might think that she has been asked for too much money for an object she is purchasing — but there are many, many different combinations of all these variables she might choose in order to convey her message. The process of selecting these is called encoding, and occurs (to a large degree, subconsciously) in the transmitter's mind.

The encoded message is then sent off to another via a channel. The channel *always* filters, distorts and alters the original message. That is because the channel always involves what might figuratively be called *noise*. To illustrate this term, picture a telephone conversation during which one party is going through a tunnel. The static obscuring some of what is being said is channel-related noise. All channels involve such distorting features, even though we are not always aware of this. "Noise" is only a figure of speech; some of the message-distorting features of that same phone conversation are silent, such as the fact that the listener cannot see the speaker's hand motions as she speaks, losing the meaning this conveys. Similarly, the speaker cannot see the receiver's facial expressions as he listens to her words, narrowing the feedback channel. Such noise is relatively easy to identify when communicating through an overtly artificial channel, such as a telephone conversation or an exchange of emails; we will discuss the effects of such noise in a later chapter. However, it exists in all communication, including face-to-face interactions. There, the channel includes aural and visual connection between the two parties, each of which is subject to noise-effects. There might be physical noise distorting the way a message is heard. A receiver might not hear perfectly at certain tones or volume levels. A receiver's attention might be distracted by a bird flying by his window, or a cell phone buzzing in his pocket.

The transmitter might be so angry at the receiver that she cannot even look at him — and therefore sees none of the visual feedback he is generating. All of this noise affects the degree to which parts and portions of the encoded messages actually penetrate and make it through to the receiver's mind.

The message, encoded and altered through the noise, arrives at its destination — the receiver's mind. Yet another tricky phase begins here. The receiver "unpacks" the information received, and tries to make sense of it — applying meaning-making filters, based on experience and knowledge, to decode the message. Only too often, this decoding process results in the receiver considering a message that is quite different than the message that the transmitter had originally intended to encode. Owing to the way some of these filters work — we will expand on this in the next chapter — the decoded message will often have been downgraded in its potential for engaging in constructive conversation. The adversarial setting of negotiation primes receivers to construe messages as being more contentious, aggressive, and harmful than the transmitter ever intended them to be — and thereby affects their response and the way they encode it. This explains the cycle of escalation that negotiation conversations so often go through.

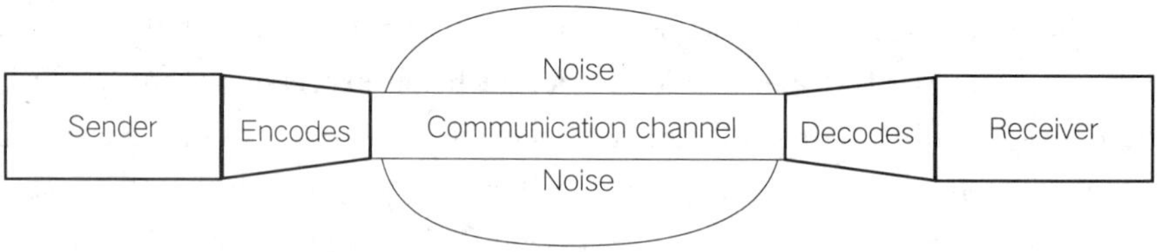

Figure 10.3 Encoding, Decoding and Noise

All this is perhaps captured best by famed English/Irish playwright and social critic George Bernard Shaw, who observed that "the single biggest problem with communication, is the illusion that it has taken place". Messages never transfer cleanly and unaltered, from one person to another. You never hear what I say, precisely as I mean it to be heard.

Understanding this is vital to negotiators. You must be able to communicate effectively, despite these shortcomings of interpersonal communication that makes people such imperfect communicators. You must be able to understand your counterparts in a way that comes as close as possible to their original intent. And, you must transmit your own messages in such a way that assists your counterparts to understand your intent to the greatest extent possible. You must become a master of encoding and decoding, and an expert at circumventing or minimizing the noise that affects messages.

4. Tools for Effective Communication: Introduction

Negotiation courses in the West generally include training in the use of several communication tools. Some of these focus on the encoding and transmitting side of communication, and others on the receiving and decoding side. They go by different names, in different books, manuals, and training guides. In this section, we will discuss five of them.

Before we do, however, we present some important caveats and one overall mind-shift.

4.1 It Is Not About Being Nice

It would be easy to read the description of the communication tools below, and get the impression that you are being taught manners, rather than effectiveness; that you are being exhorted to be nice to people, rather than educated on how to get what you need from them. This is a misconception, best aligned up-front. While use of the tools below might certainly lead to "nicer" communication, this is only a pleasant side-effect of their main purpose and not their primary goal. Their primary goal, in the context of this book, is negotiation effectiveness.

4.2 Language and Culture

One core element of communication is language. This book, including this section guiding you in the use of communication tools, is written in English. It uses tools designed around English word-usage and sentence-structure. Such usage and structures are far from universal. For example, in English one might say "I am going to New York." Speaking in Turkish, the structure we would use to say that same thing would be "New York-wards, going am I." Yoda, the *Star Wars* character, would say in his own special sentence-structure "To New York, I am going." In Hebrew, one would say "I am going via transportation to New York" (using a form of "going" that implies riding, as opposed to walking, to your destination). Beyond the basic structure and common uses of language, layers of culture affect what we say and how we say it. The act of message — and information — exchange never occurs in a vacuum. It occurs in a specific encounter between two specific individuals in a particular cultural context. Cultural norms affect the communication dynamic in many ways, such as dictating who speaks first in an encounter, the degree of physical distance between the parties as they converse, the range of acceptable tones of voice, and the pace of the conversation.

As a result, it would be wrong for any brief introduction to communication tools to be overly prescriptive. A dictum of "always maintain eye contact with your negotiation opposite" might be suitable in certain cultural contexts in the U.S., where avoiding making eye contact might be construed as indicating shiftiness, dishonesty, and concealment. However, it would be a counterproductive technique to adopt in a cultural setting in which making eye contact with your opposite is a sign of disrespect. Therefore, treat nothing written in this introduction as a specific prescription; rather, treat each point as something to *consider* while communicating — and adapt it to suit the language and cultural context you are operating in.

4.3 A New Communication Mindset: Full Responsibility

One overall issue, that needs no adaptation in any language or culture, is that a negotiator's mindset regarding communication cannot be "I'll do my part, and my counterpart will do theirs". A skilled negotiator must be able to communicate across the obstacles posed by the inherently challenging communication loop whether their counterpart is a skilled communicator or not. Being able to say "I told her what needed to be done, but she just wouldn't listen!" or "Why didn't he tell me *that* was what he needed!" after a failed negotiation is a neat little piece of blame-shifting, but at the end of the day, it does not get us what we need. Negotiators must take responsibility for the whole conversation. They must transmit well themselves, and help their counterpart get their message out clearly; they must do their best to receive the message the other is broadcasting, and assist their counterpart to receive and decode messages accurately.

Putting the following five tools in your negotiation communication toolbox will allow you to skillfully take responsibility for the conversation in its entirety:

(1) Active listening

(2) Reflecting

(3) Reframing

(4) "I"-messages

(5) Questions

The following sections discuss each of these tools, at length.

5. Active Listening

The first tool we will introduce has to do with the receiving end of the communication loop. Introducing this tool first aims to stress its importance in negotiation communication — despite our intuitive underuse of this tool.

5.1 Speaking and Listening

Negotiators, intuitively, tend to speak, not listen. They want their views and opinions to be in the spotlight, rather than let their counterpart's words fill the space between them and the views they express gain traction. The Bedouins saying "God gave us two ears and one mouth, but we use them inversely" holds true for many negotiators, whereas they might do better to follow the old Turkish saying "If talk is silver, silence is gold". We must still our tongues, counterintuitive as this may be, in order to say the right thing, at the right time, with the greatest chance for effect. Still our tongues, and *listen*.

Of course, neither speaking nor listening is of much use on its own. We cannot listen our way to agreement, nor can we reach agreement without listening (at least for a "yes"). Negotiators must find a good balance, and the right sequence, for doing this well. However, we often get it wrong.

Business and leadership author Stephen Covey, in his book *Seven Habits of Highly Effective People,* identifies the sequence of listening before transmitting as one of these seven key habits. In his words, "Seek first to understand, then to be understood" (1989, 249).

5.2 Passive and Active Listening

The road to understanding begins with receiving messages. Opening a channel for receiving messages is done by employing listening. To maximize the information flowing to us through the channel it is not enough to set up our ear at the receiving end, in a passive sense. We should also use the feedback channel to send messages that will let our counterpart understand that we are listening to them, hearing what they have to say, doing our best to understand it and wishing to hear more. We attempt to transmit an unspoken message to the speaker: "Feel comfortable — I'm not only hearing you, I *understand* you as well; please continue to speak." This type of listening, which uses both channels of the communication loop, is called active listening.

5.3 Purposes of Active Listening

Active listening serves three purposes:

Trust and relationship-building: Listening has been shown to create an atmosphere of trust, and indicates respect for our opposite, improving our on-the-spot relationship.

Gaining information: This enhancing of trust and relationship enables more open communication which might gain you more information.

Setting communicational norms: Being attentive to your counterpart models "good negotiation communication" that they might reciprocate consciously (or mimic unintentionally) when it becomes your turn to speak.

5.4 Active Listening in Practice: Silent Transmissions

When you are actively listening to a counterpart, focus on them, refrain from actions that would interrupt them or rechannel the flow of their transmission — and transmit, silently, your interest, attention to their words, and desire for them to continue. This is achieved, for the most part, through nonverbal behavior.

Active listening is primarily a silent endeavor. Aside from encouraging sounds that we use to transmit attentiveness (such as "uh-huh" or "mmhhmm" in the United States) and some other encouraging space fillers such as "Really?" or "Wow!", active listening is just that – listening, not talking. Our silent transmissions in the feedback channel, therefore, rely heavily on body language. As we listen, we would like our body to be an ally in transmitting the message of "I hear you, I understand you, go on" to our counterpart. Considering body language in the context of active listening, we must consider three types of transmissions, learning what we can from each:

What is your body indicating to the speaker? Are you slouched back in your seat, and turned away from the speaker? What might this be transmitting? How might he/she read that? Are your feet jiggling or tapping on the floor in a way that might be construed as impatient? What effect might that have?

What is your body trying to tell you? If you're on the edge of your seat — do you want to get away from this conversation? If you find yourself dealing with amplified itches and scratches, perhaps you really want to focus on someone or something else — anything but the speaker?

What is the speaker's body language telling you about your active listening techniques? Does the speaker pull back when you lean in towards them? Does the speaker meet your eye when you attempt to make contact? What other physical reactions can you observe, and what might they mean?

To further break this down, here are several specific areas worthy of practice and attention, regarding nonverbal communication:

Attentiveness: Are you fully focused on the speaker, or is your attention — and, perhaps, your gaze — wandering? Are you playing with your keys or making sure your cell phone is on? Does an attractive passerby turn your head?

Eye Contact: If maintaining eye-contact is suitable under the circumstances, do it effectively. Don't focus mechanically on connecting your gazes; try to *transmit*, with your eyes, empathy and attentiveness. Remember the possibility that excessive eye contact may make some people extremely uncomfortable.

Proximity: The degree of physical distance between two parties affects the conversation they are holding, and changing it conveys layers of meaning. Be sensitive to cultural norms regarding physical proximity, as well as personal inclinations; people have individual preferences regarding physical distance, besides any surrounding cultural norms. Pay close attention to the other's reaction to any changes you may initiate, such as your leaning forward to display empathy, interest, or attentiveness.

Gestures: Nodding, smiling and making suitable facial mimics are perhaps the simplest methods for transmitting attentiveness — but they must be used in a culturally and contextually-suitable manner.

An important caveat to remember regarding body, is that it is often misleading. Particularly, body language is extremely culture-connected. A party leaning in to make a point might be viewed as attempting to form a bond in one cultural setting — and as invading the other's private space in another. Additionally, interpreting body language sometimes leads to wrong results, as it focuses on the body itself and not on the surrounding environment. Seeing your counterpart sitting with her arms folded might cause you to categorize her as being "defensive", "stubborn" or "closed", when in fact she might just be cold, as the result of excessive air conditioning.

5.5 Keys to Effective Active Listening

Some people are natural-born active listeners. Others need to work on this tool, practicing until they can use it well. Using active listening well requires not only its technical mastery (e.g., the ability to nod or smile at the right time), but also the ability to use it to *connect* to the other party in a significant manner and to *affect* how they engage in the conversation. Here are four maxims to remember, that will facilitate your ability to unleash your inner listener and increase your chances of using this tool to maximum effect:

Consider the context: While considering how to express attentiveness to a speaker in any situation, give the following a thought: What is the relationship between you and the speaker? Are you listening to someone with whom you are intimate? A client?A stranger? These will affect such things as body language, positioning, physical contact, eye contact, and more. Consider the surroundings, also considering external noise and the proximity of other people.

Empty your mind of responses: As we listen to negotiation counterparts voice their thoughts, opinions, and requests, we tend to shift our focus, at some point (often, a very early point), from the present to the future – from their words, to our response to it. As Stephen Covey put it:

> "'Seek first to understand' involves a very deep shift in paradigm. We typically seek first to be understood. Most people do not listen with the intent to understand; they listen with the intent to reply. They're either speaking or preparing to speak."(1989, 251)

There will be time later on to formulate your response. Right now, shifting attention to the voice in your head that is clamoring to respond to your counterpart will distract you from the much more important task of listening.

Encourage, don't agree: Our rush to jump in and respond stems from the instinctive notion that if we don't quash our counterpart's words, we are, in some manner, agreeing with them or giving the sense that we are. We might certainly be concerned this is happening, when we apply responsive feedback such as nodding or making encouraging sounds. Letting go of this worrying is key to active listening. Hearing someone out is not agreeing; encouraging them to speak is not giving away anything of your own position. You can always say "No", when your counterpart has finished.

Be sincere, and show empathy: The most important thing in active listening is sincerity. If it is done in a phony manner or without real desire to connect with your counterpart, it will be received accordingly and have the opposite effect. You must *want* to listen actively. You have to be *interested* in what is being said and what the speaker is trying to convey. If it doesn't interest you — don't bother. Your mechanistic application of nods and smiles will not achieve the objectives discussed above. These will only be brought about if your counterpart clearly senses your true desire to hear and to understand underlying these external mechanisms. If you have been sincere, your external mannerisms are likely to be accepted as expressions of empathy.

6. Reflecting

6.1 Reinforcing the Effects of Active Listening

Having listened to your negotiation counterpart, biting back your responses and retorts and doing your best to focus on what is being said, you are probably relieved to hear your counterpart make a final point and then fall silent. You draw a deep breath, prepared to refute each and every point they made and to voice your own demands. Hold that breath for just a little longer.

Remember the goals of active listening: Information-gathering, trust-building and communication-modeling. If you have done a good job at active listening, you have traveled down the path to achieving those goals. By delaying the response that now comes so readily to your lips, and instead *reflecting*, you will travel even further down those paths.

Reflecting involves repeating back to our counterpart the main points they brought up while they were speaking and verifying that we have understood them correctly. In doing so, our information-gathering and trust-building are reinforced; we've sent a message of "I hear you, and understand you" through active listening — and we are now proving it, through reflecting. In addition, we are verifying that the information we have gathered is precise, and we are showing our counterpart we can contain their message even if we do not agree with it.

There are many ways to summarize and reflect back statements your counterpart has made. These can range from a one-line summary to a full-blown, word-for-word, retelling. Different styles are likely to be helpful, in different situations, so you might practice varied styles of reflecting.

6.2 Elements of Reflecting

To demonstrate some important elements of deliberate reflecting, let us consider the situation of an employee who has been fired from his job and is now confronting his manager, demanding to be reinstated. The ex-employee says:

> "I can't believe this is happening, and I'm shocked that you just sit there and say 'This isn't personal'. Ten years! Ten years, I've been with this company, showing up day-in, day-out and doing my job perfectly, delivering everything I've been asked for and more! I've got ten years of positive performance reviews to show for it — suddenly, that means nothing? All I get is an email, saying I don't need to show up on Monday, and have to clear out my desk and locker? Is that fair? Ten years that I've given you, and you're just tossing me out like the trash? I've never put a foot out of line; I've been a model employee, and I've represented the company well on many occasions. I'm telling you, you've got to do something to undo this."

After listening actively, the manager might reflect, keeping key elements of constructive reflection in mind. Each key element is exemplified through a sentence the manager might say.

Repeat or summarize the speaker's words or main points to make sure you understood him correctly:

> "So, I understand you said that you have been working for this company for many years, and that we have never indicated that we were unhappy with your work."

Reflect emotional details as well as factual details:

> "I also get the sense that receiving the termination of services letter hit you like a bolt out of the blue, leaving you both surprised and very angry."

Use key words or phrases the speaker himself used:

> "In your own words, you're saying 'you used me for 10 years, and then you tossed me out like trash'."

Try to appear neutral towards the speaker's points at this time. Don't argue or try to win points now; transmit attentiveness and ensure you understood the speaker:

> "I hear that this whole situation is distressing you very much, that you feel we have treated you unfairly, and that you want to find a way to turn back the clock."

Stress the speaker's ownership of the story by using phrases referring to him as its originator:

> "You say that your service record has always been clean, and you also described your demonstrations of loyalty to the company."

Do not declare their statements as validated, true, objective facts — for example, by saying:

> "The company betrayed you and you deserve to be treated differently than the way you've been treated."

Rather, phrase them as what the speaker said, or felt, or experienced:

> "I understand you feel betrayed by the company, and you think that this should be rectified."

Reflect, repeat or verbalize the speaker's emotions:

> "I can see that my comment annoyed you, and that you are generally furious at the whole situation."

When reflecting emotions the speaker did not name themselves, be tentative: Don't tell the speaker what their emotions are — ask, by leaving a question mark hanging in the air; they will usually confirm this via nonverbal communication or briefly clarify the emotion verbally.

"I can see that my last comment annoyed you…?"

Always end your reflection with a verifying question:

"Have I understood you correctly?"
"Is that an accurate depiction of what you told me?"

A successful reflection will end with one of two beneficial outcomes. One, is your counterpart sitting back in their chair, nodding, feeling satisfied that they have finally been heard and, perhaps, able and willing to listen to you. The other, is your counterpart continuing to speak, sharing further information, now that you have demonstrated your willingness to listen and contain their message. Either way, you are gaining information, building trust, and modeling constructive communication.

7. Reframing

Perhaps the most complex and challenging communication tool for negotiators to master is reframing. It is also the most powerful tool.

Many of the messages transmitted in negotiation are not constructive. Sometimes, they are not constructive in terms of achieving anything at all, as with overly adversarial or escalatory messages. Sometimes, they are not constructive in terms of you getting what you want. At every conversational turn, we can ask ourselves "Is a conversation in this vein likely to get us where we want to go?" If so, we should continue it. If not, we must change the conversational path, branching off in a different direction — a direction that has the potential to lead us towards our goals. The tool for such turn-by-turn navigation and adjustment is reframing.

7.1 The Power of Frames

When anything is said in negotiation, it sets a *frame* around what it is we're here to talk about, and what it is we are talking about right now. It provides a topic and a set of terms for discussing it. What often happens, is that we accept the frame the other has placed around the conversation by reacting to what they've said and responding inside that frame.

Imagine yourself asking your boss for a raise. Your boss sighs and says "You want a raise again? Don't you think that by coming to ask me for more money every couple of months, I might start to think you're just plain greedy?"

The frame your boss has set around the conversation is "your greed" or "your character".

It would be quite natural, to respond inside this frame — for example, by saying "I haven't asked you for a raise for over half a year" or "I'm not greedy!" Either way, you are locked into a conversation about your greed or your character. What is the most you can achieve, negotiating inside that frame? Perhaps you might be able to eke out an admission that you're not *always* greedy, or that there are positive parts to your character *in addition* to the greedy parts. In other words — *you are locked in a conversation you cannot win*, and to the extent that you can gain any concessions at all, they will not be concessions that relate to the reason you entered the negotiation! Remember, you did not get up this morning hoping for partial validation of your character; you came to this meeting aspiring to earn a higher salary.

7.2 Changing Conversations through Reframing

At this point in the conversation path, you can either continue down the path your boss is leading you down, or you can attempt to change the conversation by offering another path and steering towards it. Changing the conversational path requires a three-part act of reframing:

Don't respond inside the initial frame: In this case, for example, a conversation about your greed is unlikely to result in your achieving your goals. Don't say anything that reacts directly to your boss' comment, even to reject it out of hand.

Change the frame: Identify a new frame that might lead you towards your goal. In our salary negotiation, what conversational paths might at least offer you a chance at achieving your goal? One possibility would be to talk about fairness. Another might be employee satisfaction. There might be others, but these two will suffice for the purpose demonstration.

Set the frame: Put the new frame out there, setting it as the new path for the conversation. The key to doing this successfully is by having your new frame seem to be a continuation of the previous, non-constructive frame, not something you are trying to impose, forcefully, in its place. In other words, instead of saying "your frame is no good, here is a new frame" ("I don't want to talk about my greed, I want to talk about a salary raise!") you are taking your counterpart's original frame and tweaking it just a bit, so that it now has constructive potential. Use your counterpart's words, and offer them back to them with a twist. That is why this tool is called "reframing" rather than "counter framing" or suchlike. In our case, this would be to use our boss' own original message, and reuse it to make it sound as if he had originally been talking about fairness, or about employee satisfaction. What might that sound like?

7.3 Demonstrating Reframing

Here are two examples reframing the boss' message towards *fairness,* followed by two examples of sentences reframing the same message towards *employee satisfaction*:

Fairness:

Boss: You want a raise again? Don't you think that by coming to ask me for more money every couple of months, I might start to think you're just plain greedy?

You: I hear you saying that you want folks to earn a fair amount of money so you don't need to endlessly negotiate with them.

or,

You: So, you just want everybody to earn a fair salary, with no one person standing out and getting more.

Employee satisfaction:

Boss: You want a raise again? Don't you think that by coming to ask me for more money every couple of months, I might start to think you're just plain greedy?

You: You're saying you just want your employees to be happy with what they get, and not feeling the need to be constantly on the make for getting more.

or,

You: So, you're saying we need to come up with one number that will keep me happy, once and for all.

There are many other conversational frames that you might have chosen to put around the conversation (productivity, your value as an employee, objective market value of your work, etc.), and many other ways to formulate reframing messages within each new frame.

7.4 Nailing the New Frame Down

For a frame to work, it needs to take root and stay in place until both parties have taken steps down the new conversational path. There are two ways to promote this.

Direct invitation: The first method, is to ask for your counterpart's agreement to the frame, after setting it in place. This can be done by injecting a querying note, making a querying face, or ending with a short invitation for confirmation. For example:

You: So, you just want everybody to earn a fair salary, with no one person standing out and getting more?

or,

You: So, you just want everybody to earn a fair salary, with no one person standing out and getting more — right?

The response will often be a nonverbal acceptance of the frame, through nodding or other elements of body language. It may also take the form of a brief verbal answer such as "Right!" or a less committal "well, yeah".

Walk a few steps on your own: Another way to nail the frame down is to continue speaking, without giving your counterpart too much time to think about the difference between their frame and the one you put around the conversation. In this method, you move ahead with another sentence after setting the new frame, and only then turn the conversational ball over to them. If they respond within the frame, the reframing has been nailed down, and the conversation is headed down a new path. For example:

> You: So, you're saying we need to come up with one number that will keep me happy, once and for all. I appreciate that — I just want to be happy with both my work and my pay.
>
> Boss: Well, what would make you happy?

In this case, the boss has accepted the new "employee satisfaction" frame, and has responded within it.

7.5 When Reframing Doesn't "Stick"

Whichever method you choose for nailing down the frame, you may find your counterpart rejecting it. In response to the message above, your boss might have said "Yeah, right — happy till the *next* time you come to me asking for more money!"

What do you do then? You reframe again, going through the same three steps. Reframing isn't a magical tool that always succeeds. It is something that requires persistence, patience, and creativity. However, it is the tool that offers you the greatest hope of altering any conversation to one that could ultimately benefit you. Harvard professor William Ury, in his book *Getting Past No,* captures the essence of reframing's power:

> "Reframing works because every message is subject to interpretation. You have the *power of positive perception*, the ability to put a problem-solving frame around whatever it is the other has said... they will often go along with your reinterpretation... because they are focusing on the *outcome of* the negotiation, they might not even notice that you have changed the *process*." (1991, 80)

7.6 Ready-made New Frames

Here are some shifts that you can consider employing, to change the conversation when your counterpart uses unconstructive frames commonly encountered in negotiation. Each reframing shift is followed by a demonstration implementing it.

Reframe demands into aspirations:

> Seller (making demand): I will not take less than $10,000 for the car!
>
> Buyer (reframing into aspiration): Clearly, you want to receive a good price

for your car.

Reframe positions into interests:

Company A's representative (stating position): If you don't lower the price by 20%, we won't sign the 5-year service provision contract with you.

Company B's representative (reframing into interest): You don't want to be in a long-term contract with us, unless you feel it is particularly beneficial for you.

Reframe attacks on you as attacks on the problem:

Restaurant owner (attacking counterpart): You cheater! That delivery of wine was two days late; lying about what our agreement was the last straw. You can forget about us doing business together ever again.

Wine supplier (reframing into attack on the problem): So, you're saying you only want to do business with people you trust, right?

Reframe from the past to the future:

Boss (focusing on the past): This is the third time this month your reports have been late!

Employee (reframing into the future): You want me to have all my reports in on time from now on.

Reframe from "you" to "we":

Buyer (focusing on "you"): You're crazy if you think I'm going to pay that price! You'd better come up with something a whole lot better.

Seller (reframing into "we"): Clearly, it's important that we find a price that works for both of us.

Reframe a negative into a desire for a positive:

Retailer (focusing on negative): The last shipment was full of faulty units! What am I supposed to do with a bunch of broken merchandise? Nobody's going to buy them from me.

Supplier (reframing into a desire for a positive): You want to receive merchandise in perfect condition, so that you are able to sell them onwards easily.

There are many other ways to reframe; these categories of unconstructive messages and what they can be reframed towards can help you begin to recognize and conceive of them on your own. As you do, you will begin to realize the powerful effect of reframing.

It is important to keep in mind that reframing, in its own self, is not the tool you use to directly get what you want. Instead, it is the tool that you use to set the stage, in order to act your best on it. Once you redirect the conversation and set it on a constructive pathway, you can move forward along that path. Moving forward along that path is done by stating your own thoughts, opinions, requests, or demands. For that, we must pull a different tool out of our communication toolbox.

8. "I"-messages

The way to take communicative steps forward towards our goal is simple and sophisticated at the same time. It is sophisticated, in that it works its way through the communication loop in the most effective way possible; it is simple in terms of what is necessary to do in order to carry it out.

8.1 The Boomerang "You"-frame

So many of our negotiation communications focus on the other. We tell our counterpart "You need to offer me a better price" or "You're doing it again, you're being completely unreasonable!" Even when we are not physically pointing our finger at the other accusingly, figuratively, we often are. In short, we put a "you" frame over everything we say.

Often, we do this in order to have forceful effect on the other. We hope they will give into blame, admit to wrongdoing, be crushed by our accusations. Even when we don't mean to be aggressive, we might use the "you" frame as it seems the simplest way to make our point.

What we don't take into account is the effect that this "you" frame has on our counterpart; particularly, its effect on our counterpart in the context of the communication loop. "You"-messages shut down our counterpart's desire, or even their ability, to listen to our message. In a blink, a "you"-message triggers a reaction involving defensiveness and hostility. Rather than considering our message, our counterpart's mind is occupied with contradicting it, shifting blame and fault back to us. Even our most reasonable and considerate transmissions run the risk of being construed negatively, and dealt with defensively, if they are cast in a "you"-message. Evoking such reactions is rarely constructive in negotiation, and is unlikely to facilitate you getting what you want.

To have the most effect, therefore, negotiators must avoid unnecessary "you"-messages. For the most important messages — those messages advancing their cause, making their requests, and leading to their goals — they are advised, instead, to deliberately use "I"-messages. An "I"-message is one that focuses on the negotiator, their requests, desires, needs, positions, or interests, without focusing on their counterpart.

8.2 Elements of "I"-messages

There are four keys to forming an effective "I"-message:

Start with "I": Begin the sentence with "I", or bring an "I" in shortly after the beginning. "I want to get a good price for the car" is an "I"-message, and so is "This is a great car and I intend to sell it for a good price" (despite it not beginning with "I").

Don't disguise a "you"*-message as an "I"-message*: Starting the sentence with "I" does not automatically form an "I"-message — the sentence must continue focusing on the speaker, or at least focus not on the counterpart. To exemplify this point, "You're a greedy person" is a "you"-message, and so is "I think you're a greedy person." Both of these sentences will shut the listener down equally. To send an effective "I"-message, keep the focus on your side, not focus on the other's.

Don't say "you": As you get skilled with using "I"-messages, you will find the inclination to use the word "you" at all diminishes with time. However, a minimal rule of thumb to follow for "I"-messages would be to start with an "I", and to avoid using the word "you" in the next seven words. This gives your counterpart enough time to process the message as an"I"-message, rather than shutting down defensively.

Don't attract "no": As we've discussed, the power of an "I"-message lies in its ability to make its way through the communication loop without triggering defense mechanisms. Its ability to reach the other party's processing center gives it a chance to be considered and engaged with, rather than rejected out of hand. In order to further heighten the odds of the message being engaged with — really, the best any negotiator can hope for, lacking a magic wand to make a counterpart automatically acquiesce — augment the "I" with a formulation that is less "no-able". In other words, craft sentences that your counterpart cannot brush aside, linguistically speaking, with a one-word rejection.To demonstrate the difference between "no-able" and non-"no-able" formulations, consider these following sentences, and try to respond to them, as the speaker's counterpart with the answer "no":

"I want a $500 raise."

"I require a thousand units, delivered by tomorrow."

"I'll pay $10,000 for the car."

It is pretty easy, isn't it? While all of these are "I"-messages, they are all "no-able". Each message seems to invite, through its linguistic formulation, a "no" or a "yes".

Framing messages that *cannot* easily be rejected, linguistically, heightens the odds that they will be considered and engaged with. Try saying "no" to the following sentences:

"I'd be happy with an agreement according to which I would receive a $500 raise."

"I'm concerned that if I can't have a thousand units, by tomorrow, we won't have a deal."

"I wouldn't be happy with this deal if I had to spend over $10,000 for the car."

While it is possible for your counterpart to disagree and not give you what you want, they cannot, linguistically, reject your sentence with a one-word "no". It just doesn't fit. Why not? Because these sentences not only focus truly on yourself, but also express their content in terms of thoughts, feelings and concerns rather than demands, requests, and expectations. These may seem similar and convey essentially the same message – but while the latter can be brushed aside with a one-word rejection, the former cannot. Instead, your counterpart will need to engage with you, even if only a little bit more, in order to tell you why she does not want to give you a $500 raise, deliver the thousand units by tomorrow, or sell you the car for ten thousand dollars. And, by obtaining your counterpart's engagement in a conversation anchored around your goals, you have moved forward towards achieving those goals.

9. Questions

Questions are another versatile communication tool that can be used in many ways in negotiation. They can be used to put the other on the defensive (e.g., "Are you aware that all your competitors have offered me the same product for less?"), or to defend against an attack (e.g., "Are the two of you doing the good-cop/bad-cop routine here?"). They can be used to gain information (e.g., "Can you tell me more about your product?"), or to show empathy (e.g., "You look a little uncomfortable — is there anything I can get you?")

A question is not just something that pops into your mind, it is a tool. It is vitally important to choose the right tool for any job — as anyone who has ever tried to pound in a screw with a hammer knows. However, although we might all be aware that there are different types of screwdrivers, each suitable for a particular type of screw or situation, we are not always aware of subtle degrees of nuance related to the communication tools that we use while negotiating. To choose amongst the various tools in our toolbox, negotiators should be familiar with several different categories of questions. We will discuss three such categories-open-ended questions, closed-answer questions, and yes/no questions — describe the purposes for which we might use each type, and note the effects their use might have.

9.1 Open-ended Questions

These are questions intended to help counterparts open up, and to invite them to express themselves. They do not naturally lead to any specific answer, and they are more likely to lead to a long answer rather than a short one.

Open-ended questions can be used to empower a counterpart, by letting them know that they've got the stage, have a friendly spotlight on them, and an encouraging, attentive audience. Besides promoting trust-building, these questions allow us to get a better understanding of what is motivating the other party, as well as learning their view of the situation.

On the downside, open ended-questions invite relatively long answers, incurring a time-cost. Additionally, they allow the other party to change the flow of the conversation substantially, moving it along at a different pace, changing the topic, etc.

9.2 Closed-answer Questions

These are questions intended to focus your counterpart on a particular issue, elicit concrete or specific information from them, or lead them in a particular direction. Such questions can help clarify or organize information previously obtained (perhaps, through use of an open-ended question) and tend to elicit focused – and often brief – responses.

Aside from those helpful effects, closed-ended questions tend to box your counterpart in. As a result, they reply only to what you asked, and might not consider other information they have to share which might be helpful. Additionally, they may *feel* boxed in and constrained by your questions, and shut down completely; alternatively, they might lash out at you in order to end the questioning cycle.

9.3 Yes/No Questions

Used for absolute clarification of an issue, yes/no questions require definite, concise, one-word, binary replies. They provide a degree of finality, helping to verify a fact, pin down a version of events, or fully identify an interest or a position.

Keep in mind, that people might not enjoy being pinned down. Use of too many consecutive Yes/No questions might give your counterpart the sense of being in an interrogation, which might generate resistance.

9.4 Comparing Questions

Below are examples of the different types of questions we've discussed. Each question essentially asks for the same information – yet demonstrates how the information-eliciting would be formulated through the three types of questions we've discussed, in order to contrast between them:

Table 10.1 Types of Questions

Open-ended Questions	Closed-answer Questions	Yes/No Questions
Have you thought about how much you'd be willing to pay for this?	How much would you pay for this?	Would you pay $1,000 for this?
There – that's my offer. What do you think?	When would you like to discuss my offer?	Is my offer acceptable?
Any suggestions?	Which one of these offers do you prefer?	Can we sign the deal?
What do you think about people who drive pink cars?	What color is your car?	Is that your car?
What are your plans for today?	Where are you?	Are you in your office right now?

10. Tying Communication Tools Together

10.1 The Power of Sequence

Each of these five tools — active listening, reflecting, reframing, "I"-messages, and questions — is a powerful tool to use on its own. We'll note, that they are even more powerful when used in a sequence. Some of them — such as active listening and reflecting — seem to naturally flow into one another. Others require more intentional fitting-together. Using the sequence of active listening, reflecting, reframing, responding in an"I"-message and asking your counterpart a question is likely to generate a constructive response from them. As they respond, you will listen to them actively, and once they have finished, complete the other four steps of the sequence. In this way, step-by-step, a constructive conversation develops — one that is aimed towards achieving your goals.

10.2 Demonstrating Sequencing

To demonstrate this, consider the disgruntled ex-employee we encountered earlier on in this chapter. The ex-employee said:

> "I can't believe this is happening, and I'm shocked that you just sit there and say 'This isn't personal' . Ten years! Ten years, I've been with this company, showing up day in, day out and doing my job perfectly, delivering everything I've been asked for and more! I've got ten years of positive performance reviews to show for it — suddenly, that means nothing? All I get is an email, saying I don't need to show up on Monday, and need to clear out my desk and locker? Is that fair? Ten years that I've given you, and you're just tossing me out like the trash? I've never out a foot out of line; I've been a model employee, and I've represented the company well on many occasions. I'm telling you, you've got to do something to undo this."

His boss listened to him carefully and actively, and then proceeded to use the other tools in the sequence in which we've discussed them:

> *Reflecting*:
>
> "Clearly, you're very angry, and I've really upset you with that comment of mine. I understand you said that you have been working for this company for many years, and feel that we have never indicated that we were unhappy with your work. Listening to you, I get the sense that receiving the termination of services letter hit you like a bolt from the blue, leaving you both surprised and angry; you feel that we've used you for 10 years, and then tossed you out like trash. I sense that this whole situation is distressing you very much, that you feel

we have treated you unfairly and that you want to find a way to turn back the clock."

Reframing:

"I hear you saying you wish the company had made a better decision, and that any decision it made left you feeling valued."

"I"–message:

"I certainly want this company to make good decisions, and I want us to treat our people well — right up to their last minute with us, and beyond. I feel there are good reasons the company acted as it did in this case. I'd be willing to share these, and hear your input on how to improve things. Still, I feel the decision we made was ultimately right."

Question:

"Would you like to hear more about why that is?"

Food for Thought

Continue the exercise that the chapter ended with, putting yourself in the role of the boss. After you asked "Would you like to hear more about why that is?" the ex-employee says:

"Well, sure I'd like to hear the reasons. What kind of reason could there be, to just suddenly fire someone? That makes me furious! There has got to be some way to reverse this decision; maybe when I hear your reasons I'll be able to persuade you why you were wrong."

You have actively listened to the ex-employee, nodding and encouraging him to go on. Once he is done, you draw a deep breath, and prepare to put the other four tools to use, in a sequence. Reflect what he has said, reframe his message into a constructive one, craft your own position on the matter into the form of an "I"-message, and, finally, hit the ball over the conversational net by posing him a question.

References

Covey S.(1989). Seven Habits of Highly Effective People. New York: Simon & Schuster.

Fisher R & Ury W. (2011). Getting to Yes. 3rd ed. New York: Penguin Books.

Mayer B. (2012). The Dynamics of Conflict. 2nd ed. San Francisco: Jossey Bass.

Ury W. (1991). Getting Past No. New York: Bantam Books.

Chapter 11

Cognition and Emotion in Negotiation

1. Balancing Human Attributes in Negotiation

Negotiation has long been understood to be more than a rational exchange of data leading to a predictable outcome. It is a human activity, involving all of what being human involves. In addition, it is an interpersonal activity, involving those human dynamics that rise to the surface when people rub up against each other rather than exist in their own bubble.

To be sure, there is a great deal of science involved in negotiation. Researchers in fields such as game theory, communications, and social psychology have long explored how people are likely to behave and interact in given situations. This exploration has resulted in the development of some of the deliberate and rational strategies and tactics we have discussed thus far.

However, it is well accepted that there is another side to negotiation, one that is intuitive, artistic, flowing, and responsive. This aspect of negotiation owes its power to humans' being creatures of the heart even as they take pride in their rationality. Both these sides of human nature participate in the negotiation process, from inception to culmination. Recognition of this combination is expressed in the very titles of some of the most influential books on negotiation, including Howard Raiffa's *The Art and Science of Negotiation* (1982) and Leigh Thompson's *The Mind and Heart of the Negotiator* (2005).

This chapter aims to lay out how these two key elements of our humanity — cognition and emotion, the ways we think and the ways we feel — affect our negotiation processes.

While we will separate the two in order to explain each of them and their effects on the negotiation process, emotion and cognition are mutually affective, if not strongly intertwined. We are all familiar, from other activities in our lives, with areas in which strong emotions impact our ability to consider an issue; conversely, we are familiar with situations in which cognitive processes help us overcome emotional obstacles.

The aim of this chapter is to spotlight key elements of both of these human elements in order to better understand each of them and their effects on negotiation. Each provides negotiators with sources of strength; conversely, each can derail any negotiation process. Negotiators must learn to use both to their benefit while heeding the challenges they pose;

additionally, negotiators should strive to identify and be mindful of their own balance between these two sides — a balance uniquely their own. Finding that balance will allow them to negotiate most masterfully.

2. Cognition

2.1 Cognition's Role in Negotiation

Cognition refers to the way our rational thinking patterns work. It is the mechanism for how we intake, process, and understand information.

In negotiation, we depend on cognitive processes to make assessments, calculate risk, design creative solutions, and craft agreements. In many chapters of this book we have noted things negotiators should do "mindfully", "intentionally", or "deliberately"; all three terms have cognitive underpinnings.

In a brief introduction to cognitive processing such as we can include in this book, it might be most helpful to spotlight the borders of cognition's usefulness. While humans pride themselves on their rationality and their cognitive skills, our software is not as developed as we believe it is. A model of how we flow from data to decision would provide a helpful first step; a list of flaws in cognitive processing along the flow will provide us with good cause for caution and for reconsideration of our reliance on our rational selves.

Generally, people intake data, process it, and then decide on a course of action. Based on this simplified portrayal, one might assume that reaching a good negotiation outcome is just a matter of allowing two people to consider a joint problem requiring a shared solution. They would agree about most things; at most, they might argue about a relatively small surplus at the end, a surplus that could rationally be distributed either way. If this were the case, though, this book would be called "Dividing the Surplus", and would never be published; negotiation would not be taught as an academic topic or management skill, and most of the interpersonal problems in the world would resolve themselves.

2.2 Cognition in Practice: The Ladder of Inference

In reality, the cognitive processing flow is much more complex — and leaves much to be desired. Harvard professor Chris Argyris detailed this flow by introducing a model called the Ladder of Inference, showing how we infer meaning from data and then act on it (Argyris 1982). This theory, originally formulated to explain how people learn, has since been applied to human cognitive processing in many fields including interpersonal communication and negotiation (see, e.g., Stone, Patton and Heen, 1999).

In this model, we start off with a pool of available data. We then sift and create meaning through a series of steps. With each step up the ladder we move further away from the data itself, and the ratio of original data to added meaning shifts in favor of the latter. At each step our understanding of what is going on is refined and fleshed out – however, it can also become increasingly flawed. Familiarity with the different rungs of the ladder allows us to later identify where faulty cognitive processing may have led us to a wrong conclusion or where we made a clever leap in the right direction; such identification provides us with an ongoing, reflective, learning process.

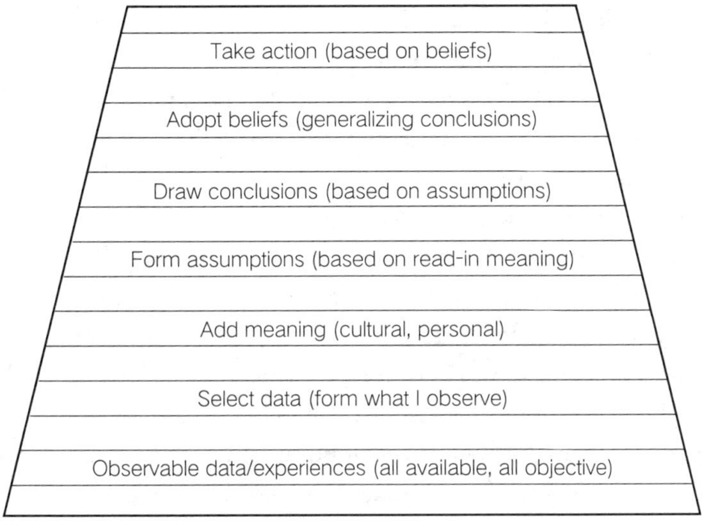

Figure 11.1 The Ladder of Inference

As we move up the ladder from data to interpretation to conclusions to action we can, at once, marvel at the powers of human deduction, inference and decision making – and note the risk of error inherent at every step in the cognitive cycle.

We start off any cognitive process by taking in information. It might be a scene unfolding in front of us; it might be the other party speaking in a negotiation. There is a gap between the observable information (i.e., what a video camera, a microphone and other recording equipment would pick up) and the more limited amount of data that people actually take in. Simply, we may be looking the other way, or focusing on one person as another was speaking. Next, we filter the data on its way in, choosing (consciously or subconsciously) to focus only on certain data and to leave the rest out of the processing cycle. We then add meaning onto that data, weaving it into a story or a complete picture; the meaning we add is based on our cultural background and our personal experiences. Now that we have a fleshed-out story, or a seemingly fully-painted picture, we form assumptions about what was going on in the interaction and what was being intended by the players. Next, we draw conclusions, finalizing the "*what* happened" and "*why* did it happen that way" narrative in our mind. We then form beliefs about how such situations must be dealt with in a general sense, and take specific action in this situation, based on those beliefs.

The simplest way to exemplify this is to picture yourself waiting for a friend outside a movie theater at the mall. You agreed to meet at 8 p.m., and it is now ten minutes past; he has not shown up, nor has he called. Here is how the ladder of inference might guide our processing from data to action:

Selection from available data: You note your friend's absence, the time on your clock, and the lack of messages on your phone. You may also note the number of times your friend has been late before. You may or may not note the higher-than-usual number of people in the mall. You might notice the TVs on sale in the window of an electronics store reporting on an accident on the highway, or you might not.

Adding meaning and making assumptions: You may come from a culture in which being on time is valued, or that is just the way are yourself. Being late is rude. Your friend has kept you waiting often lately. Putting this all together, you assume that your friend is late because he doesn't care about your time and your feelings.

Forming conclusions and beliefs, and channeling these into action: You might take this one step further, concluding that your friend is not only being rude, but is also *purposefully* being offensive. Your "friend" is indifferent to what you might be going through as you wait, or is going out of his way to make you wait for him and/or to make you feel bad. This is not the way people should treat their friends, and you believe that people who do so should be called on it — and either change their ways, or be cut out of your life. You decide that when your friend turns up you will confront him angrily, and if he doesn't apologize properly you will cancel your plans and just go home.

It could be, that your cognitive processing was right on target: Your friend really was indifferent to your time. When he strolled along a few minutes later, and you let him have it, he was abject and contrite, realized the error of his ways, apologized, and swore never to be late again now that he knows how you feel about it.

It could also be, though, that your cognitive processing was flawed: Your friend might show up later and show you that he tried to call you a dozen times but your phone reception was negatively affected by the high number of people in the mall. That same number of people might have caused him to drive around the underground parking lot (in which *he* has no cellular reception) for half an hour, looking for a place to park and unable to call you. He may not show up at all, owing to having been in an accident on the way to the mall and spending the night in the hospital.

In negotiation, we can fully understand the risks posed by cognitive processing by remembering that this process goes on in both negotiators' minds, concurrently. They are in a shared situation, but observe different facts, focus on different elements of them, and read different meaning into them based on their very different sets of life-experiences and culture. They make very different assumptions, draw very different conclusions, and form different or opposing beliefs which lead to actions. The actions taken by one of them become a new set of data that both observe, and the processing cycle starts anew. When you set two ladders of inference *next to each other*, as negotiation does, the chances that things look very different from each ladder increase, the higher you climb.

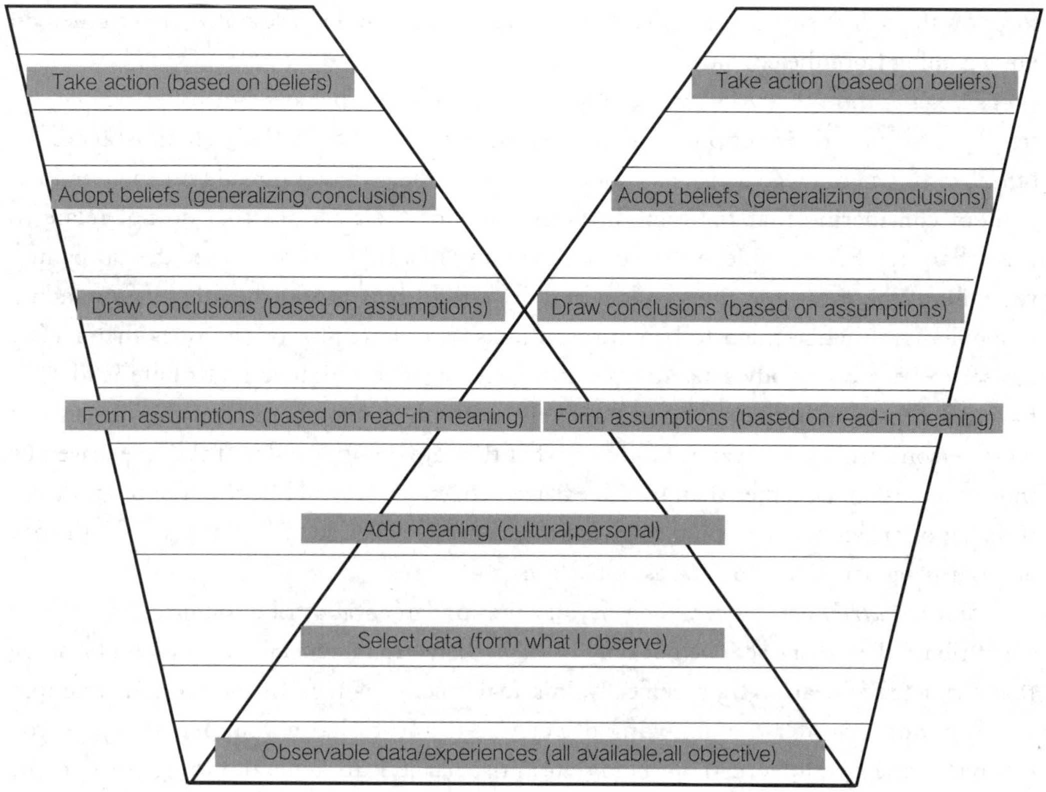

Figure 11.2 The Ladder of Inference at Work in Negotiation

2.3 Cognitive Biases

Here are some of the specific mechanisms operating in human cognitive processing and decision making which lead to errors at different rungs of the ladder of inference. These mechanisms are known as *judgmental biases, cognitive biases, decision making biases, or heuristics*. They relate to the way the human mind subconsciously takes shortcuts in the decision making process, selects information, reads meaning into situations, and draws conclusions about other people's actions, intentions and character.

Availability bias: People's judgments are overly affected by readily available and retrievable information. From all available data, we tend to select that which is easiest to tap, that which is closest to home. As a result, we generalize from our own experience or anecdotes; if something happened to us once, it is clearly something that happens often and is likely to happen again. Similarly, people pay more attention to information presented to them vividly, or that was gathered recently (this last is also known as the *recency* bias).

Confirmation bias: We tend to look for, select, and recall information that confirms a previously held position, belief, or hypothesis, and give far less consideration to information that contradicts it. Considering the purchase of a used car we think is really cool, we will focus on the seller's statements about the car's acceleration and pay less attention to the odd noise coming from the engine.

Fundamental attribution error: When considering the behavior of other people, we tend to attribute their actions to their disposition, rather than their circumstances. In other words, we draw conclusions about people's character based directly on their actions, without considering that there might be reasons for their actions that do not relate to their character. For example, when you are standing in a traffic jam, and see the car behind you pull off the road onto the shoulder and drive right by you and the other cars standing motionless, you judge them to be antisocial jerks who don't play by the rules that society has set to keep everybody safe. You observe their negative action, and attribute it to their having a negative character. You are unlikely to think that perhaps the other driver is a good person with a good reason for doing what they are doing – and that they are driven by those circumstances, rather than by their flawed character. It could be that the other driver, realizing her neighbor was about to give birth, selflessly canceled all of her plans for the day and is driving her to the hospital as fast as she can.

Sinister attribution error: Going beyond the fundamental attribution error, sometimes we attribute the other's actions not only to their character in general, but to them bringing that character to bear on *us*, specifically, in a malevolent manner. In the previous example, you may not have felt the annoying driver was trying to harm you, personally — you attributed their actions to them being an antisocial jerk in general. Going back to the movie-meeting example, though, you may have attributed your friend being late not only to their general laziness, but to their specific desire to harm you, personally. We often attribute *sinister* motives, based on the other's actions, disregarding the effect of circumstances.

Actor/observer bias: This extension of the fundamental attribution error results in our being very considerate of circumstances while judging our own actions, whereas we ignore circumstances (and attribute actions to character) when judging someone else's actions. If I showed up a few minutes late to a movie date with a friend, I might think that having gotten stuck in traffic, or receiving an important phone call just as I was about to leave the house, are perfectly good reasons for arriving late; if my friend were to think I was indifferent or offensive – well, they are just paranoid or overreacting. As we saw earlier, when I was the *observer* of the behavior (arriving late) rather than the *actor*, I jumped straight to judging my friend's character negatively, and would be angry to be called paranoid or told that I was overreacting.

Intergroup attributional bias: This bias involves several effects that come into play the moment negotiators are members of different groups. Someone belonging to a certain group will tend to experience less fundamental attribution error regarding members of their own group (or, in-group members) than they will for people not in their group (or, out-group members). In other words, if you are a teacher, and heard a story of a teacher who had shouted at a student, you would be more likely to suggest there were justifying circumstances (e.g., the student had misbehaved) and less prone to attribute the behavior to the teacher's character. In addition, people are likely to rate members of their in-groups as more trustworthy and likable than they rate members of outgroups. They are more likely to cooperate and empathize with, and hold positive regard towards, in-group members. Intergroup attribution is one reason for stereotyping across divides such as race, culture and gender. However, its effects extend to create in-group/out-group dynamics in professional circles, religious groups, commercial rivals, and so on.

There is a powerfully subjective aspect of intergroup attributional bias, in the sense that the moment an individual identifies themselves with a particular group, they will be biased towards favoring its members and disfavoring its non-members, no matter whether they are "officially" a member of any such group or, indeed, if the group itself even exists, or has accepted them. For example, the moment someone identifies with a sports team, they will be favorably inclined towards team members, other fans and perhaps people hailing from that team's home city. They will attribute negatively towards people who support the team's rivals. Of course, we all belong to multiple groups, and the question of who receives positive attribution and who is viewed as an out-group member depends on which affiliation is salient at any given moment. Two people might support opposing football teams, but they might be more positively disposed towards one another, as part of the group of sports-lovers, when faced with people telling them that football is a waste of time and demanding they change the channel on the television.

Reactive devaluation: Under the effect of this common bias, negotiators tend to see any offer as being less valuable than it is viewed by the offeror, or as less valuable than it objectively is — simply because it was offered the other party. If your boss offers you a $1,000 raise, she may feel she is stretching her budget and making a great effort to accommodate you; you might devalue the offer, though, and assume you are being lowballed.

False consensus bias: Generally, we tend to assume that our views, expectations, positions and opinions are ordinary, normal, typical, and in-consensus. We don't see our views are polar, our positions as extreme, or our expectations as inflated. As a result, when our counterpart voices an opinion, expectation, or solution that deviates from our own, we see their view as a radical departure from the norm. This renders us overconfident in our own viewpoint. Our assumption that a consensus exists around our views lead us to assume that if our negotiation counterpart does not share them (as they so often do not!) they are wrong and their thinking is defective. Of course — there is absolutely no reason to assume that our opinions or views are typical; hence, this consensus is *false*, existing only in our mind and skewing our decision making.

Together, understanding all these biases should give negotiators the capacity for deep reflection into their own decision making processes. We have all been affected by each of these biases, or based decisions upon them, at some point in our lives — probably, multiple points. Understanding how they work will allow us to avoid them or lessen their effect, enabling us to improve our own capacity for thinking things through, reaching valid conclusions and making good decisions. It will also allow us to recognize how differences between us and our negotiation counterpart might stem from these biases operating on their side, and we can consider ways to encourage them to reconsider their understanding, inferences, and actions.

The human mind, however, is not only a hardware platform that needs rewiring, and a rational software program that needs streamlining. It is also the home of our emotions — powerful forces that affect how we engage with anybody else over any issue. Negotiators might sometimes receive counsel advising them to leave their emotions at home or bury them down deep, and only bring their rational selves to the negotiation table. Such advice might be helpful in a limited number of situations, but generally speaking, ignores the way the human psyche functions. Humans are emotional creatures, just as they are rational beings. Improving our cognitive processes is important; so too, is understanding our emotions and how to work well with them.

3. Emotions

3.1 Emotions in Negotiation

Emotions in negotiation are a negotiator's "felt experience" (Fisher & Shapiro, 2006). Emotions are the way that we feel as a result of the cognitive processing cycle and what we learn from it, of how our counterpart acts towards us, and of how communication flows between us.

There is no one agreed-upon approach regarding emotions in negotiation. However, there is no doubt as to their power, for moving a negotiation along positively or ending it with a bang. Writing about conflict in a wider sense, Creighton University professor Bernie Mayer wrote that:

> "Emotions are the energy that fuel conflict. If we could always stay perfectly rational and focused on how to best meet our needs and accommodate those of others, and if we could calmly work to establish effective communication, then many conflicts would either never arise or would quickly deescalate. But of course that is not human nature. At times emotions seem to be in control of behavior. Sometimes they are also a source of power. They contribute to the energy, strength, courage, and perseverance that allow us to participate forcefully in conflict.
>
> Emotions are generated both by particular interactions or circumstances and by previous experiences. When someone points a finger in our face in a conflict, we have a reaction based on the immediate context and meaning of that behavior, but we may also be reacting to all the times in the past when that gesture has

been made at us in anger…" (2012, 13)

He notes the positive role that emotions can play in these situations:

> "Emotions fuel conflict, but they are also a key to deescalating it. Many emotions can prevent, moderate, or control conflict. Part of everyone's emotional makeup is the desire to seek connection, affirmation, and acceptance. The genuine expression of sadness or concern by a party to a dispute can be key to addressing conflict effectively… The art of dealing with conflict often lies in finding the narrow path between useful expression of emotions and destructive polarization…"(2012, 14)

All this holds true for negotiation. Emotions are often part of the reason parties have come to the negotiation table, and they are usually part of the motivation parties have for acting the way they do. They are *always* part of the challenge of successfully navigating negotiation dynamics to a successful resolution – yet they can play a powerful positive role, when channeled as a positive force. They can provide motivation for reaching agreement, facilitate cooperation, and fertilize the development of communication, good relationships and trust.

3.2 Emotions: Part of the Problem, or Part of the Solution

The power of emotions to facilitate or derail a negotiation process has left the literature on negotiation somewhat uncertain of how to deal with them or fully integrate them into a model of negotiation. While variation exists, two approaches can be spotlighted.

One approach views emotions as an enemy of reason, a threat to rationality, and the nemesis of constructive communication. They are therefore something to be repressed, tamped down, and carefully controlled. A good example of this approach is put forth in University of Pennsylvania professor Stuart Diamond's book *Getting More* (2010).

The other approach views emotions as a human phenomenon that will not go away just because we don our negotiator hats. Therefore, negotiators must understand them deeply, identify their own emotional patterns, master mindfulness of their emotions, learn to recognize others' emotional patterns, and become skilled in stimulating positive emotions in others and in themselves. A good example of this approach is University of Michigan professor Shirli Kopelman's book *Negotiating Genuinely* (2014).

We suggest there might not be one answer suitable for everyone. As science journalist and Rutgers University professor Daniel Goleman laid out in his groundbreaking book on *Emotional Intelligence* (1995), people have very different tendencies and abilities regarding emotions. Some are more aware of emotions than others, some are more easily engulfed by them than others, and some are more skilled at actively intervening in their emotions than others. Carrying this exploration from the internal to the interpersonal arenas, as Goleman did in his book *Social Intelligence* (2006), we find that people differ with regard to how they deal with their own emotions vis-à-vis another person, and regarding how they deal with others' emotions. Some people are skilled at recognizing others' emotions and working with them, whereas some shy away from this. Some are more skilled at affecting others using their own emotions. And, simply — people *experience* emotions differently, given they have different set-points; some people, for example, are cheerier than others. Carrying this forth into the professional world, some people have been trained to work with emotions (e.g., social workers, psychologists) whereas others have been trained to exclude emotions from their professional endeavors (e.g., engineers, attorneys). This variance undoubtedly distinguishes between negotiators as much as anyone else. We would recommend that negotiators seek out further reading material on this topic, suited to their own personalities, such as the books discussed above.

Rather than suggesting that any one approach has benefits over any other, we will suffice with suggesting that even the most dispassionate of people are likely to encounter certain situations which trigger strong emotions. Additionally, even they are likely to encounter counterparts driven by emotion, and will need to deal with them. For that reason, it would be helpful to name some commonly-encountered emotions in negotiation, and discuss means for coping with them and working with them effectively.

3.3 What Emotions Emerge in Negotiation

Emotions are generally divided into "positive" and "negative" categories:

Positive emotions might relate to being in a good mood (feeling cheery, upbeat, happy, or delighted). They might relate to a sense of energy and motivation (feeling enthusiastic, determined, thrilled, or excited). They might involve a sense of being centered (feeling calm, focused, or tranquil). They might relate to a positive attitude regarding the future (feeling hopeful, optimistic, or anticipatory). They might relate to excluding a negative emotion (feeling relieved, comforted, or reassured).

Negative emotions might relate to being in a bad mood (feeling sad, miserable, mad, or angry). They might relate to being rubbed the wrong way by someone else (feeling irritated or impatient). They might relate to a low sense of energy (feeling lethargic, disinterested, or dissociated). They might relate to a sense of disquiet (feeling worried, concerned, anxious, fearful, or panicked). They might relate to the way we feel towards someone else as a result of comparing between the two of us (feeling jealous, envious, or resentful).

Many, many other terms exist for capturing emotional nuances; all shades along the emotional spectrum are likely to present themselves in negotiation situations.

3.4 How Do Emotions Affect Negotiation

Emotions affect communication, trust and relationship: One area in which emotions play a key role is that of communication. In the previous chapter, we've discussed the role of empathy in communication; emotions provide a two-way street, in that they offer us the capacity to show empathy and offer our counterparts the opportunity to do the same. Emotions also powerfully affect the areas of relationship and interpersonal trust, which will be discussed in the coming chapter.

Emotions affect the Negotiators' Dilemma: Through all of these, emotion plays a strong role in navigating the Negotiators' Dilemma, determining whether parties will cooperate or compete in negotiation.

Emotions affect goals: Feeling positive emotions may buoy negotiators to set high aspirations. Experiencing negative emotions, they might set their goals low; conversely, they might subconsciously adopt a mindset in which *nothing* can satisfy them.

Emotions affect strategic choice: As a negotiator feels more aggressive or insecure, they might tend to choose a competitive strategy, or opt for compromise. Feeling weak, they might choose to avoid, or to compete (as a reaction to feeling their back is up against a wall). Optimistic parties, or parties feeling safe and confident, might choose a cooperative strategy.

Emotions affect motivation: Under the influence of positive emotions, we might feel empowered to continue engaging in a negotiation process, even a very challenging one in which no easy solution presents itself. A sense of optimism can motivate negotiators to remain at the table, going through multiple rounds of offers and counteroffers in a bargaining session, or multiple sessions of creative thinking in integrative processes. Conversely, a sense of pessimism can lead parties to declare impasse after one or two half-hearted attempts. One party feeling irritated, belittled, or humiliated might lead to an even sharper, more abrupt, end to the negotiation process, in the form of a unilateral walk-out.

Emotions affect commitment: Ultimately, the way we feel affects our willingness to engage in a final act of commitment — saying "yes", meeting the other's hand and shaking it, or signing a contract. Often, the final moments of negotiation involve an emotional "rush", as if our emotions — positive and negative — realize that in a few moments their window for affecting the deal will be shut closed. A similar emotional rush can occur during a moment in which parties consider announcing an agreed impasse and a termination of the negotiations.

3.5 How Can We Improve Our Recognition and Handling of Emotions in Negotiation

One way to improve at identifying and working with emotions is to get a better sense for how they appear in negotiation and affect the process. Kopelman (2014) maps out the emotional landscape of negotiation, suggesting several helpful categories and differentiations:

Ours and others: All parties to negotiation have emotions; focusing only on one party's emotions and ignoring the other's would be a mistake.

Conscious and subconscious: Sometimes, negotiators are very aware of a particular emotion; other times, emotions remain unnamed, and beneath the surface. Negotiators can improve at recognizing their own emotions, and, if suitable, at helping counterparts surface their unidentified emotions and name them.

Negative and positive: Both negative emotions (such as fear or sadness) and positive emotions (such as joy or happiness) can be productive, or counterproductive; negotiators can work with both types.

Context-driven or lingering: Some emotions are triggered by at-the-table events — for example, a negotiator feels anger at receiving a lowballing first offer, or insulted by her first offer being waved away dismissively. Other emotions are *experienced* at the table, yet are somewhat or absolutely unrelated to the interaction itself — such as when something one negotiator says reminds the other of a previous interaction with her and the emotion experienced then; or such as when one negotiator, looking at the clock, frontloads the stress related to their anticipated long drive home through traffic.

True and feigned: All negotiators feel emotions. Some also feign emotions, as a tactic for gaining the upper hand. Dealing with real emotions is challenging enough; separating actions that should be handled as tactical "dirty tricks" from expressions of true emotion that might merit different treatment, is much harder.

3.6 Focus on Core Concerns

Harvard professors Roger Fisher and Daniel Shapiro, in their book *Beyond Reason* (2005), engage with the issue of emotions in negotiation comprehensively and systematically. They suggest that you can't stop having emotions — that's not how humans work. You can't ignore them, either — they affect your body, your thinking, and your behavior. However, they say, you can't fully address them either. To do so, you would have to be highly skilled (in the sense of having extensive training in psychology); you would need to monitor your emotions and those of your counterpart, identifying every single emotion that came up and dedicating all your attention to managing their effect on you and on your counterpart.

Fisher and Shapiro point out the connection between emotions and a negotiator's core concerns. This connection, they say, offers negotiators both a diagnostic tool and an intervention tool. Negotiators can examine the emotions being expressed — their own and their counterpart's — to diagnose whether core concerns are being met. Negotiators can (either proactively, or reactively, following such a diagnostic process) intervene and stimulate positive emotion through addressing core concerns.

Core concerns: Fisher and Shapiro suggest that every emotion a negotiator experiences is generated by the satisfaction of a core concern, or, conversely, by not dealing effectively with a core concern. These concerns are:

Appreciation: Are my thoughts, feelings, opinions, needs valued — or are they ignored or waved aside?

Affiliation: Am I treated with respect and attention, as a colleague, partner, or teammate? Or, with adversity, as an enemy or out-group member?

Autonomy: Does my counterpart respect my agency and freedom to decide important matters? Or, am I being imposed upon, forced into a deal, or otherwise feel that my arm is being twisted?

Status: Does my counterpart treat me in a way that is congruent with my status? Or, am I being treated as inferior, junior, or unworthy?

Role: Is the role I am playing in this negotiation satisfying, suited to me, and advancing my purposes? Or, is my counterpart forcing me into an unsatisfying role?

The core concern framework offers two paths for dealing with emotions:

Emotions for diagnosing core concern satisfaction: Expression of positive emotion is a sign that core concerns are being met in the negotiation. Expression of negative emotion is a symptom of a core concern going unsatisfied.

Core concern satisfaction for stimulating positive emotion: When a negotiator's core concerns are met, positive emotions are stimulated. If you feel that the process would benefit from an influx of positive emotion, addressing any of your counterparts' core concerns is likely to result in such a boost. You can often recognize your counterpart's autonomy, or appreciate their work, without paying a substantive price such as an extra concession in the negotiation.

4. Cognition and Emotion, Revisited

4.1 Emotional Hijacking

Negotiators work with their hearts and with their minds. Sometimes the heart must be assured for the mind to function fully, and other times the mind must take the lead in coping with an overwhelming rush that the heart is experiencing. Normally, this is a see-saw balance that all negotiators manage, one way or another, based on their personalities, skills, and training. However, there are some situations in which our emotions overcome our cognitive processes due to the very basics of our human cognitive wiring.

Technically speaking, this is not really the mind versus the heart; it is one part of the brain versus another. Daniel Goleman, in *Emotional Intelligence* (1995), describes how, in order to cope with life-threatening situations in humankind's early days, the brain developed a shortcut system that circumvents our normal, slow, deliberate, decision-making process. When you encounter a lion in the tall grass, you don't have time to consider whether this is a friendly lion, a person masquerading as a lion, or a threatening beast. In such an encounter, the brain employs a rapid route in processing information and spitting out an action-order of fight-or-flight.

Goleman's research establishes that this system continues to operate in the human brain today, even though it is largely unnecessary. Today's landscape does not pose most of us much danger on a moment-to-moment basis; moreover, most of the counterparts we interact with are other humans, not ravenous beasts. Still, when faced with something the mind identifies as a threat, we are prone to that cognitive shortcut system taking over our rational thinking process. Goleman calls this process an "emotional hijacking".

Understanding this is important to negotiators, as this is apt to happen to them in the middle of any negotiation process. As we've discussed, many negotiators experience negotiation as a conflict, as a threatening situation, or, at the least, as a stressful situation. We are likely to encounter someone who inadvertently flicks one of our triggers — perhaps a threat was made, a voice raised, or we envisioned our family's wellbeing imperiled — and, mobilized as we are to cope with a conflict situation, we are emotionally hijacked. Our actions from that point on — while they may not involve physical violence or running out the door — might be far removed from deliberate decision making, constructive communication, or strategic cooperation, no matter how carefully we prepared to implement these in this negotiation.

Whether we are severely and fully hijacked emotionally, or just caught up and distracted by our emotions to a lesser degree, this impinges on the ability of our more rational and cognitive sides to take the lead. No matter what their opinion on the general question of emotions in negotiation, most authors on negotiation suggest trying to regain balance, allowing our rational side to rejoin the process. Restoring our own calm and a heightened rationality will also reawaken our ability to think constructively and to help our counterpart climb up out of their own emotional pit, or climb down off the emotional branch they are out on, whichever metaphor seems more apt.

4.2 Coping with Emotional Hijacking

Here are four practices you can use, to avoid emotional hijacking or to diminish the negative effects of strong emotions:

Separate action from reaction: Emotional hijacking occurs when we respond immediately to something the other has said or done. Somehow, they have flipped a switch in our brains, and we start acting differently. Two tactics for separating, temporally speaking, between their action and your own action, are taking breaks, and utilizing the communication tools we've learned. Taking a break is a simple method for restoring our balance. We stress this because negotiators tend not to take breaks as often as they should. They are worried about the other's response to this, or concerned that they are somehow losing face by doing so. We suggest they consider the price they pay by *not* taking a much-needed break. Utilizing the communication tools discussed in the previous chapter serve an important function, besides those already discussed: They can help separate our actions from their actions. Consider that you are practicing active listening, and the other party says something that makes you see red. Every instinct in your body wants to shut the other down, scream at them, and walk off. However, because you are deliberately practicing active listening, you know this is not the time for that action, rather, you will nod, and listen some more. Already, the white-hot rage is dying down. After you listen, rather than responding, you reflect what they have said back to them. This gives you further pause, before you must respond with your own thoughts. You are in more control of yourself. In fact, you have mastered your anger enough to repeat or paraphrase some of the infuriating message the other has conveyed. By the time you are done, the potential for hijacking has passed, and you can move on to doing something proactive such as reframing or posing a question, rather than reacting to their message.

Beware emotional contagion: When you feel a strong wave of emotion, ask yourself where it is coming from. Is it your own emotion? Or does it seem somewhat foreign, something that washed up on your emotional shores without a reason you can pin down? The reason for this is that the same mechanism that drives emotional hijacking also drives another process, this one of an interpersonal rather than an intra-personal nature. That process is called social contagion: When two people interact — particularly if it is a significant interaction, and particularly if it is an interaction that happens in stressful or threatening situations — people are susceptible to taking in and experiencing another's emotions (Goleman, 2006). I might feel a powerful wave of fear, aggression or self-doubt, without there being any internal reason for it; I have been infected by my counterpart's emotional state. Dealing with our own emotional roller-coaster can be hard enough; we only have so much attention we can pay to maintaining emotional balance, and identifying external emotions that have invaded us might allow us to set them aside.

Focus the conversation on a core concern: If you have noticed a spike of emotion in your counterpart, reframe the conversation so that it addresses a core concern of theirs. If you can identify which core concern is causing the spike, so much the better; if not, go with whichever seems to be the one you can shift into addressing in the most fluid manner. If it is your own emotional spike you have noticed, shift the conversation so that it is addressing a core concern of your own.

Utilize emotional contagion: If your counterpart has exhibited a spike in negative emotions, you can consider following up on reframing towards discussing a core concern of theirs, with an intentional projection of positive emotions. Emotional contagion works both ways. If you inject a dose of optimism, hope, or enthusiasm into the conversation, you might slightly infect your counterpart with positive emotions, enough to support them through the next phase of negotiation, and move on to the next topic you wish to address.

5. Connecting Across Cognition, Connecting Across Emotion

People differ, regarding their patterns of cognitive processing and their emotional self-management. You know this to be true, because many of the people around you differ greatly from you regarding one or both of these issues. However, you and they are able to make your interactions enjoyable and fruitful despite your differences, owing to trust and the good relationship you have built up. Nothing supports differences, like a good, trust-filled relationship. In the next chapter, we will discuss how negotiators can create these with their counterparts.

Food for Thought

1. Can you recall a situation in which you were emotionally hijacked? It doesn't necessarily have to be a negotiation situation. How would you describe the experience?

2. Can you identify a scene from a movie or a TV show, in which a negotiation developed into a highly emotional interaction? Which of the elements discussed in this chapter might be helpful in allowing you to analyze the situation? If you were given the opportunity to choose a moment to give advice to one party, hoping to restore the negotiation to a constructive path, at what point would you intervene, and what would you say?

References

Argyris C. (1982). Reasoning, Learning, and Action. San Francisco: Jossey Bass.

Diamond S. (2010). Getting More. New York: Three Rivers Press.

Fisher R & Shapiro D. (2005). Beyond Reason. New York: Penguin Books.

Goleman D. (1995). Emotional Intelligence. New York: Bantam Books.

Goleman D. (2006). Social Intelligence. New York: Bantam Books.

Kopelman S. (2014). Negotiating Genuinely. Stanford, C.A.: Stanford University Press.

Mayer B. (2012). The Dynamics of Conflict. 2nd ed. San Francisco: Jossey Bass.

Raiffa H. (1982).The Art and Science of Negotiation. Cambridge: Harvard University Press.

Stone D, Patton P and Heen S. (1999). Difficult Conversations. New York: Penguin Books.

Thompson L. (2005). The Mind and Heart of the Negotiator. 3rd ed. Upper Saddle River, N.J.: Prentice Hall.

Chapter 12

Relationship and Trust in Negotiation

Engaging in good communication often rewards negotiators by providing them the information they need to negotiate successfully. However, it also has the side benefit of supporting two other interrelated issues that are key to negotiating successfully: The relationship between the negotiators, and the degree of trust between them.

1. Relationship

We've discussed how negotiation takes place across so many of the varied interactions we experience daily. As such, negotiation is often intertwined in our relationships, and our relationships often include negotiation.

1.1 The Relationship Timeline

Relationships exist and develop on a timeline, or continuum, involving past, present, and future.

Past: Many of our negotiation counterparts are people with whom we've had some type, and some extent, of prior relationship; often, we negotiate with people with whom we've had long-term relationships. The nature, quality and duration of that relationship will likely affect the current negotiation. Other times, we negotiate with people with whom we have not significantly interacted with, or with whom we are now interacting for the very first time; in such cases, there is little or no shared past to affect the current negotiation.

Present: Even when there is no past relationship between parties, negotiation always involves an *ad hoc*, here-and-now relationship formed around the negotiation table. Negotiators must learn to craft and navigate that relationship.

Future: When a negotiation is embedded in a long-term relationship — such as in family relations, workplace relations, or ongoing commercial relations — the mid- to long-term future is always an issue on parties' minds, even if it is not overtly on the agenda. Negotiations that do not take place within ongoing relationships also involve some discussion of the path the relationship will take in the future — either the short-term future, or the longer-term future. For example, when I negotiate purchase of a car from a private individual, the span of the "future" relationship we envision might be limited to functional cooperation at the point at which I pay, she hands me the key, and the ownership is transferred. Still, viewed from the current point in time of the negotiation, these actions are in the future. When I negotiate the purchase of the same used car from a salesperson in a dealership, she might include relational considerations that extend even further into the future, such as my referring other clients to her, or returning to trade the car in a few years. I might also have considerations pertaining to a future relationship, such as those related to a warranty or payment plan, or a future trade-in of the vehicle.

1.2 The Benefits of a Good Relationship

Leigh Thompson (2005) notes two benefits for negotiators having a good relationship between them: Additionally, they are more likely to expand the pie and reach integrative outcomes. They are more likely to navigate the Negotiators' Dilemma towards cooperation, which increases with relationship.

One mechanism through which this works is that we communicate better with people when we have a good relationship with them. Recalling the communication tools discussed in the previous chapter, consider (or, try out) how much easier they are to use with people with whom we enjoy a good relationship. Conversely, we seek to avoid communication with people with whom we have a poor relationship, or keep it to a minimum. This adds another angle to relationship in negotiation: There are benefits to having a good relationship, and a price to be paid for having a poor relationship. One example of a typical negative relationship that exists in many negotiations is when negotiations takes place between two parties who have previously, in another negotiation, reached impasse. These negotiators are less likely to reach agreement in the new, unrelated, negotiation than negotiators with no previous interactions.

However, as nice as it would be to treat this simplistically, and always seek to become best friends with our negotiation counterpart, we would end up paying a price for this. All too often, our counterparts put a price on their willingness to maintain a good relationship with us and we are cornered into a trade-off: Relationship for concessions.

1.3 *Getting to Yes* on Relationship (or, the Cost of a Good Relationship)

In a book chapter discussing how the concept of relationship is taught in Western negotiation classrooms, one of the authors (Ebner) has noted that that the leading resource many teachers rely on is Fisher, Ury and Patton's *Getting to Yes* (1991), which we introduced in Chapter 7:

> "*Getting to Yes* purports to address a core problem: Negotiators often find themselves cornered into a trade-off. Making concessions in the deal itself in return for the other maintaining a positive relationship is a constant possibility. By exerting pressure on two fronts at once, demanding a better deal while threatening to withhold or damage a good relationship, negotiators try to

> maneuver their opposites into a concession on the former in return for an easing of the pressure in the latter. However, making these concessions or being 'nice', as the authors state correctly, is no answer. On the contrary — it may make a negotiator vulnerable, perceived as weak, and open to manipulation." (Ebner & Kamp, 2010, 372, citations omitted)

Getting to Yes, thereby, provides an excellent summary of the complex challenge of relationship in negotiation. Clearly, there are benefits to negotiators having a good relationship. However, maintaining a good relationship has costs of its own, as one party tries to extract concessions from another in order to protect the relationship. Any time a negotiator says something along the lines of "We've been doing business with your company for years now, and look forward to doing so for a long time to come — as long as you are able to lower your price by 5%", they are essentially asking the other to pay them in order to continue to maintain the relationship.

The author's chapter continues to present Fisher, Ury and Patton's overall approach to this issue, which they encapsulate as "be soft on the people, and hard on the problem":

> "In essence, this is a relationship problem, and in that perspective one might say *Getting to Yes* is a relationship-oriented book. In order to avoid the relationship/substance trade-off, the *Getting to Yes* model suggests that negotiators separate the people from the problem. By dealing with their opposite in a respectful and open manner, while not going any easier on the substance of the deal, negotiators can avoid paying a price for relationship.
>
> Separating the people from the problem is, in essence, the core framing of relationship in negotiation in the *Getting to Yes* model. Relationship exists alongside the substance of the negotiation. It should be a working relationship, one whose costs might be measured in terms of time, patience and communication, but not in concessions on the substance of the deal. Taken in context of the complete model the book presents, the essence of a 'good' negotiation relationship would then be one that supports open communication, sharing of interests, exploration of options, and presentation of and comparison of standards.
>
> Whether educators expressly teach the *Getting to Yes* model or simply borrow some of the relational elements, it would be a fair guess to say that two core notions — maintaining a good working relationship and separation between relationship and substance — are commonly encountered principles in (negotiation) education." (Ebner & Kamp, 2010, there)

Guided by this overall approach, *Getting to Yes* situates relationship-maintaining or relationship-building as a criteria for assessing any negotiation method:

"Any method of negotiation may be fairly judged by three criteria: It should produce a wise agreement, if agreement is possible. It should be efficient. And it should improve or at least not damage the relationship between the parties." (Fisher, Ury & Patton, 2011, 4)

If building and maintaining relationships without giving in on the substance is so central to negotiation well, how is one to implement this in practice?

"The *Getting to Yes* authors recommend four things regarding relationship:

(1) You need to listen well, allowing the other to express themselves as best as they can;

(2) You need to give the other space and allow them to vent, without reacting to emotional outbursts;

(3) You need to step into the other's shoes, enabling yourself to see things from their perspective, and then reconsider your position; and

(4) You need to view the other as a partner, not a competitor or enemy." (Ebner & Kamp, 2010, 374, citations omitted)

These are all relationship-building moves, with the potential for powerful effect. We've discussed each, at different points throughout this book, and indeed, recommend that you implement them – when contextually suitable. However, they might not *always* be the correct approach to take in negotiation. Many assumptions underlie Fisher, Ury and Patton's approach that may not always hold true. Foremost amongst these assumptions, is that that *relationship always matters*. This is *often* true, but does it hold true in *all* negotiations — particularly, in one-shot encounters? Not necessarily. Another is the assumption that *a positive relationship is always a good thing*. This might sound like a recipe for forming a pleasant environment in which to live – but is it true for *all* negotiation relationships? Might there not be some situations in which you would be content to let your counterpart dislike you, or even fear you? Perhaps this assumption is predicated on yet another, which is that *relationships are to be utilized only as a shield, not as a sword.* In other words, understanding how relationship works in negotiation, you can work to prevent the other using it manipulatively to obtain substantive concessions from you; however, *Getting to Yes* assumes that you should never put this knowledge to work for yourself in that same way, to gain advantage over the other. This is built on a more foundational assumption that we've already noted regarding the *Getting to Yes* approach, which essentially boils down to "*competition is bad*"; interest-based negotiation, the model advocated in the book, is always suitable, always preferable, and always possible.

Our words of caution regarding these assumptions should not be read as an admonition to ignore relationship, to act as if it doesn't matter, and to recklessly endanger it. We reiterate that in many, perhaps most, of your negotiation interactions you will want to create and maintain a relationship that (at least) passes the bar a "good working relationship". However, we suggest that you recognize this as an important decision, a calculative *choice* to be made in every negotiation. In any negotiation situation, you might pose yourself some of the following questions:

> Is this relationship important to me, or not?
>
> Perhaps its present is important to me, but its future less so, or vice versa?
>
> Should I do anything in this negotiation, to adjust the relationship in anticipation of a future rel ationship?
>
> Is the other likely to manipulate me, through relationship-related channels?
>
> Can I use relationship-related tactics to gain substantive advantage in this negotiation, and are the potential gains worth the risk that this poses to the negotiation or to the relationship?

Such deliberate thinking should help you, while negotiating, to identify relationship traps the other sets for you, enticing you to gain good relationship at substantive cost. It should enable you to candidly assess whether paying such a price might be acceptable and serve your goals, in some cases. It should also allow you to consider whether you might successfully offer the other relationship-related gains, in return for concessions on their part.

1.4 The Here-and-Now Relationship

Of all the three areas along the timeline of relationship — past, present and future — we advise negotiators to dedicate focus and effort to the *present*. We intend "the present" in a very literal way. Every moment of negotiation offers negotiators opportunities to affect, shift and change the relationship they have with the other party. We are all aware of the fact that relationships can be devastated in a moment by the wrong word or by a tiny act of mistreatment, so we need not instruct you on how to escalate a situation and degenerate a relationship. However, less attention is paid to the fact that every moment of our every interaction with a negotiation counterpart offers us similar opportunities to improve our relationship with them. This is borne out by research conducted by Columbia University professor Michael Morris and his colleagues (2002), showing how brief interactions focused on building rapport with a negotiation counterpart before the negotiation begins can result in more integrative agreements and a higher degree of trust. This is a good piece of relationship-building advice for negotiators; what if we took that same intentional approach, and extended it beyond those few preliminary minutes spent chit-chatting with our counterpart? As we've seen, Fisher, Ury and Patton suggested listening, allowing to vent without interfering, and recognizing the other's perspective as relationship-building moves; they, too, focus on developing an *ad hoc* relationship-in-the-minute, not on the five years that preceded the negotiation or the twenty years that are to follow. Building on this approach, we suggest that utilizing the communication toolbox described in the previous chapter, in its entirety, has the potential for improving the present relationship. Wanting to build a good relationship with the other, negotiators would do well to take advantage of opportunities for showing empathy towards them. Good communication and expression of empathy – both verbal and nonverbal – are immediate relationship-builders, in no small part owing to how they both encourage reciprocity. Listen to a counterpart, and they will often then listen to you; display empathy towards a counterpart, and you may receive the same in return. As this continues in a cyclical fashion, "instant relationship" is formed and grows, right there at the table.

One area we are likely to see noticeable improvement in, through such intentional relationship-building moves, is the degree of interpersonal trust parties experience towards one another. Perhaps the trickiest area to navigate in the relationship between negotiators, trust, as we will now explain, is also the most valuable currency negotiators can have in their pockets.

2. Trust

2.1 Trust and Relationship

Ohio State University professor Roy Lewicki, an expert on trust in negotiation and conflict, has summed up the fundamental importance of trust:

> "The existence of trust between individuals makes conflict resolution easier and more effective. This point is obvious to anybody who has been in a conflict. A party who trusts another is likely to believe the other's words, assume that the other will act out of good intentions, and probably look for productive ways to resolve a conflict... The level of trust or distrust in a relationship therefore definitively shapes emergent conflict dynamics..." (Lewicki, 2006, 110)

We have chosen to include our discussion of trust in this chapter, weaving it together with relationship, owing to the strong connections between the two concepts. Together with Sherbrooke University professor Jean-Francois Roberge, Lewicki (2012) has captured the constant interaction between the two concepts:

> "Trust has been described as the 'glue' that holds relationships together and enables individuals to perform more efficiently and effectively... We assume trust between parties has an impact on their relationship, and vice versa... As relationship develops, trust changes, and as trust changes, relationship develops. We believe people tend to approach others with some initial positive level of trust...'Many people approach a new relationship with an unknown other party with remarkably high levels of trust.' But relationships are also developmental, as parties share experiences, and multifaceted, as parties interact in different

contexts…" (430, citations omitted)

However, we could have situated our discussion of trust elsewhere in this book – for example, in our discussion of emotions, our discussions of alternatives, or in a standalone chapter. Why is this so? The reason relates to the fundamental vagueness regarding what people mean when they use the term trust.

2.2 What Is trust

Trust means different things to different people. As one of the authors (Ebner) has written:

> "Many attempts have been made to define trust, across a wide range of disciplines. It has often been pointed out that a trans-disciplinary definition of trust is not feasible or desirable; trust can only be defined in context, through the definer's own particular perspective." (Ebner, 2012, 217)

What is trust, then? It depends who you ask. For some, it would be well-situated in the discussion of emotions. For others, it is a rational question of economics and risk. It would seem that, speaking of rust, we sometimes speak from the heart, and other times from the mind.

The literature discussing trust in the context of negotiation also uses mixed terminology, with three core elements standing out:

> "*Risk*: The existence of risk is a precondition for trust. Only when one is at risk, dependent or vulnerable can his/her behavior or expectations demonstrate trust.
>
> *Uncertainty*: Trust can manifest only when there is a degree of uncertainty regarding another's future behavior; if the other's behavior is pre-ordained or controlled, trust is unnecessary and moot.
>
> *Expectations*: One expects that his/her cooperation, or other trust-indicating action, will be reciprocated by the other." (Ebner, 2012, 217, citations omitted)

Combining these three elements yields this operational definition of trust in negotiation:

> "… (trust is) an expectation that one's cooperation will be reciprocated, in a situation where one stands to lose if the other chooses not to cooperate…
>
> … as negotiators we need our negotiation opposites to trust us every time they are asked to bet on our unguaranteed cooperation. We ask them to do this many times during a process, and not only at its culmination. We request they share information, despite the fact that they cannot be absolutely certain we

will not use it to their detriment. We need them to invest time in discussing options for achieving our goals, even though they are not guaranteed our own reciprocal efforts regarding their own issues. At the agreement stage, we request our opposites' agreement to a particular solution, which, as a necessity, requires some concession on their part. They are asked to make this concession without absolute certainty that we will stand by our own word, and deliver whatever it is we promise in return. The leaps of faith necessary for all these to happen are generated by trust." (Ebner, 2012, 217)

2.3 Working with Trust in Negotiation: A Two-sided Equation

Faced with such vagueness defining trust — let alone the challenges of putting any trust-related insights into practice — some authors have suggested circumventing the trust issue altogether. Notably, Fisher, Ury and Patton, the authors of *Getting to Yes*, suggest that:

> "Unless you have good reason to trust somebody, don't. This doesn't mean calling him a liar; rather it means making the negotiation proceed forward independent of trust." (2011, 134)

While this might be good advice to follow in many cases, it is often very challenging, for a very simple reason: *People don't work that way*. As we will see, we rarely make trust decisions consciously, or focusing cognitively on what might constitute "good reasons" for trust.

In addition, this suggestion only relates to half of the trust equation: *Should I trust my negotiation counterpart?* There is another, equally important, question to consider, though: *As a negotiator, how can I make my counterpart trust me?* How can I affect my counterpart so they will be willing to accept risk and vulnerability, share information, make concessions, and ultimately be willing to commit to agreement with me?

2.4 The Role of Trust in Negotiation

Both sides of the trust equation are served by an improved understanding of how trust works and how to gain it. Why is deep understanding of both sides of the trust equation, and skill at navigating it, so important? Because, simply, trust is the key to all the good stuff that can help a negotiation flow smoothly, proceed successfully, and conclude beneficially:

> "Trust is essential for any success in negotiation. The professional and academic literature on negotiation devotes enormous effort to understanding the concept of trust as well as to exploring methods for building, maintaining and restoring it. Trust has been identified as an element playing a key role in enabling cooperation, problem solving, achieving integrative solutions, and

dispute resolution. Negotiators are trained and advised to seek out and create opportunities for trust-building whenever possible, and as early as possible in the course of a negotiation process. Trust is considered a vital precondition for sharing information, arousing generosity and empathy and reciprocating trust-building moves in a negotiation process. When trust in a negotiation opposite is lacking, negotiators fear that information imparted to the other might be used to one's own detriment. A trust-filled environment might enable negotiators to contemplate the worst outcome of the process as being a mutually agreed upon 'no-deal', which holds promise of a continuing relationship and possible future interactions, dictating cooperative behavior patterns in the negotiation process. Distrust, on the other hand, causes parties to focus on how their cooperative behavior can be used against them by the other to cause them actual loss. This triggers defensive behavior – negotiators withhold information, attack the other's position and statements, threaten him, and lock themselves into positions from which they cannot easily withdraw." (Ebner, 2007, 141-142, citations omitted)

2.5 How Does Trust Work

Trust forms in different ways. Essentially, one might identify three routes to trust, pillars of trust, or even completely different types of trust. These are:

"*Deterrence-based trust,* also called *calculus-based trust*, is trust premised on our perception that our negotiation opposite will act as he committed himself to as a result of a subjective cost/benefit analysis we conduct estimating our opposite's own self-interest. As our negotiation opposite will always be on the lookout to benefit by breaking trust, he will keep trust only if his payoff is greater that way. If he will gain more by breaking trust — for example, if we lack the ability to punish him for violating trust — he will do so. We will trust our opposite only as long as we think he considers trustworthy behavior to be in his own self- interest. This does not need to be abstract. Negotiators can introduce... 'changes in the payoff structure' — enforceability schemes, punitive measures for breaking trust, or positive rewards for cooperation — into their negotiation processes and into their final agreements so as to manipulate that 'self-interest'.

Knowledge-based trust is grounded in the other's predictability. By knowing our negotiation opposite well enough to predict his responses and behaviors, we can estimate how far he can be trusted. The more information we have on his previous experiences and preferences, how he thinks, and what his value-system looks like, the better we can anticipate his behavior. This form of trust can result from in-depth study of our negotiation opposite; it can also develop over time, as a function of having a history of interactions through which our knowledge of him was obtained.

Identification-based trust is based on a perceived sharing of characteristics, traits, plights and backgrounds. People tend to trust negotiation opposites who seem to have elements in common with them. Even when other factors in the negotiation process may cause our negotiation opposite misgivings regarding our trustworthiness, what he perceives as our shared elements might tip his people-judgment scales in favor of trusting us. Of course, this is all a matter of degree; two negotiators discovering that they attended the same school breeds one level of connection, whereas two negotiators realizing they completely empathize or identify with the other party's needs and desires will experience wider and more robust trust." (Ebner, 2007, 142-143, citations omitted)

Negotiators can work to form and firm up these pillars of trust at all time. It is unlikely that they will all be solid at all times; however, trust is a fluid element, changing over time. Additionally, at any point in time, the robustness of one pillar can compensate for any fragility in another:

> "These three routes to establishing trust can also be viewed as pillars, each of which can support the negotiation process on its own or can be shored up by the others. At any given moment, the measure of faith needed by our negotiation opposite might be most suitably supported by a particular type of trust." (Ebner, 2007, 143)

Roy Lewicki and his colleagues (2002) have described a sequential development process for these three paths to trust. Typically, they suggest, deterrence-based trust is the first to develop. As negotiators' experience with each other expands, so too might their knowledge-based trust. Identification-based trust, in its most developed forms of complete empathy and identification, may require even further time to form. Many relationships depend primarily or solely on only one type of trust.

2.6 Whom Do Negotiators Trust

The question of what makes people trust each other is important for navigating both sides of the trust equation. It allows you to consider acting in ways that engender your counterpart's trust in you, or to avoid actions that threaten it. It also allows you to recognize how your own degree of trust in your counterpart is subconsciously affected by their actions, and to make more reasoned and deliberate decisions on whether to trust them or not. Actions related to the three pillars of trust have practical trust results:

"... in a negotiation between Negotiator A and Negotiator B, Negotiator B is more likely to trust Negotiator A if:

(a) Negotiator A is perceived as similar to Negotiator B in various ways;

(b) Negotiator B holds some power of reward or sanction over Negotiator A;

(c) Negotiator A displays a positive attitude towards Negotiator B or initiates trusting, cooperative behavior, which invites reciprocation;

(d) Negotiator A makes concessions, signaling motivation for finding a joint solution;

(e) Negotiator B anticipates having future interactions with Negotiator A;

(f) Negotiator A have been helped by Negotiator B in the past (therefore laying the groundwork for expectations that Negotiator A will reciprocate);

(g) Negotiator A is known to have been helpful and cooperative in the past – towards others or, more particularly, towards Negotiator B;

(h) Negotiator B feels she/he knows and understands Negotiator A to a degree granting her/him insight into Negotiator A's system of needs, norms and values." (Ebner, 2012, 221, footnotes omitted)

2.7 Managing the Trust Equation, Part I: Making Good Trust-decisions about Counterparts

Where are your decisions coming from? Negotiators must be aware that many of our trust decisions are made subconsciously. Identification-based trust is often based on minute details of similarity, which should not pertain to our trust decisions, yet do, owing to how humans are wired. When we discover similarities with our counterpart in a conversation, we might actually feel the little jolts of connection that feed into our trust level. When our senses register smaller similarities, we might remain unaware that identification-based trust has been formed and that we now, unknowingly, have a heightened level of trust in our counterpart. Even if we start to sense this, we are likely to rationalize it, pinning our trust for our counterpart on some other pillar of trust. Negotiators feeling trust towards a counterpart should be very careful to ask themselves, candidly, *why* they trust them. When the answers are vague, the underlying reason is likely to be identification-based trust. And, often, it might be identification-based trust that should absolutely not affect your trust-decision; that you both have blue eyes, or play tennis, is coincidental or interesting but might not be reason enough for accepting risk by committing to a business deal or buying a car.

Avoid non-contextual, or disproportionate, trust: Some trust-decisions are made a little more deliberately, but in a manner far from contextual or proportionate. For example, we might sense, or even consciously determine, that we trust someone, after they have made a small concession towards us (e.g., accommodating a process-related request, or paying the driver for a taxi the two of you shared on the way to a negotiation session). However, carrying that degree of trust over to another context and basing on it a decision to share potentially damaging information, or to commit to a million-dollar deal, might cause a flawed trust-decision.

Knowledge with a capital K: We might feel we know enough about our counterpart to decide that they warrant our knowledge-based trust. It might be wise to double-check: Do we know a lot about our counterpart, or are we basing this decision on thin slices of information? Where did we obtain the information we are basing our trust decision on? Did we learn about it from our counterpart? From an external source? Are we sure the source is reliable?

Real-world calculus: Only too often, negotiators wave trust-decisions aside, and rely on generic formulas for deterrence-based trust. One common formula is "If he double-crosses me, I can always sue him in court and make him pay for what he's done." However, more careful thought should be put into calculating such trust. Is the deterrence back-up plan one you would *really* put into action? Many people feel they can sue someone if something goes wrong, yet when it does, they discover that filing a law suit might be prohibitively costly or only have a mediocre chance of success.

Deterrence takes two to tango: You might feel you can harm your counterpart should she betray your trust, and rely on that deterrence-based trust. However, remember that you can only place trust via this mechanism if you have verified that *she* knows this as well, and calculates the damage you can cause her *in the same way*. If not, then while you might have a retaliatory tool, it will not affect your counterpart's upfront behavior in terms of upholding the deal in the way you expect it to.

2.8 Managing the Trust Equation, Part II: Appearing Trustworthy to Your Counterpart

Social lubrication: Engage in social interaction with your counterpart, before getting around to business, or during breaks. While different business cultures vary as to the amount of time dedicated to social interaction as opposed to getting down to business even a short stint of interaction can have positive trust building effects. The weather, traffic, and shared acquaintances are always easy topics to turn to.

Look for shared attributes: Identification-based trust is built incrementally over a series of discoveries of mutual traits, characteristics, opinions, or anything else. As you engage in preliminary social interaction with your counterpart, point out a couple of things you share in common. This might be observing "Oh, I have that same computer", or saying "I was just thinking that!" about an idea.

Identify in-group affiliation: As we discussed in the last chapter, people feel more trust in people with whom they share group affiliation. Spotlight joint in-groups you share: You might both support the same sports team. You may have gone to the same school. Your counterpart may have a picture of their child on their desk, in which case you might comment about your own child ("parents" is a very common in-group).

Show empathy: Empathy is a powerful trust-building tool. Use the communication tools discussed earlier in this book to demonstrate empathy towards your counterpart, both in social interaction and in discussions focusing on the substance of the negotiation.

Share information about yourself: One source for the information upon which your counterpart's knowledge-based trust is built is the information you provide them yourself. Share some personal information with your counterpart. Sharing information demonstrates that you trust them, which triggers reciprocation. As you share information, include information that demonstrates trustworthiness (e.g., a story in which you upheld a promise, a story of you helping someone in need, a story in which someone else trusted you).

Be trustworthy: One simple, obvious and overlooked way to build your counterpart's trust in you is to actually be trustworthy. This can be done, of course, by sticking to commitments you have made in previous negotiations. In addition, look for opportunities to *make* promises you can keep – and *keep* them. If you will have time to working on a draft agreement this evening, don't avoid committing to deliver it by tomorrow; on the contrary, jump on the opportunity to commit – and keep your promise. Make a firm commitment to call your counterpart – and call them, right on time. The knowledge-based trust built by your habit of upholding your commitments will ripple out to affect your counterpart's trust-decisions in more substantive areas.

Food for Thought

Think of a good friend, one whom you feel you fully trust. Consider: Did you always trust this person this way? Can you identify any developmental stages along the route to full trust? If so – were there any specific events over the course of your relationship that triggered, or facilitated, a shift to greater trust?

Considering your trust in this person, what would you say it extends to? Would you ask them to keep an eye on your wallet or purse, while you went to take a drink of water? Would you tell them a deeply personal secret of yours, trusting they would not share it with others? Would you feel comfortable with them watching your child, while you went out shopping? After answering "yes" or "no", ask yourself "why"?

Next, think of a different person, one whom you have a fairly good relationship with, but with whom you might experience a lesser degree of trust. Can you recall specific incidents to which you relate this lesser sense of trust? Or, does this owe to a more general intuition? How might you explain this, using the terms introduced in this chapter?

References

Ebner N. (2007). Trust-building in E-negotiation. In Brennan L & Johnson V.(Eds.). Computer-Mediated Relationships and Trust: Managerial and Organizational Effects. Hershey, P.A.: Information Science Publishing.

Ebner N. (2012). ODR and Interpersonal Trust. In Abdel Wahab M S , Katsh E & Rainey D. (Eds.). ODR: Theory & Practice. The Hague: Eleven International Publishing.

Ebner N & Kamp A. (2010). Relationship 2.0: Not Setting Students Up for Failure

(This Time). In Honeyman C, Coben J & DiPalo G. (Eds.). Venturing Beyond the Classroom: Vol. 2 in the Rethinking Negotiation Teaching Series. St Paul: DRI Press.

Fisher R, Ury W, & Patton B. (2011). Getting to Yes. 3rd ed. New York: Penguin Books.

Lewicki R J. (2006). Trust, Trust Development, and Trust Repair. In. Deutsch M, Coleman E C and Marcus E C. (eds.). The Handbook of Conflict Resolution. 2nd ed. San Francisco: Jossey Bass.

Lewicki R J, Saunders D M, Minton J W & Barry B. (2002). Negotiation: Readings, Exercises and Cases. 4th ed. Boston: McGraw-Hill/Irwin.

Morris M, Nadler J, Kurtzberg T & Thompson L. (2002). Schmooze or Lose: Social Friction and Lubrication in E-mail Negotiations. Group Dynamics, 6 (1): 89-100.

Roberge J-F, and Lewicki R. (2012).Should We Trust Grand Bazaar Carpet Sellers (and Vice Versa). In Honeyman C, Coben J & DiPalo G. (Eds.). Venturing Beyond the Classroom: Vol. 2 in the Rethinking Negotiation Teaching Series. St Paul: DRI Press.

Chapter 13

Power

Negotiation is often perceived to be an exercise in using power. In a somewhat simplistic view some people hold of negotiation, two parties come to the table to discuss something, and the more powerful party coerces the less powerful party to agree to terms favoring the powerful party. In fact, power impacts your ability to engage with the other party in the first place. A powerful party can impose a negotiation on a weaker party, or brush away the weaker party's invitation to come to the table.

Power is, in truth, a far more complex force in negotiation. It certainly impacts parties' participation, the choices they make, their attitudes towards each other – but it does not always do so in such a predictable manner as the previous paragraph would seem to indicate. In this chapter, we will define power, illustrate some of its more complex aspects, and discuss its application in practice.

1. What is Power

1.1 Two Perspectives on Power

One way of looking at power focuses on your *punitive power*, or what you can do to the other: The more you can apply coercive force; the more you can deny them resources; the more you can punish them if they displease you — the more power you hold over them. In negotiation interactions, therefore, the more you can punish your counterparty for not giving you what you are demanding, the more negotiating power you possess.

Another way of defining power focuses less on what you can hold over the other, and more on what the other *cannot* hold over you. In that perspective, power in negotiation is correlated with a *lack of dependency*. The more you depend on another — for resources, approval, or anything else — the less power you have. The more independent you are — the more you can continue on even without your counterpart saying "yes" in the negotiation — the more power you have.

1.2 Power Cannot Be Accurately Measured or Compared

Power, says British philosopher and social critic Bertrand Russel (1938), "is the fundamental element in social science... in the same sense in which energy is the fundamental concept in physics."

However, whereas the field of physics has developed an array of methods for determining the presence of energy and for measuring it, the social sciences, including the field of negotiation, are far from achieving this regarding power. If it had, any time two negotiators arrived at conference room and sat down, it would immediately be clear to all present and to external observers who was the more powerful, and to what extent. However, as University of North Carolina professors Robert Adler and Elliot Silverstein have observed, power is complex, and it is situational; therein lie the challenges to measuring it:

> "If one observed two individuals negotiating in a room and then attempted to calculate the precise power of each, one would find the task daunting. Given the numerous factors, both subtle and obvious, required for the calculation, the task may prove impossible. For example, the computation might include such factors as the physical strength, intelligence, organizational authority, confidence, deadlines, attractiveness, focus, instructions, group represented, stubbornness, and financial stake of each of the parties. Moreover, even if one quantified the respective power of the parties, it is likely that another observer might well draw a different conclusion based on different criteria or differing weights. In short, the analysis of power can be extremely complex. This complexity has led one researcher to describe the concept as a 'bottomless swamp' that renders impossible the creation of easily studied operational models..." (2000, 10, citations omitted)

Physical energy is an independently existing force of nature; power, to a large extent, is in the mind. Electricity flows through a wire whether you are aware of it or not; it can harm someone who touches the wire carelessly, whether they believe it can or not. Power, however, has highly subjective elements. As Adler and Silverstein put it:

> "Perceptions play a similar role in more traditional negotiations. The critical test of one's effectiveness in a negotiation is what one has convinced an opponent that one can do, whether or not one can actually do it. Unless exposed as bluffers, parties that convince their opponents that they have more power than they really do will generally be able to exercise the power they have asserted. As a practical matter, the successful bluffer has the power that his or her opponent cedes in the negotiation...
>
> Why is negotiation power such a matter of perceptions? We believe it is because negotiation substitutes for the actual exercise of power, leaving each party to calculate, without knowing, the other's resources, determination, skill, and endurance. Absent the actual contest, each side must guess about the other's power. This 'guess', mistaken though it may be, becomes the reality in each negotiator's mind. Thus, power becomes a perception 'game'. Depending on

> the situation, this can either work for or against a party. If one has successfully bluffed, one gains leverage in the situation, while if the other party has successfully bluffed, one loses leverage.
>
> ... negotiators too often perceive, without good reason, that their opponents enter into a deliberation with substantially more power than the opponents actually have." (there, 13-15, citations omitted)

Power, therefore, is less about what the objectively real balance of power is between the two parties (which, as we've seen, is largely unmeasurable in the first place), and more about what parties believe to exist, and the way they act because of those assumptions.

1.3 Social Attitudes towards Power

Power is something of a dirty word in some philosophical and social systems in the West, as well as in some approaches to negotiation. Regarding the former, we might note Harvard University professor Rosabeth Kanter's observation (1979), that "Power is America's last dirty word. It is easier to talk about money — and much easier to talk about sex — than it is to talk about power."

With regards to attitudes towards power in negotiation theory, we'll suggest that a large portion of the motivation underlying the development of interest-based and integrative negotiation reflects a desire to diminish the role of coercive power in negotiation by offering more rational and beneficial ways for interacting. Other negotiation authors, discussing the concept of power in a more accepting manner, stress that power isn't bad — although there might be bad ways to *use* it. Negotiator Herb Cohen, in his book *You Can Negotiate Anything*, suggests that:

> "(Power) isn't good or bad. It isn't moral or immoral; it isn't ethical or unethical. It's neutral." (1980, 51)

Depictions of negotiation in popular culture seem to glorify the exertion of power. In movies, heavily armed SWAT teams are sent in more often than hostage negotiators, or are ultimately more effective. Politicians dither and debate ineffectively, and militaries take action. The Wall Street businessperson crushes a weaker counterpart in a coercive negotiation. Such portrayals adds to the complexity of negotiators' grasp of the utility, nature and application of power.

All this might seem to lead to a conclusion along the lines of "always use as much power as you think you have, and which you think that your counterpart thinks that you have as well". However, such practical advice runs counter to research indicating the complex nature of power. Employing power — even power you might objectively have — will not always achieve the outcome you intend it to.

Negotiators require a sophisticated understanding of power, enabling them to map out and classify the different types of power existing on either side of the negotiation table. They must know how to work effectively with power, whether they are the weaker party, or the stronger party. And, finally, they must understand that while power, in negotiation, is an important force to employ for getting what they want, it is not the only force available to them. To help negotiators work to achieve their goals through channels other than power, we have separated this chapter's topic of *power* from the topic of *influence*, which will be discussed in the next chapter.

1.4 Categorizations of Power

Power has been categorized in different ways. Many of the distinctions that the conflict and negotiation literature have suggested are very helpful for assisting negotiators in understanding how power affects negotiation, and how they might work with it effectively.

Power over/power with: Writing about power, Columbia University professor Peter Coleman sets out a first helpful distinction between "power over" and "power with". Power over, he explains, is the traditional representation of power in social relations; it is the ability to coerce someone to do something they would prefer not to do.

> "The implicit assumption in this type of conceptualization is that power relations are inherently coercive and competitive; the more power A has, the less power available for B."(2006, 110)

Another way to look at power refrains from narrowing in on the power that is available between parties as a mechanism for coercing the other. A "power with" approach explores parties' joint capacity for exerting their power towards effecting change, solving a problem, expanding resources, etc.

Most of the discussion of power in the negotiation literature focuses on "power over". "Power with" would be the understanding of power's proper use aligned with integrative and interest based negotiation, but — given that power is a "dirty word" — authors discussing these approaches try to shift the focus from power altogether, rather than change the paradigm of power as coercive force.

Creighton University professor Bernie Mayer (2012) notes several other categorizations of power:

Reward and sanction: One element of power is the capacity to affect the other's decision-making process through affecting the payoffs of their choices. This can be done by applying sanctions to a noncompliant counterpart — but it can also be done through rewarding decisions they make that you see as beneficial to you.

Time-limited and ongoing: Some power owes its strength to a current set of circumstances. Imagine that you have won a law suit against someone, and they have thirty days in which they may appeal the decision. They ask you to break their debt down into monthly payments payable over two years rather than pay you in one lump sum. Ordinarily, you prefer to receive all the money up front. However, you realize that if they appeal the decision your payment might be delayed for a long time until the matter is re-examined by the court. During those thirty days, your counterpart has an enhanced amount of time-limited power. Other types of power, such as those stemming from resources or social standing, are less transient.

Formal and informal: Some power derives from a legal right or an organizational role. For example, a judge's power to fine a party, or a manager's power to fire them. However, other power does not derive from that same source but rather from social status, custom, or personal characteristics. For example, a judge's power to encourage parties to settle, or a manager's ability to motivate her subordinates (without threatening to fire them at each decision making point) are less formal.

2. Sources of Power

Some sources of power seem to speak for themselves: When one party clearly has more resources, more capacity, more allies, better lawyers and the like, we can easily point to a power-advantage stemming from that source.

However, given that power is complex and situational, it is important to understand that power stems from multiple sources. Different types of power might have different effects on each party's perceptions. At one point in time, you might have one type of power, at another, you might have less of that and more of another. At a particular point in time, one type of power might have great effect on your counterpart's decision making and at another point in time the same type of power might have no effect on them at all. Because of all this, negotiators must be able to identify, and draw upon, multiple sources of power — especially, the less obvious sources of power. Much of the discussion of power in the negotiation literature takes the stance of assisting a weaker party to recognize and leverage these different types of power to enhance their capacity to negotiate on an even playing field with a negotiator who possesses traditional sources of power. Here are several types of power you can identify in your own situations, develop, and use to your advantage:

2.1 The Power of BATNA

Many negotiation authors, such as Fisher, Ury and Patton in *Getting to Yes* and Leigh Thompson in *The Mind and Heart of the Negotiator*, define your Best Alternative to Negotiated Agreement (BATNA) as your primary source of power in negotiation. One way of explaining this is by suggesting that your BATNA defines the level of your dependency towards obtaining your counterpart's "yes". The better your BATNA, the less dependent you are on your counterpart's acquiescence. A good way to improve your power inside the negotiation therefore, is to improve the backup plan you will turn to in the event the negotiation does not work out. Assessing your counterpart's BATNA will give you some insight into their level of dependency on you. When suitable, hinting that you have a good BATNA, or sharing it with your counterpart to clarify that you are less dependent on them than they think, can shift their perception of your power and their own.

2.2 The Power of Coalitions

We have already discussed coalitions in a previous chapter, but spotlight the concept once again on the list of power-enhancing moves negotiators can make. When faced with a counterpart who is clearly stronger than you, look around and see if there is anybody you can entice to join your cause for mutual benefit. As Adler and Silverstein put it:

> "The adage that there is strength in numbers holds particularly true for negotiations. One way to equalize or exceed the power of a stronger party is to form an alliance with others who share an interest in working against the stronger party. This principle extends from those who are friendly allies through those who dislike a common enemy only slightly more than they dislike one another." (2000, 105, citations omitted)

2.3 The Power of Investment

Imagine yourself on the way to a meeting. You are concerned about being late, but a bus is supposed to arrive at any moment, so you don't take a taxi. Ten minutes later, you are fretting, knowing you will almost certainly be late. You decide to give it just a few more minutes. Five minutes later – now, definitely late – you once again consider giving up and taking a taxi. Do you do so? Often, you will not, for two complementary reasons: First, you have already invested so much and you want to see a return on that investment. Second, you think that if you invest *just a bit more* you will be able to harvest returns on the investment. Herb Cohen (1980) suggests implementing this in negotiation in order to develop power. The more you can get a negotiation counterpart to invest in a negotiation, the more likely they are to make concessions rather than allow you to walk away. Cohen suggests this may prescribe the way you structure the agenda: If you have a very difficult issue to discuss, regarding which you know you will need the other to make concessions, consider putting it last on the agenda. Once the other party has invested in long conversations on the preceding issue, you have created an "investment trap" that will work in your favor on the last issue. Developing this power requires that you allow and even encourage your counterpart to invest time, money and effort over the course of the negotiation. Every bit of effort they put in, digs their investment trap a little deeper and develops your power.

2.4 The Expanded Power of Reward and Punishment

This seems to be the fundamental source of power in many situations, from a negotiator's point of view. My boss can punish me by firing me or reward me by giving me the day off, or a raise. I cannot fire her, or give her a bonus. While this is true, it is mistaken to automatically align the distribution of power in a relationship along the same lines as the hierarchy. You might know of needs that your counterpart has that cannot be taken from others; they can only be given. For example, your boss might have a need for validation, for empathy, for care, or for advice. They might be averse to criticism, to being in the spotlight, to being treated with formality, or to being deferred to. You might find you can provide these, or withhold them, and in doing so affect your counterpart's perception of themselves, you, and the situation.

2.5 The Power of Persistence and Nuisance

Often, you might be able to gain a certain amount of power by creating a need on your counterpart's side which only you can satisfy: The need for you to go away and stop bothering them. Even in lawsuits in which it is clear that one side is right and will ultimately win the case, the weaker side can draw things out, filing a hundred different types of documents with the court that the powerful party must respond to. A tiny country might not be able to win a war against a superpower, but can exact a toll in lives, money and effort over time by engaging in low-level resistance. Just by calling your counterpart and engaging with them, trying to revive a negotiation, you are exacting a toll from them in time, effort and attention. Only you can make that go away; or, in our terms, your counterpart is *dependent* on you for making this nuisance go away. At some point, they might improve the offers they have been making to you, just to end the ordeal. By developing nuisance power, through persistence, you can redistribute power in a way that is more favorable to you. (Cohen, 1980)

2.6 The Power of Personal Attributes

Thompson explains that power is attributed to people not only for their primary status characteristics (rank, title, position) but also (particularly between people with equal status, or absent any such status) for their secondary status characteristics. These, Thompson explains, are:

> "... cues and characteristics that have no legitimate bearing on the allocation of resources or on the norms of interaction, but nevertheless exert a powerful influence on behavior. Secondary status characteristics are also known as pseudostatus characteristics, which include sex, age, ethnicity, status in other groups and cultural background. The three most common secondary status characteristics are gender, age, and race. Quite simply put, men have more influence than women; older women have more influence than younger people; and white people have more influence than black people when it comes to

interpersonal interaction. Typically, pseudostatus characteristics are highly visible, of course, have little to do with ability, but people act as if they do. Status cues are noted quickly, often within minutes after negotiators are seated at the bargaining table. Pseudostatus characteristics should not, in any normative or rational sense, exert an effect on the negotiation; however, they often do..." (2005, 154)

The specific ways in which pseudostatus characteristics affect negotiation differ from one cultural and geographical region to the next; the effects Thompson described are correct in one part of the world but less so in others. However, other areas will have their own particular set of pseudostatus characteristics at play, enhancing or diminishing one's power. While one might not be able to, or desire to, change another's perception of their age, gender, or race before a negotiation, being mindful of these characteristics effects on power might allow a negotiator to avoid unconsciously attributing enhanced power to a counterpart who possesses power-enhancing characteristics. On the other hand, one can work with what they've got: Attractiveness has been shown to be a source of power; your starting point notwithstanding, anyone can enhance this through impressive dress or grooming.

2.7 The Power of Weakness

Having your back to the wall, feeling you have no good options and no way to get your way given the other's overwhelming power, can, counterintuitively, become a source of power. This might work through several mechanisms. One involves the fact that people with their back against the wall sometimes act desperately, irrationally, emotionally, and unpredictably. They might act in ways that will harm them — but, as they do, also harm the powerful party whom they blame for the entire situation. They might suffer a great deal of pain to see their oppressor suffer. A powerless party might do well to let their counterpart *know* that they are feeling powerless; the powerful party might pay a price to protect itself against unpredictable retaliation by the weak party. By letting the other party know about its complete lack of power, the weaker party has transformed this into power. Another mechanism through which the power of weakness can be harnessed, is if the weaker party makes the powerful party realize that they will not give in — but, rather, require the more powerful party to absolutely crush them. Afterwards, they will publicly call attention to the powerful party's overwhelming use of force against a clearly helpless party, turning public opinion against them. (Adler and Silverstein, 2000)

2.8 The Power of Time

Time availability is a resource that often translates to power. One way of converting time to power is by presenting your counterpart with a deadline. By lessening the time they see as being available to them for decision making, you can affect their decisions. The degree to which this will play out in your favor depends on other power factors, such as the degree of their dependency on you. In general, having more time available for obtaining your goals – and having your counterpart know about this time – can enhance your power and your perceived power. Your counterpart understands that you will not be rushed into decisions, and knows that you can utilize this time to improve your BATNA. Whenever you can affect this, choose routes of action that will give you extended, rather than constrained, timetables.

3. The Power Paradox

Parties to negotiation invest – sometimes, obsessively — in figuring out what will give them more power over the other side.

In *The Manager as Negotiator*, David Lax and James Sebenius (1986) point out that having more power does not necessarily aid the powerful party. For example, the parents of a kidnapped child held for ransom may have greater financial resources than the kidnappers; however, it is precisely those resources that render them weaker while negotiating the child's release.

One fascinating manifestation of power's complexity is that power imbalances do not always help the stronger party. In fact, report Adler and Silverstein:

> "Repeated studies confirm that power symmetry, rather than disproportionate power, is the most favorable condition for reaching agreement. Disproportionately greater power on the part of one party in a negotiation often reduces the likelihood of a favorable outcome for the powerful party ..."(2000, 16-17, citations omitted)

In *Getting Past No*, Harvard University professor William Ury has dubbed this "The Power Paradox", explaining that the more power we have, the more reasons we might find using it to be unwise:

> "The harder you make it for them to say no, the harder you make it for them to say yes. This is the power paradox. You are thus forced, at great cost, to try to impose a solution on the other side. As they strike back, you typically escalate into a costly struggle. In pursuing the lawsuit, strike, or war, you spend a good deal of time and money, not to mention blood, sweat, and tears. You can easily end up with a lose-lose outcome, instead of the win-win outcome you sought. The company that sued may lose a valued customer, the union that goes on strike may force the company into bankruptcy, and the nation that goes to war may bog down in a ruinous stalemate. 'An eye for an eye, and we shall all go blind', Mahatma Gandhi once said. Even if you win the battle, you may lose the war. In the process, you may lose the battle with the other side. And they will often find a way to renege or retaliate the next time they are in a position of power. Warfare

— in its military, corporate, or domestic forms — is a high-priced method of handling disputes. That is why, over two thousand years ago, the great Chinese strategist Sun Tzu wrote: To win one hundred victories in one hundred battles is not the acme of skill. To subdue the enemy without fighting is the acme of skill." (1991, 131-132)

Another interesting way in which power seems to act as if it is constantly balancing itself out — almost as if it were a natural force — manifests in the behavior of low-power and high-power people. Low-power people tend to act in ways that will eventually gain them power; high-power people tend to act in ways that will eventually diminish their power. For example, Thompson (2005) explains that people with less power have great accuracy in perceiving the attitudes and behavior of high-power people; they pay attention to them, learn from observing, and their insights about these people might come in handy when they sit across a negotiation table from them. High-power people, on the other hand, tend to be far less attentive to the opinions, attitudes and behaviors of low-power people. Therefore, their overall understanding in their interactions with these people is less accurate. They might be less thorough in collecting information while negotiating with lower-power people. Another element which might be costly at the negotiation table is that high-power people tend to engage in less self-monitoring when engaging with lower power people; they don't fit their behavioral patterns to suit the situation.

All this leads to the conclusion that while having power might not be a bad thing in its own right, having it, and using it, might not always lead to the beneficial outcome negotiators expect it to. Having your counterpart sense a power parity between the two of you might sometimes be more beneficial to you than having them perceive a power disparity in your favor. And, while directly using power to coerce might work in some cases, it will backfire in others. Clearly, great care is necessary in accumulating, displaying, and using power. Additionally, once you have power, of any type, you must be mindful of the effects that power has on you. Is it causing you to be less attentive to your counterpart? Less cautious in how you behave? Less curious or diligent in your gathering of information? Don't pay a price, for having too much power.

How might we gain the benefits of having power, having worked so hard to generate it, while avoiding some of the challenges presented by the power paradox?

4. Using Power Effectively

Power's elusive nature, and its contrary effects, prohibit clear guidelines for its effective application. Power is an unpredictable force, and methods for unleashing it precisely and accurately in negotiation contexts are not yet to be found.

4.1 Principles and Guidelines

However, negotiation and conflict experts have been able to provide principles or reflective guidelines — habits to form, and issues to consider contextually — before utilizing power in negotiation.

Restraint: Peter Coleman, writing about "effective power", highlighted the value of "Restraining one's chronic impulses and stopping to assess some things such as short-term and long-term objectives... the types of power available that are relevant to a given situation, the best strategies given one's objectives, and the likely responses of the other party to use of such strategies". (2000, 124)

In his book *Staying with Conflict*, Bernie Mayer, writing about the use of power in ongoing conflict, adds several other guidelines for utilizing power that are very relevant to negotiators:

Proportionality: Negotiators will be most effective responding to a situation with enough power to accomplish their goals — but not so much as to squander power, unnecessarily escalate a conflict, or otherwise cause one of the backfiring effects we've noted.

Incrementalism: Mayer suggests that applying power incrementally, rather than effecting massive attacks or retaliation, or sudden and dramatic escalation, is more likely to be effective.

Focus: People with power sometimes use it with an unfocused or scattershot approach, or direct their power toward the wrong target. Negotiators should focus their use of power, applying it to a specific person to achieve a specific goal.

4.2 Educational Mindset

Beyond these guidelines, a helpful approach to utilizing power has been suggested by William Ury in *Getting Past No.* He suggests that a negotiator's overall approach to utilizing their power should be to use it to *educate* their counterparty, rather than to *coerce* them. At the same time as you make it hard for them to say "no" with the force of your power, make it easy for them to say "yes" by educating them as to why this is a good choice for them. Or, as he puts it: "Use power to bring them to their senses, not to their knees." (1991, 133)

4.3 Tactics for Using Power

Ury provides a set of tactics for implementing this educational mindset in applying power. He suggests that you let your counterpart know the consequences of not agreeing with you, in ways that are not direct threats to apply force. For example, he suggests:

Ask reality-testing questions: Such as "What do you think will happen, if we don't reach agreement?" "What do you think I will do, if you don't agree with me on this?" or "What do you think you will do, if we don't reach agreement?" By asking such questions, you are trying to let reality be their teacher, rather than you their coercer.

Warn, don't threaten: Threats are commonly employed in negotiation — but they backfire only too often. Ury recommends avoiding threats, and instead, reframing them into warnings. He explains the difference between the two, and discusses how to deliver warnings:

> "At first sight, a warning appears to be similar to a threat, since both convey the negative consequences of no agreement. But there is a critical, if subtle, distinction: A threat appears subjective and confrontational, while a warning appears objective and respectful.
>
> A threat is an announcement of your intention to inflict pain, injury or punishment on the other side. It is a negative promise. A warning, by contrast, is an advance notice of danger. A threat comes across as what you will do to them if they don't agree. A warning comes across as what will happen if agreement is not reached. A warning, in other words... objectifies the consequences of no agreement so that they seem to flow from the situation itself. It is easier for your opponent to bend to objective reality than to back down to you personally.
>
> While a threat is confrontational, a warning is delivered with respect. Present your information in a neutral tone and let the other decide. The more dire the warning, the more respect you need to show." (1991, 137)

Your warning, Ury says, should generally be along the lines of explaining that should you not reach agreement, you will need to turn to your BATNA. If the warning is not accepted, Ury suggests you press the point home by bringing your BATNA to life and letting your counterpart have a taste of it.

Demonstrate your BATNA: Make your BATNA feel more present, tangible, and inevitable, in your counterpart's mind. If your BATNA is to sue them in court, have your lawyer send them a letter.

Implement your BATNA: If your counterpart still does not heed the warning, they leave you no choice but to exert power by implementing your BATNA. Ury suggests that if you still have any interest in future negotiation with your counterpart, or in minimizing the cost of counterattacks retaliating against your unilateral actions, you take care to make your implementating your BATNA seem like unavoidable action, not something you are doing vindictively. He also recommends you deploy your BATNA so you are using the minimal amount of coercive power possible, so as not to provoke or antagonize needlessly.

Remind them of the way out: Ury suggests that even as you exert power, you do it while constantly sharpening your counterpart's choice — reminding them that while you *could* do things unilaterally, you do not *prefer* it this way, and they can change the way you are acting by changing the way they are acting. You are less likely to succeed in bringing the other party to the table to give into you through causing them pain, than you will be by constantly posing them the *contrast* between the pain caused by no agreement and the gains of an agreement.

Another set of practical tactics for negotiators finding themselves holding power advantages over their counterparty was formulated by Adler and Stevenson:

> "We offer three pieces of advice to more powerful parties to negotiations. First, do not always press advantages to the fullest. In a gracious manner, let the weaker party realize some gains that one could have taken for himself or herself, especially if there is even a slight possibility that one will do business with the weaker party in the future. We urge this both on ethical and prudential grounds. Not only we do find overreaching to be unfair, but also we suggest that those who oppress today will find few supporters when the tables are turned — as often they are. Moreover, oppressive agreements are inherently unstable. To be successful in business, one needs not only to be viewed as tough and shrewd, but also as fair.
>
> Second, when one has done well in a negotiation, without appearing obsequious or patronizing, one should go out of his or her way to reassure the other side how well they have done. One of the secrets of being a 'powerful' negotiator is convincing opponents to trust you during the negotiation and then showing them that they also have done well.
>
> Finally, we remind those with more power about the critical need to permit the weaker negotiators to 'save face'. Fisher and Ury make a compelling argument that preserving each side's dignity in a negotiation should be one of the main goals of a successful interaction. Time after time, they argue, individuals in the midst of a bargain will refuse to agree to terms they otherwise find acceptable because they cannot accept the perceived humiliation of backing down in front of an opponent. Accordingly one of the most important steps one can take is to assist the other side in accepting the terms one has sought without losing face." (2000, 110-112, citations omitted)

Conclusion

Power, as we've seen, is generally good to have, and generally good to be perceived as having. However, you won't always have much of it. And, when you do, you will find that using it can often backfire. As a result, negotiators need to load up their toolbox with forms of persuasion that do not work through coercive channels. We will stock up on those, in the next chapter.

Food for Thought

Think of a situation in which you felt as if you had very little power. It might be easiest to consider a situation in a hierarchical relationship — an interaction with a parent, a teacher, a manager, etc. Considering the different alternative sources of power discussed in this chapter, could any of them have been tapped for developing a heightened sense of power in that situation?

Next, think of a situation in which you feel you had a considerable power advantage over someone else. Did they automatically acknowledge that power, and give you what you asked for? If not — why do you think that happened? Did you exert that power, coercively? If not — why not? If so — did the results of exerting your power match your expectations?

References

Adler R S & Stevenson E M. (2000). When David Meets Goliath: Dealing with Power Differentials in Negotiation. Harvard Negotiation Law Review. 5(1), 4-112.

Cohen H. (1980). You Can Negotiate Anything. New York: Bantam Books.

Coleman P. (2000). Power and Conflict. In Deutsch M and Coleman P T. (eds.). The Handbook of Conflict Resolution: Theory and Practice. San Francisco: Jossey-Bass, pp. 108-130.

Kantor R M. (1979). Power Failure in Management Circuits. Harvard Business Review. 57(4), 65-75.

Mayer B. (2009). Staying with Conflict. San Francisco: Jossey-Bass.

Mayer B. (2012). The Dynamics of Conflict. 2nd ed. San Francisco: Jossey Bass.

Russell B. (1938). Power: A New Social Analysis. London: Allen and Unwin.

Ury W. (1991). Getting Past No. New York: Bantam Books.

Chapter 14

Influence

1. Affecting and Persuading, without Coercion

As discussed in the previous chapter, power allows negotiators to affect their counterpart's decision making. Through application of power, negotiators can try to coerce their counterpart to agree to things they would not agree to, were it not for their power. Coercion, as we've seen, operates through actively punishing the other party, or by denying them something for which they are dependent on you.

What lies beyond coercion? Can I get someone to do something for me, *without* taking unilateral measures against them, or denying them something they need? The answer to that requires an understanding of the notions of persuasion and influence.

Obviously, in negotiation, you can often easily achieve your goals simply by agreeing to pay the other party whatever price they are asking. The question, is therefore a bit more sophisticated: How can I get someone to comply with my wishes, without satisfying their demands, yet without applying coercive power? Here is where influence comes in. How can we influence someone to give us value – perhaps, more value than they had intended to give us – without forcing them to do so, yet without paying a price for it?

2. Objective Criteria and the Influence of Legitimacy

2.1 What Are Objective Criteria

One form of persuasive influence was developed by Fisher, Ury and Patton in *Getting to Yes* (2011). They recommended that negotiators should insist on using objective criteria. Instead of negotiations always devolving to a power-based arm-wrestling contest, becoming a battle of wills, negotiators can invite in an external source of guidance offering insight into how the issue should be resolved. However, they do not need to do this by agreement, nor are we referring to bringing in a third-party neutral such as an arbitrator to decide the issue. Rather, negotiators are advised to shore up their requests from their counterpart by demonstrating that external sources and authorities support this way of resolving the issue. Such objective criteria – which Fisher, Ury and Patton also called "sources of legitimacy" and "standards" in different editions of their book – can be anything or anybody unrelated to the parties themselves.

2.2 Examples of Objective Criteria at Work

Objective criteria are most easily explained through demonstration:

In a negotiation between you and someone who has come to buy your car, you have asked for $10,000 and your counterpart has offered $8,000. Many markets have a "book" or "list" value for cars, representing the value of any car in a particular market based on research conducted by experts regarding the vehicle and its supply-and-demand trends in that locale. By saying "Well, I understand you wanting to save money, but the book value for the car is $10,000 — would you like to reconsider your offer of $8,000?" you are influencing your counterparty to improve their offer.

In a negotiation for the purchase of an apartment, you have agreed on the base price, and the seller insisted that you cover the costs of all taxes incurred by the sale. You could say "No, you pay them!" or "I'll pay half!" and engage in bargaining. Or, you could say "Well, this isn't something to fight over between us; let's see what the law says on this. We'll agree that each of us will pay the taxes we must pay according to the law. That means I am responsible for the property purchase and registration tax, and you are responsible for the property sales tax."

You agree with your counterpart over the price of a shipment of units to your company, only to hear your counterpart say you can pick up the units any time you like. You can demand your counterpart pay for transport, or lower the price per unit accordingly. Or, you could say "In the past, you have always delivered the units, and any transport costs have been factored in to the price as we were negotiating. Let's stick with that system."

2.3 Types of Objective Criteria

These examples demonstrate three commonly-used types of objective criteria: Book value, law, and inter-party precedent. Fisher, Ury, and Patton list other types of objective criteria, suggesting that agreements can be based on fairness, scientific facts, efficiency, moral standards, equal treatment, professional standards, tradition and more.

Of course, not all of the objective criteria listed have the same persuasive force. Some are objective (such as the book value of a vehicle) whereas some are more subjectively interpreted (e.g., fairness). Some are easily accessible and well-known (e.g., the terms of your last deal with your counterpart) whereas some require expertise (such as determining market practice in a particular area of commerce). Some are clear-cut (such as the average rent for a square meter of commercial property in a particular locale) whereas others might be open to argument (many issues of law fall into this category, owing to lawyers' ability to argue any situation in opposite ways). Some will be more influential in one culture, and less so in another (for example, in the United States the notion of "fairness" holds unique influence; in other cultures, this may seem less persuasive than, for example, "tradition"). What they all share in common is that they are not something determined by one party — they exist independently of each party and their desires, and they are accessible to both parties for verification.

2.4 Working with Objective Criteria

An objective criterion is influential, not coercive. You cannot force someone to obey objective criteria (except in extreme situations, in which might you call the police if your counterpart breaks the law; that is really using power to punish, not influence to gain compliance). However, you can make compliance with an objective criteria seem desirable. Fisher, Ury and Patton suggest that negotiator try to change the entire tone of a negotiation from trying to bend someone to our will, to engaging in a joint search for suitable objective criteria. Once we have found an agreed-upon objective criteria, deciding who should get what in any situation — what should the price of a unit be, how many hours should an employee have to work overtime, or which country should rule a particular region — will often fall into place on its own. This suggests that negotiators should identify objective criteria that work in their favor, introduce them into the conversation, and seek to make identifying objective criteria an important part of the joint decision making process.

2.5 Why Do Objective Criteria Influence People (Even When Power Does Not)

Using objective criteria for decision making purposes lessens the sense that the negotiation is a battle of wills. It makes it easier for one party to give in to another. If you would tell your counterpart "Pay me $10,000 for the car, because that's my price!" chances are they would retaliate by lowballing you, deepening the interpersonal battle of wills, or by walking off, ending what could have been a fruitful negotiation. By introducing the notion of checking the book value, you are essentially telling your counterpart "Look, this isn't you giving in to me — this is just you accepting a rational, neutrally-determined price." This taps into the desire your counterpart shares with just about everyone else on the planet — the desire to be seen and accepted as reasonable, rational and fair. It allows your counterpart to unhook their ego and identity from the act of paying your price rather than getting you to pay theirs. It allows them to save face — with you, with themselves and with others.

2.6 Responding to Objective Criteria: Differentiation

Working well *with* objective criteria also involves knowing how to work well *against* objective criteria, when complying with these would cost you too much. As a negotiator, even if you accept that objective criteria should play a role in the process, you do not want to automatically reach into your pocket every time your counterpart raises criteria in their favor. If you give in to objective criteria at cost to yourself, it should only be because the criteria introduced by your counterpart applied perfectly to the situation, and because you would pay a price (e.g., develop a poor reputation) if you ignored it. The key to working against objective criteria is not to refute the notion that such criteria are important and worthy – but to suggest that the specific criterion raised by your counterpart (to their own benefit) is not applicable to your situation. This is done through *differentiation*. Differentiation means explaining why the rule suggested by the criterion was intended for another type of case, and does not apply in your own. For example, if the person buying your car would say "Sure, that's the book value for the four-door model, in good condition; your car is the two-door model, which is worth less, and it has those two big dents in the side", they are differentiating your car from the rule set by the objective criteria. If your counterpart to the transport example given above says "In the past, we've been happy to transport the units as we could fit them into our regular delivery cycle. In this case, you've asked us for immediate supply of the units; organizing special transport for them has costs, and we expect you to cover these", they are differentiating this case from the precedent-based rule you had asked them to conform to.

3. Persuasive Framing

Another method for applying non-coercive influence is forming messages using persuasive framing. Harvard University professors Deepak Maholtra and Max Bazerman, in their book *Negotiation Genius* (2007), have developed tactics for delivering what is essentially the same information in different ways that will motivate your counterpart to comply with your requests. We note two of their recommendations, both of which take into account human nature with regards to notions of gain and loss:

3.1 Highlight Their Losses, Not Their Gains

While it is often tempting to focus on the positive, highlighting the benefits of your offer, you price or your product, this is not the most persuasive framing you can choose. Research has shown that:

> "… decision makers weigh information about potential losses more heavily than they do information about potential gains – even when the gains and losses are of the same magnitude. As a result, when you frame the exact same set of information as a loss, it will be more influential in negotiation than it will be when you frame it as a gain." (Maholtra and Bazerman, 2007, 60, endnotes omitted)

Building on this principle, the authors recommend you:

> "State your proposal in terms of what potential losses the other side stands

to forego if your idea or proposal is rejected, rather than on what he or she stands to gain by accepting...

Point out that 'the offer from our competitor does not give you X, Y, or Z', instead of pointing out that 'our offer gives you X, Y and Z'." (there, 61)

3.2 Disaggregate Gains, Aggregate Losses

People gain more pleasure from gaining value in installments. Receiving a gift of $100 might make someone happy; receiving two gifts of $50 each would make that same person even happier. Interestingly, this tendency is reversed regarding loss: A person made unhappy by losing a $100 bill, would be even more unhappy were they to lose a $50 bill, and then discover, an hour later, that they have lost another $50 bill. In the realm of negotiation, this means your counterpart will feel as if they are getting more from you if you've made two small concessions rather than one large one. On the other hand, when you ask them to make a concession, ask for it all at once. You will have a better chance at getting it this way, than if you ask for half of it, and then later on ask for the other half.

4. Applying Cialdini's Principles of Influence in Negotiation

Arizona State University professor Robert Cialdini has written extensively on the science behind compliance: Setting aside the transactional or relational elements that the study of negotiation often layers onto this question: What factors tend to make one person agree to another's request? In his book *Influence: The Psychology of Persuasion*, Cialdini (2007) describes six principles of persuasion. We will introduce these principles, discussing how each plays out in negotiation:

4.1 The Principle of Liking

People are more likely to comply with your wishes if they like you. Liking you on a personal level, people are more likely to engage with you, interact with you, buy from you and pay the price you ask. Being liked is something that can develop on its own, over time. Cialdini points out two mechanisms through which one can engender liking in a more deliberate (and speedy) way.

One mechanism is that of similarity: People tend to like people in whom they identify a trait or characteristic similar to their own. You may recall, that this same mechanism builds identification-based trust, as well. Spotlight areas of similarity you share with your counterpart, and the degree to which they like you may increase; through this mechanism for liking, you may find them more compliant. It may sound odd to consider that a negotiator may make a substantial concession as a result of the other negotiator noting that they have the same watch on; however, that is how the human mind functions.

The other mechanism is that of praise: People tend to like people who praise them. Even thoroughly disagreeing negotiators can always find things to praise the other on: Making the effort to come to the meeting, the design of their office, the way they phrased a sentence or told a joke, and so on. Regarding both these mechanisms, the more genuine you can be, identifying meaningful similarities and giving praise you can truly identify with, the better your chances of having the desired influence-impact.

4.2 The Principle of Reciprocity

People tend to comply with something, if that something is essentially reciprocating something you have done for them. If you wish to elicit a certain behavior from someone, display it yourself, first. Demonstrate trust, if you want your counterpart to trust you. Demonstrate cooperation, if you want your counterpart to cooperate with you. Share information, if you intend to ask your counterpart a sensitive question. Make a process concession (e.g., agreeing to meet at their office instead of yours) if you intend to ask for a process concession (e.g., an expedited negotiation process or a break in the process). Make a small substantive concession, if you intend to ask them for a large one. How the principle of reciprocity works is not firmly anchored to the scale of the initial action; it reflects the nature of the act itself.

4.3 The Principle of Social Proof

People tend to act the way other people like them act. If someone asks you to sign a petition, and names several of your neighbors or your co-workers who have already signed it, you are more likely to sign it than you would have been had the person not named names – or named names of people you do not know, or who are not similar to you. This has two implications for negotiation: The first, is that it pays to list others who have been influenced, in order to influence your counterpart. As a landlord desiring to the rent for a dozen apartments in the building, rank your tenants in terms of anticipated difficulty, before you go around having conversations with them. That way, when you meet with your most challenging tenant, you can list eleven other tenants who have agreed to the higher rent. The other, is that influence sometimes works best horizontally, not vertically. If you are of a status higher than your counterpart, let the actions of their peers influence them, rather than your status. A teacher might say "Everybody in class has submitted their paper on time; I hope you will too" rather than "You'd better have your paper in by the deadline or I will fail you". A manager wanting her subordinate to work overtime on the weekend might have more influence if she says "David and John and Mary have already agreed to put in the time" rather than "You will show up, or pay the price".

4.4 The Principle of Consistency

People tend to align their actions with commitments they've made clearly. One example Cialdini gives is a series of staged incidents in which a beachgoer lay his blanket down near another beachgoer, left his valuables and went down to the water. An accomplice then came by, stole the valuables, and ran off. In three quarters of the incidents, the victim's neighbor did nothing to stop the thief, even though they clearly understood a theft was going on. However, in another series of incidents, identical in every way except for the beachgoer asking his neighbor "Could you watch my stuff please?" and receiving their agreement to do so, the neighbors nearly always intervened, chasing after and even restraining the thief physically. It is not that their sense of morality or justice had changed — their decision making had been influenced by their previous commitment. Importantly, commitment's influence goes far beyond merely keeping one's promise — it extends to ongoing action in line with the original commitment; at the beach, the neighbors went far beyond "keeping an eye" on the victim's valuables when they chased and tackled the thief.

Similarly, people who sign a petition to improve care for cancer patients are far more likely, several days later, to contribute to a cause soliciting money for cancer treatment than people are not asked to sign the petition. Their commitment, clearly expressed, to improve the lives of cancer-afflicted people, drove them to further (and greater) action, later on in time. People tend to live up to being the type of person they've committed themselves to being, even if such a lengthy duration and deep extent of commitment was not clearly in their minds at the point of commitment. The key to commitment having such deep and lingering effects on later behavior, Cialdini notes, is that the commitment be given actively — spoken out loud, or written down, rather than merely being a mental state. Even better, is to have the commitment be given publicly (this need not be a statement on someone's Facebook page or a television advertisement; just the fact that someone knows about the commitment — even an audience of one or two — can have a strong effect). However, only voluntary commitment has this effect; commitment obtained through coercion will not — and might easily backfire. The power of commitment is reminiscent of Dale Carnegie's (1936) suggestion to influence people by building them a fine reputation to live up to, through expressing praise and admiration for traits and habits you'd like to see them adopt — before they actually adopt them. Cialdini suggests that you should let people build *themselves* a fine reputation to live up to. In negotiation, of course, the ultimate goal is to harness the power of commitment in order to benefit from a lasting agreement that your counterpart upholds. However, it should also be utilized at earlier steps in the negotiation, in order to make that final agreement as favorable to you as possible, and to support the process being conducted along the lines you prefer. In that sense, you might be able to set your counterpart up to say — voluntarily, and without coercion of any sort — some of these sentences:

"I want us to have a good conversation in which we listen to each other."

"I intend to leave here with an agreement."

"I'm committed to finding a way us to work together for so that we both benefit."

"I will do anything in my power to reach agreement today."

"Of course, negotiation requires accommodating one another; I'll do anything reasonable to make you agree."

Any of these sentences, or any others in which your counterparty says something that goes beyond desire ("I want to reach agreement") to the realm of commitment ("I will work as hard as I can to make you say yes") can work as a delayed-action influence mechanism, inside your counterpart's mind.

4.5 The Principle of Authority

When people perceive you to be an expert on a topic, they defer to you on it. If you have credentials in a particular area that is relevant to the negotiation's subject, you might mention them at some early point. If you do not, you might still gain the power of expertise by coming to the negotiation thoroughly prepared on the subject matter. Assert your expertise, before you attempt to exert influence. Don't assume; make sure your expertise is known to your counterpart. Subtle mentions of your background, training or experience, in social interactions preceding substantive negotiations, can be a good way to assert your expertise, and is probably better than giving long self-centered speeches in the middle of a negotiation process.

4.6 The Principle of Scarcity

The less something is available, the more people tend to want it. As items or resources become scarce, people see them as more valuable. And, whenever an available item appears to be on the verge of becoming unavailable in the future, people become motivated to obtain it in the present. This explains the high price of gold or diamonds. It also has more important practical implications; any parent knows that if they ask their child "Would you like some salad?" they will be rebuffed — whereas if they say "There's only a bit of salad left, does anybody want it?" the child might rush to claim the salad. The effect of a closing window of opportunity can be a powerful motivator. This can be compounded, Cialdini says, by combining a hint of exclusivity with the information about the closing window. An example of this would be the parent murmuring quietly to the child "There's only a bit of salad left, do you want to take it before everyone notices and wants it?" The influential power of the notion of scarcity extends to the way we treat information itself. Exclusive information, Cialdini says, is more influential than data that is widely available. Sharing information in negotiation will have more influence on your counterpart if you preface it by saying that nobody knows this information yet and that they are the first to hear it.

4.7 The Power of "Because"

Negotiators will find much value in reading Cialdini's book, even though it is not always on the syllabus of negotiation courses. Besides his six principles of influence, Cialdini has noted several other influence mechanisms that sway humans in their decision making processes. These directly tap in to how the brain reactively responds to a set of preprogrammed prompts. Of these, one is particularly valuable to negotiators: The use of the word "*Because*".

In negotiation, you will often ask your counterpart for something. Every time you request a concession, a process accommodation, information or anything else, you are asking them to give you something, do something for you, or move themselves on your behalf. Humans are designed, Cialdini explains, to respond more positively to requests if a reason is provided alongside the request. Asking "Could you take 10% off that price?" may or not receive a positive answer — but "Could you please take 10% of that price, because we really are going over budget with this deal" has a better chance of receiving a positive answer. However, he notes, this is not because of the persuasiveness of the reason itself. Your counterpart is not swayed by the necessity of you meeting your budget. Instead, he says, your counterpart is affected by the very provision of the reason, the music of the sentence itself, and the use of the word "because". His research has shown that even if the reason you provide is not really a suitable reason for accommodating you, or indeed, even a real reason at all, the influence of "because" will affect your counterpart. "Could you take 10% off that price, because 10% off would be great" — not a reason or an explanation at all! — will have the same influential effect as any "real" reason.

5. Power, Influence, and Ethics

This chapter, and the preceding chapter, have brought to a point something that negotiators must look square in the eye: When we negotiate, we are trying to get others to do as we wish them to do. We do so, even where it might not have been their original intent, and in cases where we cannot be sure that it serves their own best interests. We do so, out of concern with our own interests, satisfaction, wellbeing, wealth and success.

Any time we act on our own behalf, with the potential of doing so at the expense of others, ethical questions arise. We will spotlight these questions, and offer some guidelines for reflecting on them, in the next chapter.

Food for Thought

Think of a negotiation you intend to hold with someone, in the near future. It could be a negotiation with a friend over which movie to see, or with a manager for a new work arrangement or a raise. What objective criteria can you think of that apply to your situation? Which work in your favor, and how might you introduce them in the conversation? Which might work against you, should your counterpart raise them? How can you differentiate your situation from the standard they set?

Think of the events of today, before reading this chapter. Perhaps you rode a bus or a train, watched TV, or shopped at a store. Can you identify any of Cialdini's principles that might have been at work, trying to affect you and the decisions you made, as you did so? The better you get at identifying these in your day-to-day activities, the better you will get at identifying them when a negotiation counterpart uses them — and, eventually, at using them yourself.

References

Fisher R, Ury W & Patton B. (2011). Getting to Yes. New York: Penguin Books.

Carnegie D. (1936). How to Win Friends and Influence People. New York: Simon and Schuster.

Cialdini R B. (2007). Influence: The Psychology of Persuasion. New York: Collins.

Maholtra D & Bazerman M H. (2007). Negotiation Genius. New York: Bantam Books.

Chapter 15

Ethics

1. We Are All Ethical (Usually)

Ethics is a tricky topic to write about, without offending the reader by insinuating that perhaps they are unethical. And yet, we must probe into this uneasy area of human reality, and do so candidly, to become better negotiators. So, we will pre-apologize for any offense given.

Having said that, it would be interesting to start off our exploration of this topic by asking you to consider whether you consider yourself, overall, to be an ethical person. There are many ways to discuss ethics, as we will see, but at this stage, a simple formulation of this question might be helpful: Do you tend to be guided, in your actions, by a moral compass of wrong or right? Or, do you tend to be guided by a desire to obtain the most for yourself, satisfy your needs and get ahead?

Doubtlessly, most readers will have chosen the former answer. However, even if so, you might ask yourself a follow on-question: Can you think of a case in which you have deviated from this, and given the latter set of motivations the upper hand? Or, a case in which you feel, in retrospect, that you aligned your "moral compass of right and wrong" with your "desire to obtain the most for yourself" in a way that might have been more convenient than it was justified?

Ethics, no matter how we define them, are a part of being human. Ethical *dilemmas* are a central part of the human experience. And, ethical *infringements* — people acting against what ethics might dictate, in a particular situation — are equally human. While some people might be more ethical than others, there are very few, if any, who always have, and always will, act in a perfectly ethical manner. Who amongst us has never told a lie — even a "white" lie? When confronted by a manager or a teacher over a late report, have you always responded by telling the full truth? Or, have you sometimes chosen to give some acceptable explanation, rather than explaining that you got carried away by spending a good time with friends, an engrossing novel or new video game? When invited out to drinks with someone you do not want to be with, have you ever said "No, I have a lot of work to do tonight" or "Sorry, I'm not feeling too well" — or have you always spoken the truth, saying "No, I really don't want to hang out with you; I never enjoy our time together"?

The movie *The Invention of Lying* (Warner Bros. Pictures, 2009) depicts a world in which people tell each other the truth, about everything. Nobody ever lies, and nobody evades touchy issues through half-truths and omissions. Watching the movie, the viewer continuously has a sense grating discomfort, wondering "How can they say that?" and "How can they live that way", as they unconsciously contrast the candor of the characters on the screen with their own intuitive responses. Viewing this film gives one a keen insight into the degree to which we ourselves are less-than-truthful in our day-to-day interactions — and, also, into how this facilitates many of our social patterns and habits.

2. Ethics in Negotiation

2.1 Addressing Ethics

One social interaction in which ethical dilemmas often manifest is negotiation. People engage in negotiation in order to get what they need and achieve their goals, and the road to doing so leads them to — often, through — another person. They require that other person to accommodate them and to comply with their wishes, to achieve these goals. Naturally, this interaction often has ethical aspects – in the sense that there may be limitations on what I should or should not do, to or with this other person, in pursuit of my own goals. Ethically-challenging situations are likely to arise in any negotiation. They tend to be more prevalent, naturally, in competitive interactions. Ethical considerations are particularly likely to be relevant anytime negotiators find themselves using the tools we've discussed in the previous couple of chapters for exerting power or influence over their counterparts.

This book does not presume or aspire to differentiate Right from Wrong for you, in the context of negotiation. However, to be effective in any negotiation, successful over a negotiation career, and satisfied with your actions as a human being in an overall sense, it is important to highlight ethics' role in negotiation. Negotiation raises many ethical dilemmas, some of which are more visible and some of which camouflage themselves amongst other categorizations. Negotiators must be able to recognize an ethical situation, identify the dilemma it presents, and make deliberate decisions regarding their actions. To do so, they require frameworks through which to consider these situations and test potential courses of action. And, above all, they must recognize the need for candid internal conversation about these issues. All these, are the goals of this chapter.

We choose this path, even though quite a few books on negotiation do not address the topic of ethics at all. This might be due to a lack of clarity on the topic, a sense that ethics are highly personal and that the author cannot contribute anything to the reader on this issue, or a desire not to muddy the waters of "here's how to get what you want" with questions of "but *should* you?"

As Marquette University professor Kevin Gibson has put it:

> "There is considerable literature that treats negotiation as an amoral game, where ethical concerns do not stand in the way of substantive gains... Given the prevalence of such approaches it is worthwhile to be aware of the nature of the techniques involved and the dynamics they set up." (2017, endnotes and citations omitted)

In this viewpoint, there is no point in discussing behavior in negotiation from a moral stance, but only through a tactical perspective: How to utilize, or defend against, sharp practices. If there is to be any discussion of ramifications of such behavior that is unrelated to the outcome of the deal itself, it is limited to long-term self-interested utilitarianism, rather than morality:

> "Clearly, the aim in most of these tricks of the trade is to give one party an advantage in bargaining. Such tactics, however, risk putting one's credibility at risk, and limiting the prospect of future interaction. Although the aggression and competition of gamesmanship may lead to short-term gains, it risks reputation. The evidence is that any immediate benefit will typically be negated by the inefficiencies imposed by distrust and the opportunity costs of foregone future transactions." (Gibons, there)

This has led to a situation in which what passes for discussions of "ethics" — in some books and amongst students of negotiation or professional negotiators in some educational settings — is not a discussion of moral Wrong or Right, but a question of utility: What might be the cost of unethical behavior, weighed against its benefits? Not "Is acting unethically *wrong*?" but rather "Is acting unethically in this deal *worth it*?" when weighed against other considerations. Usually, these other considerations include the likelihood that the deal will be upheld by your counterpart, should they discover your unethical behavior; the damage to your future relationship with that counterpart beyond this deal; and the damage to your reputation in general, should get out of your lack of ethicality, measured in heightened costs to offset risk and missed opportunities with people who will prefer to avoid working with you.

Finally, other writing on negotiation confines its discussion of ethics to a set of defined professional constraints, such as attorneys' codes of conduct.

The negotiation literature and Western negotiation education includes, therefore, a range of approaches: No discussion of ethics, discussion of professional codes of ethics, discussion of utilitarian aspects of ethical or unethical behavior, and full discussion of morals based in social norms.

2.2 Types of Ethically Questionable Behavior

While we've noted lying as one potentially unethical behavior, it is far from the only category of potentially unethical behavior. It is probably the most prevalent ethical dilemma that comes up during negotiation, and the one explored the most in the literature, but it is not the only behavior that can and should be put under an ethical spotlight. We will discuss several behaviors that the negotiation literature has cast this spotlight on. We are not calling any of these behaviors unethical in any *absolute* sense. Rather, we point out that these behaviors have been identified as having the potential for unethicality, and recommend that negotiators consider them through an ethical lens.

Lying: Thompson (2005) lists several topics that people sometimes lie about in negotiation: Positions, interests, priorities and preferences, BATNAs, reservation prices, and key facts pertinent to the deal. Other topics, we suggest, include deadlines, authority to contract, and even a basic desire to contract at all. Many other topics and sub-topics could probably be listed. Departure from the truth, in acts of omissions or commissions, is the category of ethics most commonly discussed in the negotiation literature. This is justified, if only because the veracity of a negotiator's statements is a choice he or she makes at multiple points in a negotiation conversation. This challenge of veracity is compounded by the fact that you do not always have the luxury of deciding what to say long in advance, with time for deliberation about ethics and truth-telling. Many of our statements in negotiation are reactive statements, responding to prompts and questions from our counterparts — posing on-the-spot ethical challenges. As Arizona State University professor Art Hinshaw (2017) captured this:

> "Negotiators often find themselves in a similar predicament when faced with pointed questions. The choice is be truthful, evasive, or deceptive. While most people want to be truthful, being truthful can lead to exploitation. Evasion keeps the speaker from lying, but it may signal to the questioner that the speaker is hiding something and this is an area for further inquiry. Being deceptive may help achieve a negotiator's short term goals, but could lead to numerous legal and reputational troubles. When answering pointed questions, negotiators have to make their choice quickly and typically do so based on gut feelings instead of an analytical reflection on negotiation ethics."

Reneging on a commitment: Sometimes, people commit to a deal in every way, yet have not yet signed a legally binding contract, or performed some other legally required act of commitment or performance. Is it ethical to withdraw from an agreement, after a handshake but before a contract is signed?

Withdrawing offers: Parties might make their counterparty an offer — yet, when their counterparty agrees to the terms, withdraw that offer and say that they don't agree to it themselves any more.

Denying the other party's fairness, rights and justice: This can happen on both procedural and substantive levels. An example of denying fairness first might be, for example, negotiating while using a communication pattern that doesn't allow the other party to express their thoughts. An example of denying rights might be demanding that the other party decide immediately — in a situation in which giving them a chance to consider or consult might be the right thing to do, morally. An example of denying justice might be making the whole deal contingent on your counterparty signing away their rights to have disputes regarding its implementation settled in a court of law (such as when one party insists on including an arbitration clause, particularly, one that designates an arbitrator chosen and preferred by that same party).

Exploitation of other's utter ignorance or lack of power: Extreme information disparity, and extreme power disparity, might be in another ethical category than more minor issues of truthful representation and use of coercive tactics. An example of extreme information disparity might occur when a mining company, realizing that valuable minerals lie under a small town, sends real estate agents to purchase homes for a low price without sharing that information. An example of extreme use of coercive power might be the case of Martin Shkreli, who purchased control of a pharmaceutical company that owned the rights to, and manufactured, Daraprim — a drug that prevents and treats parasitic infections, primarily in HIV-positive patients. After purchasing the company, Shkreli jacked the price of the drug up a staggering 5,000% — from $13 a tablet to $750. There is no other medication that provides the treatment that the drug offers, so its users faced a choice between suffering from the effects of the disease (which can be debilitating or life-threatening) or paying full price. Framing the market as a tacit negotiation between buyers and the seller, this exploitation of absolute dependence might be viewed as an ethical infringement.

Two other forms of ethical spotlights focus not on what parties do to one another, but on what they might be doing to *others*, external to the negotiation.

Reaching conclusions that affect third parties negatively: Sometimes negotiators consider reaching agreement that comes at a price to someone whose best interests are not represented at the table. For example, Russia and Germany signed the Molotov-Ribbentrop Agreement in 1939. This agreement (named for its negotiators — each country's foreign minister) was certainly beneficial for the signatory parties — it achieved a commitment to non-belligerence between them, and a commitment of neutrality under which they would not align themselves in pacts with each other's enemies. What could anyone have to say about the ethics of such a peace treaty? Looking at the agreement through the "affecting third parties negatively" perspective, however, one could point to the fact that reconciliation between the two countries was largely facilitated by their agreement to a secret protocol that essentially divided Poland — a sovereign third party state that was never invited to these negotiations — between the two countries. Before a month had passed, Poland had been invaded from either side and had ceased to exist. The protocol also included agreements regarding taking possession of the territories of other sovereign states including Finland, Romania, and the three Baltic states.

Reaching conclusions that do not consider communal considerations: As an extension of the previous category, negotiators might reach agreements that are beneficial to them but grate against communal norms, or harm society at large. Two businesspeople might agree to open a nightclub in the middle of a residential area. The residents may not be able to prove material damage, but they might feel offended or disturbed. Negotiators might plan the construction of a huge factory that will release gases into the air — emissions of a type not yet prohibited by law, but which may turn out to have serious effects on global warming. Are such external considerations to affect the way negotiators should behave?

3. What Are Ethics, and Where Do They Come From

We've noted that negotiation authors and educators adopt a variety of approaches towards discussing ethics — not discussing it at all, constraining professional behavior, proposing utilitarian advice in the form of ethical deliberation, and suggestions for social norms incorporating moral judgement.

The reason for this diversity of approaches in the negotiation literature owes to a parallel diversity of the meanings people have in mind, when they use the term ethics. When discussing ethics, people often have three different sources of determination in mind. As Hinshaw (2017) put it, these sources are morality shaped as social norms, professional standards and the law:

> "Ethical questions are nothing more than questions of fairness to others. But where do we look to find these our notions of fairness and the appropriate treatment of others in the negotiation context? The first place to look is internal — our most basic moral understandings of right and wrong, which are molded into a larger set of social norms that tell us what conduct is acceptable in these circumstances. Am I supposed to share, or may I refuse? Whether I share or not, is there an appropriate way to do it?
>
> Lawyers, on the other hand, gravitate to written rules and standards, so it is no surprise that the thought of ethics takes them to the rules for professional conduct...
>
> Another place to look for standards is the law, the place where society sets the lowest level of acceptable negotiation behavior. In the negotiation realm, the law at question is the law of misrepresentation, commonly known as fraud."

We will discuss these sources one at a time, but in reverse order — from norms imposed on negotiators from the outside, to ethics developed by negotiators themselves.

3.1 Constraints on Negotiation Behavior Imposed by the Law

Generally speaking, Western legal systems grant parties freedom of contract in a very broad sense. People are given broad latitude to commit to each other in nearly any way imaginable. As a result, there are very few constraints on the negotiation process that leads to the creation of a contract.

Legal systems generally view the contract as the legal object of interest, and is far less concerned with the negotiation process. Some exception to this approach exists in certain Western countries (e.g., Germany, Israel), in which the law imposes a duty to conduct negotiations "in good faith" and cautions against behavior that might be interpreted as being in bad faith. These laws are usually vague, and subject to different interpretations, but they do constrain parties' behavior towards each other, and as a result relate to our discussion of this first source of ethics. Such a "good faith" duty does not exist in many countries; parties are not seen as owing good behavior to each other in a general sense until they *commit* to one another; only then, is a more general duty — to uphold and perform the contract they have committed to in good faith-born. In the negotiation leading to such a contract, no such duty exists.

Other than such "good faith" exceptions, Western law adopts a hands-off approach to negotiation, assuming that parties are generally competent and autonomous enough to decide for themselves, and to take responsibility for their decisions. Therefore, legal systems intervene only in fringe cases in which parties are not competent (e.g., imposing special duties or constraints regarding advertising to, or negotiating and contracting with, minors or the mentally ill) or in which parties are not autonomous. The latter category includes legal intervention in such extreme cases as:

Theft: You would not accept my offer to purchase your car at a low price, so I just drove off in it. The law does not recognize a unilaterally conducted assumption of ownership.

Coercion or duress: We held a negotiation in which I made you an offer and you accepted it. However, all the while I held a gun to your head, or threatened to burn our house down if you did not sign. The law does not recognize your agreement, given under such circumstances, as completing a contract.

Misrepresentation or fraud: We held a negotiation over the sale of a house. We agreed on terms, and I paid you the price we agreed on. When I attempted to register the home as my own, I discovered that you had not owned the house in the first place, even though you presented it as your own in the negotiation. If you misled me intentionally (fraud) the contract is usually void by law; if you misled me innocently (misrepresentation; e.g., you actually thought it was yours for some reason) the law generally allows me to cancel the contract.

The law therefore identifies and forbids some of the more extreme ethical misbehaviors. Law, of course, is a cultural construct, which shifts from country to country, sometimes differs somewhat inside countries, and changes over time. As we will see, this cultural aspect holds true for all the sources of ethics.

3.2 Constraints on Negotiation Behavior Imposed by Professional Standards

Another type of constraints, aimed at discouraging inappropriate behavior, are those imposed by professional organizations on its members, in their professional activities as negotiators. Primarily, this category refers to restrictions placed on lawyers in their role as professional negotiators by the rules of their bar association.

For example, the American Bar Association Model Rules of Professional Conduct includes Rule 4.1 (a) and (b), discussing negotiation:

> "In the course of representing a client, a lawyer shall not knowingly make a false statement of material fact or law to a third person; or fail to disclose a material fact to a third person when disclosure is necessary to avoid assisting a criminal or fraudulent act by a party..."

The rule dictates that lawyers avoid lying, and actively disclose certain information to a negotiation counterpart. This would seem to require a fairly high level of truth-telling.

However, points out Georgetown University professor Carrie Menkle-Meadow, the official Comments that accompany all rules in the ABA's Model Rules of Professional Conduct limit the effect of this rule, and reduce the veracity required of lawyers:

> "For example, Comment 2 states that this rule applies only to 'statements of fact' and 'whether a particular statement should be regarded as one of fact can depend on the circumstances'. 'Opinions'(of value, of interpretations of facts, or of case law) are not considered 'facts' under this rubric. Most significantly, the Comment goes on to exempt from the operation of the rule three particular kinds of statements made in negotiation...: (1) estimates of price or value placed on the subject of the transaction; (2) a party's intentions as to an acceptable settlement of a claim and; (3) the existence of an undisclosed principle...Thus, the exception in the Comment defines away, as not material, several key notions of how negotiations are conducted..." (Menkle-Meadow, 2002, 131)

As a result, lawyers adhering to this rule can still say they think a house is worth a million dollars, when they know its true market value might only be half of that. They can make exaggerated demands or make an ultimatum, rather than state their realistic area of settlement, and they can negotiate on behalf of an undisclosed client, to allow them to seal a deal without their counterpart being aware that they represent the deep pockets of a Bill Gates or a Jack Ma.

In Canada, bar association rules impose higher standards of ethical behavior on attorneys. The Law Society of Upper Canada's Rules of Professional Conduct include these rules:

> "3.2-7 A lawyer shall not knowingly assist in or encourage any dishonesty,

fraud, crime, or illegal conduct or instruct a client or any other person on how to violate the law and avoid punishment.

3.2-7.1 A lawyer shall not act or do anything or omit to do anything in circumstances where he or she ought to know that, by acting, doing the thing or omitting to do the thing, he or she is being used by a client, by a person associated with a client or by any other person to facilitate dishonesty, fraud, crime or illegal conduct.

7.2-1 A lawyer shall be courteous, civil, and act in good faith with all persons with whom the lawyer has dealings in the course of their practice.

7.2-2 A lawyer shall avoid sharp practice and shall not take advantage of or act without fair warning upon slips, irregularities, or mistakes on the part of other legal practitioners not going to the merits or involving the sacrifice of a client's rights."

Just as legal systems differ from country to country, so, too, do the self-limitations professionals adhere to, or the constraints placed on individual professional negotiators by a central professional body. Once again, we can see that ethical regulation is culturally molded.

3.3 Constraints on Negotiation Behavior Imposed by Social Norms

This source of norms — which some might consider to be "real" ethics, grounded in morality — has been analyzed comprehensively by University of Pennsylvania professor G. Richard Shell in his book *Negotiating for Advantage* (2006). He suggests there are three schools of thought regarding negotiation ethics, once you set aside the constraints of the law and the legal profession:

The poker school: This approach holds that there are, essentially, *no* negotiation ethics. Negotiation is a game, like poker, with a set of rules, dictated by the law (as discussed above). Anything not forbidden by law is allowed — there is no secondary set of constraints. It is perfectly acceptable and not wrong in any way to mislead, conceal or exaggerate, so long as it does not constitute fraud. You can bluff about your BATNA, make up objective criteria, use sharp tactics and apply all the power you like (short of out-and-out coercion).

The idealist school: This approach holds that negotiation should not be categorized as a "game", as some special activity with its own set of rules, which is not subject to the rules of ordinary social life. On the contrary, people should be held to the same moral standards in all of their social interactions. Social life, in general, requires a high degree of honesty and minimal lying. It requires treating people as objects of respect, rather than as means to an end to whom you owe no duties. While you need not go out of your way to benefit others at your own expense, and you don't need to do your counterpart's work for them through sharing all of your information or disclosing everything you know — you cannot deceive them or harm them in other ways, for your own benefit.

Shell points out the way members of these two schools relate to each other:

> "Idealists think the members of the Poker School are predatory and selfish. For its part, the Poker School thinks that idealists are naive and even a bit silly. When members of the two schools meet at the bargaining table, tempers can flare." (Shell, 2006, 213)

The pragmatist school: This approach holds that negotiators should restrain themselves from certain behaviors, even though they are legal. However, they should do so not because it is morally wrong to lie, deceive, mislead or conceal — but because they will ultimately pay a price for doing so. As we've noted earlier in the chapter, negotiator "ethics" can focus on calculating the price to be paid for short-term gain through sharp practices, in the long run. This approach suggests that negotiators must keep the future relationship with their current counterpart in mind, as well as the potential damage to their overall reputation that could be caused if word got out that they deceived a counterpart, or reneged on an agreement.

3.4 Psychological Causes for Unethical Behavior

While it would be good to be able to summarize, and suggest you "Pick a school of ethics from the list above — and stick with it!" things are not that simple. University of Illinois professor Jennifer Robbenholt and Jean Sternlight, a professor at the University of Nevada, Las Vegas, suggest that even when we do choose our general ethical approach, we do not stick to it. Rather, we experience ethical "slips" in which we fail to live up to our own ethical standards. Building on Harvard University professor Max Bazerman's suggestion that humans tend towards "bounded ethicality" — setting ethical expectations of ourselves, yet acting towards others in ways that fall short of the expectations we've set — Robbenholt and Sternlight (2017) suggest four psychological mechanisms through which ethical slips occur.

Ethical fading: A variety of reasons can cause ethical considerations to fade into the background and the most ethical negotiator's ethical vigilance to diminish. Framing a negotiation as competitive tends to have that effect. Framing a decision point as a business, legal or financial issue, rather than an ethical issue, can lead to less ethical behavior. Similarly, a counterpart's own unethical action can have that effect; negotiators feel their (sharp and questionable) actions are more ethical if the other has acted unethically. Framing a decision point as a business, legal or financial issue, rather than an ethical issue, can lead to less ethical behavior. The salience of the potential harm is also a factor: We tend to make less ethical decisions when the harm is in the future, the victim is unknown or unknown to us, and the damage caused is not visible.

Rationalization: Even ethical negotiators use rationalization mechanisms to let themselves off the ethical hook. Having acted unethically, they will resolve the cognitive dissonance between such actions and their (generally) ethical selves by saying "Everyone does it", "It's not illegal" or "It was for a good cause". These rationalizations are sometimes used before the unethical behavior, in order to facilitate carrying it out. Previously, we've mentioned the false consensus bias — the assumption that our opinions are generally accepted and that our actions are generally normal, as well as the confirmation bias — our tendency to seek out and prefer information that confirms opinions we already hold. Both converge to make it easier to assume that our behavior is ethical even when it is not.

Predictions vs. practicalities: It's easy to set ourselves on a pedestal and imagine ourselves making very ethical decisions at undetermined points in the future. When those moments become the present, our predictions of our behavior do not match the practicalities of coping with the tough decisions we need to make. People imagining themselves enjoying their yet-unborn baby child idealize the image; they don't picture themselves doing so as they are frazzled, under time pressure, sleep deprivation, and constant demands for care; when the reality of caring for their child manifests, they are surprised at the distance between their prediction and the practicalities they encounter. Similarly, negotiators picture themselves making ethical decisions in a pressure-less world, and set high aspirations. When ethical dilemmas arise, though, negotiators usually must tend to them when they are under demand (from their counterpart and perhaps their principle), time pressure, stress, and perhaps fatigue. In these situations, we do not rise to our original ethical expectations.

Social factors: Remember the influence of social proof from the previous chapter; people who learn that their peers are acting unethically will be more likely to do so themselves. This might be compounded, if it is your superiors rather than your peers promoting the unethical behavior; pressured by a superior to act unethically, you might do so. Robbenholt and Sternlight note that people are more likely to ask others to act unethically on their behalf than to do so themselves; this means you might need to make ethical decisions not only in the face of your own desire to promote your self-interest, but also in the face of your boss nudging you to cut ethical corners. Add on to this, that your sense of negotiating on behalf of your boss (as opposed to on your own behalf) also facilitates unethical conduct. Our relationship with our counterpart can also encourage deception: We tend to lie when we envy our counterpart; we also tend to lie when we feel close to them and don't want to give them bad news.

4. How Can Negotiators Become More Ethical

Having suggested that familiarity with the psychological mechanisms underlying bounded ethicality can help negotiator adhere to their own ethical aspirations, Robbenholt and Sternlight (2017) offer methods for improving negotiator ethicality:

Negotiators can make ethics more salient, by exhibiting an ethics-related piece of art in their office, or by incorporating an ethical-examination phase into their negotiation-preparation checklist. They would do well to include others in this preparation, so as not to rely solely on their own analysis of their actions and motivations. They can anticipate ethical issues that will arise — e.g., questions the other will ask them that they do not want to answer, but do not want to lie about — and decide ahead of time how they will deal with them.

Thompson (2005) suggests that negotiators, desiring to examine the ethicality of their planned actions, can subject it to four tests:

Would you be comfortable if your actions or statements were to be published on the front-page of a newspaper?

If the situation were reversed, and your counterpart did the same thing to you that you are now considering doing to them, would you consider it merely unfortunate or discouraging — or downright unfair or wrong?

Would you advise others — say, your child — to act in this way?

Soliciting the opinion of someone you respect, tell them the situation and ask them about the planned behavior, without letting them know whether the behavior is yours or the other parties.

5. Defending Against Unethicality

5.1 Preventive Measures

Often, you will not know whether your counterpart is ethical, and to what extent. Sometimes, you will interact with someone whom you specifically do *not* trust to deal ethically — and, still, obtaining the deal is important to you to an extent that does not allow you to break off the negotiation owing to personal distaste with your counterpart.

In these situations, Hinshaw (2017) recommends several best practices for identifying, and protecting yourself against, deceptive counterparts:

Reputation research: To the extent you can, research your counterpart, and learn their reputation regarding ethicality. In business settings, you can contact their former colleagues or former negotiation counterparts. In other settings, you might also check out reviews of their services on online reputation sites. If your counterpart has a reputation for deceit, think twice about engaging with them — and be very careful to verify and nail down every aspect of the deal.

Identify "normal": Through establishing a social relationship with your counterpart, engaging on issues other than the topic of your negotiation, you might be able to identify their "normal" conversational patterns and habits. This familiarity with a baseline might allow you to notice when, in a negotiation conversation, they start to act differently. This difference might be a sign of deceitful behavior.

Probe relentlessly: People lie in different ways: Direct statements, omissions, half-truths, partial answers, side-stepping questions, etc. By repeatedly asking your counterpart to elaborate on their statements, you are giving them space to back away from lies they may have told. By listening carefully, as we've learned to do elsewhere in this book, you will notice when parties change their tone of voice, or engage in a dance of words to nimbly step around giving a simple, direct answer to a question. Asking follow-up questions will either result in a full, direct, answer — or bring the evasiveness and potential deceit to a point.

"Come clean" questions: At the end of discussion of a topic, and at the end of a negotiation, ask your counterpart a clear and deliberate overall "Anything else?" question, along the lines of, "Is there anything else that I don't know, that I need to know in order to make a good decision here?"

Nonverbal messages: Identifying whether someone is lying based on their body language is not an easy task, and people are not as good at it as they think they are. It takes a great deal of training to become truly skilled at this. However, Hinshaw suggests that you particularly pay attention to your intuition, in assessing whether your counterpart's nonverbal and verbal messages are congruent with one another. If someone makes a statement and something about their nonverbal expression — their tone of voice, pace of speech, or body stance – seems not to fit with the statement they have expressed, see that as a red flag, warning you to investigate with follow-up questions. While your concerns will not always be founded, it is generally better to be safe than sorry.

Harvard University professors Deepak Maholtra & Max Bazerman, in *Negotiation Genius* (2007) add on three further defense strategies:

Look prepared: The better prepared you appear to be, the less people will risk getting caught while lying to you.

Hint that you can obtain more information: If you have no idea whether your counterpart is lying to you, mention other sources of information you have that you are intending to pursue, or experts you are intending to consult about the details given and after "give".

Don't lie: This approach is recommended not as an ethical prescription, but as a way to ward off deception. As we've seen, people are more likely to engage in deception if they feel the other has initiated such behavior. If you give your counterpart every reason to believe you are telling the truth, you are making it less likely that they will lie.

5.2 Countermeasures

The suggestions above are particularly helpful for lowering the odds that your counterpart will lie to you, as preventative measures. What do you do, though, if you are concerned your counterpart has actually made an unethical move?

William Ury, in *Getting to No* (1991), recommends an approach for coping with sharp practices of any kind, including deception and other forms of ethically questionable behavior. Generally, Ury's approach is to use reframing as a primary tool for coping with sharp practice and tricks. As we've discussed, you can reframe attacks on you into attacks on the problem; you can reframe threats into high motivation for working things out. However, sometimes people are persistent with their use of these tactics and continue to attempt to play them out, avoiding your efforts to reframe them into something constructive. Ury frames the challenge of handling these situations and his method for doing so:

> "People who use tactics are usually probing to see exactly what they can get away with. In order to get them to stop, you may need to let them know what they are doing. Bringing up their tactic sends the message 'I wasn't born yesterday. I know the game you are playing. Your tactic isn't going to work.' If they want an agreement, they will drop the tactic, because using it will only make agreement more difficult to reach."(2011, 98-99).

Ury's approach is twofold:

Name the game: You must signal to the other party that you have identified the tactic they are using. You might (and sometimes might need to) do so outright — for example, by saying, clearly "That is a lie!" However, this gives your counterpart very little room to switch course; they can only admit their misconduct or exacerbate the situation so as to break off the negotiation. If you don't want the latter to happen, you might consider that you don't *need* the former to happen either — you don't need an admission, you need them to stop doing what they've been doing. Faced with a hint that they've been caught, your counterparty might stop employing that tactic so as to restore the impression that they had never been using it. Sometimes, this step is enough. If it is not, you might need to add on a more explicit step.

Negotiate the rules of the negotiation: Signal that you are changing the topic away from the substantive negotiation, in order to discuss process. You could say so in so many words, or say something along the lines of "Before we go on talking, I want to raise one issue that is getting in our way." Then, frame the behavioral problem, either bluntly ("You keep insisting on numbers that I know are not true") or diplomatically ("Each time you mention numbers, I have the sense that we have conflicting information"). Finally, negotiate the rules of negotiating regarding that behavior. For example, you might say "perhaps we need to show each other how we've arrived at each number anyone wants to put at the table" or "Perhaps we need to agree to your commission in percentages — but get a third party valuation for the product itself" or "Perhaps we can adopt a rule that will help us both take care to present only perfect data: If anybody gets caught by the other using faulty numbers, they make a thousand-dollar donation to charity out of their own pocket." Be prepared to conduct a negotiation with the other over the rules just as you would conduct one over any substantive issue. Be patient, and spend as much time on it as required. The better and more detailed the agreed-upon norms of negotiation are, the more likely they are to preclude recurrence of your counterpart's previous behavior.

6. We're Not Done with Ethics

In this chapter, we've laid out the sources of ethics, the types of ethically questionable behavior, the reasons it is so hard to be ethical, ways to improve our ethical behavior, and some methods for coping with ethically questionable tactics our counterparts employ.

There is much more to be discussed about ethics. One issue is the notion that there may be gender differences regarding ethics; we will discuss this in the next chapter, discussing gender and negotiation. An even wider issue has been briefly noted at several points on this chapter: Ethics are not universal; they are cultural constructs and culturally embedded. Remember this as you read the chapter on culture and negotiation, later on in this book.

As we promised at the beginning of the chapter, we have done our best to enhance your understanding of ethics in negotiation, in order to promote your capacity for ethical reflection and decision making — without adopting a moral stance of telling you Right from Wrong in negotiation. Ethics are not only cultural, they are also highly personal. We will conclude with one final thought: Ethical reflection should not suffice with considering what the law says, what professional guidelines dictate, and how our surrounding society views certain actions as opposed to others. In the end, more than anyone else, you yourself must live with what you have done — not only with the outcome of the negotiation, but with the words you have said and the actions you have taken along the way.

Food for Thought

University of Iowa professor Gerald Wetlaufer (1990) has discussed a dozen different types of explanations people give in justification of their less-than-truthful statements. Setting the discussion aside (although we invite you to look up the article and read it), we have adapted and listed some of the justifications he framed, below.

(1) I didn't mean to lie.

This justification has many variations, choose your favorite: "I didn't have the necessary bad intent."/"My statement was literally true."/"I was just putting things in the best light."/"There is no one objective truth' on this subject."

(2) I didn't actively lie, I just omitted things I didn't legally have to say.

(3) I lied – but it was legal.

(4) I lied – but it was about something that everybody *knows* that *everybody* lies about!

(5) I lied, but this had no effect on the process or their decision.

(6) I lied – but in a way you're *allowed* to in negotiation (as opposed to in other contexts).

(7) I lied – but it is because of a special relationship I have with my counterpart.

(8) I lied – but they started!

(9) I lied — but it was all for the best, in the end; it had good consequences!

Choose a few of these, and consider:

What do you think about each as justification for less-than-truthful statements?

Have you ever excused your own behavior using this justification?

Has someone ever justified their own statements to you using this excuse? What did you think about it then?

Has your thinking about such a justification changed, as a result of reading and considering this chapter?

References

Gervais R, Lin D, Obst L & Obst O (producers) and Gervais R & Robinson M. (directors) (2007). The Invention of Lying [Motion picture]. U.S.A.: Warner Bros. Pictures.

Gibson K. (2017). The Ethical Bedrock under the Negotiation Landscape. In Honeyman C & Schneider A. (eds.). The Negotiator's Desk Reference(Vol.1). St Paul: DRI Press: 493-502.

Hinshaw A. (2017). Negotiation Ethics. In Honeyman C & Schneider A. (eds.). The Negotiator's Desk Reference (Vol.1). St Paul: DRI Press: 481-492.

Maholtra D & Bazerman MH. (2007). Negotiation Genius. New York: Bantam Books.

Menkle-Meadow C. (2002). Ethics, Morality and Professional Responsibility in Negotiation. In Bernard P & Garth B. (eds.) Dispute Resolution Ethics: A Comprehensive Guide. Washington, D.C.: American Bar Association Section of Dispute Resolution.

Shell R. (2006). Bargaining for Advantage: Negotiation Strategies for Reasonable People. 2nd ed. New York: Penguin Books.

Robbenholt J K & Sternlight J. (2017). Drawing on Psychology to Negotiate Ethically. In Honeyman C & Schneider A. (eds.) The Negotiator's Desk Reference(Vol.1). St Paul: DRI Press: 503-514.

Wetlaufer G B. (1990). The Ethics of Lying in Negotiation. Iowa Law Review, 75: 1219-1275.

Chapter 16

Gender

The role that gender plays in negotiation is a challenging topic to write about. It is an area in which there have always been more assumptions than facts, and more stereotyping than evidence. Recent years have seen growing interest and research into this topic; still, however, a degree of vagueness persists.

The topic of gender differences is, inherently, one that causes discomfort in the West. Centuries of discrimination and stereotyping have created both a climate of inequality and an environment in which it is challenging to talk about differences. This, combined with the vagueness noted above, might explain why the topic is left out of some negotiation books and courses altogether (particularly, perhaps, those written and taught by men). Another issue making gender such a confounding topic is the degree to which gender roles and relations are cultural constructs.

In this chapter, we will clarify how the topic of gender in negotiation is treated in the West: How the negotiation literature treats and explains gender difference, what research has shown about how Western negotiators act, and the prescriptive advice given to Western negotiators (and, in particular, female negotiators) regarding gender. It is important to keep this cultural clarification in mind, reading this chapter.

One resulting outcome is that this chapter will focus on the male and female genders. As opposed to "sex", which relates to people's biological attributes, "gender" refers to the sets of socially constructed traits, behaviors, characteristics and roles that have been associated with those bearing such physical attributes. Despite sociological and legislative trends in the West recognizing a much more nuanced range of sexual identities and gender distinctions, little research has been conducted exploring gender-related negotiation issues beyond the male/female dichotomy.

Obviously, the topic of gender in negotiation is tied into wider issues of gender equality; it is not always easy to distinguish gender differences that are purely negotiation-related. There are many areas in which there are measureable differences between the genders, some of which might be affected by negotiation-related differences, and others which might stem from other causes. For example, in the U.S., women outnumber men in the workplace, and half of the middle management roles are filled by women. However, the top of the pyramid is overwhelmingly male-dominated; only 3% of CEOs of the U.S. *Fortune* 500 companies are women, and about 85% of the corporate officer jobs are filled by men. Globally, the proportion of women in senior positions might be even lower (Kolb, Williams and Frohlinger, 2010). This might have something to do with negotiation-related differences, but other causes are likely to be more dominant. On the other hand, while there might be other reasons contributing to the salary-gap between men and women that exists in most countries in the West, differences in negotiation-related issues are likely to impact this issue significantly. More narrow research, examining specific, recurring, negotiations, has yielded several clear gender effects on negotiation, laying the groundwork for understanding gender-mediated, negotiation-related effects affecting the wider issues.

A final introductory comment relates to the two voices this chapter is simultaneously written in. One seeks to discuss gender differences and gender effects in negotiation in a neutral way, of equal interest and importance to men and women. The other strives to stress that many of these differences and effects have little to do with an individual negotiator's value or skills, but are rather deeply systemic — and are largely detrimental to women negotiators; this voice also offers suggestions for evening out the playing field. These two voices, combined, reflect the dual nature of the Western literature on negotiation and gender.

1. Sources of Difference

In exploring gender-effects on negotiation, researchers look to more general sources explaining gender differences, to identify those that might pertain to negotiation.

1.1 Biological Differences

Prof. Stacy Roberts of the University of Utah describes a wide range of differences that often develop between males and females from very early ages, which might easily lay the seeds for biological differences in negotiation tendencies. Behaviorally speaking, female infants make more eye contact, respond more empathetically to others' distress, and look longer at others' faces than male infants. Physiologically, extensive brain scanning has uncovered differences between the male and female brain at different developmental points. Male brains have more connections within hemispheres, whereas female brains have more connections between hemispheres. Such wiring provides the groundwork for different predilections in thinking patterns; males are optimized towards motor and spatial skills, for example, whereas women are optimized towards combining intuition and analytical thinking. Women have been found to have better verbal memory and social cognitions skills. They are also more likely than men to correctly read and interpret nuances in emotional facial expressions and changes in vocal intonation (Roberts, 2016). All this suggests that men and women are likely to have different negotiation starting points, and different negotiation toolboxes.

1.2 Differences in Social Expectations and Responses

While biology might set the stage, our social environment and interactions provide the ongoing training for how we act – how perceive and perform, expect and assume in all of our pursuits and contexts. Negotiation is no exception. As we will discuss later on, women and men are expected, on conscious and subconscious levels, to conform to certain behaviors; when they enact other behaviors, they risk backlash.

1.3 Differences in Moral Outlooks

Another dimension of difference relates to moral development, or the fundamental approach we take to viewing the world and our engagement with others in it. Many texts on negotiation relate to the differentiation made by New York University psychologist Carol Gilligan between ethics based on rights ("I deserve to get anything I can according to the rules of a social or legal environment, regardless of what others think or need"), and ethics based on care ("I exist inside a web of relationships, and the preservation of these relationships justifies changing the rules"). Prof. Gilligan's research, discussed in her book *In a Different Voice* (1982) shows that women tend towards ethics of care, whereas men tend towards rights-based morality. From a negotiation perspective, this differentiation suggests that women might be more naturally oriented towards integrative negotiation, relationship-preservation, adopting a cooperative strategy, and taking the other's needs into account, whereas men would be more naturally oriented towards competitive approaches and preferring outcomes that involve decisions of win/lose and right/wrong. This differentiation also suggests differences between men and women with regards to the sources of ethics discussed in the previous chapter, and their implementation in negotiation.

All these dimensions of difference are starting points for considering gender-effects, but they certainly do not reflect every member of either gender. Reading them, you may have identified yourself as seeming either congruent or incongruent with the descriptions. Still, they provide windows into understanding those differences that negotiation research has identified; and their lack of universal applicability is symptomatic of the lack of clarity regarding gender-related effects on negotiation.

2. Systemic Barriers and Obstacles Faced by Women

Women negotiators face systemic challenges, affecting the ways they are perceived, and how their behavior is measured and judged, by others. Research has shown that women face implicit bias against them, posing obstacles to their success. Even once they have passed such obstacles, gender stereotypes continue to work against them. Here is how these mechanisms work.

2.1 Implicit Bias

Recently, researchers have turned away from measuring people's biases through questioning them on their attitudes (on race, gender, etc.), and instead developed methods for measuring those attitudes and stereotypes that are triggered unconsciously, without our knowledge or control. Even the most liberal, pluralistic and inclusive person might find they have unconscious bias regarding people of another race; even the staunchest egalitarian might find they have unconscious bias towards members of a certain gender. A wide range of studies known as "paired CV" experiments have explored the likelihood of job applicants receiving an invitation to an interview, being deemed suitable for a job, or being offered certain salary ranges. These experiments were often conducted in academic settings, in which professors were asked to review resumes of candidates for faculty positions, and make their recommendation regarding the candidate's hiring. All the resumes were identical, with only one variable: The name of the candidate. On half of the resumes, the applicant's name was clearly a women's name, and on the other half, it was clearly a man's name. In these experiments, male candidates were far more likely to be deemed competent, suitable for the job, and worthy of a job-offer. In those experiments in which faculty reviewers were asked to recommend beginning salaries should they accept the candidate, they recommended higher salaries for candidates with male as opposed to female names. Not only did this degree of implicit bias exist even amongst a well-educated pool of participants (university professors); it existed more or less equally amongst the female and male participants. In other words, at the most initial phase of forming subconscious opinions about another, men benefit from preferential attitudes as compared to women. Similar experiments, in which the variables have been hints to the candidate's race, sexual orientation, and paternal status have shown implicit bias to exist along those lines as well. These results, demonstrating implicit bias, have been supported by forms of experiments other than the "paired CV" method.

2.2 Gender Stereotypes

Beyond one's subconscious attitude towards someone of a particular gender, there are also a set of gender-related stereotypes determining our expectations of how someone of a particular gender will be or act. As George Washington University professor Charles Craver put it:

> "Males are expected to be rational and objective, while females are expected to concentrate more on relationships. Men tend to define themselves by their individual achievements, while women tend to define themselves by their relationships and group endeavors. Male negotiators are expected to be dominant and openly competitive, while females are expected to be passive and submissive." (2013, 352)

These stereotypes have double effect: They affect how I judge my counterpart, and they also affect the assumptions I have regarding my counterpart's expections of me.

Harvard professor Hannah Riley Bowles (2012) has compiled several experiments demonstrating the effects of such stereotypes. Generally speaking, negotiators make higher offers to men, and lower offers to women. Stereotyping leads people to assume that men will not settle for low offers, whereas women will. In one set of experiments, conducted at dozens of car dealerships, men and women used the same exact standardized bargaining script at each dealership — yet, ultimately, car dealers systematically offered lower prices to men. Another interesting study showed that people were more likely to lie to female counterparts than to male counterparts, evidently considering the act of lying to be less risky with a female counterpart. However, Bowles notes that the findings still paint no clear picture of just how gender effects negotiation:

> "Research conducted on the premise that male and female negotiators would consistently live up to their gender stereotypes largely met with failure. However, in broad brushstrokes, we do observe weak patterns of women negotiating more cooperatively than men and of men competitively claiming a greater share of the negotiating pie than women. An important question in contemporary negotiation research has been how to explain when and why male and female negotiators are likely to fulfill gender stereotypes." (there, 10)

Understanding the "when" and "why", then, would seem to be key for understanding the conditions under which gendered stereotypes in negotiation are fulfilled — and for offering prescriptive advice for negotiating better under these circumstances.

The pay gap between men and women in the job market is strong evidence of systemic obstacles posed to women, whether the mechanism is implicit bias or stereotyping. Of course, other forces may be at play, ranging from traditions and cultural norms to individual misogynistic tendencies.

3. Relationships between Gender, Negotiation Style and Negotiation Experience

Operating within this environment results in women and men making different decisions about engaging and avoiding in negotiation, and about the ways in which they engage. It also results in differences about the way they feel about their actions in negotiation, and in different social responses to their choices.

3.1 Engaging in Negotiation

In a groundbreaking book published in 2006 entitled *Women Don't Ask*, Carnegie Mellon University professor Linda Babcock and her co-author Sara Lascehever suggested there was a significant difference between men and women regarding the very decision to engage in negotiation. Across a wide range of domains – salary being an important one, but certainly not the only one — they found that women refrain from negotiating in situations in which men do negotiate. Their findings partially explain the pay gap, by suggesting that if women tend not negotiate to increase their compensation at their first job, whereas men do, the small initial difference between their salaries compounds over the course of a career.

In the United States, the question of "do women ask?" joins a wider conversation on women's accomplishments in the workplace, the systemic obstacles they face, and the role that their own behavior can have in improving the situation. Another example of the literature stoking this conversation was written by Facebook's COO Sheryl Sandberg, together with Nell Scovell. In *Lean In: Women, Work, and the Will to Lead* (2013), the authors consider both the challenges women face in the workplace and the ways women typically respond to them — and suggest women adopt a more intentional, proactive stance to overcoming challenges posed by stereotyping and bias. One positive outcome of the negotiation issue becoming linked with broader social issues of women in the workplace, implicit bias and pay gap, is that more research attention is being focused on this area, and we hope that the next few years will generate further insights. Another, is that some of this research is being focused on the effects of changing organizational practices regarding salary and negotiation, rather than the traditional approach of concentrating on "changing women's behavior"; the latter perspective might lead to positive individual achievements, but on the whole indicates that somehow, the pay gap and the negotiation gap are women's problems and even women's fault. As an example of this new approach, Bear and Babcock (2017) have recommended banning salary negotiation altogether, on an organizational level, creating greater transparency of organizational salary norms, and reducing the importance of salary histories in setting present salaries.

For now, we note that more recent data demonstrates a shift in women's proclivity to ask, over the last decade. Recent research in the U.S. (McKinsey & Company, 2016), and in Australia (Artz, Goodall & Oswald, 2016) suggest that women are asking for raises or for promotion more often than in the past, and are closing in on the rate at which men negotiate for the same things. While the "ask" gap has closed, though, and many women have benefited from asking for more, another gap remains wide open – the "receive" gap. Women's requests for pay or promotion, when they do ask, is more likely to be turned down; moreover, women remain likely to pay a price for asking (a reason not to ask in the first place). We now turn to the research on responses to women initiating negotiation.

3.2 Rejection and Backlash

There are two layers of reactions women receive in negotiation, particularly as they break stereotypical gender behavior in negotiation.

The first layer involves "negotiation-internal" responses: Turning down their offers, or making low counteroffers. Women's counterparts ultimately turn down deals they would have made with male negotiators, or refrain from making offers they would have made to male negotiators. This ultimately might affect women's negotiation efficacy, as discussed below. At the least, it suggests that women must work harder to obtain the same deals men make.

The second layer has to do with what Bowles describes as social "policing of prescriptive gender stereotypes" (2012, 13). Particularly in job compensation negotiations, she says, women negotiating for a higher salary are both straying from the normative expectation that women take care of the community at cost to themselves, and trespassing on male-dominated "breadwinner" identity. This results in censure being passed, on subconscious and more overt levels. The simple fact that a woman has negotiated for a higher salary for herself results in her being perceived as less nice, more demanding and less concerned about organizational relationships. Women negotiate in the workplace at their own social risk.

This second layer is dubbed "backlash" – knee-jerk responses to infringement on social norms. As Bear and Babcock put it:

> "... when women self-promote, they experience backlash, because advocating for oneself violates norms regarding the way that women are expected to behave. Thus, women at the bargaining table are sometimes stuck in a classic Catch-22: When they negotiate, they face social penalties (people don't like them), but when they don't negotiate, they lose out on important rewards."

3.3 Emotions and Overall Experience

Stony Brook University professor Julia Bear, teaming with Linda Babcock (2017), compiled several findings regarding how men and women feel differently about negotiating:

Preliminary anxiety: Women feel more anxious than men, anticipating an upcoming negotiation.

Aversion: Women report a greater sense of overall aversion to negotiation compared to men regarding topics seen as "masculine topics"; men show a greater aversion to negotiations concerning "feminine topics" as compared with women.

Sense of self-efficacy: Similarly, the nature of the negotiation topic as masculine/feminine influences negotiator's sense of self-efficacy; men feel more competent negotiating masculine topics, and women feel more competent negotiating feminine topics.

Relief: Women express greater relief compared to men when their first offer is accepted in a negotiation, when there is uncertainty regarding the norms about negotiating.

Overall, women appear to experience more negative emotions compared to men in the negotiation context, particularly when women feel they are negotiating on shaky ground — either regarding the subject ("masculine topics") or with regards to the permissibility or social acceptability of negotiation.

4. Gender and Negotiation Outcomes

The literature indicates that, often, all the factors discussed above lead to higher male outcomes in distributive negotiations compared with women's outcomes, with all other things being equal. To clarify, this does not mean that if a man negotiates with a woman, the man will do better than the woman. It means that where a man would achieve outcome X in negotiation (with any counterpart), a woman (negotiating with that same counterpart) would be likely to achieve an outcome smaller than X.

Thankfully, there are a number of exceptions to this rule — and as we discuss below, the exceptions indicate helpful steps that women might take to improve their overall effectiveness in negotiation.

Bear and Babcock (2017) neatly summarize the situations in which female and male negotiators achieve equivalent outcomes — or in which women tend to do better than men:

> "This research has shown that the gender gap favoring men is mitigated or eliminated under the following circumstances: Less uncertainty about how much is available in the negotiation, negotiating for others, feminine topics, situations in which gender stereotypes are salient, and situations in which men and women are of equal status."

We briefly elaborate on each:

Certainty of availability: In general, in ambiguous situations — regarding the question of whether negotiation is suitable, or regarding the availability of resources in the negotiation — women tend not to initiate negotiation, or to push for less, as compared to men. Where negotiating is clearly the norm, and when the resources on the table are clearly visible, women's outcomes are comparable to men's.

Negotiating for others: While differences between male and female outcomes in negotiation have been measured in situations in which the person is negotiating on their own behalf, they vanish in situations in which the negotiator is working on behalf of another. Advocating for another — such a female lawyer representing a client in negotiation, or a woman negotiating on behalf of a friend or relative in a non-professional setting — female negotiators' outcomes do not differ from male negotiators.

Feminine topics: Research has found that women do better than men at negotiating feminine topics, and men are more effective at negotiating male topics. Of course, the very question of what constitutes a "female" as opposed to a "male" topic is itself a challenging one. One research experiment compared people negotiating for motorcycle parts, with others negotiating for beads. The nature of a topic obviously involves cultural as well as individual dimensions.

Salient gender stereotypes: Gender stereotypes are particularly powerful because they exist, unaddressed, in the unlighted areas in people's minds. How might they affect negotiation, if they are brought into the spotlight before or during a negotiation? Research has described two messages that lead to improved outcomes for women negotiators. The first, is being told that stereotypically feminine characteristics make negotiators successful. Empowered by this message, female negotiators perform well at the negotiation table. A somewhat converse message resulting in the same outcome, is telling female negotiators "Men tend to do better at this type of negotiation than women." Reacting *against* the explicit stereotyping, women achieve better outcomes in the ensuing negotiation.

Status: Status is a subjective term, much as is "power", to which it is often related. Still, in negotiation situations in which women and men are clearly designated as low-status parties, they do equally well in negotiation.

5. Improving Women's Effectiveness in Negotiation

Based on the above, here are several ways in which women can act to overcome stereotyping, diminish the effects of backlash, and improve outcomes in negotiation. As we will see, many involve mental acts of reframing or other unilateral actions that do not require their counterpart's agreement, which allow women to operate more effectively. As we move into prescriptive advice, we urge women to consider its use with caution, reminding that it is based on research developed in certain cultural settings, by researchers with particular cultural backgrounds. However, it reflects some of the advice being given to women negotiators in Western contexts.

"Ask" instead of "negotiate": Women's hesitancy to negotiate on their own behalf, such as asking for a raise, can be diminished by a simple act of reframing. When advocating for yourself, don't frame it as negotiating for something, but rather as asking for something, or as seeking to solve a joint problem.

Paint a broader picture: To avoid the backlash resulting from asking for something that will benefit you only, frame your request in terms of how it will benefit the organization, rather than yourself. Negotiating with your husband, frame your proposal in terms of its benefits to the family; negotiating with your boss for a promotion, frame it in terms of how it would help you achieve organizational goals.

Make stereotypes explicit: Alerting your counterpart to an upcoming defiance of gender stereotypes helps mitigate its effect (Roberts, 2016). This might take the form of "I know that this isn't going to sound typically feminine thing to say, but I'm going to have to insist you make me a higher offer".

Reduce ambiguity: Women often refrain from negotiating, as they are uncertain whether it is professionally or social accepted under the circumstances. Unless they are certain it is acceptable, they are less likely to initiate negotiation, and more likely to accept a first offer without trying to improve on it. Whatever the context, it is worthwhile to ask around and discover whether others, in that same situation, tend to negotiate. Learning that others negotiate in that situation will eliminate that ambiguity. Similarly, learn all you can about the resources available. For example, without knowledge of their employer's ability to pay high salaries, women will tend to ask for or accept lower offers. However, once a woman knows that other people — men or women — in her position are being paid higher salaries, or, more generally, knows that the company has money available for salary increases, she is more likely to aspire to a higher outcome.

Make everything a feminine topic: The mechanism through which the gender-categorizing of a topic works is still unclear. However, vague though this may be, there is a chance you can increase your efficacy as a negotiator by subsuming the object or topic of negotiation under your own gender. If you can form a narrative under which the motorcycle part you aim to purchase is related to your femininity, you may achieve a better negotiation outcome.

Picture yourself negotiating for someone else: In your preparation for the negotiation, and — to the extent you can hold this picture in your mind — during it, imagine that you are representing someone else in this negotiation. You are taking care of that other person, and improving their situation, by negotiating on their behalf.

Recall experiences of power: As you prepare for negotiation, and before you walk into the negotiation interaction itself, recall a situation in which you felt powerful and in control of things. This reduces feelings of anxiety related to the negotiation, which in terms might increase self-efficacy — your belief in yourself as a competent negotiator.

Train for self-efficacy: Learning negotiation — such as by reading this book or by taking a training course — might increase your competence in negotiation. However, for women in particular, this needs to be supported by work on self-efficacy. Women's *confidence* in their negotiation *competence* strongly effects their *performance*. Such confidence can be gained through a variety of ways — self-support, mutual-support with a friend, mentoring, coaching or targeted training.

Recall past assertive behavior: Before walking into the room, recall an incident in which you acted assertively: You asked for what you wanted, did not give in to the first "no", or did not accept the first lowball offer.

Remind yourself of gender stereotypes: Before beginning a negotiation, tell yourself one of two things, depending on which is the more suitable: Either "This is a negotiation in which women are uniquely positioned to do well due to our feminine characteristics" or "This is the type of negotiation in which men probably do better, generally speaking, than women". Considering either of those sentences is likely to affect your mindset and lead to a more beneficial outcome for you.

Food for Thought

Whether you are male or female, the literature suggests that you are likely to engage differently with negotiation counterparts, depending on whether they are male or female. Can you remember one pair of incidents in which you think this held true? It might be related to your interactions with male and female teachers, or male and female supervisors at work. Which of the elements discussed in the chapter pertain to those interactions?

References

Bear J and Babcock L. (2017). Gender Differences in Negotiation. In Honeyman, C. & Schneider A. (eds.). The Negotiator's Desk Reference(Vol.1). St Paul: DRI Press: 595-605.

Riley Bowles H. (2012). Psychological Perspectives on Gender in Negotiation.Harvard Kennedy School Faculty Research Working Paper: 012-046.

Craver C B. (2013). The Impact of Gender on Negotiation Performance, Cardozo Journal of Conflict Resolution, 14(2): 339-359.

Gilligan C. (1982). In a Different Voice. Cambridge: Harvard University Press.

Kolb D M, Williams J & Frohlinger C. (2010). Her Place at the Table. San Francisco: Jossey Bass.

Roberts S M. (2016). Gendered Differences in Negotiation: Advancing an Understanding of Sources, Effects and Awareness. Cardozo Journal of Conflict Resolution, 18(1): 71-84.

Sandberg S & Scovell N. (2013). Lean in: Women, Work, and the Will to Lead. New York: Alfred Knopf.

Chapter 17
Culture

As with the topic of gender, addressing the topic of culture in negotiation requires preliminary explanations before getting started. In this chapter, we do not intend to describe any particular national culture — in general, or regarding negotiation. In fact, as we shall see, there is no small degree of critique of this approach to discussing culture. Moreover, we will not discuss interactions between members of specific national cultures, such as trying to describe just what will happen in any interaction between teams of U.S. and Chinese negotiators.

Instead, what we do in this chapter is to introduce the topic of culture in negotiation as this has been researched by (primarily) Western researchers, and note how it is taught in Western negotiation courses. We will provide readers with a list of topics that are considered cultural topics, and briefly discuss the research findings on each. The aim is to present the reader with a picture of how negotiators in the West are taught to treat the topic of culture.

We note, that not all negotiators are taught about culture at all. It is not necessarily included in short corporate trainings, nor is it included on the syllabi of all negotiation courses in academia. Part of this is due to it being an unclear topic, developing in a changing world; part of this reflects critique of the way culture has been researched and discussed in the academic literature. This critique will be discussed towards the end of this chapter.

1. Culture

1.1. What Is Culture, and How Does It Connect with Negotiation

Culture has been defined in many ways, for many purposes. In an attempt to capture the essence of this concept in a way that highlights its effects on negotiation, Northwestern University professor Jeanne Brett writes, in an article entitled *Culture and Negotiation*:

> "Culture is the unique character of a social group. It encompasses the values and norms shared by members of that group. It is the economic, social, political, and religious institutions that direct and control current group members and socialize new members. All of these elements of culture can affect social interactions like negotiations. Cultural values direct group members' attention to what is more and less important. Cultural norms define what is appropriate

and inappropriate behavior. Cultural values and norms provide the philosophy underlying the society's institutions. At the same time cultural institutions preserve cultural values and norms, give them authority, and provide a context for social interaction. There are many different cultural values, norms, and institutions. Not all relate to negotiation. However, many do because they provide a basis for interpreting situations (this is a negotiation, therefore I behave) and a basis for interpreting the behaviors of others (he or she threatened me, therefore I should...)." (2000, 98, citations omitted)

In order to bring culture down from a top-level concept to something that can be discussed and applied helpfully across a wide range of domains, researchers have attempted to break it down into discrete elements or dimensions.

1.2 Models of Cultural Dimensions

Discussion of culture in the West often begins with the writing of Maastricht University professor Geert Hoffstede. Hofstede conducted his early work at IBM focusing on personnel research. He sought to understand how people behaved and collaborated in such a large and diverse organization by focusing on how values in the workplace are impacted by culture. His insights, captured in his books including *Culture's Consequences* (2001), have become a cornerstone for the application of a cultural lens across a great many disciplines.

Hofstede's work on organizations suggested that one could measure national cultures across six cultural dimensions:

Power distance: The degree to which people agree to power being distributed unequally. How does society handle inequality? High power-distance societies accept social hierarchies, whereas in low power-distance societies the people on the lower end of the hierarchy strive to flatten it, and demand justifications for inequality.

Masculinity vs. femininity: What values does society prefer and reward? "Masculine" values, such as heroism, assertiveness, achievement, and winning? Or, "feminine" values such as social justice, care, and mutual concern for all people?

Uncertainty avoidance: Do members of society tend to avoid uncertainty, instead attempting to control the future? Cultures high in such uncertainty-avoidance tend to maintain rigid structures and codes of behavior. Societies with low uncertainty-avoidance are tolerant of variance in behavior and ideas. In such societies, "principles" are less important than constructive practice.

Long-term vs. short-term orientation: Societies scoring high on long-term orientation promote modern education, and make long-term planning efforts. Societies scoring low on this orientation prefer maintaining long-held traditions and keeping things largely the way they have always been.

Restraint vs. indulgence: To what degree do societies allow, or even encourage, individual gratification, enjoyable lifestyle, and simply having fun?

Individualism vs. collectivism: The degree to which the social framework is tightly-knit along social and familial lines. In highly individualistic cultures, people are generally expected to take care of themselves and their immediate dependents only. In collectivist societies, families and other in-groups take care of their own — and, in return, enjoy their unchallenged loyalty.

Anthropologist Edward Hall's (1976) model of high-context and low-context cultures, discussed in his book *Beyond Culture*, is also a common touch-point for discussions of culture. This model does not focus on the wide range of societal behaviors and preferences that Hofstede's does, but rather only on a society's communication style. It examines the types of messages members of society express to one another in routine communication: Do they require a great deal of context (previous immersion in society, its norms, patterns, humor and nuances) to be understood? Or, are messages clearly communicated verbally, more easily understood by an outsider? Another way of expressing this is the degree to which an understanding of cultural context is important in order to understand those parts of the message that have *not* been verbalized. The more a society's communication patterns rely on the listener's capacity to fill in the blanks and understand the speaker's intent, the more "high context" it is. As such, Hall identified, for example, Australia, the U.S., Israel and Scandinavian countries as being low-context, whereas Latin American countries, China, and France are more high-context. In high-context cultures, precise word choice is crucial, as any choice of words involves layers of meaning and intent beyond those words' literal meaning.

This continuum of context in communication corresponds with some of Hofstede's dimensions of culture. For example, high-context cultures tend towards collectivism.

2. How Does Culture Affect Negotiation

2.1 Applying Cultural Dimensions to Negotiation

Many of the dimensions discussed above have clear application with regards to elements of negotiation that have been discussed in this book. The masculine/feminine dimension clearly ties into our discussions regarding the divides — in orientation and strategy — between cooperation and competition. Uncertainty avoidance strongly affects decisions and actions regarding trust. The dimension of restraint/indulgence affects suitable mechanisms for relationship-building.

Brett (2000) suggests that three of these dimensions have particularly powerful effect on critical areas in negotiation:

Individualism/collectivism affects goals and strategic choice: Individualists focus on their self-interests, and therefore tend to set higher goals in negotiation. These high goals lead them to reject offers that might make economic sense but do not fully satisfy their aspirations. Moreover, their focus on their own goals makes them less prone to adapt their strategic choice between competition and cooperation based on who the other is. Collectivists, on the other hand, do adapt their strategy in this regard. They will tend to be more cooperative with in-group members and competitive with out-group members. In a more general sense, they will tend to cooperate with cooperative negotiators and compete with competitive counterparts.

Power distance affects the emergence of negotiation, the norms of interaction, and the application of power: In hierarchal cultures, conflict is seen as a threat to the social structure. It is less likely to emerge between people with unequal social status as the lower-status member of society will defer to the higher-status member. When conflict emerges between social equals, they are likely to resolve it through requesting the judgement of a superior, rather than by engaging in direct negotiation. In egalitarian social structures, on the other hand, conflicting members are encouraged to resolve issues on their own through negotiation. Parties applying power are more likely to utilize power emanating from internal elements in the negotiation (e.g., the existence of a good BATNA) rather from elements in the social structure (e.g., possessing higher social status).

High/low-context communication affects information, and thereby — integrative potential: Information-sharing — about priorities and preferences, interests and needs — is at the heart of integrative negotiation. Sharing information in direct question-and-answer format might be more typical in low-context countries; exploring information through indirect trial-and-error processes (when you turn down my offer, and propose a counteroffer, I gain insight into what was wrong with my offer from your perspective, and what you are really seeking) is more typical to high-context countries. Each can result in integrative agreements, but the difference in conversational approaches is a challenge to cross-cultural integrative cooperation.

Another way in which high-and low-context affects negotiation is through its impact on methods for persuasive communication. As Brett put this, together with University of Waterloo professor Wendy Adair (2004):

> "Several research studies on negotiation processes support the low-and high-context communication distinction in the East and West. In low-context cultures, persuasion makes appeals to rationality; in high-context cultures, persuasion makes appeals to emotions and affect." (168, citations omitted)

2.2 Other Suggestions for Culturally-affected Areas of Negotiation

Other negotiation researchers have described other ways in which cultural modes of being and behaving affect negotiation, as well as specific elements of negotiation that are affected by such culturally-fueled conduct:

In an article entitled *Culture-based Negotiation Styles*, University of British Columbia professor Michelle LeBaron (2003) identifies several areas as being culturally-based – and discusses how they affect negotiation:

Time: LeBaron differentiates between two orientations to time, as cultural constructs: Cultures in which time is *monochronic* tend to approach situations and interactions in ways that are linear, sequential and one-at-a-time. Cultures in which time is *polychronic* tend to allow for many things happening concurrently, and for many people to be involved in them. In such cultures, time is more fluid, and spending it well is more important than adhering to a schedule. In negotiation, cultural approaches to time affect the rigidity or fluidity of start and end time, the importance of showing up on time and the effects of being late, the frequency or duration of breaks, the pace of information flow, and norms regarding conversational turns and interrupting.

Space: Space differentiations have to do with cultural tendencies with regards to territory, to personal distance, to expectations and comfort regarding physical touch, and expectations and comfort regarding eye contact. In negotiation, these differentiations affect the location of meetings; for example, whether to hold it in one party's office or home, or at a neutral location such as a restaurant. They affect seating arrangements; do parties sit side-by-side, or facing each other? How much distance is there between them, and is it left empty, or filled with furniture? They affect the frequency, duration, and types of touch employed in a negotiation. Finally, they affect the frequency of eye contact, the meaning of such eye contact, and the ways in which people attribute qualities such as honesty or evasiveness, and respect or defiance, to eye-contact.

Tufts University professor Jeswald Salacuse's research (1998) suggests that culture impacts negotiation style by affecting these ten factors:

Goals: Are negotiators here to achieve a contract, or here to build a relationship?

Attitudes: Do negotiators strive for a win/win outcome, or seek to impose a win/lose outcome?

Personal styles: Do negotiators behave formally, or informally?

Communication: Do negotiators communicate directly, or indirectly?

Time sensitivity: Are negotiators sensitive to promptness, lateness, and duration of negotiation?

Emotionalism: Do negotiators tend to express their emotions, or keep these to themselves?

Agreement form: Do negotiators craft highly specific agreements, or prefer general frameworks?

Agreement building: Is negotiators' agreement-building process top-down (deductive), or bottom-up (inductive)?

Team organization: Do negotiation teams have a clear leader, or do they decide by consensus?

Risk taking: Are negotiators agreeable towards risk, or are they risk-averse?

3. Issues in the Teaching of Culture in Negotiation

3.1 Positive Attitude Towards Cross-cultural Negotiation

Overall, a broad theme underlying the research conducted in the West, which certainly provides the tone for the teaching of culture in Western negotiation courses, is that cross-cultural negotiation can succeed. Primarily, success is seen as dependent on parties' motivation, perseverance and flexibility. So long as parties recognize that information exchange can be inhibited owing to their cultural differences, and are willing to keep working in order to obtain the necessary information while not getting discouraged by early failures or by cross-cultural missteps (unintentional insults, humor gone wrong, and the like) they will ultimately succeed in reaching agreement.

3.2 Painting with a Broad Brush

Negotiators are taught broad generalizations about culture in negotiation, and also warned that variance exists inside these generalizations. For example, they are taught about regional or national distinctions based on the dimensions discussed above — but also warned that these are general descriptions only; there are differences within geographical or national locales, and differences between people. Any individual negotiator they encounter might not conform to culturally-formed expectations.

3.3 Respect for Culture Is Clearly a Value; Adaptation Is Less Clear

Generally speaking, negotiators in the West are taught to identify cultural elements in negotiation, and taught to respect their counterpart's culture. This does not necessarily include a prescription to always play by the other's cultural rules, however, showing respect to these rules is certainly prescribed. Negotiators are generally not taught *when* to play by the other's rules, and when to insist on their own. One reason for this, is that — the issue of respect aside — the efficacy of adapting to the other's norms, or of causing the other to bend to your own, is unclear, and best practices have not been developed. As Jeanne Brett described the conundrum of conflicting negotiation norms:

> "There is not much research on what happens when negotiators' initial strategic approaches to bargaining are different, much less when those strategies are linked to cultural differences. In the negotiations literature generally, there is more theorizing than empirical research on incompatible negotiation strategies. This theorizing tends to argue that negotiators must adapt to each other and develop a common 'frame' or approach to negotiations, if an agreement is to be

reached... Then again there is the problem of how much adaptation is necessary... Is adaptation uniform across all areas of cultural differences, or is it easier to adapt information sharing strategies than power strategies? Is the adaptation short-lived for the single negotiation, or does the enhanced negotiation strategy continue to be available to the adapting negotiator? Do negotiators even realize that they are adapting?" (2000, 102)

4. Study and Practice of Culture and Negotiation: Limitations, and a Way Forward

There is no one accepted method for the studying and teaching of culture and its effects on negotiation. However, in this chapter we have broadly described the frameworks commonly encountered. The validity and applicability of these frameworks, however, have been questioned.

4.1 Overvaluation of National Character and Style

George Mason University professor Kevin Avruch (2000) notes that the notion of culture that underlies much of the research of negotiation and culture is flawed. He suggests that this research incorporates notions of national character, which then get regenerated as notions of national negotiation styles. He points out six flawed assumptions inherent in this approach; we will reframe these as cautionary notes for negotiators to keep in mind, as they learn about culture and as they find themselves applying rules of thumb about other cultures so commonly found in "how-to" style negotiation books:

Heterogeneity: Cultures are not homogenous; they have internal contradictions, paradoxes, and dissenting voices.

Subject to individual agency: Culture is not a "thing" in its own self, which operates independently of individual agency. Culture doesn't get spread evenly across all members of a cultural group, allowing it to be applied as a label to all members; intracultural variation is the *norm*, not deviance.

We are all multicultural on the inside: Many — perhaps most — people belong to more than one culture — whether these are multiple national groups, or additional forms of cultural groups, such as professional or organizational groups, that have a culture of their own.

Culture runs deep: Culture is not the sum of a group's habits and etiquette, in the sense that if you heed a particular behavioral norm, you are respecting and even fitting in to the culture. It contains far deeper layers of history and meaning.

Not static: Culture changes over time.

4.2 Substantive and Methodological Challenges

Copenhagen Business School professor Anne Marie Bulow and Aarhus School of Business professor Rajesh Kumar (2011) note four challenges to the way the topic culture in negotiation is currently studied and researched in the west:

National culture focus: Most discussions of culture in negotiation default to discussing national cultures, along the lines of as "France is a high-context culture" or "Morocco is a collectivist culture". This approach generally ignores any internal differences, which is quite surprising given that countries can include many internal variations, based on regions, ethnicities, or other factors. Rather than zooming in for closer focus, however, any departures from the national culture tend to rise to higher levels of abstraction – discussing regions (e.g., "Orient" and "West") or larger cultural groupings incorporating, in essence, multiple national countries (e.g., discussions of "Latino culture" or "Arab culture"). In addition, professional culture and corporate culture might be just as important as, or even more salient than, national culture, in any particular negotiation. Finally, even this focus on national culture needs to be improved in order to be helpful to negotiators; any culture needs to be explored twice: How people behave in intra-cultural exchanges, and how they behave with outsiders.

Conflicting findings: There are many generalizations in the literature, and even those that are well-supported can be found to be conflicting. For example: Americans might be expected to be prone to a fixed-pie outlook, owing to their focus on "fair" outcomes. On the other hand, they might be expected to seek creative, pie-expanding solutions, given the broad authority American negotiators have, based on their egalitarian culture. So, which are they? We don't know, say Bulow and Kumar, ruefully:

> "The point is that there is good evidence for all of these generalizations, even when they are contradictory. It is necessary to be aware of the precise research question behind each of the studies to explore the underlying cultural assumptions of the study." (2011, 353)

Terminological imprecision: All of the key terms used in studies about culture and its effects on social phenomena have been used in multiple ways. This leads to vagueness, and hinders the comparability of results across studies.

Essentialism: People behave in different ways — yet how does one determine what the cause of those differences are? If someone rises out of their chair as you enter the room, you might assume that they are rising to greet you, and that this is the cultural norm. Of course, this might only be their own personal norm. Or, this might not be a norm at all, but just an expression of your counterpart's backache, or a result of them sitting on a tack. In order to ascribe a variance to cultural difference, you must prove that the *essential* factor causing the behavior was the cultural factor. This bar is not always met, in the study of negotiation and culture.

4.3 From Models of Culture to Cultural Fluency

This critique serves the important function of spurring researchers to develop more precise levels of inquiry. It also serves to remind teachers of negotiation to admonish their students to treat everything they learn about negotiation and culture with care. Anything they learn will inherently be a generalization; it might be wrong, and it will certainly have exceptions.

On the other hand, as this chapter has described, Western students and negotiators are sometimes taught, to some extent, to recognize areas in negotiation in which culture seems to matter, and in which applying a cultural lens could help them understand what is going on. It may be that reinforcing this approach of recognizing likely cultural points, events and areas — rather than an approach of implementing cultural assumptions — will ultimately prove to be a more helpful method for improving negotiators' capacity to engage with others.

Beyond recognizing discrete moments and behaviors, it may be that negotiators can grow — as people and as negotiators — by setting aside the notion of culture as a body of material to be understood, and instead embracing the notion that cultural awareness, understanding and competence are the subjects of an ongoing developmental process. Discussing conflict in a more general sense, Michelle Le Baron, in a book chapter entitled *The Alchemy of Change: Cultural Fluency in Conflict Resolution* (2014), has recommended adopting this type of approach, by introducing a focus that is certainly applicable to negotiation: Achieving cultural *fluency*. This involves developing negotiators' awareness of culturally-shaped worldviews — their own as well as their counterpart's — and their awareness of how these cultural lenses affect everything they see, interpret, and attribute in negotiation.

As she describes this notion:

> "Cultural fluency involves readiness to anticipate, internalize, express, and enact culturally-sensitive meaning-making processes in resolving conflict. The process is a dynamic feature of interdependent social contexts, enhancing our capacities to:
>
> • anticipate a range of possible ways to navigate communication and relationship in unfamiliar and diverse cultural contexts;
>
> • become and remain conscious of cultural influences embedded in meaning-making processes;
>
> • express cultural assumptions transparently to others unfamiliar with particular meaning-making patterns; and
>
> • navigate sometimes turbulent cross-cultural dynamics to co-create functional and constructive processes, systems and ongoing engagements." (2014, 5-6 of chapter)

Seeing cultural understanding as a never-ending journey, rather than a list, is certainly a challenge, both to negotiation educators as well as negotiators. However, some might consider it the best approach negotiators can adopt for developing competency in cross-cultural interactions.

Food for Thought

Having read this chapter, can you reflect on an interaction you've had with someone else, and narrate it in a new way, through applying a cultural lens?

What is your opinion, regarding the importance of national character/culture? Do you feel that you, and people around you, tend to behave very much in line with your national norms, insofar as you understand these to be? Or, do you feel that deviation from these norms might be widespread?

References

Adair W and Brett J M. (2004). Culture and Negotiation Processes. In Gelfand M J & Brett J M. (eds.). The Handbook of Negotiation and Culture. Stanford, C.A.: Stanford Business Books.

Avruch K. (2000). Culture and Negotiation Pedagogy. Negotiation Journal, 16(9): 339-346.

Brett J M. (2000). Culture and Negotiation. International Journal of Psychology, 35(2): 97-104.

Bulow A M & Kumar R. (2011). Culture and Negotiation. International Negotiation, 16(3): 349-359.

Hall E T. (1976). Beyond Culture. Garden City, New York: Anchor Press.

Hofstede G. (2001). Culture's Consequences: Comparing Values, Behaviors, Institutions, and Organizations Across Nations. Beverly Hills, C.A.: Sage Publications.

LeBaron Michelle (2014). The Alchemy of Change: Cultural Fluency in Conflict Resolution. In Coleman P T, Deutsch M & Marcus E. (eds.). The Handbook of Conflict Resolution. 2nd ed. San Francisco: Jossey Bass. Chapter 25.

Salacuse J. (1998). Ten Ways That Culture Affects Negotiation Style: Some Survey Results. Negotiation Journal, 14(3): 221-240.

Chapter 18

Negotiating Online

Reading through this book — any negotiation book, for that matter — one could easily get the impression that negotiation always involves a sit-down meeting at a venue, during which negotiators look each other in the eyes and tell each other what they have come for. Of course, this is far from the truth.

In today's world, many of our interactions take place without any such getting-together. Just as our long-held behaviors regarding shopping, banking, enjoying music, and taking in news reports have all changed, so, too, have our negotiation interactions. Negotiators often find themselves communicating with each other online, through a range of e-communication channels.

Some negotiators have had to work hard to learn how best to incorporate online tools into their work. Others, particularly those born into a digital world, may be more intuitive at using the tools themselves, but they must still learn the ways in which negotiation is affected by their use.

This chapter will explain the differences between modes of interaction, allowing readers to understand how face-to-face encounters differ from email communication — and how each of these differs from interactions held via other communication media, such as videoconferencing and text-messaging. After explaining the fundamental differences between these channels — and the effects these tend to have on communication — the chapter explores several specific communication media commonly used for negotiation, discussing advantages, challenges and best practices for negotiating using each of them. As email has been most fully researched, it will be discussed in detail; shorter discussions will focus on videoconferencing and text-messaging.

Finally, the chapter introduces technological support for negotiation that goes beyond providing communication channels. Many such systems — dubbed Negotiation Support Systems, providing negotiators with structure, advice, and solutions — are currently under development; a few have already been introduced for negotiators' use. This chapter will introduce the notion, and the effects, of incorporating intelligent technological agents into negotiation processes.

1. Media Effects and Media Choice

1.1 Media Effects

Communications theory suggests that communication never happens in a vacuum; it always takes place via a channel — and that channel affects the communication it supports, significantly. As one of the authors has explained:

> "The communication channel through which negotiations are conducted is neither passive nor neutral; it affects what information negotiators share, and how that information is conveyed, received and interpreted.
>
> Intuitively, we know that some information is easier to communicate face-to-face, whereas other messages might be hampered by a face-to-face setting and would be better off written in an email. Similarly, we might respond to a message one way in a face-to-face setting — and completely differently when reading it in an email." (Ebner, 2017a, citations omitted)

What underlies these intuitive choices? Why do different media affect communication differently? Ebner describes two dimensions of communication media accounting for these differences. The first dimension is media *richness*, which, he explains, is:

> "... a communication medium's capacity to convey 'contextual cues'. Body language, facial expressions, tone, etc., account for a significant proportion of a message's meaning. Supporting all of these, face-to-face communication is a 'rich' medium. By contrast, email is a 'lean' medium: It transmits neither visual nor audio cues. We cannot see the other's gestures or facial expressions, or hear their tone of voice.
>
> Denied these contextual cues, negotiators both transmit and receive information differently. On the transmitting side, this affects both presentation style and content. Email negotiators rely more heavily on logical argumentation and the presentation of facts, rather than emotional or personal appeals. They are more task-oriented and depersonalized than those engaged in face-to-face interactions. The ability to transmit visual, audio and verbal cues face-to-face, meanwhile, provides for more immediate feedback, which facilitates communication of information of a personal nature.
>
> Message receiving is also affected by media richness. Information exchanged in email tends to be less nuanced than information exchanged face-to-face. Communicating through lean media, negotiators focus on the actual *content* of messages, lending much more salience to the words that are *chosen*, and their interpretation." (Ebner, 2017a, citations omitted)

The second dimension is the degree of media *interactivity*. Ebner explains this dimension as capturing:

> "… the potential of the medium to sustain a seamless flow of information between two or more negotiators. Interactivity has two dimensions. The first is the *synchronicity* of interactions. Face-to-face communication is synchronous. Each party receives an utterance just as it is produced; speaking 'turns' tend to occur sequentially. Email is typically *asynchronous*: Negotiators can read and respond to others' messages whenever they desire — and not necessarily sequentially. Minutes, hours, or even weeks can pass between the time a negotiator sends a message and the time their counterpart reads it, and reading messages out of order is a common cause of misunderstandings.
>
> The second dimension involves parallel processing — a medium's capacity for simultaneous message transmission. Face-to-face communication includes overt parallel processing; in the heat of an argument, or in a rush of creativity, both negotiators might speak at the same time. Email also permits the simultaneous exchange of messages — but negotiators might not *know* that this is occurring — giving rise to the common phenomenon of 'crossing messages', and the confusion this entails." (Ebner, 2017a, citations omitted)

While there are many other ways to discuss differences between media, these dimensions have been found to be the most significant in terms the effects any medium has on the message it conveys. Having familiarized yourself with these dimensions, you can now consider any media — from smoke signals to sign language to telephone conversations — and analyze it along these lines: Is it a rich, or a lean, media? Is it synchronous or asynchronous? Does it allow parallel processing, or require turn-taking? We will see how these questions determine the effects on negotiation, regarding several communication media.

1.2 Media Choice

Before moving on to exploring individual media, though, we first note two things that are important to keep in mind:

Choose your medium: We often make our choice amongst media for communicating in a random manner, or one tailored for convenience. To be successful, negotiators must be more mindful in their selection. The process of choosing might include two stages, as recommended by Marquette University professor Andrea Kupfer Schneider and co-author Sean McCarthy (2017): In the first stage, consider your own communication media defaults. Do you tend to speak with people on the phone, or to meet them face-to-face? Do you spend most of your day texting? Is email your primary mode of reaching out to people, or Facebook Messenger? Consider the other's defaults, so far as you know them. Do you share default communication methods? Depending on the context of the negotiation, do any of these defaults seem suitable? In the second stage, consider the upcoming interaction in light of the different media effects that will be discussed below, and consider the advantages and challenges of utilizing any particular media in your situation. After considering media choice from both the "defaults" perspective, and the "media effects" perspective, you will have mapped out the range of potential media, and can intentionally choose the one you think will work best for the upcoming negotiation.

Several media might be involved: The more you are aware of your media during negotiation — optimally, being able to constantly analyze which media might work best for a specific part of a negotiation, and being able to implement your decision vis-à-vis your counterpart — the more successful you will be. Consider this dynamic: A buyer for your company's product reaches out to you by email. You have an initial exchange over the phone, and agree to a meeting. You set up the meeting details via email. On the way to your office, you text him, telling him that you have arranged for his parking in your companies' lot. After meeting in your office, he sends you a text telling you how much he enjoyed your conversation, and looks forward to working with you. An hour later, you email him a detailed proposal. Any and all of these interactions might include important elements of negotiation. They certainly all include relational elements, and they can be used for substantive elements as well. The choice as to how to do so in the best manner, is one that negotiators should make often during a negotiation, rather than seeing media choice as a one-off decision for each negotiation.

2. Negotiation via Email

Of the new technologies that have spread over the past generation, email is the most commonly used for negotiation; or, at least, for formal negotiations.

2.1 Understanding the Medium

The negotiation literature regards email as a lean medium, given its reliance on text. Email lacks the contextual cues provided by voice and by nonverbal cues. Sometimes, it might gain richness by means of attaching images, videos, or material in other formats. Messages can "cross", in the sense that I might send you an email, unaware that you have sent me an email a little earlier. While email is usually discussed as being an asynchronous medium, one of the authors (Ebner) has suggested that with the advent of the smartphone, this is no longer the case:

> "... one top-level change that the smartphone has brought about is, in my view, that communication via email should no longer be categorized as asynchronous communication. To be sure, even in the pre-smartphone days, email conversations were sometimes carried on in a near-synchronous manner, between

two people at their computers at the same time, sending messages back and forth continuously. However, this was probably the exception, rather than the rule, and email was therefore always discussed in the literature as a form of asynchronous communication. However, with so many people walking around carrying their inboxes in their pocket, hyper-alert to every notification of incoming messages they receive, it may be more correct to classify email as a 'semi-synchronous' communication media. Specific interactions might be classified as synchronous or asynchronous, but our perceptions and expectations of the media must be more complex." (Ebner, 2014, 416-417)

2.2 Challenges

Ebner (2014) has listed eight challenges negotiators face when interacting via email:

Increased contentiousness: Communication at a distance is more susceptible to disruption than face-to-face dialog. This is particularly true regarding email; people tend to act more aggressively, and interpret the other's messages more aggressively, than they do in face-to-face communication.

Diminished inter-party process cooperation: The lean nature of email affects not only the tone of our message, but its focus and content. The information we exchange in an email is likely to be constrained and analytical. Based on this information, negotiators do a poor job of understanding their counterpart's interests, reducing their ability to accurately assess differential preferences and identify potential joint gains — and therefore, their desire to engage in such cooperative activity in the first place. Reduced social awareness in lean media causes parties to engage more heavily in self-interested behavior when negotiating by email. Focused inwardly, parties act more competitively.

Reduction in integrative outcomes: Partially related to the previous point, email negotiations result in lower rates of integrative agreements, and higher rates of impasse.

Diminished privacy: Maintaining a negotiation process' privacy is never an easy task. In face-to-face negotiation parties can, and do, share information about the negotiation with their friends, families and colleagues, and occasionally with wider circles. However, at the very least, you can meet in a private setting. In email negotiation, there is no private setting; you can never know who is "in the room" with you. Your counterpart might show your emails to his boss or yours, his colleagues or your competition. Your messages are forever recorded and archived, somewhere beyond your control. Sensitive information you share might be exposed — owing to the other's bad intentions, or simply to their technical shortcomings. We have all had the experience of clicking "reply all" rather than "reply", sending a personal message into a public domain.

Diminished trust : Trust — tricky enough to maintain under the best of circumstances, as we have discussed earlier in this book — is challenged by any method of communication at-a-distance. This is particularly acute in email negotiation. As Ebner explains:

> "Email negotiators trust their counterparts less than negotiators in similar face-to-face interactions — at all stages of the process. Before the process' inception, e-negotiators report a comparatively low level of trust in their opposite. This low trust-level persists throughout the course of the negotiation, resulting in diminished process cooperation and information sharing. Even after reaching deals with their opposites, e-negotiators trust their opposites less than participants in face-to-face negotiations, manifesting in lower degrees of desire for future interaction with them…" (Ebner, 2014, 426)

Increased effects of cognitive biases and negative attribution: Email communication amplifies the effect of the shortcuts the human brain takes in order to make meaning out of messages and situations. As we have discussed in Chapter 11, the fundamental attribution error and sinister attribution can cause us to construe our counterpart's messages, their very character, and their intentions towards us, in a very negative way. The leaner the medium, the more ambiguity exists. The fewer opportunities for quick, short, clarifying questions provided by a medium, the more ambiguity persists. The more ambiguity exists, the greater the effects of the cognitive biases we have discussed. This explains why we will often read others emails and be surprised that they are so annoyed with us, or speak to us so aggressively. They often are not angry or speaking aggressively at all — but our mind reads the message in an angry, demanding tone.

Diminished party commitment and investment: Parties to email negotiation might be less motivated than face-to-face negotiators. They have not invested even the minimal effort required for face-to-face interactions — getting dressed and leaving the house. With fewer sunk costs, email negotiators might jump to declare impasse rather than roll up their sleeves and put in effort; they might simply stop communicating, and vanish.

Diminished focus: Even committed, dedicated negotiators might suffer diminished concentration, poor recollection and disorientation, when negotiating through email. This is a result of asynchronicity — answering your email, I might be resuming a conversation I last engaged in a week before, when I sent you my previous message. Naturally, I might not recall all the details or nuance. Beyond that, email might not receive our full focus, given that we read and write it as part of media multitasking. We check our email as we surf the web, and we surf the web as we read or reply to our email — perhaps doing so as we do something else (e.g., drinking coffee with a friend) at the same time. While multitasking is much touted as a characteristic of the modern workplace and a good ability to put on your resume, research shows that we are not nearly as good at multitasking as we like to think we are — and we are far less effective when we do it.

2.3 Best Practices

Despite all the challenges listed above, negotiators can use email effectively. A little awareness to these challenges goes a long way towards helping negotiators overcome them. Email remains a very convenient tool for negotiation — it eliminates distance between parties, allowing you to communicate with someone on the other side of town or the other side of the world, and to do so a time of your choosing — a benefit of the medium's semi-synchronous nature. Many suggestions have been made for coping with each of the challenges described above (e.g. Ebner, 2014); we will note 5 overall suggestions which contribute to managing them.

Build rapport: Face-to-face interactions often have points at which small talk and rapport-building naturally occur. Parties might walk together to a meeting room, or share a few words about traffic or weather upon the one's arrival at the other's office. Other opportunities occur throughout the course of a conversation, or during breaks. Email interactions do not have these natural points, but that does not make icebreaking or small talk superfluous. At the beginning of a negotiation and throughout its course, identify or create opportunities for light conversation. Share a bit about yourself. If you are traveling, tell the other where you are writing them from. If you hear of something going on in their area, mention it. If the other mentions something personal — a place they've visited, something about their family — reciprocate in your next message. All this goes towards humanizing yourself towards the other, reducing suspicion and building identification-based trust.

Use communication tools: All the communication tools discussed in Chapter 10 retain their effects — and their importance — in online communication. In fact, given how the online environment inherently works *against* constructive communication, their use is even more important. Find ways to demonstrate listening (e.g., by writing "Reading through your letter carefully, I noticed you said that..."), and reflect back what you've heard (e.g., "If I've understood you correctly, here are the elements of the deal that you find to be paramount..."). Reframe unconstructive sentences your counterpart has used, rather than devolving into arguments. Use "I"-messages to get your points across, and ask questions prompting your counterpart for information you need.

If you want cooperation, prime for it: If you wish the tone of your negotiation process to be cooperative, set that tone by using related terms (e.g., "I hope we can work together", or "I look forward to a constructive process"). If you wish to engage in integrative negotiation, prime your counterpart for this by using integrative language (e.g., "I look forward to exploring mutually beneficial outcomes", or "I wonder just how much value we could create together, if we put our minds to it").

Respond promptly: The semi-synchronous nature of email sets up expectations of quick responses. When a negotiator does not respond promptly, doubt and anxiety often seep into the other's mind. If you are unable to answer promptly, or know that it will take a while before you can develop a full answer (e.g., when you need to obtain further information from a third party in order to respond to the offer you have received from your counterpart), write your counterpart a quick note, confirming you have received their email, and that you will respond as soon as you are able to.

Above all, clarity: Always read your email at least one more time before you send it, asking yourself whether your intention is absolutely clear to a reader other than yourself. Is there any ambiguous language in the text? If you are not sure — ask a friend or a colleague to read it before sending it. Include an invitation along the lines of "If I've written anything unclearly, please let me know and I'll be happy to clarify" in any important message.

3. Negotiation via Video Conferencing

While the technology for videoconferencing has essentially been around for nearly a century, it came into widespread use only towards the end of the 2000s. As a result, there is little research regarding negotiation via videoconferencing; in particular, there is very little research exploring negotiation over those platforms most commonly used today for videoconferencing, such as Skype, Tencent QQ, etc. With this limitation in mind, we will discuss the nature of videoconferencing as a communication medium, and address some of the challenges and opportunity it offers.

3.1 Understanding the Medium

Videoconferencing scores high on the "media richness" scale: It includes auditory and visual input, providing tone and nonverbal cues. Communication is synchronous (although, there are platforms utilizing asynchronous video messages), and there is a good degree of parallel processing in that one negotiator can, for instance, nod their head as the other talks, and both messages are simultaneously transferred and received. On the other hand, it does not perfectly convey both parties vocalizing and hearing simultaneously; even minor transmission lags, still ubiquitous, can impair this.

3.2 Benefits

Videoconferencing is often touted as returning the "human element" into online communication provided, after a long era in which text-based communication the only, or the most convenient, channel available. Parties can now view each other in real time, supporting connection, trust, and understanding. In general, it replicates, to a high degree, the setting that many negotiators see as "natural" for negotiation — the face-to-face, at-the-table encounter. Synchronous communication, in which both parties are engaged and involved at the same moment, allows to hash out issues in a single session, as opposed to protracted back-and-forth messaging. Finally, it allows negotiators to pin each other down on a question or an issue, whereas it is easier to evade direct answers via email. Videoconferencing holds all these advantages over email, while still overcoming geography and allowing for negotiators to interact around the globe effortlessly.

3.3 Challenges

As opposed to email, videoconferencing imposes higher technical demands for both hardware and bandwidth. While in many areas in the West neither of these are a hindrance — the hardware is incorporated into many computers, and sufficient bandwidth is readily available — neither of these hold true the world over. Videoconferencing requires synchronicity — a blessing for some issues, but one that comes at cost — particularly when communicating across multiple time zones. It also imposes setting limitations: You might easily write an email in bed or by the pool while on vacation, but in formal negotiation processes you would not want to engage from those settings via video. Setting up and participating in videoconferencing does not require a great deal of technological savvy – but it certainly requires more than composing an email does. Privacy can, quite simply, never be ensured. Any videoconferencing session can be recorded by one party without the other knowing, with screen-capture software or with a hidden camera aimed at the screen.

Perhaps the biggest challenges of negotiation via videoconferencing have their source in what seems to be a huge benefit: Its similarity to face-to-face interaction. For example, given that we can see the other, and feel alone with them, we set privacy concerns aside. We forget, that we see only a small fraction of what is going on in the room (the area captured by your counterpart's camera). Perhaps someone else is in the room, and we are not aware of this? An even greater challenge posed by this illusion of sameness is the assumption that we can now read nonverbal communication cues just as we do in a face-to-face communication. In reality, our view of these cues, and our hearing of vocal intonation, relies on the quality of our counterpart's webcam and microphone, and on the speed of their internet connection and our own. We do not receive cues related to smell or touch. We might see their facial expressions, but miss other cues that are outside of the camera's capture, such as nervous fidgeting with a pen, or impatient tapping of their feet below the table. And yet, we will interpret the cues we do take in, under the mistaken impression that we have a more complete set of information.

3.4 Best Practices

Most of the recommendations made above regarding email communication hold true for video-based negotiation as well, with some minor tweaks (with the exception of "respond promptly", which is not an issue in synchronous communication).

Two issues stand out, with regards to working well with the camera and screen, as you negotiate: Eye-contact, and camera positioning.

Be mindful of gaze: A sense of artificiality in videoconferencing is currently preserved by the lack of eye-contact, or even a sense of eye-contact. Ebner (2017b) explains the challenge this poses, and methods for overcoming it:

> "One challenge to creating a sense of social presence as well as rapport in videoconference communication is the issue of eye contact. If you look directly into your counterpart's eyes on the screen, your camera will show you looking elsewhere. In laptops, for instance, the camera is usually placed at the top center of the screen; as a result, anyone looking directly at the screen will be seen as looking downwards. While there are ongoing efforts to create technological solutions to this challenge through 'gaze correction' and enhancing 'eye contact perception' — including hardware adaptations that would place devices' cameras behind and in the middle of the screen, and software that would 'correct' the image actually captured by the camera and artificially transmit to the other party video in which you are looking directly at them — this issue remains unresolved. One way to alleviate it, is to gaze directly into the camera, as if you were looking into your counterpart's eyes. However, this comes at the expense of viewing your counterpart and harvesting visual elements of their nonverbal communication. Another way around this issue is through redesigning your screen layout, which some platforms allow you to rearrange. Reposition your counterpart's videostream-box to be as close as possible to the webcam lens, and you will appear to be looking into their eyes, as you watch them..." (Ebner, 2017b, citations omitted)

Be mindful of webcam positioning: The way the webcam is positioned, vis-à-vis the negotiator, affects how the negotiator appears on their counterpart's screen. Ebner explains that little is known about specific effects, but that a little awareness can lead you to improve the way your counterpart views you:

> "One experiment found that positioning your webcam low, pointing up at you, will give your counterpart the sense that you are taller than they are — leading, in turn, to some degree of dominance. Clearly, more exploration of positioning is required. Another positioning issue relates to the optimal distance between you and your webcam — affecting the portion of your body that is visible, its resolution and the naturalness of the interaction. A Goldilocks approach is recommended here: Not so close that the other is presented with a close-up of your face only, and not so far away that it is hard to make out your expressions and body language, with your surroundings receiving more onscreen salience than you yourself do. Rather, choose a distance allowing the camera to capture your face as well as enough of your upper body to include hand gestures, posture, and body orientation; leave some background visible for providing

pre-considered cues while not drawing attention away from yourself. Most videoconferencing platforms show you concurrently with your counterpart as two live videostreams, allowing you to adjust this in real-time; additionally, most platforms allow you to operate your camera for testing purposes before the call is initiated, allowing you to preposition your webcam, and yourself, optimally." (Ebner, 2017b, citations omitted)

4. Negotiation Via Text-messaging

Some readers might find the idea of conducting via text-messaging hard to imagine. Others know that they already do so, every day. Given the ever-increasing use of text-messaging (including phone-based SMS messages and app-based messaging such as WhatsApp, WeChat, and others), and the wide definition of negotiation discussed at the beginning of this book, we are all likely to find we conduct negotiation interactions through this medium. Of course, many professionals may deny that text-messages would ever be used for formal negotiation. We would note, though, that less than a decade ago they said the same thing about email, and yet, now they use this medium frequently. Use of text-messaging for negotiation, we suggest, will evolve similarly.

4.1 Understanding the Medium

One reason text-messaging is such a fascinating medium for negotiation, is that there seems to be a discontinuity between the types of communication it seems fit to support, and the types of communication that people actually use it for.

Ebner (2017c) analyzes text-messaging in terms of media richness and interactivity:

"Looking at text messaging through a media richness lens, it would seem to fall into a category of somewhat lean media, most closely compared to email. Text messaging seems to fall below email on some level of richness, whereas it enjoys advantage over it on others. Communicating through text messaging, parties are denied some of the non-verbal cues common in emails – bolding, underlining or italicizing text, using different fonts or font sizes, utilizing bullets, numbering or paragraph-separation to convey intent and facilitate proper interpretation. Parties are left with straight text, augmented only by the ability to write in capital letters, and emoticons. In some forms of text messaging, messages are limited to 160 characters, further diminishing richness. This tends to guide many into using informal language; indeed, adding *any* formality, even into text messages unfettered by character-count, requires some effort. On the other hand, text messaging is conducive to short, snappy, responsive interactions, with a high degree of interactivity which sometimes involves some degree of parallel

> processing. However — this is not always the case. While messaging can be used in this way, it can also often be asynchronous, with long time-lags between interactions. Elsewhere, I've discussed how the spread of smart-phones has put our email inbox in our pockets, changing the nature of email synchronicity; I suggested that email has now become a semi-synchronous medium. I suggest that text messaging is also a semi-synchronous medium. The difference between them on the synchronicity front might be a matter of perceptions and expectations; text messaging communicators may have higher *expectations* of synchronicity than they do with email.
>
> Given this application of media richness theory to text messaging, one might easily reach the conclusion that text messaging is a fairly lean media, with low capacity for clear communication, open conversation, explicit and detailed interchanges, relationship-formation and trust-building. Or, in short, not a very suitable media for negotiation." (Ebner, 2017c, citations omitted)

However, Ebner notes research demonstrating that text-messaging is found, by its users in practice, to be fully capable of supporting open and honest conversations, combining cognition and affect. People entrust their most significant interactions — from navigating family relationships to romantic conversations — to text messaging. He explains that communications theory supports the expansion of a channel's richness, if it is subjectively perceived by its users to be a rich medium and used as if it were such. Many texters – particularly, younger texters for whom text-messaging is a primary mode of social and familial communication, certainly utilize text-messaging in this way. Emoticons have developed from stilted combinations of punctuation marks into evocative, expressive elements of a language with a fully developed vocabulary, providing a set of contextual cues to message recipients. Texters regularly incorporate images, memes or links into their messages, further enriching the message. All these factors point towards text-messaging developing into a medium supporting significant, meaningful conversation, even if this does not conform with traditional notions of professional formality.

4.2 Best Practices

It is premature to pin down a list of best practices for negotiating via text-messaging, given that little research has been done in this area. However, we suggest that you consider adapting the recommendations made above regarding email negotiation for text-messaging -based communication. In addition, you might do well to apply these recommendations (Ebner, 2017c):

> "*Use the dark side*: Research has shown that expressions of anger may have unique effects via text messaging; responding with an expression of anger to a counterpart's behavior and offers might lead them to make a larger ending

concession. Examples might be 'I can't believe you're asking for another discount — we've been over this before and I've told you I can't!!! How many times do I need to tell you no???' or 'First you disappear on me for a month, and then you show up with that insulting offer!!! This is going nowhere!!!'

Punctuation matters, period: In lean media, we strain to infer meaning from any cues we can. One recent piece of research shows that text messages ending with a period tend to be judged, by their recipients, as less sincere. Unless you are intentionally adopting a very formal style, forgo periods. Always:

Use synchronicity for rapport-building: The lack of visual cues, and the text-focused medium, affect the way your counterparty perceives you. Social distance forms leading to suspicion and sinister attribution. This all has the potential to challenge rapport-forming, the precursor of interparty trust. Near-synchronous interactions can go a long way towards reducing this sense of distance. You don't always need to respond to a text message the moment it is received; often, you will want to consider it, or wait for an opportune moment to respond. However, even one protracted near-instant back-and-forth session, which has you both waiting 'on the line' waiting to see what the other is typing (on some platforms, you are even notified that the other is typing a response, even if you cannot yet see it) can create a powerful sense of social presence – and facilitate rapport.

Double check the spellchecker: While employing spellcheckers is generally a good idea when communicating via text, spellcheckers — particularly those installed on mobile phones — are notoriously prone to do the wrong thing at the wrong moment. Making an offer to your counterpart, you would not want the autocorrect feature to add another zero on to your offer! Spellcheckers are often programmed to recognize your own language and its usage and add it to its dictionary — which might result in it preferring words that are unsuitable, inappropriate, or downright offensive — and inserting them even when you typed the intended word in correctly...

Maybe we think too much for our own good: Using lean media, our strain to infer meaning can carry us away. For example, if we see our counterpart has read our message, we might wonder why they have not yet responded. As time goes by, we may feel anxious, and infer that they are up to something. In reality, of course, they may not have noticed our message, they may prefer to respond when they have cleared quiet time to concentrate, or they may have read it while *driving*, and are still sane enough to put responding off until they have parked. Another example might be us noticing that the other party is responding in 1-2 word messages, and inferring that they are curt, rude, or annoyed with us. In reality, they might be using a phone on which it is less convenient to type than our own; they might be prioritizing providing us quick answers over long ones, or they might be typing under the table at a meeting, and are keeping it short to avoid getting caught. A good rule to remember, in text messaging, is that *we infer more than they intend.*

They infer more than we intend: Help your counterpart avoid such overthinking. If you receive a text and know you can't fully respond right now, touch base a text saying 'Got your offer, will sit down with it tonight' in order to keep the other's mind in the right zone. If you are in the middle of a near-synchronous back-and-forth exchange and need to leave, don't disappear; explain your leaving, such as by writing 'Called into meeting with boss now; I'll ask her about your proposal and we can continue this later.'." (Ebner, 2017c, citations omitted)

Beyond these recommendations, though, we stress once again that this area has not been researched, and that in general, the use of texting, its suitability for particular conversations, and its effectiveness are all being driven by its avid users, rather than conforming to any expectations of how its use will play out. So, regarding this more than any other communication media, we suggest that rather than rely on any best practices we might recommend, you develop these on your own through experimentation, reflection and assessment.

5. Negotiation Support Systems

The previous sections have discussed negotiation taking place via technology, in the sense that technology provides the communication channel for the interaction. These have received the lion's share of our attention, given the amount of negotiation activity that they support in our day-to-day lives.

In this section, we will briefly discuss other technological platforms for conducting negotiation, platforms offering support for negotiators beyond providing a communication channel. Some platforms incorporating these uses have already been developed; others are in the works. And, likely, the future will see even more uses of technology for supporting negotiation. These platforms are called Negotiation Support Systems (NSS). The technology underlying them ranges from simple (such as a webpage with fields in which negotiators enter information) to mind-bogglingly sophisticated (such as systems employing artificial intelligence to propose high-value outcomes that the parties themselves have missed). We detail three such uses, or formats, for NSS; of course, systems can combine several of these methods to support negotiators.

5.1 Negotiation Structure

As discussed throughout this book, negotiation is a very complex interaction, with a lot going on at all times. There are many different ways to engage in it, and alternatives for "what to say next" often compete in our minds. Absent a third-party mediator or facilitator to ask parties questions or prompt them to relate to specific issues, negotiation conversations go off in unexpected directions; often, these are unconstructive.

Some NSS step in to assist negotiators with this. Picture a website, which you sign up for and provide an email address for your counterpart. The system contacts your counterpart, who is notified that you wish to negotiate with them. If they agree to participate, you are notified, and led to a page on which you are asked to describe the issue you wish to discuss. In other words, the system invites you to frame the issues. Your counterpart receives this information, and is asked if they want to adjust the agenda – engaging in topic reframing. You are then asked to describe what you are asking your counterpart for on the first agenda item. Once you have entered this information, the system asks you why you are asking for this — or, in other words, asking about your underlying interests. It then asks your counterpart to respond to these, offering them a field for doing so. This process goes on, until the system asks whether you would like to formalize any agreement, or terminate the process.

Note, this system does not require too much sophistication. The NSS works according to a predetermined process structure, and it primes party to follow this structure by asking questions and providing fields for specific information. Providing this structure might sometimes be all negotiators require in order to work together effectively.

5.2 Blind Bidding

Blind bidding systems offer an extremely structured process, by eliminating all inter-party dialog other than numerical offers. Blind bidding processes are only suited for bargaining support (as opposed to integrative negotiation), and they eliminate much of the bluffing, prevaricating and maneuvering that accompany the bargaining process. They can only be used to bargain over single issues that can be boiled down to a single numerical value: The price of a car, the payment for settlement of a lawsuit, the length of time of a contract. Blind bidding systems ask parties to define the specific issue to be resolved (e.g., the price to be paid for acquisition of a company), and then to enter their numeric offers. Each party enters their offer, without the other seeing it. Once each has entered their number, the system compares them. If they meet (e.g., I've offered to buy your company for $1,000,000 and you've agreed to sell your company for $1,000,000), the system notifies them that they have reached agreement. If they overlap (e.g., I've offered to buy your company for $2,000,000 and you've agreed to sell your company for $1,000,000), the system notifies them that they have reached agreement and announces a price based on a predetermined formula for splitting the surplus (e.g., any overlap is split in half). If they do not meet (e.g., I've offered to buy your company for $1,000,000 and you've agreed to sell your company for $2,000,000), the system notifies them that they do not have an agreement, and asks them if they would like to terminate the negotiation in impasse, or to enter new numbers in another round. The system can be programed for behaviors such as automatically notifying parties that their offers do not meet, but are within 10% of each other, encouraging each to consider offering a slightly higher offer.

5.3 Optimization

Some NSS employ more sophisticated software for assisting parties. Consider a platform that asks negotiators to enter their interests, and prioritize them. It leads parties through a structured process of negotiating, and as they make offers and counteroffers, it helps them consider how these offers weigh up in terms of satisfying their interests. It offers reminders and advice, making sure parties keep their focus on their priorities. Finally, if parties have reached agreement, it can offer tweaks to the agreement, optimizing it in the sense that the new agreement creates even higher value to one or both parties.

6. Familiarity with Technology

As we finish this chapter, we recommend negotiators increase their familiarity with technological platforms for interacting, by means of noting one caveat, and providing one suggestion:

We have discussed several different media in this chapter, treating each of them as if there was a shared, common format experiencedby all users. Of course, there are different email platforms, and any platform-or design-differences result in variation of the user experience. Our discussion, therefore, has painted with a broad brush whereas, in practice, you would benefit from a closer and more detailed examination of the particular platform you are using. As such, we recommend that you make an effort to notice and to learn the different characteristics of the platforms you use — your email provider, your preferred text-messaging app — with an eye towards understanding how these affect your experience as a negotiator. We also recommend you familiarize yourself with more than one platform for each medium, in order to give you some sense of the variation that exists.

We suggest that, overall, the simplest way you can prepare yourself for negotiating effectively through technology, is to practice using different communication media, adopting them for your own use in communicating with family and friends. The higher your degree of familiarity and the wider the extent of your experience with any platform, the better your negotiation performance over that medium is likely to be.

Food for Thought

Can you identify a negotiation experience you have conducted online? In what ways do you think it differed from a comparable face-to-face interaction?

Turning this line of comparison around, choose a face-to-face negotiation you have held recently, and consider: What might have been different, had it been held via email? Can you imagine it being held via text messaging? How would these media have affected the process?

References

Ebner N. (2017a). Negotiation Via Email. In Honeyman C & Schneider A K. (eds.). The Negotiator's Desk Reference(Vol.2). St Paul: DRI Press: 115-132.

Ebner N. (2017b). Negotiation Via Videoconferencing. In Honeyman C & Schneider A K. (eds.). The Negotiator's Desk Reference(Vol.2). St Paul: DRI Press: 151-186.

Ebner. N. (2017c). Negotiation Via Text-messaging. In Honeyman C & Schneider A K. (eds.) The Negotiator's Desk Reference(Vol.2). St Paul: DRI Press: 133-149.

Ebner N. (2014). Negotiating Via (the New) Email. In Benoliel M. (Ed.). Negotiation Excellence: Successful Deal Making. 2nd ed. World Scientific Publishing: Singapore.

Schneider A K & McCarthy S A. (2017). Choosing among Modes of Communication. In Honeyman C & Schneider A K. (eds.). The Negotiator's Desk Reference(Vol.2). St Paul: DRI Press: 107-114.

Chapter 19

Preparation for Negotiation

Reading this book should have given you the sense that there is a lot to map out and think about, before you get started with any negotiation. Just as athletes prepare carefully for an upcoming competition, and teachers prepare for an upcoming lesson, negotiators would do well to prepare before beginning a negotiation interaction.

Generally speaking, people tend to under-prepare for negotiation. If you have ever said to yourself "I'll go in there, hear what they have to say, and then decide how to proceed", you know how easy it is to fall into under-preparation. While appearing to set yourself up for flexibility, you actually set yourself up to react to your counterpart, rather than enact a strategy you have decided on yourself, aimed at achieving your own goals. Even if you are not the type of negotiator who habitually "wings it" or improvises, you would still benefit from undergoing a structured process of preparation before engaging.

The good news is, that having read this book, you are largely ready to engage in the preparation process. In fact, you are ready to custom-design a preparation process for yourself. Moreover, you are also ready to create a process for learning from this upcoming negotiation — once you have completed it — in order to be more successful in future negotiation processes.

In this chapter, we will discuss three types of preparation for an upcoming negotiation — analytical, psychological and experiential — as well as a process for debriefing negotiations once they have culminated, to continue your growth as a negotiator.

1. Analytical Preparation

Preparing for negotiation, people largely focus on the analytical act of mapping out the many elements we have discussed in this book. Below, is a structured checklist that touches on many possible components of such analytical preparation for negotiation. While you could use this checklist for preparing — essentially, implementing the thinking developed in this book — you might go one step further by adapting and improving it for your own use, based on your own negotiation experience, further studies, and self-familiarity.

CHECKLIST

General

Parties:

Who is at the table?

Are they representing themselves, or others?

Who might be indirect players or actors in this negotiation? What external players might have an interest in the success or failure of the negotiation?

Goal:

If I were to write out my goal in this negotiation in one sentence, what would it be?

If I were to write out my assumption of my *counterpart's* goal in this negotiation in one sentence, what would it be?

Approach:

Based on whatever I know about the context of the negotiation, my own feelings about it, and my counterpart/s – is this more likely to be a *cooperative* or a *competitive* endeavor?

Strategy:

Out of the five strategies I might choose, this will be my general approach walking in (choose one):

Cooperation Competition Accommodating Compromising Avoiding

What might be two indicators I will receive, at the table, indicating that my initial strategy is not working?

If these indicators manifest during the process, I anticipate shifting to my backup strategy of (choose one):

Cooperation Competition Accommodating Compromising Avoiding

Positional Bargaining

Do I anticipate that this negotiation will include/focus on positional bargaining? If so:

What is my aspiration point?

What is my Best Alternative to Negotiated Agreement?

What would happen if I just walk out?

What is my reservation point – the minimum I absolutely must achieve in order to say "yes" here?

Will I try to make the first offer?

What is the first offer (or – counteroffer) I will put on the table?

Assuming the other engages in bargaining – what might be my first concession?

What might be the one after that?

What explanations of objective criteria, legitimacy or standards can I attach to my initial offer, and to each following concession, to make it easier for the other to say yes?

Integrative Negotiation

Do I anticipate that this negotiation will include/focus on integrative negotiation? If so:

Interests

What are my interests in this negotiation?

If I had to prioritize them, what would that list look like?

What do I think the other's interests are?

How might the other prioritize their interests?

How can I learn more about the other's interests?

What resources might I ask my counterpart to consider putting on the table, to expand the pie from my point of view?

What resources might I be able to put on the table, to expand the pie from my counterpart's viewpoint?

Options

What might some different options for satisfying those interests be?

Which of those is my favorite option – and why?

How can I make those options sound compatible with what I know of my counterpart's interests?

Objective criteria, legitimacy and standards

What explanations of objective criteria, legitimacy or standards support my achieving my interests, in general?

What explanations of objective criteria, legitimacy or standards support my favorite option, in particular?

Separating the people from the problem

What challenges might I face, in this negotiation, in separating the people from the problem?

How can I make it easier, in this negotiation, for my counterpart to separate the people from the problem?

Alternatives

What is my Best Alternative to Negotiated Agreement?

What would happen if I just walked out?

Relationship and trust

What relationship have I had with my counterpart in the past?

What relationship do I have with my counterpart at the present moment?

What would be the future value of an improved relationship with this counterpart?

What would be the future price, if any, of a diminished or ruined relationship with this counterpart?

Walking into this negotiation, do I have a sense of trust in my counterpart?

Why, or why not?

What degree of trust do I think my counterpart has in me?

What concrete actions might I take, at the table, to improve their trust in me?

Cognition and emotion

What cognitive biases might I expect to be at play in this upcoming negotiation?

Thinking about my counterpart, and our upcoming encounter, which emotions bubble to the surface?

Which emotions do I think my counterpart is experiencing, leading up to this negotiation?

Do I anticipate that anything could come up in this situation that could render me vulnerable to emotional hijacking? What might I do to prevent that?

Power

How do I view the balance of power, before walking into the room?

How do I think my counterpart views the balance of power?

What might I do to gain more power in my own perception?

What might I do to gain more power in my counterpart's perception?

Influence

What non-coercive forms of persuasion might I bring to bear on this situation?

What are three influential sentences that I will try to say to my counterpart at some point in the negotiation?

Ethics

Do I anticipate any ethical issues to arise, in this negotiation? If so, what might help me recognize them?

If they arise, what will I do to clear time to reflect on them, and decide how to act in accordance with my own ethical values?

Gender

Based on the gender of my counterpart(s) and myself, and my familiarity with them, do I expect any gender-related issues to arise? If so, how might I deal with them?

Culture

Based on the cultural background of my counterpart(s) and myself, and my familiarity with them, do I expect any culture-related issues to arise? If so, how might I deal with them?

What themes or words might I avoid or use carefully, aware of the cultural differences between my counterpart and myself? What themes or words might I want to use intentionally, as a sign of respect or as a tool for connection?

Medium of engagement

Will the upcoming negotiation be held in a face-to-face setting, or via online communication? What types of technology might be involved?

What adjustments might I want to make, to improve any online communication I might have with my counterpart?

Communication

What are some of the things I anticipate my counterpart telling me, that I will not like to hear?

How might I reframe those, to allow for more constructive discussion?

What "I"-messages might I say, to get my own main points across?

What questions do I want to make sure I ask my counterpart?

For full preparation for negotiation, you would do well to remember that your counterpart, like yourself, is a complex human being with interests and needs, aspirations and desires, strengths and weaknesses, self-confidence and doubt. Wouldn't you like to be able to read the preparation checklist *they* would fill out, before negotiating with you? While you can't do so, you can do yourself a favor by reviewing these questions once again — this time, posing yourself each question while putting yourself in your counterpart's shoes to the extent that you can.

Good analysis is only one aspect of successful preparation. We now move on to the next area for preparation: Making sure that we are in the best psychological state to implement our analytical preparation and achieve our goals.

2. Psychological Preparation

Psychological preparation should occur at two points leading up to the negotiation process itself: During your analytical preparation, and before walking into the room itself.

2.1 During Analytical Preparation

As you conduct the analytical part of your preparation (see above), note how you are feeling. What is your emotional response to preparing for this negotiation? Are you worried? Scared? Confident? Try to pinpoint the source of the emotion: Is it related to your perception of the distribution of power? Are you concerned that the other might cheat you? Are you indifferent to the other party's actions, knowing you have good alternatives? Are you worried that you might need to accept whatever you are offered, as you have no alternatives?

If you are experiencing positive emotions, understanding their source will guide you towards important sources of power you can utilize in the negotiation. If your feelings are largely negative, understanding their source will allow you to deal with them, rather than succumbing to a generally negative emotion, which can translate into pessimism or defeatism.

Often, you will find your negative emotions to be connected to one of two things:

The other person, or your relationship with them: In this case, you need to consider just what that person signifies for you and whether, and in what ways, the relationship with them matters to you.

The negotiation outcome: Often, considering a negotiation, we take a mental leap to envisioning the very worst outcome manifesting in a very real way. How often, thinking ahead to a negotiation, have you been in a mindset that "If this doesn't work out, *all is lost*?" It might sound like:

•"If I don't find a solution with my boss, I'll get fired, and all is lost."

•"If I hold out for another thousand dollars and in the end I don't buy this car, I'll *never* have the car I want (and — all is lost!)"

•"If they don't buy the house, it will be *years* before another buyer comes along (ditto!)"

These thoughts trap us in very pessimistic mindsets. If we let them persist – and they are very persistent — we are likely to adopt accommodating patterns in negotiation. By dedicating some time to exploring the assumptions underlying the mindset, however, we can sometimes lay our concerns to rest and set our mind at ease. Ask yourself, candidly, "What is the worst that could happen?" — and picture how that would play out, in real life. Sometimes you'll find that the worst case scenario is not as bad as you initially pictured. Next, ask yourself how *likely* it is that the worst of all worst cases will actually play out? Often, we see a terrible outcome as a possible outcome of a failed negotiation, and adopt the resulting fear or worry associated with this situation — without tempering this with the realization that the *chances* of reaching this absolute low are one in a thousand. Once you shift from "What is the worst that can happen?" to "What is the worst that is *likely* to happen?" you are apt to envision outcomes that, while not optimal, are far less intimidating.

2.2 Immediately Before Engaging

Clear time for one further type of psychological preparation for a negotiation session, right before it begins.

The way we feel, arriving to a negotiation, will affect everything that happens in the room. We bring our emotional baggage — the emotions associated with our thoughts and interactions during that day, at the very least — into the room with us. Picture yourself walking into a negotiation room after having a bitter argument with your spouse, or one of your parents. You might be able to imagine how the residual emotions of anger, guilt, hurt or shame will continue to bubble, beneath the surface, and drive your actions in the room. Conversely, consider entering a negotiation room after having just been informed you were being promoted or being given a raise, or that a good friend of yours had received good news about a worrying medical condition they had been suffering from. Such news might strengthen you, give you a sense of self-worth, appreciation, gratitude and fortitude — all of which might serve you well at the table.

One important thing to do before entering the room, therefore, is to separate, mentally, between any negative encounters you may have had prior to the meeting (e.g., a fight with a friend, or an argument with another driver on the road), and the upcoming negotiation. Tell yourself that you are leaving this encounter behind, or postponing it to be dealt with later, and dedicating your attention to this current encounter. Such a mental moment draws your attention to the present. Another thing you can do, to gain and retain your attention, presence of mind, and poise, is simply to breath. Taking several deep breaths, or dedicating a couple of minutes to breathing exercises, can do wonders for your focus. As you breathe, you calm yourself down, setting aside layers of stress and tension. You reduce the chances of undergoing emotional hijacking, discussed in Chapter 11. Arrive at the meeting venue early; this will give you a few moments for pre-negotiation preparation, and also reduce the chances that concerns about being late or getting lost on the way will leave you dealing with residual stress when you should be calm and focused.

3. Experiential Preparation

One very helpful way to prepare yourself for a negotiation, is to role-play it with a friend or a colleague. After briefing them in on the background and the issues, ask them to play the role of your future counterpart, acting as they think your counterpart will behave in real life. If you have the time, and your colleague is generous with their own time, conduct a second role-play of the negotiation — only this time, with you playing the role of your counterpart.

Experiential preparation allows us to practice engaging with our counterpart's responses in a safe environment, rather than encountering them for the first time when our goals are at stake. It allows us to practice saying things that may not be easy to say, and in hearing them out loud, to get a sense for whether we are projecting them in the way we wish them to be heard.

Experiential preparation serves another purpose — that of preparing flexibility. Conducting analytical and psychological preparation, or just running through the upcoming negotiation in our minds, we tend to see them playing out in a certain way. Whether we envision the interaction going our way or not, it follows a certain script. Of course, in the negotiation interaction itself, the conversation rarely follows that script, and we experience the effects of a cognitive gap between what we've prepared for and what we are actually encountering. Simulating the negotiation with a friend shakes us out of the assumptions of our script; playing the role of our counterpart shows us just how many possible ways there are for our counterpart to act. How could we ever hope to prepare to counteract them all? We cannot; there is only so much you can anticipate and prepare for, which is why building your capacity to deal with *unexpected* circumstances is so valuable. By shaking us out of our mental script, role-playing the negotiation prepares us for flexibility of action in the negotiation process.

4. Personalize Your Preparation

While this chapter has provided a guide for negotiation preparation, each negotiator would do well to design a preparation guide personalized for their own use. You can construct your own analytical checklist, based on the material in this book, the questions suggested in this chapter, other reading, and your familiarity with your own patterns. You might add elements of psychological preparation that you've found helpful, incorporating them into your own routine for preparation for negotiation.

Given the wide definition of negotiation interactions that opened this book we are likely to find ourselves in many negotiation situations in which we will not have time to prepare. Negotiation situations might arise at a moment's notice — at work, on the street, at home or anywhere else. Even the most formal of negotiations can begin with little-to-no time to prepare. Your boss might call you into her office to discuss your salary; a representative of another company could call you up with an offer, on the spot, without setting a formal "meeting". In these last situations, you are at somewhat of a disadvantage, as your counterpart has had time to prepare and you have not. This is one reason that creating your own negotiation preparation routine, based on what has been discussed in this chapter, is so important. Having designed a full routine for yourself, and tried it out in practice, you will have learned which elements are the *most* important for you, when surprised by a negotiation interaction developing on the spot. Then, you can focus on those elements, in the short time you have (such as listing your interests in your mind, as you make your way to your boss' office), or in a brief amount of time you can clear for yourself (such as by telling your counterpart who has surprised you with a phone call "Hold on, let me close my door", and using the ten seconds alone that this has afforded you in order to take a few deep breaths).

5. Debrief Every Negotiation

After each negotiation, devote some time to debriefing it, identifying things you did well, and illuminating areas in which you wish to improve. A debrief session is an opportunity for you to contrast your own aspirations and negotiation knowledge with your actions in practice, to identify areas for future improvement and to recognize areas of strength.

Debriefing a negotiation process is, therefore, the best way you can prepare yourself for the next negotiation you will face — even if you cannot foresee when it will be or what it will be about, at the time of the debrief. To connect one process to the next, perhaps the first question on your checklist of preparation for negotiation should be "What lesson, learned from my last negotiation, do I want to be sure to implement in this upcoming process?" For this purpose, as well as to record your own development over time and uncover deep patterns, keeping a written journal of your negotiation debriefs is very helpful.

Here is a list of sample questions you can ask yourself after a negotiation. Depending on the areas in which you wish to grow, adapt this list to create your own debriefing routine.

(1) Did I attain the goal I set out to achieve, in this negotiation?

(2) Did I give away anything I had promised myself I would not? Did I make a concession beyond my reservation point? If so, what dynamic led me to do so? How can I prevent this from happening again?

(3) Did I gain anything I had not expected to gain? If so, what dynamic led to this happening? How might I be able to replicate this success?

(4) Did I communicate in such a way that my counterpart understood me as I intended to be understood?

(5) Was there any moment, during the negotiation process, that I enjoyed what was happening? Was there a moment at which I felt my counterpart enjoyed the process? How might I replicate these moments?

(6) Was there a particular dynamic that played out in a way that seems to be at odds with what I have learned about negotiation? How might I learn more about that dynamic?

(7) What did I do particularly well in this negotiation? How can I replicate that in future negotiations?

(8) Which specific negotiation skill did I find particularly challenging to implement in this negotiation? What opportunities can I identify or create, for practicing this skill and improving at it?

REFERENCES 参考文献

Adair W & Brett J M. (2004). Culture and Negotiation Processes. In Gelfand M J & Brett J M. (eds.). The Handbook of Negotiation and Culture. Stanford, C.A.: Stanford Business Books.

Adler R S & Stevenson E M. (2000). When David Meets Goliath: Dealing with Power Differentials in Negotiation. Harvard Negotiation Law Review, 5(1): 4-112.

Argyris C. (1982). Reasoning, Learning, and Action. San Francisco: Jossey Bass.

Avruch K. (2000). Culture and Negotiation Pedagogy. Negotiation Journal, 16(9): 339-346.

Axelrod R. (1984). The Evolution of Cooperation. New York: Basic Books.（合作的进化 . 吴坚忠，译 . 上海：上海人民出版社，2017）

Bear J and Babcock L. (2017). Gender Differences in Negotiation. In Honeyman C & Schneider A. (eds.),. The Negotiator's Desk Reference (Vol.1). St Paul: DRI Press: 595-605.

Brett J M. (2000). Culture and Negotiation. International Journal of Psychology, 35(2): 97-104.

Bulow A M & Kumar R. (2011). Culture and Negotiation. International Negotiation, 16(3): 349-359.

Carnegie D. (1936). How to Win Friends and Influence People. New York: Simon and Schuster.（人性的弱点 . 刘祜，译 . 西安：陕西师范大学出版社，2009；北京：外文出版社，2012；北京：中国城市出版社，2012；人性的弱点 . 胡晓姣，乔迪，朱奕芸，译 . 北京：中信出版社，2012；人性的弱点 . 蒋岚，译 . 北京：东方出版社，2011）

Cialdini R B. (2007). Influence: The Psychology of Persuasion. New York: Collins.（影响力 . 闾佳，译 . 北京：万卷出版公司，2010；影响力 . 闾佳，译 . 北京：中国人民大学出版社，2011；影响力 . 闾佳，译 . 杭州：浙江人民出版社，2015）

Cohen H. (1980). You Can Negotiate Anything. New York: Bantam Books.（谈判无处不在 . 谷丹，译 . 广州：广东人民出版社，2011）

Coleman P. (2000). Power and Conflict. In Deutsch M and Coleman P T. (eds.). Handbook of Conflict Resolution: Theory and Practice. San Francisco: Jossey-Bass: 108-

130.

Coleman PT, Deutsch M and Marcus E. (eds.). The Handbook of Conflict Resolution. 2nd ed. San Francisco: Jossey Bass. Chapter 25.

Covey S. (1989). Seven Habits of Highly Effective People. New York: Simon & Schuster.

Craver C B. (2013). The Impact of Gender on Negotiation Performance, Cardozo Journal of Conflict Resolution, 14(2): 339-359.

Diamond S. (2010). Getting More. New York: Three Rivers Press.（沃顿商学院最受欢迎的谈判课．杨晓红，李升炜，王蕾，译．北京：中信出版社，2012）

Ebner N. (2007). Trust-building in E-negotiation. In Brennan L & Johnson V. (Eds.). Computer-Mediated Relationships and Trust: Managerial and Organizational Effects. Hershey, P.A.: Information Science Publishing.

Ebner N. (2012). ODR and Interpersonal Trust. In Abdel Wahab M S, Katsh E & Rainey D. (Eds.). ODR: Theory & Practice. The Hague: Eleven International Publishing.

Ebner N & Kamp A. (2010). Relationship 2.0: Not Setting Students Up for Failure (This Time). In Honeyman C, Coben J & DiPalo G. (Eds.). Venturing Beyond the Classroom: Vol. 2 in the Rethinking Negotiation Teaching Series. St Paul: DRI Press.

Ebner N. (2017a). Negotiation via Email. In Honeyman C & Schneider A K. (eds.). The Negotiator's Desk Reference St Paul: DRI Press: 115-132.

Ebner N. (2017b). Negotiation via Videoconferencing. In Honeyman C & Schneider A K. (eds.) The Negotiator's Desk Reference (Vol.2). St Paul: DRI Press: 151-186.

Ebner N. (2017c). Negotiation via Text-messaging. In Honeyman C & Schneider A K. (eds.). The Negotiator's Desk Reference St Paul: DRI Press: 133-149.

Ebner N. (2014). Negotiating via (the New) Email. In Benoliel M. (Ed.) Negotiation Excellence: Successful Deal Making. 2nd ed. World Scientific Publishing: Singapore.

Felstiner W L F, Able R L & Sarat A. (1980). The Emergence and Transformation of Disputes: Naming, Blaming, Claiming. Law & Society Review, 15(3/4): 631-654.

Fisher R, Ury W & Patton B. (2011). Getting to Yes. 3rd ed. New York: Penguin Books.（谈判力．北京：中信出版社，2012；谈判力．陈柳，王燕，罗昕，译．北京：中信出版社，2016）

Fisher R & Shapiro D. (2005). Beyond Reason. New York: Penguin Books.

Gervais R, Lin D, Obst L & Obst O. (producers) and Gervais R & Robinson M. (directors) (2007).The Invention of Lying [Motion picture]. U.S.A.: Warner Bros. Pictures.

Gilligan C. (1982). In a Different Voice. Cambridge: Harvard University Press.

Gibson K. (2017). The Ethical Bedrock under the Negotiation Landscape. In Honeyman C & Schneider A. (eds.) The Negotiator's Desk Reference (Vol.1). St Paul: DRI Press: 493-502.

Goleman D. (1995). Emotional Intelligence. New York: Bantam Books.（情商：影响你一生的工作情商．葛文婷，译．北京：中信出版社，2013）

Goleman D. (2006). Social Intelligence. New York: Bantam Books.

Hall E T. (1976). Beyond Culture. Garden City, New York: Anchor Press.（超越文化．何道宽，译．北京：北京大学出版社，2010）

Hinshaw A. (2017). Negotiation Ethics. In Honeyman C & Schneider A. (eds.) The Negotiatorr's Desk Reference (Vol.1). St Paul: DRI Press.

Hofstede G. (2001). Culturer's Consequences: Comparing Values, Behaviors, Institutions, and Organizations across Nations. Beverly Hills, C.A.: Sage Publications.

Kantor R M. (1979). Power Failure in Management Circuits. Harvard Business Review, 57(4): 65-75.

Kol D M, Williams J & Frohlinger C. (2010). Her Place at the Table. San Francisco: Jossey Bass.

Kopelman S. (2014). Negotiating Genuinely. Stanford, C.A.: Stanford University Press.

Lax D and Sebenius J. (1986). The Manager as Negotiator. New York: Free Press.

LeBaron M. (2003). Culture-based Negotiation Styles.

LeBaron M. (2014). The Alchemy of Change: Cultural Fluency in Conflict Resolution. In Coleman P T, Deutsch M and Marcus E C. (eds.). The Handbook of Conflict Resolution. 3rd ed. San Francisco: Jossey Bass.

Lewicki R J. (2006). Trust, Trust Development, and Trust Repair. In Deutsch M, Coleman E C and Marcus E C. (eds.). The Handbook of Conflict Resolution. 2nd ed. San Francisco: Jossey Bass.

Lewicki R J, Saunders D M, Minton J W & Barry B. (2002). Negotiation: Readings, Exercises and Cases, 4th ed. Boston: McGraw-Hill/Irwin.

Lewicki R, Barry B & Saunders D. (2015). Negotiation: Readings, Exercises and Cases. 7th ed. New York: McGraw Hill.（国际商务谈判．程德俊，译．北京：机械工业出版社，2017；商务谈判．王键，译．北京：中国人民大学出版社，2015）

Maholtra D & Bazerman M H. (2007). Negotiation Genius. New York: Bantam Books.（哈佛经典谈判术．吴奕俊，译．北京：中国人民大学出版社，2009；哈佛经典谈判术．杭州：浙江人民出版社，2015；哈佛经典谈判术（纪念版）．北京：北京联合出版社，2017）

Mayer B. (2004). Beyond Neutrality. San Francisco: Jossey Bass.

Mayer B. (2009). Staying with Conflict. San Francisco: Jossey-Bass.

Mayer B. (2012). The Dynamics of Conflict. 2nd ed. San Francisco: Jossey Bass.

Mayer B. (2015). The Conflict Paradox. San Francisco: Jossey Bass.

Menkle-Meadow C. (2002). Ethics, Morality and Professional Responsibility in Negotiation. In Bernard P & Garth B. (eds.). Dispute Resolution Ethics: A Comprehensive Guide. Washington, D.C.: American Bar Association Section of Dispute Resolution .

Moffitt M & Schneider A K. (2011). Dispute Resolution. 2nd ed. New York: Wolters Kluwer.

Morris M, Nadler J, Kurtzberg T & Thompson L. (2002). Schmooze or Lose: Social Friction and Lubrication in E-mail Negotiations. Group Dynamics 6(1): 89-100.

Pruitt D. (1983). Achieving Integrative Agreements. In Bazerman M and Lewicki R. (eds.). Negotiating in Organizations. Beverly Hills, C.A.: Sage.

Pruitt D, Rubin J & Kim S H. (2004). Social Conflict: Escalation, Stalemate and Settlement. 3rd ed. New York: McGraw-Hill.

Raiffa H (1982). The Art and Science of Negotiation. Cambridge: Harvard University Press.

Riley Bowles H. (2012). Psychological Perspectives on Gender in Negotiation.Harvard Kennedy School Faculty Research Working Paper: 012-046.

Robbenholt J K & Sternlight J. (2017). Drawing on Psychology to Negotiate Ethically. In Honeyman C & Schneider A. (eds.). The Negotiator's Desk Reference (Vol.1). St Paul: DRI Press. 503-514.

Roberge J-F & Lewicki R. (2012). Should We Trust Grand Bazaar Carpet Sellers (and Vice versa). In Honeyman C, Coben J & DiPalo G. (Eds.). Venturing Beyond the Classroom: Vol. 2 in the Rethinking Negotiation Teaching Series. St Paul: DRI Press.

Roberts S M. (2016). Gendered Differences in Negotiation: Advancing an Understanding of Sources, Effects and Awareness. Cardozo Journal of Conflict Resolution, 18(1): 71-84.

Rubin J, Pruitt D G & Kim S H.(2004). Social Conflict: Escalation, Stalemate, and Settlement. 3rd ed. New York: McGraw-Hill.（社会冲突：升级、僵局及解决．王凡妹，译．北京：人民邮电出版社，2013）

Russell B. (1938). Power: A New Social Analysis. London: Allen and Unwin.（权力论．吴友三，译．北京：商务印书馆，2012）

Salacuse J. (1998). Ten Ways That Culture Affects Negotiation Style: Some Survey Results. Negotiation Journal, 14(3): 221-240.

Sandberg S & Scovell N. (2013). Lean in: Women, Work, and the Will to Lead. New York: Alfred Knopf.（向前一步．颜筝，译．北京：中信出版社，2013）

Schneider A K & McCarthy S A. (2017). Choosing among Modes of Communication. In Honeyman C & Schneider A K. (eds.). The Negotiator's Desk Reference. St Paul: DRI Pre.

Shell R. (2006). Bargaining for Advantage: Negotiation Strategies for Reasonable

People. 2nd ed. New York: Penguin Books.（沃顿商学院最实用的谈判课．林民旺，李翠英，译．北京：机械工业出版社，2013）

Stone D, Patton P & Heen S. (1999). Difficult Conversations. New York: Penguin Books.（高难度谈话．王甜甜，译．北京：光明日报出版社，2014）

Thomas K W & Kilmann R H. (1974). Thomas-Kilmann Conflict Mode Instrument. Mountain View, C.A.: Xicom.

Thompson L. (2005). The Mind and Heart of the Negotiator. 3rd ed. Upper Saddle River, N.J. : Prentice Hall.（汤普森谈判学．第 3 版．北京：清华大学出版社，2010；汤普森谈判学．赵欣，陆华强，译．北京：中国人民大学出版社，2009）

Thompson L & Nadler J. (2002). Negotiating via Information Technology: Theory and Application. Journal of Social Issues, 58(1): 109-124.

Ury W. (1991). Getting Past No. New York: Bantam Books.

Wetlaufer G B. (1990). The Ethics of Lying in Negotiation. Iowa Law Review, 75: 1219-1275.

EPILOGUE 后记

也许这是本书最生动的文字，终于可以写它了。我们都欣喜异常。

好几年以前，当吴颖华女士跟我联系，想让我写一本关于国际营销的双语教材时，我第一个念头就是我想写谈判，而且我不愿自己写双语教材。所以我其实一直在苦恼，希望找到一位合作者，来写这本书的英文部分。

自从2000年在北京大学BiMBA项目见识了Ron Anton讲授“谈判学”后，我就对这门课程的教学方法特别着迷。那些基于非对称信息的谈判用在谈判课上的奇妙作用一直吸引着我，于是在2009年申请中美富布赖特研究学者项目时，我毫不犹豫地选择了“基于非对称信息的谈判案例编写与教学”这个题目，我希望更多地了解谈判课的教学。在美国，我旁听了导师Peter Canevale教授的谈判课，更近距离地了解了他是如何选择案例，讲授谈判理论的。Peter的老师是最早研究谈判的心理学家Dean Pruitt，他们合作撰写的《社会冲突中的谈判》对我影响很大。Peter不仅每周都会和我讨论谈判学的学术与教学问题，还把我引入谈判学领域最重要的国际研究学会——冲突管理国际学会（IACM）。从2010年开始，只要时间允许，每年的年会我都会提交论文参会，在这些会议上，我结识了谈判学领域的大师们。

2015年在美国佛罗里达州清水湾召开的冲突管理国际学会年会上，我参加了谈判教学的一个分会，当时埃布纳正在讲他开设“谈判学”MOOC（慕课）课程的体会。报告结束后，我简单地跟埃布纳讲了合作写书的想法，他欣然接受。于是我回国以后，就开始给他发电子邮件，从商量教材大纲，到每章的内容，到后面的图表等细节，我们非常愉快地合作着。我在后记里附上两张图片：一张是我们的来往邮件，密集的邮件来往让我们那段时间的邮件主题排列图案非常漂亮；第二张是我们的来往信件的一个代表。因为每次写信的内容都很多，所以我们在给对方回信时，会把对方的信复制一遍，然后换一种颜色的字体在对方的文字后面直接回复。每每看到这些邮件，我都非常感动，而且这次合作经历也让我体会了埃布纳高效、认真的工作态度。在这本书即将面世的时候，我特别想和读者们分享这种感觉。

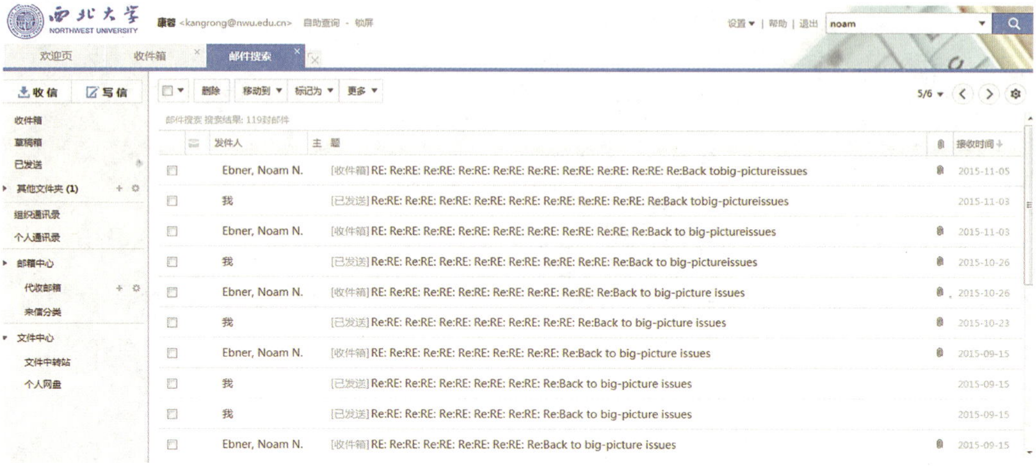

为什么出版社希望出版谈判学方面的双语教材？第一个原因，跟人们对于谈判的认知有关。很多学校以前只是在法学院、商学院的有限专业里开设谈判课，但是越来越多的大学将谈判课开设成通识课，这一趋势和美国的大学越来越接近。实际想一想，正是因为谈判无处不在，影响着我们每个人的生活和工作，所以系统地学一学谈判不是很好吗？第二个原因，跟在中国流行的一些英文谈判学教材有关。一方面，中国的市场上有了很多关于谈判的教材，其中一部分来自海外，如费舍尔、尤里、巴顿、汤普森、普鲁特、列维奇、

科恩、马哈拉、巴泽曼、西奥迪尼、谢尔等的经典著作都有中文译本；另一方面，我们还可以看到很多中国老师写的谈判学教材。这两类教材迥异，英文、中文的教材本身都有简有繁，但彼此之间内容有很多差别。这种教材的结构本身就说明很多学校认识到应该通过采用多种教材让学生了解不同文化下的谈判行为。

还有一个非常重要的问题，现在很多学校采用英文教材或英文教材的中译本、注释版，但是这个学科里有很多术语直译是无法交代清楚含义的。也许最有代表性的就是“distributive negotiation”，很多中译本或注释版都用了“分布式谈判”或“分配式谈判”，那么这种中文表达是否准确地说明了这个术语的内涵呢？显然有欠缺，如果查看学术文献，就会发现这个术语指的是将谈判资源看成定数的“非赢即输”的零和博弈或竞争型谈判。既然这样，双语教材在语义的准确表达上就应该超过英文教材的中译本。

在翻译过程中，我们查阅了相关资料和网站，尽力使译稿做到准确精练。处理本书中的人名和地名时，我们采用的译法出自商务印书馆出版的《英语姓名译名手册》（第四版）和《外国地名译名手册》等工具书。需要说明的一点是，有一些书已经有中译本，所以我们就采用了中译本的书名；没有中译本的著作，我们采用的是英文书名。具体的分工是埃布纳撰写本书英文部分，王晨佳撰写中文部分的第三章、第四章、第十一章、第十二章、第十三章和第十七章，康蓉撰写中文部分的其他章节和前言、后记，世界经济专业硕士研究生骆晓整理中文部分中的成语专栏。全书由康蓉定稿。

上面说的是为什么会有这本书和一些相关情况，下面就要写写不足之处了。

虽然我们一开始写书的时候，确实希望这本教材的中文部分和英文部分更独立一些，也就是全书的框架和内容我们几位作者一同商定，然后两个语言的版本应该有一定的差别。但是实际写起来，我们就发现这不太容易，所以绝大多数章节大家会觉得，中文部分是英文部分的译文。我们在解释相关术语方面确实增添了一些内容，而且在中文部分里加入了成语专栏。但是客观地说，它们还不足以让中文部分非常独立、非常出彩。

因此，我们希望读者们把感受、意见反馈给我们，为将来改版做好准备。另外，我们几位老师编写了一些模拟谈判的案例，可以辅助各章的教学，但是这些案例就如同相声里的包袱，学生们提前知道了，到课上包袱就抖不出来了。所以，如果您是教授谈判课程的教师，希望得到这些案例，可以给我写信。我的邮箱是kangrong@nwu.edu.cn。当然，我们更欢迎讲授谈判课的老师们和我们一起编写谈判案例，让我们可以不断地有新案例用到谈判课堂中。

本书在撰写过程中，得到了许多师长和朋友的帮助，我们的家人也以各种方式给予我们关怀和支持，借此机会感谢他们！另外，感谢我们的校长郭立宏教授作序，推荐这本书！本书的撰写和出版得到了浙江教育出版社吴颖华老师的指导，在此表示感谢！

康蓉

于西北大学桃园校区

2019年9月

图书在版编目（CIP）数据

谈判学 : 汉、英 / 康蓉，(美) 埃布纳
(Noam Ebner) ，王晨佳著. -- 杭州 : 浙江教育出版社，
2019.11
ISBN 978-7-5536-9089-6

Ⅰ. ①谈… Ⅱ. ①康… ②埃… ③王… Ⅲ. ①谈判学
－高等学校－教材－汉、英 Ⅳ. ①C912.35

中国版本图书馆CIP数据核字(2019)第135690号

谈判学

TANPAN XUE

康　蓉　［美］埃布纳（Noam Ebner）　王晨佳　著

责任编辑：吴颖华　　**美术编辑**：韩　波
责任校对：余晓克　　**责任印务**：陆　江
出版发行：浙江教育出版社
（杭州市天目山路40号　邮编：310013）
图文制作：杭州林智广告有限公司
印刷装订：浙江新华数码印务有限公司
开　　本：787 mm×1092 mm　1/16
印　　张：32.75
字　　数：642 000
版　　次：2019 年 11 月第 1 版
印　　次：2019 年 11 月第 1 次印刷
标准书号：ISBN 978-7-5536-9089-6
定　　价：68.00元
网　　址：www.zjeph.com